KB233699

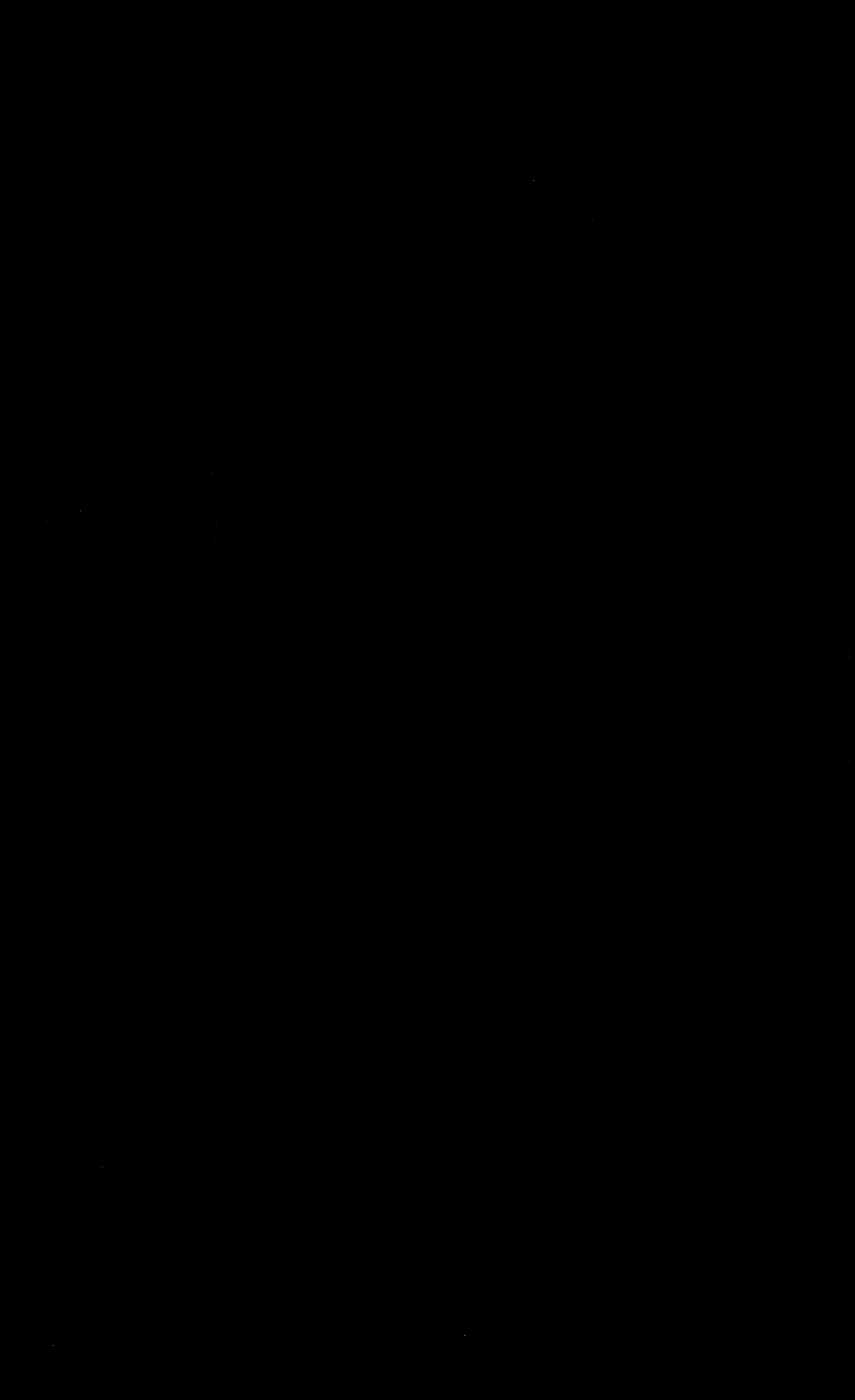

맑스주의와 정치

맑스주의와 정치

맑스코뮤날레 조직위원회

상임대표	김세균
공동대표	김수행, 안현수, 오세철, 홍근수
집행위원장	강내희
부집행위원장	강성호, 박성인
총무팀장	배성인

http://communnale.net

맑스주의와 정치

엮은이 | 맑스코뮤날레 조직위원회

초판인쇄 | 2009년 6월 19일
초판발행 | 2009년 6월 24일

발행인 | 손자희
발행처 | 문화과학사
출판등록 | 제1-1902 (1995. 6. 12)
주소 | 120-831 서대문구 연희동 421-43호
전화 | 335-0461
팩스 | 3141-0466
e-mail | transics@chol.com
homepage | http://www.jinbo.net/~moonkwa

값 20,000원

ISBN 978-89-86598-87-2   93300

문화과학 이론신서 54

맑스주의와 정치

맑스코뮤날레 조직위원회
엮음

문화과학사

맑스코뮤날레를 결성하며

전지구적 세계체제로 발돋움한 자본주의는 계급모순을 전지구적 수준으로 확대시키면서 전세계 민중에 대한 억압과 착취를 강화하고 있고, 환경·여성·인종 문제를 전지구적 차원에서 더욱 악화시키고 있다. 특히 지난 20여년간 노동자와 전 민중의 생존조건 악화와 함께 반민주적 성격을 노골화해온 신자유주의 세계화의 야만성은 이제 전세계 좌파들에게 신자유주의 반대와 대안적 지구화를 위한 저항과 투쟁의 연대를 강력히 촉구하고 있다. 이러한 시대적 요청에 부응하여 한국의 진보세력이 다시 한 자리에 모였다. 그 이름이 "맑스코뮤날레"이다. 맑스코뮤날레는 동구권 붕괴 이후 급속히 잊혀져 온 맑스와 맑스주의 이론의 정신과 방법을 오늘의 시대상황에 되비추어 계승 및 혁신하여 신자유주의적 자본주의의 지구화와 전면 대결하는 강력한 이론적·실천적 공간을 창출하기 위한 새로운 모색이다. 노동자, 대학생, 교사, 여성, 문화예술가, 실천활동가, 학술연구자 등 우리 사회의 진보와 현실 변혁을 추구하는 모든 이들에게 맑스코뮤날레에 적극 동참해 줄 것을 호소한다.

_맑스코뮤날레 조직위원회

■ 차례

1부

대 중 정 치

우리 시대 프롤레타리아트에 대한 물음

고병권_연구공간 수유+너머

1. 프롤레타리아트에 대한 물음

1) 물음에 대하여

우리 시대 프롤레타리아트에 대해 묻는 일은 '지금 여기'의 역사적 시대성과 저항적 주체성을 묻는 것이다. 『코뮌주의자 선언』(이하『선언』)의 한 문장처럼, 모든 사회의 역사가 계급투쟁의 역사라면, 우리 시대와 저항 주체를 묻는 일은 한마디로 현재의 계급투쟁을 정의하는 문제라 할 것이다. 해방 주체의 고전적 이름, 프롤레타리아트가 과연 19세기 아닌 21세기 한국의 현실에서도 그렇게 불릴 수 있을까. 대공장의 생산직 노동자들이 아니라 고용 자체가 불안정한 비정규직, 더 나아가 중고생, 여성, 철거민, 장애인, 이주자들, 심지어 네티즌이라 불리는 사이버공간의 주체들까지 투쟁의 주체가 되고 있는 오늘날 한국의 현실에서 프롤레타리아트라는 이름은 어떤 의미를 가질 수 있을까. 아마도 우리 시대 프롤레타리아트에 대해 묻는 것은 맑스와 맑스주의 이름으로 현재의 투쟁을 이해하는 중요한 시도일 것이다.

그러나 이 글에서 나는 한국사회의 계급투쟁 형세(configuration)를 분석하는 쪽으로 나아가지는 않을 것이다. 프롤레타리아트의 정의에 해당하는 우리 시대의 주체를 지목하는 것도 이 글의 목적이 아니다. 오히려 나는 시대성과 주체성을 문제 삼는 방식으로 프롤레타리아를 이해해보려고 한다. 내가 여기서 다루고 싶은 것은, '우리 시대 프롤레타리아트에 대한 물음'이 어떻게 던져져야 하는지, 그 물음의 의미는 어떤 것인지이다. 시대와 관련해서 프롤레타리아트를 묻는다는 것은 어떤 의미인가. 또 투쟁의 주체로서 프롤레타리아를 말한다는 것은 어떤 의미인가. 그리고 이런 물음들은 역사유물론이나 계급투쟁, 인터내셔널리즘과 같은 주제들에 대해 오늘날의 우리에게 무엇을 말해주는가. 나는 프롤레타리아에 대한 맑스의 몇 가지 언급을 중심으로 이런 물음에 나름대로 답해보고자 한다.

2) 맑스의 '프롤레타리아트'에 대하여

본래 '프롤레타리아트'(proletariat)라는 말은 라틴어 '프롤레스'(proles) 혹은 '프롤레타리우스'(proletarius)에서 온 것이다. '프롤레스'는 '자손'을 의미한다. '프롤레타리우스'는 고대 로마에서 자손을 낳는 것 말고는 국가에 아무 기여도 못하는 자들을 가리킬 때 사용한 말이다. 그것은 한마디로 비천하고 버려진 자들, 단지 번식할 뿐인 자들을 지칭했다. 이 말이 근대 정치사상에 들어온 것은 대혁명 전 프랑스 사상가들을 통해서였다. 가령 루소(J. J. Rousseau)의 『사회계약론』에 'prolétaire'라는 말이 등장한다.[1] 생

---

[1] 맑스와 맑스주의에서 '프롤레타리아트' 개념이 등장하는 배경, 사용되는 다양한 맥락에 대해서는 조르주 라비카(G. Labica)의 정리를 참조했다. G. Labica & G. Bensussan

시몽(Saint-Simon)은 맑스보다 먼저 '프롤레타리아 계급'(la classe des prolétaires)이라는 말을 사용했다. 독일 좌파에서는 모제스 헤스(M. Hess)가 사회주의와 공산주의를 설명하면서, 부르주아지의 적대자로서 프롤레타리아를 다루었다.

맑스가 이 말을 접한 것은 1843년에서 1844년 사이 파리에 체류했을 때였던 것 같다. 그의 박사학위 논문, 『라인신문』에 쓴 글들, 『헤겔법철학비판』 등에는 '프롤레타리아트'라는 말이 등장하지 않는다.[2] 우리는 1844년에 덧붙인 『헤겔법철학비판』의 서설에서 이 말을 발견할 수 있다. 그는 당대 프랑스의 정치적 문헌들에서, 그리고 현실 운동 세력들, 특히 '파리에 있는 독일 이주민 사회주의 조직'과의 마주침에서, 프롤레타리아트라는 말을 접했던 것 같다.[3] '파리에 있는 독일 이주민 사회주의 조직'과 프롤레타리아트. 우리는 이 대목에서 맑스와 더불어 앞으로 그 말이 겪게 될 운명, 즉 공산주의 운동과 인터내셔널리즘을 떠올릴 수 있지만, 처음에 맑스가 보인 반응은 지극히 철학적인 것이었다. 그는 공산주의 현실 운동보다는 헤겔이나 포이에르바하의 '소외 이론'이나 '보편계급' 개념을 통해 프롤레타리아트를 이해했다.

1844년에 『헤겔법철학비판』(1843)에 덧붙인 서설(이하 「헤겔서설」)에서 맑스는 프롤레타리아트, 더 정확히 말하자면 '프롤레타리아트의 자기해방'을 철학적 진리의 현실화로 이해했다. "프롤레타리아트의 지양 없이 철학은 자기를 현실화할 수 없다."[4] 맑스는 프롤레타리아가 노동한다는

Dictionnaire critique du Marxisme, deuxième édition (PUF, 1985), pp. 923-929.

2) 『라인신문』에서 맑스가 사용한 표현들은 '인민'(people), '빈민'(les pauvres), '빈민 계급'(les classes pauvres) 등이다. ibid., p. 923.

3) 피터 오스본, 『하우투리드 마르크스』, 고병권 · 조원광 옮김, 웅진지식하우스, 2007, 107쪽.

사실보다 그들이 '보편적 제약'의 화신이라는 사실을 더 주목했던 것 같다. 그들 고통의 보편성이 그들로 하여금 보편적 해방을 추동케 할 것이라고 생각했다. 그들이 '아무 것도 아니'라는 사실이 그들을 '모든 것'으로 만들어 줄 것이다. 철학은 프롤레타리아에게 보편성을 인식케 하고, 프롤레타리아 는 그 보편성을 물질적으로 구현할 힘을 철학에게 제공한다.

『신성가족』(1845)에서 맑스와 엥겔스는 '해방'이라는 개념을 서서히 '혁 명'으로 바꾸기 시작한다.[5] 여기서 프롤레타리아트는 사적소유의 대립물로 나타난다. 부(富)가 사적소유의 정립적 측면이라면 프롤레타리아는 그것의 해체, 즉 부정적 측면이다. 여기서 맑스와 엥겔스는 프롤레타리아가 처해 있는 현실적 '곤궁함'(Not)이 사회 해방의 필연성(Notwendigkeit)을 표현한 다고 주장한다.[6] 그리고 이런 태도는 『독일이데올로기』(1845)에서도 이어 진다. 여기서 프롤레타리아트는 '계급사회를 해체하는 혁명적 대중'의 이미 지로 그려진다.

그런데 「헤겔서설」에서 『독일이데올로기』까지, 그러니까 1844-45년까 지 맑스와 엥겔스의 저술에서 프롤레타리아트는 독특한 양면성을 함께 지 니고 있다. 그것은 한편으로 계급이면서 다른 한편으로 비계급, 즉 대중이 다. 이런 양면성은 프롤레타리아들의 상태를 기술할 때도, 그들의 역사적 과업을 기술할 때도 나타난다. 「헤겔서설」의 표현을 빌면, 프롤레타리아는 "시민사회의 계급이 아닌 시민사회의 계급"이다.[7] 그리고 『신성가족』의

---

4) 칼 맑스, 「헤겔법철학의 비판을 위하여」, 최인호 옮김, 『칼 맑스 프리드리히 엥겔스 저작선집』(이하 『선집』) 1, 박종철출판사, 1993, 15쪽.
5) G. Labica & G. Bensussan, op. cit., p. 924.
6) 칼 맑스 & 프리드리히 엥겔스, 『신성가족』, 최인호 옮김, 『선집』 1, 104쪽.
7) 칼 맑스, 「헤겔법철학 비판을 위하여」, 최인호 옮김, 『선집』 1, 14쪽.

표현을 빌면, 사적소유의 대립하는 한 형태이면서 동시에 그것의 '해체'이다.8) 『독일이데올로기』에서 그것은 "더 이상 사회 속에서 한 계급으로 간주되지 않고 하나의 계급으로 인정받지 않는 계급"이며, "기존의 모든 계급, 모든 민족의 해체"이다.9) 즉 프롤레타리아트는 한편으로 부르주아 계급의 이해에 반하는 하나의 계급이면서, 다른 한편으로 자신의 계급적 특수이해를 넘어서는 계급, "지배계급에 대항해서 특수한 계급적 이해를 더 이상 관철하지 않는 계급",10) 말하자면 '비계급'이다.

발리바르(E. Balibar)는 특히 『독일이데올로기』에서 '계급으로서의 프롤레타리아트'와 '비계급, 즉 대중(masse)으로서의 프롤레타리아트'가 구분되고 있으며, 대중만이 혁명적으로 나타나고 있다고 주장한다.11) 『독일이데올로기』에서 부르주아지는 사실상 유일한 계급이며, 계급투쟁은 계급[부르주아지]과 비계급[프롤레타리아트]이 벌이는 투쟁이라는 것이다. 그에 따르면, 엄격히 말해 "프롤레타리아트가 자신의' 개념에 합치하면 그것은 더 이상 하나의 계급이 아니라 '대중'(la masse)이다."12)

그러나 『선언』(1848)에서 프롤레타리아트는 사실상 노동자계급과 동일시된다. 그리고 계급투쟁은 부르주아지와 프롤레타리아트, 두 계급이 지배권을 다투는 투쟁이 되고, 계급 해소는 일정한 '단계' 내지 '과정'을 거친다. 즉 개별노동자들은 점차 노동자계급, 즉 프롤레타리아트로서 부르주아지

---

8) 칼 맑스 & 프리드리히 엥겔스, 『신성가족』, 102-103쪽.
9) 칼 마르크스·프리드리히 엥겔스, 『독일이데올로기 I』, 김대웅 옮김, 두레출판사, 1989, 122쪽.
10) 같은 책, 246쪽.
11) 에티엔 발리바르, 「관념론의 교대군」, 『대중들의 공포』, 최원·서관모 옮김, 도서출판 b, 2007, 224쪽.
12) 같은 책, 225쪽.

와 대립하고, 이어 부르주아지를 전복시킨 뒤 지배계급이 되며, 종국적으로는 자신의 존립 조건을 폐기함으로써 계급으로서의 자기 자신을 해체한다. 그리고 이 과정에는 공산주의자들의 일정한 지도가 따른다.[13]

프롤레타리아트와 노동자계급의 동일시는 엥겔스가 『선언』을 예비하는 과정에서 쓴 『공산주의의 원칙들』(1847)에서 더 분명하다.[14] 엥겔스는 문답식으로 쓴 이 텍스트에서, '프롤레타리아트란 무엇인가'라고 묻고, "오직 자신의 노동의 판매에 의해서만 자신의 생계를 유지하는 사회 계급"[15] "한마디로 19세기의 노동계급"이라고 말한다. 뿐만 아니라 그는 '프롤레타리아트'를 역사적으로 명확히 한정한다. '빈민'과 '노동계급'은 언제나 존재했지만, 프롤레타리아트는 '자유롭고 고삐풀린' 상황에서 노동을 판매하는 '19세기 노동계급'에만 해당한다고 말한다.

그런데 1850년대 중반 들어, 특히 맑스가 '정치경제학비판' 작업에 착수한 이래 프롤레타리아트라는 말은 좀처럼 보이지 않는다. 가령 『정치경제학비판요강』(1857-58), 『정치경제학비판을 위하여』(1859), 『잉여가치학설사』(1862-63), 『임금, 가격, 이윤』(1865), 『자본』(1867) 등에서는 프롤레타리아트가 거의 등장하지 않고 있다. 그 대신 노동자나 노동자계급이라는 말이 자주 등장한다. 이는 앞서 엥겔스가 말한 것처럼, 프롤레타리아트가 사실상 19세기 노동자계급과 같기 때문일 수도 있지만, 그렇게 보기에는 두 말이 차지하는 위상과 뉘앙스가 아주 다르다. 『선언』의 내용을 주도하는

---

13) 칼 맑스 & 프리드리히 엥겔스, 『공산주의당 선언』, 최인호, 옮김, 『선집』 1, 421쪽.
14) 프리드리히 엥겔스, 『공산주의의 원칙들』, 최인호 옮김, 『선집』 1, 321쪽.
15) 좀 더 정확히 하자면 '노동력의 판매'가 옳다. 나중에 엥겔스는 맑스의 『임금 노동과 자본』, 1891년 독일어판을 내면서 '노동의 판매'를 일괄적으로 '노동력의 판매'로 수정하였다.

주인공은 프롤레타리아이지만, 이 저작들에서 이야기를 이끌어가는 주인 공은 '자본'과 '자본가'다. 여기서 '노동'은 자본의 한 형태, 즉 '가변자본'으로 서 다루어질 뿐이다. 혁명이나 계급투쟁은 명시적이지 않으며, 자본의 위기 조차 종종 자본 자체의 운동에서 귀결하는 것으로 나타난다.16)

그렇다고 프롤레타리아트라는 말이 맑스에게서 아주 사라진다거나 중요 성이 낮아졌다고 말할 수는 없다. 당장『자본』에 붙인 1873년의 서문에서 맑스는 '1848년 혁명'(이 혁명을 통해 프롤레타리아트는 자신들의 정치적 대의자 행세를 했던 부르주아들과 단절했다)이 "부르주아의 과학적인 정치 경제학을 불가능하게 했다"고 지적한다. 그것은 그 '과학이 놓인 곳이 어떤 근본적 '타협불가능성'의 전하가 걸려있는 계급투쟁의 장이기 때문이다. 확실히 프롤레타리아트는『자본』에서 현실화(actualized)되지는 않지만, 하 나의 시각으로서, 즉 부르주아 정치경제학을 '비판'하는 시각으로서 잠재되 어(virtualized) 있다는 느낌을 준다. 맑스는 말년까지도 자주는 아니지만 프롤레타리아트라는 말을 사용하고 그 혁명성을 논하고 있다(가령「고타강 령초안 비판」[1875]).

2. 프롤레타리아트와 노동자계급

우선 나는 프롤레타리아트와 노동자계급의 관계를 생각해보는 데서 논 의를 시작해보고자 한다. 이는 앞서 일별한 것처럼 프롤레타리아트에 대한 맑스의 논의가 '노동자계급'을 중심에 두고 있어서이기도 하고, 또 역사

---

16)『자본』에서의 '프롤레타리아트의 기이한 부재'에 대해서는 이미 발리바르가 탁월하게 분석한 바 있다. 에티엔 발리바르,「붙잡을 수 없는 프롤레타리아트」,『대중들의 공포』.

경험적인 이유 때문이기도 하다. 즉 노동자계급은 오랫동안 프롤레타리아 트와 동일시되거나('단지 프롤레타리아트가 철학적·정치적 개념이라면 그것의 사회학적 범주가 노동자계급이다'는 식), 최소한 프롤레타리아트의 핵심으로 받아들여져 왔다('프롤레타리아트는 노동자계급을 중심으로 하 는 무산자 일반이다'는 식). 그리고 이런 판단들은 모두 맑스와 엥겔스의 텍스트에 일정하게 근거한 것이다.

하지만 『공산주의 원칙들』에서 엥겔스가 분명히 한 것처럼, 프롤레타리 아들을 '생계유지를 위해 자신의 노동(력)을 판매한 자', 다시 말해 '자본이 그 노동력을 구매한 자'와 동일시할 수 있을까. 프롤레타리아트의 수는 취 업자, 특히 생산직 노동자의 수와 같은가. 만약 그렇다면 우리는 프롤레타 리아의 정체성을 확정할 수가 있고 사회통계학적으로 그 증감을 계산할 수도 있을 것이다. 게다가 노동자들이 조합이나 당으로 조직되어 있다면 더 말할 것도 없다.

그런데 맑스는 『경제학철학초고』(1844)에서 '프롤레타리아'를 '단지 노 동자'로 간주하는 국민경제학의 시선을 비꼬고 있다. "국민경제학이 프롤레 타리아, 즉 자본과 지대 없이 순수하게 노동으로, 그것도 일면적이고 추상 적인 노동으로 살아가는 자를 단지 노동자로 간주한다는 것은 자명하다. 따라서 국민경제학은, 노동자는 모든 말[馬]과 마찬가지로 그가 노동할 수 있으려면 그만큼 벌어야 한다는 말을 할 수 있을 것이다. 국민경제학은 노동하지 않을 때의 노동자는 인간으로 간주하지 않으며, 그런 식의 간주는 형사 법정, 의사들, 종교, 통계표, 정치, 거지단속경찰에게 맡겨버린다."[17] 이어서 맑스는 프롤레타리아를 단순히 '노동하는 인간'으로, 그리고 그 목

---

17) 맑스, 『1844년의 경제학철학초고』, 최인호 옮김, 박종철출판사, 1991, 228쪽.

적을 임금 상승 같은 데 두는 것은 국민경제학자나 '자질구레한(en détail) 개혁가'들이라고 비난한다. 아마도 프롤레타리아가 단지 노동자일 뿐이라면, 노동은 '자본'의 구성 요소이고[가변자본], 노동자는 그 소득수준에 상관없이 자본 운동의 기능적 역할을 하는 데 지나지 않을 것이기 때문이다. 실제로『정치경제학 신원리』(1819)를 쓴 시스몽디는 '자본'과 '프롤레타리아트'를 대면시켰는데, 이때 '프롤레타리아트'는 순수하게 경제적 의미만을 지니는 것으로 별다른 의미를 갖지 않았다.18)

그러나 이는 적어도 맑스가 '프롤레타리아트'와 '계급투쟁'을 말할 때 생각하는 것과는 거리가 있어 보인다. 1850년대 중반 이후 맑스의 경제학비판 저작들에서 프롤레타리아트라는 말이 희박해진 것도 이와 무관치 않을 것이다. 나는『경제학철학초고』에서의 국민경제학자에 대한 비난이, 그보다 한참 뒤에 나온, 가령『임금, 가격, 이윤』(1865) 같은 책에서 노동조합의 임금투쟁에 대해 맑스가 보인 회의적 시선과 공명하는 면이 있다고 본다. 맑스는 이 책에서 임금투쟁이 '결과'에 대한 분배 싸움이지 '원인'에 대한 싸움이 아니며, "임금하락을 억제할 수 있을 뿐 운동의 방향을 변경시키는 것은 아니"라고 말한다. 그는 "노동자들이 '정당한 노동일에 대한 정당한 임금'이라는 보수적 표어 대신 '임금제도의 철폐'라는 혁명적 구호를 써넣어야 한다"며, 노동조합이 단지 현존 체제의 결과에 반대하고 현존체제의 변혁을 하려 하지 않는 한에서 실패할 것이라고 주장한다.19)

---

18) 에티엔 발리바르, 앞의 책, 298쪽, 각주 39) 참조.

19) 칼 마르크스, 「임금, 가격, 이윤」,『경제학노트』, 김호균 옮김, 이론과실천, 1988, 258쪽. 로자 룩셈부르크가 노동조합을 '시지푸스의 노동'이라고 부른 것도 비슷한 맥락에서였다. 노동조합은 자본가의 착취에 대해 공격이기보다는 조직적인 방어이며, 어떤 면에서는 자본주의 임금법칙이 적용되도록 돕는 기능적 역할도 수행한다고 말한다. 다만 그 활동이 방어를 위해 불가피할 뿐이라는 것이다(R. Luxemburg, "Social Reform or

그래서 발리바르는 "프롤레타리아트가 그 자체로서는⋯노동력이 생산 영역에서 수행하는 긍정적 기능과는 무관한 것처럼 보인다"고 말한다.[20] 즉 프롤레타리아트는 가치의 형성과정과는 무관해 보이며, 노동자계급의 어떤 '과도적' 성격을 함축하는 게 아닌가 싶다고 말한다. 그에 따르면 프롤레타리아트는 노동자들의 '불안정'하고 '주변화된' 상태(프롤레타리아트화는 불안정한 상황으로의 전개다)를 가리키고, 또 외관상의 경제적으로 보이는 자본주의 메커니즘에서 행사되는 어떤 '폭력'의 영속화를 가리키며, 자본주의가 그 조건을 예비하는 어떤 '이행'을 내포한다. 즉 프롤레타리아트라는 말은 노동자들의 불안정하고 (경제적) 폭력에 노출되며, 그러면서 또한 이 체제를 해체하고 새로운 이행을 가능케 하는 특성들에 관계한다는 것이다.

프롤레타리아트가 과연 '노동자'처럼 확실한 정체성을 부여할 수 있는 사회학적 집단일까. 랑시에르(J. Rancière)는 우리에게 하나의 흥미로운 에피소드를 들려준다. "근대 프랑스에서 프롤레타리아라는 말이 처음 쓰인 사례 중 하나는 1832년 오귀스트 블랑키(Auguste Blanqui)에 대해 행해진 소송이다. 검사장이 직업을 묻자, 블랑키는 '프롤레타리아'라고 답했다. 검사장은 '그것은 직업이 아니잖아'라고 반박한다. 그러자 블랑키는 '프롤레타리아는 정치적 권리를 박탈당한 우리 인민 대다수의 직업이다'라고 응수한다. 공안(police)의 관점에서 보면 검사장이 옳았다. 프롤레타리아는 직업이 아니며, 블랑키도 우리가 흔히 노동자라고 부르는 사람은 아니기 때문이

Revolution," in *Selected Political Writings of Rosa Luxemburg*, translated and edited by D. Howard [Monthly Review Press, 1971], p. 105).
20) 에티엔 발리바르, 앞의 책, 273쪽.

다. 그렇지만 정치(politics)의 관점에서 보면 블랑키가 옳았다. 프롤레타리아는 사회학적으로 지정할 수 있는 한 사회 집단의 이름이 아니기 때문이다.” 랑시에르에 따르면 프롤레타리아트는 로마에서처럼, “도시국가의 상징적 구성에서 셈해지지 않는 자들…계급질서에 속하지 않는 자들이며, 이 질서의 잠재적 소멸(맑스가 말했던 모든 계급의 소멸인 계급)로서 이해해야 한다.”21)

그렇다면 우리는 프롤레타리아트를 특정한 정체성이 아니라, 그런 정체성에 대한 비판(Kritik)과 해체(Auflösung), 그것으로부터의 거리(Distanz), 탈주, 벗어남을 통해 정의해야 하는 것 아닌가 싶다. 이는 「헤겔서설」에서 맑스가 ‘사회해체=프롤레타리아트’라는 등식을 반복하는 이유이고, “세계 질서의 해체가 프롤레타리아트 현존재의 비밀”이라고 말한 이유일 것이다. 해체라는 시각에서 프롤레타리아트를 이해해 보면, 그것은 봉건적 질서의 ‘해체’로 생겨난 대중들이며, 자본주의 세계 질서의 ‘해체’를 추동하는 혁명 대중들이고, 자본주의 질서의 ‘해체’를 통해 출현한 자유롭게 단결한 대중들이다.

프롤레타리아트의 이러한 측면은 맑스의 초기부터 말년까지, 다시 말해 『헤겔법철학비판』에서 ‘정치경제학비판’이라는 부제가 붙은 『자본』에 이르기까지, ‘비판(Kritik)이라는 말이 갖는 의미이기도 하다. 1843년 맑스는 ‘비판에 대해 다음과 같은 견해를 밝혔다. “실존하는 모든 것에 대한 무자비한 비판. 여기서 무자비하다는 것은 비판이 도달할 결과를 전혀 두려워하지 않는다는 의미에서, 그리고 존재하는 힘들의 투쟁을 두려워하지 않는다는 의미에서다.”22) 맑스의 비판은 척도 아래서 비판하는, 다시 말해 잣대에

---

21) 자크 랑시에르, 『정치적인 것의 가장자리에서』, 양창렬 옮김, 도서출판 길, 2008, 140쪽.

비추어 부적절한 사용을 규제하는 칸트식 비판과는 다르다. 맑스의 '무자비한 비판이란 '척도' 자체에 대한 비판이자 그것으로부터의 탈주이고, 척도를 공유할 수 없는(통약불가능한, incommensurable) 것의 드러냄이라고 할 수 있다.

맑스가 1873년에 붙인 『자본』의 서문에서, 프롤레타리아의 존재, 프롤레타리아의 혁명이 과학적인 부르주아 경제학을 불가능하게 했다는 점을 지적하며, '비판은 오직 프롤레타리아만을 대변할 수 있을 뿐이라고 말한 것은 매우 시사적이다.23) 비판은 척도나 근거(Grund)에 구멍을 내고 심연(Abgrund)을 드러낸다. 심연이 열리면 모든 힘들이 회귀하고, 대립되는 주장들조차 동등한 진리 자격으로 서있을 수 있게 된다. 가령 맑스는 노동일을 둘러싼 갈등을 묘사한 대목에서, 상품 구매자로서 자기 권리를 주장하는 자본가계급과 노동력이라는 상품이 지불된 가치 이상으로 사용되어서는 안 된다는 것을 주장하는 노동자계급 모두 '상품교환의 법칙'에 충실한 권리 주장을 하고 있다고 말한 바 있다. 하나의 법칙이 대립되는 두 주장을 진리로 승인할 수밖에 없는 묘한 상황, 맑스의 표현을 빌자면, '이율배반'의 상황이 출현한 것이다. 그것은 '비판'이 수행한 '해체'의 결과이다. 여기서 심연, 모든 힘들의 투쟁이 열린다. "권리와 권리가 맞설 때에는 힘이 문제를 해결한다."24) 이것이 맑스의 답변이었다.

사실 탈주, 해체, 비판으로서 프롤레타리아트가 갖는 면모는 프롤레타리아트를 노동자계급과 동일시하고, 노동자계급의 지배계급으로의 전화를

---

22) K. Marx, "Marx an Arnold Ruge"(1843. 9), *MEW*, Band 1 (Dietz Verlag, 1983), S. 344.
23) 칼 마르크스, 『자본』 I(상), 김수행 옮김, 비봉출판사, 1994, 13-14쪽.
24) 같은 책, 296쪽.

생각하는 『선언』에서도 강하게 관철되고 있다. 『선언』에서 풍기는 강한 명랑성은 프롤레타리아트의 탈주와 깊이 관련되어 있다. 『선언』에서 프롤레타리아들은 그야말로 아무 것도 가진 것이 없는 존재, 즉 재산도 국가도 종교도 가족도 갖지 못한 존재이지만, 그 결핍과 상실을 채우려 하지 않는다. 그들은 결핍을 결핍하게 한다. 즉 그들은 자신들이 갖지 못한 것을 얻기 위해 부르주아들과 싸우는 것이 아니라, 그것들 자체를 폐기하고 그것들 자체로부터 탈주해버린다. 부르주아들과의 거래는 불가능하다. 그들은 부르주아들에게 얻고 싶은 것이 없다. 부르주아 세계와는 통약불가능하다는 사실, 이것이 부르주아지를 두려움에 떨게 한다.

탈주와 해체, 비판. 이것들이 프롤레타리아트를 특징짓는다면, 우리는 다시 묻지 않을 수 없다. 그렇다면 도대체 왜 맑스는 노동자계급을 프롤레타리아트로서 호명했던가. 왜 그는 노동관계 바깥에 있는 사람들, 그의 표현을 빌자면 국민경제학자의 눈에 '경제 영역 바깥의 유령들'로 비춰진 사람들, "소매치기, 사기꾼, 거지, 직업을 구하지 못한, 굶주리는, 빈곤한, 범죄적인" 사람들,25) 맑스가 종종 '룸펜 프롤레타리아트'라고 불렀던 사람들을 프롤레타리아트로서 긍정하지 않았는가. 몰락하고 있는 귀족들, 농민들은 어떤가.

또 프롤레타리아트가 '해체'라면 조직화 문제는 어떻게 되는가. 그들을 조직하는 것은 무익한가. 하지만 프롤레타리아들을 혁명적으로 만든 것은 그들의 '단결'이 아닌가. 노동자들이 조합을 구성하고 당을 결성하며, 국제적인 연대를 구축하는 것이야말로 그들의 정치적 행동이 아닌가. 실제로 맑스는 「국제노동자협회발기문」(1864)에서 노동자들의 최대 무기는 '수'

---

25) 칼 맑스, 『1844년 경제학철학 초고』, 283쪽.

(數)이지만 "수는 결합이 그들을 단결시키고 지식이 그들을 이끌 때만 무게"를 지닌다는 것, 노동자 당을 조직하고 여러 나라 노동자들이 "투쟁에서 굳게 함께 있는 것"이야말로 노동자운동의 성공에 결정적이라고 주장했다.26)

그렇다면 프롤레타리아트와 관련해서 '특정한 정체성 없음'을 어떻게 노동자계급이라는 주체와 함께[공동가능하게(compossible)] 취할 것이며, 노동자계급의 조직화와 연대를 어떻게 프롤레타리아트의 '해체'와 함께 취할 것인가.

3. 프롤레타리아의 시대적 비시대성

맑스가 프롤레타리아트를 말할 때 노동자계급을 중심에 두거나 동일시하는 이유는 무엇일까. '사회질서의 해체'를 논하면서 맑스가 근대 자본주의 질서의 주요 구성요소인 노동자계급을 주목하는 이유를 어떻게 받아들여야 할까. 나는 역사의 이행에 대한 맑스의 기술에서 '역설'(paradox)이 중요한 역할을 한다고 생각한다. 맑스는 역사의 다양한 사회적 형태들이 무엇보다도 그것을 가능케 하는 조건과 힘에 의해서 위험에 처하게 됨을 보여준다.

가령 '자본주의에 선행하는 역사적 형태들' 중 하나인 고대 로마적 형태를 보자.27) 로마는 시민들을 소유자로 재생산하는 체제다. 인구가 증가하면

---

26) 칼 맑스, 「국제노동자협회 발기문」, 김태호 옮김, 『선집』 3, 12쪽.
27) 칼 맑스, 「자본주의에 선행하는 역사적 형태들」, 『정치경제학비판요강』 II, 김호균 옮김, 그린비출판사, 2007, 112쪽.

토지 점유가 어려워지므로 정복전쟁을 하게 되고, 정복전쟁을 하면 노예가 생기고 공유지가 확장된다. 그러면 다시 귀족이 증가하게 된다. 그러나 정복에 따른 로마의 확장은 동시에 로마 공동체 구성원의 분화를 야기할 수 있고, 공동체를 혼란에 빠뜨릴 수도 있는 이질적 요소들을 대거 유입시킬 수도 있다. 전쟁은 로마를 확대재생산하면서 동시에 해체의 위험을 키운다. 동일한 원리가 정반대의 사실을 동시에 승인한다. 로마는 커지고 강해졌으며 동시에 약해지고 위험해졌다.

이것은 자본주의 사회에도 마찬가지로 적용된다. 자본주의는 항상 더 큰 위험을 낳는 방식으로 자신을 확대 재생산한다. 우리는 자본주의가 발전했다는 말과 더 취약해졌다는 말을 동시에 할 수 있다. 그것을 상징적으로 나타내는 것이 '자본의 증식'에 수반되는 '프롤레타리아트의 증식'이다. 노동자의 노동이 자본을 산출하는 만큼이나 자본은 노동자를 산출해낸다. 『선언』을 인용하자면, 부르주아지의 존립과 지배의 본질 요건은 자본의 형성과 증식인데, 자본의 조건이 임금노동이다. 게다가 부르주아가 성취한 공업의 진보는 개별 노동자들을 연합시키는 효과를 낸다. "대공업의 발전과 더불어 부르주아지가 생산하며 생산물들을 전유하는 그 기초 자체가 부르주아지의 발밑에서 무너져 간다. 부르주아지는 무엇보다 자기 자신의 매장인을 만들어낸다."[28]

그러나 역사의 해체와 구성이 자동으로 일어나는 것은 아니다. 맑스는 쿠겔만에게 보낸 편지에서 이렇게 말한다. "사람들이 요행히 어김없이 유리하기만 한 조건에서만 투쟁에 참여해왔다고 할 수 있다면, 보편 역사를 만들기란 확실히 아주 간단한 일이리라. 그러나 '우연들'이 여기서 어떤

---

28) 칼 맑스 & 프리드리히 엥겔스, 『공산주의당 선언』, 『선집』 1, 412쪽.

역할도 하지 않는다면 이런 역사는 매우 신비적인 것으로 머물러 있을 것이다."29) 사실 자본주의는 언제나 강하고 동시에 약하다. 따라서 혁명은 어느 때에 이르러야 되는 것도 아니고, 어느 때라고 안 되는 것도 아니다. 그 '때'는 돌발적 '사건'으로서, 우리가 확정할 수 없는 때에, 때로는 너무 이르게, 때로는 너무 늦게 찾아온다. 그러다가 역사의 근거(Grund) 밑에서, 땅(Grund)에서 묵묵히 굴을 파던 지하생활자인 '두더지'가 갑자기 머리를 쳐들 때, "고난 속에서 방황하던 혁명"이 도래한다.30)

물론 사건이 우리가 확정할 수 없는 때에 들이닥친다고 해서 혁명이 완전한 우연이나 신의 섭리에 내맡겨진 것은 아니다. 벤사이드(D. Bensaid)가 강조하듯이, 사실 어떤 사건이 역사 과정을 중단시키는 획을 긋는 것은 "사건 자체의 본래적 성질 때문이 아니라 사건이 부각되는 상황에 사건이 관련되는 방식 때문이다."31) 중요한 것은 그 사건이 '기다릴 것도 없는' 그런 일들 중의 하나가 아니라, 상황이 무척이나 기다려온 사건―기대한 것과 무관한 형태일지라도 크게 반응한다는 의미에서―이라는 사실이다.

니체(F. Nietzsche)나 벤야민(W. Benjamin)이 잘 알고 있었던 것처럼 '기다림'이란 중요한 실천이다. 그것은 예정된 때를 기다리는 것이 아니라, 예정되지 않은, 그래서 어느 때도 일어날 수 있는 그 사건을 기다리는 것이다. 기다림은 마냥 앉아 있는 일이 아니다.(그것은 기다리지도 않는 일이다!) 기다리는 자는 끊임없는 시도와 물음, 실천과 투쟁을 통해서 그의 기다림을

---

29) 칼 맑스, 「쿠겔만에게 보내는 편지」, 다니엘 벤사이드, 『저항』, 김은주 옮김, 도서출판 이후, 2003, 224쪽에서 재인용.
30) "잘 파냈다, 늙은 두더지여." 칼 마르크스, 「루이 보나빠르뜨의 브뤼메르 18일」, 『프랑스혁명사 3부작』, 임지현·이종훈 옮김, 소나무, 1991, 265쪽.
31) 이 문장은 지젝(S. Žižek)의 『까다로운 주체』(*The Ticklish Subject*)에서 벤사이드가 따온 것이다(다니엘 벤사이드, 『저항』, 219쪽).

표현한다. 그런 "투쟁으로 충만한 시간 속에서"[32] 소문자 '사건'은 그야말로 대문자 '사건'이 된다. 이런 점에서 프롤레타리아트의 증식은 역사적 진행의 중단, 즉 사건의 도래를 기다리는 상황의 간절함이며, 프롤레타리아트의 투쟁은 사건을 기다리는 적극적 실천이라고 할 수 있다.

그렇다면 이제 답을 해보자. 왜 맑스는 프롤레타리아를 노동자와 관련짓는가. 역사가 중단되는 과정, 역사적 형태(form)가 해체되는 과정은 그 형태와 밀접히 관련되어 있다. 어떤 의미에서 '형태'는 뒤집어 보면 탈형태의 '형태'이기도 하다. 역사의 매듭은 대개 꼬이는 방식대로 풀리게 되어 있다. 역사의 구성체(formation)들은 사회의 '형태'와 '탈형태'의 종합이라고 할 수 있다. 맑스는 앞서 말한 것처럼, 사회형태들의 해체를 외적 강압이 아니라 내적 논리 자체에서 찾았다. 위기는 자본과 무관한 곳에서 오는 게 아니라, 자본이 관여하는 곳에서 온다. 자본이 관여하는 방식이 자본이 해체되는 방식을 암시하는 셈이다.

19세기 노동자계급은 바로 이런 맥락에서만, '사회질서의 해체'인 프롤레타리아트가 된다. 맑스는 '자본주의 바깥의 유령'이 아니라 자본주의가 '잉여가치'를 생산하는 과정에서 잉여적으로 낳을 수밖에 없는 '자본주의 내부에서 생겨난 유령'에 믿음을 가졌던 것이다. 그런 점에서 프롤레타리아트는 체제와 더불어 성장하는 해체적 힘, 한마디로 내부에서 작동하는 해체 요소(auflösend Element)라고 하겠다. 확실히 "모든 투쟁의 무기는 현실 사회 속에서 취해져야 하고,"[33] 역사의 주사위는 그것이 떨어진 곳에서만 다시

---

32) 헤겔(G.W. Hegel)의 『역사철학강의』에서 따온 표현. 벤사이드(D. Bensaid)의 앞의 책, 241쪽에서 재인용.
33) 칼 맑스, 「정치 문제에 대한 무관심」(1873), 이경일 옮김, 『선집』 4권, 270쪽.

던져질 수 있다. 프롤레타리아트는 계급을 해체하는 힘이지만, 그것은 '계급사회'라는 조건 하에서 그런 것이다. 시대에 고유한 '시대를 거스르는 힘', '시대적인 비시대적 힘'이라 할까.

4. 프롤레타리아의 인터내셔널리즘

맑스는 '프롤레타리아트=사회질서의 해체'라는 등식을 주장했지만 그것은 무엇보다 프롤레타리아들이 집합적으로 자신을 구성함으로써 가능한 것이다. 과연 프롤레타리아트는 어떻게 '계급을 해체하는 (비)계급'으로서 자신을 구성할 수 있는가. 프롤레타리아트의 집합적 주체성은 어떻게 생성되는가. 나는 '만국의 프롤레타리아여 단결하라'는 '인터내셔널리즘'이 프롤레타리아트의 주체성에 대해 중요한 가르침을 주고 있다고 생각한다. 인터내셔널은 생성된 프롤레타리아트의 회합이 아니라 프롤레타리아트의 생성 원리 자체라고 할 수 있다. 즉 하나의 집합적 신체, 하나의 공통의 신체로서 프롤레타리아트가 창출되는 원리이다. 나는 이 원리를 역시 부르주아지의 창출 원리로서 '내셔널리즘'(nationalism)과 대비해보고 싶다.

『독일이데올로기』(1845)에서 맑스가 말한 것처럼, "자신보다 앞서 지배했던 계급의 위치를 차지하게 되는 모든 새로운 계급은 그들의 목적을 관철시키기 위하여 반드시 그들의 이해를 사회의 모든 성원의 공동 이해로서 제시할 필요가 있다. …그들의 사상에 보편성의 형태를 부여하고, 이것들을 유일하게 이성적이며 보편타당한 사상으로 제시할 필요가 있다. …따라서 새로운 지배계급은 이전 지배계급보다 더 광범위한 토대 위에서만 지배를 성취한다."[34] 언뜻 이는 부르주아지가 귀족의 지배를 타도했을 때나, 프롤레타리아트가 부르주아지의 지배를 타도하려고 할 때나 별 차이가 없는 것처럼 보인다. 그런데 과연 '인터내셔널리즘'은 '내셔널리즘'을 더 확장한 것, 더 보편적인 것으로 만든 것에 불과할까. '내셔널리즘'의 보편적 확장, 지구적 확장이 '인터내셔널리즘'일까.

프랑스 혁명 직전에 출판되어 부르주아지에게 큰 영감을 준 시에예스(E. J. Sieyès)의 『제3신분이란 무엇인가』(1789)는 이 점에서 좋은 참고가 된다. 이 텍스트는 근대 부르주아지가 새로운 지배계급으로 등장하면서 제시하는 보편적 이념으로서 '국민'과 '국민주의[내셔널리즘]'가 어떤 것인지를 짐작케 한다. 언뜻 이 책의 몇몇 구절은 마치 맑스의 「헤겔서설」을 읽는 느낌을 준다. "제3신분이란 무엇인가? 전체이되 구속되고 억압된 전체이다." "제3신분은 현재까지 무엇이었는가? 무(無)." 그러나 실제로 "제3신분은 전체이다."[35]

맑스의 흉내를 내자면, 부르주아지는 더 이상 '신분이 아닌 신분', '신분을 해체하는 신분'이라고 할 수 있다. 그들은 모든 특권과 면제들을 제거하고자 한다. 부르주아지들은 '국민'이라는 하나의 거대한 동일성을 상상케 한다. 이 상상 속에서 귀족들은 '국민 안에 있는 별도의 인민', '국가 안에 있는 또다른 국가'(imperium in imperio)처럼 이질적인 존재이다.[36] 귀족들은 국민 모두가 따르는 질서와 법률에서 벗어나 있기 때문이다.

그런데 흥미로운 점은 시에예스가 귀족들의 대표성을 부인하면서 '자국 내 외국인'의 비유를 끌어들인다는 사실이다. 그는 '전쟁'에 대한 상상을

---

34) 칼 마르크스 · 프리드리히 엥겔스, 『독일이데올로기』I, 94쪽.
35) E. J. 시에예스, 『제3신분이란 무엇인가』, 박인수 옮김, 책세상, 2009, 22-24쪽.
36) 같은 책, 23쪽.

통해 논의를 억지스럽게 전개한다. "프랑스와 영국이 전쟁 중일 때, …주민들의 자유를 침해하지 않는다는 이유로 영국 내각의 각료를 프랑스의 통령으로 선출될 수 있게 해야 하는가?" 사실 타자와의 극단적 대립인 전쟁을 상상케 하는 것은 자기동일성을 정립하는 데 아주 효과적이다. 시에예스는 계속 그런 식으로 묻는다. "해상 인민의 총회에서 항해의 안전과 자유를 결정할 때, 제노바, 리보르노, 베네치아 등이 바르바리아 출신을 전권 대사로 선출하는 것을 상상할 수 있겠는가?" 그는 단도직입적으로 말한다. "전쟁시기에 영국인들이 프랑스인들의 적인 것과 같이 특권층은 당연히 공통 신분의 적으로 나타난다." "언젠가 귀족들이 더 이상 프랑스의 알제리인들처럼 보이지 않는 날이 오게 되기를 다른 사람과 마찬가지로 나도 기대한다."37) 덧붙이자면 시에예스가 대표로서 피선출권을 부인한 것은 외국인만 아니라 여성, 유랑인, 거지 등도 포함된다.

그러나 잘 알려진 것처럼 '인터내셔널리즘'은 '프랑스의 알제리인들'이 사라지는 것을 고대하는 게 아니라, 그 존재를 긍정하고 구성하려는 사유이다. 그것은 거대한 동일성, 더 큰 동일성에 대한 상상이 아니라, '차이들의 연대'이자 '차이들로서 자신을 구성'하는 것의 문제이다. 시에예스는 전쟁을 상상케 함으로써 외국인들을 몰아냈지만, 가령 1871년의 파리코뮌은 시에예스가 상상한 그런 상황에서 "한 독일 노동자를 노동 장관에 앉혔고", "폴란드의 영웅적 아들들에게 파리 수비대의 지휘를 맡겼다."38)

인터내셔널리즘은 프롤레타리아트의 전략이기 이전에 프롤레타리아트라는 주체성의 생산 원리이다. '만국의 프롤레타리아여 단결하라'는 말은

---

37) 같은 책, 44-45쪽.
38) 칼 마르크스, 「프랑스 내전」, 『프랑스혁명사 3부작』, 353쪽.

만국에 소속된 프롤레타리아트가 서로 교류하는 일이 아니라, 프롤레타리아트의 구성 자체가 만국적임을, 그런 의미에서 프롤레타리아트에게는 국적이 없음을 말하는 것이다. 프롤레타리아트는 그 자체로 차이 존재, 특이적 다양체이다. 맑스가 '고타강령'에 흥분했던 대목 중의 하나가 이와 관련이 있다. 그는 고타강령이 '인터내셔널리즘'을 국민국가에 속한 노동자들의 국제적 친목 같은 것으로 보는 것에 분개했다.[39] 노동계급의 투쟁이 '형식상' 국내에서 벌어진다는 것은 중요하지 않다. 투쟁이 일국적일 때조차 그것을 인터내셔널하게 구성하는 것이 중요하다. '인터내셔널'은 '네이션(nation)의 연대'가 아니라 '네이션의 해체'이다.

이 점에서 프롤레타리아트를 '특이적 다자의 이름, 함께-있음을 분석하는 자의 이름'으로 본 랑시에르는, 프롤레타리아트의 주체성과 관련해서 인터내셔널리즘이 갖는 의미를 잘 포착한 것 같다. 그는 이렇게 말한다. "근대에 '프롤레타리아'라는 동음어 속에서 부각된 이름 없는 다자는 사회적 범주의 이름이기보다는 특이적 다자의 이름, 함께-있음을 분석하는 자의 이름, 생산하고 재생산하는 신체들이 스스로에게 거리를 취하게 만드는 작동자의 이름이다."[40]

시에예스가 몰아내려고 했던 '프랑스의 알제리인', 거기서 프롤레타리아트의 주체성이 생산된다. 프랑스인도 아니고, 알제리인도 아니고, '프랑스-알제리인'으로서. 프롤레타리아트는 다양한 특이성들의 '함께-함'이며, 그 '함께-함'을 통해 끊임없는 변형을 겪는 다양체다. '프롤레타리아트의 이데올로기', '프롤레타리아트에 고유한 보편적 담론'을 맑스가 정식화할 수 없

---

39) 칼 맑스, 「고타강령초안 비판」, 『선집』 4, 이수흔 옮김, 380쪽.
40) 자크 랑시에르, 『정치적인 것의 가장자리에서』, 202쪽.

었다는 게 발리바르가 말하듯 일종의 '무능력'일까.41) 나는 그렇게만 보지 않는다. 부르주아지의 '내셔널리즘'과 달리 프롤레타리아트의 '인터내셔널리즘'은 자기동일성의 표상을 불가능하게 한다. 국가(사회주의국가)나 당, 조합 등의 조직이나 기구들이 프롤레타리아트에 대한 단일성의 이미지를 상상케 하는 것이 사실이지만 거기에는 프롤레타리아트가 없다. 프롤레타리아트는 특이적인 것들의 '함께-함', 다시 말해 특이성들의 공동행동이다. 중요한 것은 공허한 보편 표상이 아니라(가령 '우리는 모두 노동자'), 서로 다른 특이성들이 조건이나 소속, 계약 없이, 데리다가 제안한 '새로운 인터내셔널'의 표현을 빌자면 "이음매가 어긋난 채로,"42) 연대할 수 있는 구체적인 기술을 찾는 것이다.(가령 이주노동자와 자국노동자가 어떻게 노조를 함께 꾸릴 수 있을까.)

5. 우리 시대 프롤레타리아트의 생성

이로써 '우리 시대 프롤레타리아트에 대한 물음'과 관련하여 다음과 같은 사실이 분명해진다. 먼저 프롤레타리아트는 직업으로서의 노동자계급을 지칭하는 말이 아니다. 인터내셔널리즘을 프롤레타리아트의 주체 구성 원리로 받아들인다면, 프롤레타리아트를 사회학적으로 특정화할 수 있는 정체성으로 부르는 것은 불가능하다. 따라서 우리 시대 프롤레타리아트를 묻는다는 것은 노동자에 여러 소수자들을 결합시킴으로써 노동자계급의 외연을 넓히는 문제가 아니다. 오히려 노동자계급 자체의 전화, 그것의 프

---

41) 에티엔 발리바르, 「붙잡을 수 없는 프롤레타리아트」, 『대중들의 공포』.
42) 자크 데리다, 『마르크스의 유령들』, 진태원 옮김, 이제이북스, 2007, 173쪽.

롤레타리아적 생성[프롤레타리아트화]이 필요하다.

또 프롤레타리아트가 '시대적 비시대성'(Unzeit)의 자본주의적 형태[즉 탈형태]라면, 우리 시대 프롤레타리아트에 대한 물음은 당연히 자본의 편제 및 축적 방식의 변화와 긴밀히 연동될 수밖에 없다. 노동자계급이 프롤레타리아트와 동일시된 것은 그들이 가치의 생산자, 역사의 주인공이기 때문이 아니라, 가치의 전도자, 역사 해체의 주인공일 수 있는 한에서, 시대 한복판의 반란자일 수 있는 한에서다.

프롤레타리아트의 현재적 구성을 우리는 어떻게 생각해야 할 것인가. 이제 '외부'와 '내부'의 구별은 쉽지 않다. 국민경제학자들이 '경제 외부의 유령들'로 치부했던 사람들은 이제 거의 남아 있지 않다. 외부의 유령들 대부분이 이미 내부에 들어와 있다. 가령 중증장애인들의 노동은 시장에서 상품으로서 인정받기 어렵지만, 그들의 신체는 돌봄 시장에서 중요한 상품이 된다. 장애인수용 복지시설들은 한 사람 당 계산되는 정부지원금을 받기 위해 이들을 한 명이라도 더 수용하려고 한다. 여성들이 전통적으로 관여했던 생명의 생산과 돌봄 영역도 자본축적의 주요 분야가 되고 있다. 게다가 최근 금융위기는 주택을 잃은 홈리스, 학자금 대출로 파산한 학생들 역시 더 이상 외부의 유령들이 아님을 보여준다. 홈리스들의 주택 투쟁이나 학생들의 학자금 투쟁은 노동자들의 임금 투쟁만큼이나 중요한 프롤레타리아트 투쟁이다. 현대 자본이 끊임없이 증식시키고 있는 사람들, 비정규직 노동자들, 홈리스들, 장애인들, 여성들, 고학력 실업자들, 아르바이트생들은 더 이상 외부적이지도 부차적이지도 않다.

끝으로, 우리 시대 프롤레타리아트에 대한 물음은 발견에 대한 물음이 아니라 생성에 대한 물음이어야 한다. 다양한 맥락에서 자본 관계에 편입되고 있는 존재들이 그 관계를 해체시킬 수 있는 연대를 창출하는 것, 우리는 그 연대에 프롤레타리아트라는 이름을 사용할 수 있을 것이다. 자기 이익의 단순한 방어가 아니라, 자기정체성을 넘어서는 것. 그것이 프롤레타리아트의 생성, 즉 프롤레타리아트화라고 할 것이다. 프롤레타리아트의 인터내셔널리즘은, 가령 한국노조와 외국노조의 국제적 연대를 논하기 이전에, 한국 안에서 한국노동자와 이주노동자가 하나의 노조를 건설하는 시도 속에서 구현된다.43) 인터내셔널리즘은 모든 차이들, 모든 정체성들을 가로지르는 이름이다. 가령 2006년 프랑스 학생들이 최초 고용 시 2년에 자유로운 해고를 가능케 한 '최초고용법'에 맞서 싸웠을 때, 즉 교육문제가 아닌 노동문제를 자기문제로서 대면하고 싸웠을 때, 그들은 자기 삶 안에서 '학생-노동자'의 인터내셔널리즘을 체험하게 된다.

맑스와 엥겔스는 『선언』에서 "노동자들의 투쟁의 진정한 성과는 직접적인 전과(戰果)가 아니라 노동자들의 확대된 단결"44)이라고 말한 바 있다. 프롤레타리아트 투쟁의 진정한 성과는 단결, 즉 프롤레타리아트 자신의 구성에 있다. 잘 알려진 이야기지만 맑스는 자본의 증식을, 산 노동이라는 생혈을 빨아먹는 흡혈귀로 묘사한 바 있다. 그러나 자본주의 사회에는 또 다른 흡혈귀가 존재하는데,45) 그것은 자본만큼이나 무서운 속도로 증식하는 프롤레타리아트이다. 고대 로마에서의 용법 그대로, 프롤레타리아트는 이름 없이 번식하는 자들이다. 그런데 이들의 증식은 매우 횡단적이다. 단

---

43) 한국노동자와 이주노동자가 하나의 노조를 구성하고 함께 싸우는 대구 성서공단 노조가 한 예일 수 있겠다.
44) 칼 맑스 & 프리드리히 엥겔스, 『공산주의당 선언』, 선집 1, 409쪽.
45) 하트와 네그리는 "다중의 살의 괴물스럽고 과도하며 통제되지 않은 성격을 표현하는 형상"으로 흡혈귀를 든 바 있다. 마이클 하트·안토니오 네그리, 『다중』, 조정환·정남영·서창현 옮김, 세종서적, 2008, 239쪽.

지 물리는 것만으로, 접속하는 것만으로 새로운 번식이 일어난다. 성별도, 국적도, 직업도 상관없이 그들은 자본주의 사회를 위협하는 괴물들이 된다. 우리 시대 프롤레타리아트에 대한 물음은 한마디로 자본주의를 위협하는 이 괴물스러움의 증식을, 지금 여기서 생각하는 것이다.

02

금융위기와 다중지성의 코뮌
—절대지대와 절대민주주의 사이에서의 금융

조정환_자율평론

머리말

▨ 문 제

2007년부터 드러난 서브프라임 모기지 위기[1]는 2008년 9월 이후 세계적 금융위기[2]로 비화되었다. 곧 이 금융위기의 성격이 무엇인가를 둘러싼 집단적 연구와 성찰의 작업들이 이루어졌다. 이 작업들에 경향적 차이가 나타

---

1) 신용조건이 가장 낮은 사람들을 상대로 한 고리의 대출프로그램인 서브프라임모기지론은 주택가격 하락과 금리상승을 맞아 대출자들이 대출금을 상환하지 못하게 되면서 2007년 4월 미국 2위의 서브프라임 모기지 회사인 뉴센츄리 파이낸셜의 파산신청, 2007년 8월 아메리칸 홈 모기지 인베스트먼트(AHMI)의 파산 등으로 그 위기를 드러냈다.

2) 2008년 9월 6일 미국 재무부는 주택시장 침체와 모기지 손실로 유동성 위기에 직면한 양대 국책 모기지 업체 패니메이와 프레디맥을 국유화했고 그해 9월 15일에는 투자은행 리먼 브러더스가 파산 신청을 했으며 11월 10일 미국 재무부와 연방준비제도 이사회(FRB)는 AIG에 1,500억 달러 규모의 구제금융을 지원하기로 했고 씨티그룹에 미국 정부가 3,000억 달러를 보증하고, 450억 달러의 공적자금을 투입하기로 결정했다. 이러한 금융부문 위기는 생산부문에도 영향을 미쳐 2008년 12월 10일 미국 하원은 미국 자동차 빅3인 GM, 포드, 크라이슬러에 대한 지원 계획을 논의했지만 부결되었다. 이러한 사태의 파장은 2009년 1월 28일 아이슬란드 연립 정부의 붕괴 등으로 서유럽, 동유럽, 아시아 등지까지 확산되었다.

나는 것은 자연스러운 일이었다. 크게 보아 이 위기를 바라보는 우파의 시각은 자본축적 중심의 실증주의적인 것이었다. 금융인가 실물인가를 떠나서 축적을 지속가능하게 만들 방법이 무엇인가에 관심의 초점이 모아졌기 때문이다. 반면 좌파의 시각은 금융위기를 금융적 축적의 종말로 보면서 (개혁 혹은 혁명을 통해) 실물 중심의 생산재편을 제안하는 쪽으로 모아졌다. 예컨대 윤소영은 민스키를 따라 금융적 축적을 지속불가능한 사기축적이라고 파악하며[3] 로렌 골드너는 금융적 축적을 가공의 축적으로 파악한다.[4] 이러한 관점에서 강조되는 것은 금융적 축적의 부정적 측면들(비실물성, 가공성, 투기성, 사기성)이다. 정성진은 금융적 축적을 이윤율 저하를 막기 위한 임시방편이었던 것으로 이해하고 따라서 금융적 축적의 붕괴는 신자유주의의 위기일 뿐만 아니라 자본주의 그 자체의 위기라고 주장한다.[5] 아리기는 금융위기 상황에서 더 이상 미국이 모범적 경제모델일 수 없고 중국이 모범적 경제모델로 되었다고 이해하는데[6] 이 시각에서도 금융이 부정되고 산업생산이 긍정된다. 결국 좌파적 관점의 대부분은 금융을 사기, 허구, 방편으로 이해하며 금융위기는 그러한 축적양식의 붕괴를 의미하는 것으로 해석하는 경향이 있다. 여기에는 금융에서 실물로의 산업구조

---

3) 윤소영, 「2007-08년 금융위기」, http://www.pssp.org/bbs/download.php?board=document&id=1570&idx=1&JINBOSESSIONID=3db545bd0a74be04a9bd4c98ecd2187a

4) Loren Goldner, "The Biggest 'October Surprise' Of All: A World Capitalist Crash." http://home.earthlink.net/~lrgoldner/october.html 이 글은 「가장 거대한 '10월의 충격': 세계 자본주의의 파열」이라는 제목으로 『문화/과학』 57호, 2009년 봄, 354-387쪽에 번역되어 실려있다.

5) 정성진, 『21세기 대공황과 마르크스주의』, 책갈피, 2009, 266-272쪽 참조.

6) "The Rise of East Asia and the Withering Away of the Interstate System," in Neil Brenner et al., *State/Space* (Blackwell, 2002)에서도 표현되는 지오바니 아리기의 이러한 생각은 *Adam Smith in Beijing: Lineages of the Twenty-First Century* (Verso, 2007)에서 체계적으로 정식화된다.

전환이라는 대안이 내포되어 있는데 이 전환은 자본가계급이 아니라 노동계급에 의해 혹은 중국과 같은 사회주의에 의해 실행될 수 있다는 생각도 명시적이거나 암묵적인 주장으로 수반된다.

나는 이러한 생각들에 몇 가지 문제가 있다고 본다. 첫째 금융화와 그 위기에 이르는 자본주의의 운동을 **자본의** 자기운동의 관점에서만 해석한다는 것이다. 다시 말해 실물적 축적에서 금융적 축적으로의 이행 및 금융적 축적의 위기의 도래에서 아래로부터 **노동의** 투쟁이 수행하는 역할에 대한 서술이 누락된다.[7] 즉 자본주의의 운동 속에서 계급투쟁이 수행하는 역할이 누락되거나 사후적 과제로서만 개입된다. 둘째 이와 긴밀하게 연관된 것으로, 문제의 초점을 **금융자본** 대 **생산자본**의 차이에서 찾으면서 자본 대 노동의 적대를 도외시하거나 혹은 외삽한다. 나는 생산자본이 산업노동을 착취하고 재현하는 자본형태이듯이 금융자본도 노동을 착취하고 재현하는 특수한 자본형태로 파악할 필요가 있다고 본다. 이럴 때 금융자본은 전지구적 수준에서 사회화되고 공통화된 노동을 착취하고 재현하는 자본형태로 이해될 것이다. 그렇기 때문에 나는, '금융자본에서 생산자본으로'라는 생각은 현대의 재구성된 노동과 생산관계를 적실하게 파악하지 못함으로써 나타나는 일면적이고 시대착오적인 방향제시라고 보며, 금융자본 헤게모니 하의 자본관계들의 근본적 변형과 금융자본에 예속된

---

7) 산업부문과 금융부문을 실물적/금융적, 생산적/기생적, 실재적/허구적 등으로 대비하는 것은 엄밀한 의미에서는 타당하지 않다. 왜냐하면 금융부문에서의 축적도 축적의 맥락에서는 실제적, 실물적일 뿐만 아니라 가치생산적이기 때문이다. 알랭 바디우가 최근의 금융위기에서 무엇이 실재적이고 비실재적인 것인지를 논하는 것은 이런 이유에서이다 Alain Badiou, "De quel réel cette crise est-elle le spectacle?", *Le Monde*, 17 octobre 2008. http://www.lemonde.fr/opinions/article/2008/10/17/de-quel-reel-cette-crise-est-elle-le-sp ectacle-par-alain-badiou_1108118_3232.html

채 그것에 저항하는 노동의 분열적 위치를 극복할 실제적 침로를 찾는 것이 중요하다고 본다. 이런 관점에서 나는 생산자본 헤게모니의 재구축보다 다중지성의 코뮌의 삶정치적 구축이 대안적이라는 생각을 제시할 것인데, 이를 위해서는 금융을 신용의 차원으로 해체하고, 다시 신용을 인간들 사이의 협력의 차원으로 해체하면서 이 수준에서부터 대안을 더듬어 구축해 나가는 것이 필요하다.

■ 쟁 점

앞서 언급했다시피 오늘날 금융위기에 대한 좌파의 많은 연구들에서 공통적으로 눈에 띄는 것은, 금융자본은 가공적이고 기생적이고 투기적이고 사기적이라는 비판이다. 금융자본이 이러한 측면을 갖고 있다는 것은 사실이다. 하지만 이러한 시각은 일면적이다. 그 일면성으로 말미암아 그 비판은 금융자본의 이중성을 인식할 수 없게 하며 금융위기가 가리키고 있는 역사적 전진의 방향을 식별하기 어렵게 만든다. 여기서 잠시 신용의 이중성에 대한 맑스의 생각을 참조하면서 금융자본의 이중성을 유추해 보자.

신용은 개별자본가—또는 자본가로 될 수 있는 사람—에게 일정한 한계 안에서 타인의 자본과 소유, 그리하여 타인의 노동에 대한 절대적인 지배력을 제공한다. 자기자본이 아니라 사회자본에 대한 지배력은 자본가에게 사회적 노동에 대한 지배력을 준다. 어떤 사람이 실제로 소유하고 있는 자본—또는 세상 사람들이 그가 소유하고 있다고 생각하는 자본—은 신용이라는 상부구조를 위한 토대로 될 뿐이다. 이것은 특히 도매업—사회적 생산물의 대부분이 이것을 통과하고 있다—에서 그러하다. 모든 척도들—자본주의적 생산양식 안에서 다소간 시인되고 있었던 모든 변명이유들—이 지금은 사라져 버린다. 투기상 인이 도박에 걸고 있는 것은 자기 자신의 소유가 아니라 사회적 소유이다. 자본의 기원이 저축이라는 이야기도 역시 불합리하기 짝이 없다. 왜냐하면 투기꾼은 바로 타인들이 자기를 위하여 저축해 줄 것을 요구하고 있기 때문이 다. 생산수단은 사회적 생산의 발달에 따라 사적 생산의 수단이나 생산물이기 를 멈추며 결합된 생산자들의 사회적 생산물임과 동시에 그들의 수중에 있는 생산수단, 이리하여 그들의 **사회적 소유**로서만 존재할 수 있을 뿐이다. 그러 나 자본주의 체제 그것 안에서는 이러한 수탈은 소수인에 의한 사회적 소유 의 취득이라는 반대의 형태를 취하여 나타난다. 그리고 신용은 이 소수인에게 **순수한 사기꾼의 성격**을 점점 더 부여하고 있다. 소유권은 이제 주식의 형태 로 존재하기 때문에 소유권의 동향과 이전은 증권거래소의 투기의 결과일 따름인데, 증권거래소에서는 작은 고기들이 상어의 밥이 되고 양은 거래소 이리들의 밥이 된다. 주식회사제도에서는 낡은 형태—즉 사회적 생산수단들이 개인적 소유로서 나타나는 낡은 형태—와의 대립이 이미 존재한다. 그러나 주식이라는 형태로의 전환은 아직도 자본주의적 한계 안에 붙들려 있는 것이다. 왜냐하면 이 전환은 **사회적 부로서의 부의 성격**과 **사적 부로서의 부의 성격** 사이의 대립을 극복하기는커녕 이 대립을 새로운 형태로 전개시키고 있을 뿐이기 때문이다.8)

맑스에 의하면 신용의 발전은 사회적 생산의 발달에 따라 생산수단이 사적 생산의 수단이나 생산물이기를 멈추고 결합된 생산자들의 사회적 생

---

8) 칼 마르크스, 『자본론』 III, 김수행 옮김, 비봉출판사, 1990, 539-540쪽(강조는 인용자).

산물이자 그들의 사회적 소유로 되는 발전단계를 전제로 한다. 그것이 주식회사(나 금융자본)처럼 소수의 사람들에 의한 사회적 소유의 취득과 수탈이라는 형태를 띠고 나타나는 것은 자본주의적 사회관계 때문이다. 자본주의 체제에서 신용은 이 소수의 사람들에게 순수한 사기꾼의 성격을 부여한다. 하지만 그것은 전혀 다른 일면을 동시에 갖는다.

신용제도가 과잉생산과 상업에서의 **과도투기**의 **주요한 지렛대**로 나타난다면, 그것은 다만 그 성질상 탄력적인 재생산과정이 이 경우에 그 극한까지 강행되기 때문이다. 그리고 [재생산과정이-옮긴이] 이렇게 강행되는 것은 **사회적 자본의 큰 부분**이 그것의 소유자가 아닌 사람들에 의하여 사용되기 때문이다. 즉 자본의 소유자는 자기의 사적 자본을 사용할 때 그것의 한계를 소심하게 타산하는 데 반하여 이 비소유자들은 소유자들과는 전혀 다른 방식으로 사물을 처리하기 때문이다. 이리하여 다음과 같은 사실이 명백하게 된다. 즉 자본주의적 생산의 대립적 성격에 바탕을 둔 자본의 가치증식은 생산의 현실적인 자유로운 발전을 오직 일정한 한계까지만 허용하며 따라서 사실상 생산에 대한 내재적인 질곡과 장애를 구성하고 있는데, 이 질곡과 장애가 신용제도에 의하여 끊임없이 파괴된다는 것이다. 따라서 신용제도는 생산력의 물질적 발전과 세계시장의 형성을 촉진하는데, 이러한 것들을 새로운 생산형태의 물질적 기초로서 일정한 수준에까지 끌어올리는 것이 자본주의적 생산양식의 역사적 임무이다. 동시에 신용은 이 모순의 격렬한 폭발—즉 공황—을 촉진하고 이리하여 낡은 생산양식을 해체하는 요소들을 강화한다. 신용제도에 내재하는 이중적 성격—즉, 한편에서는 자본주의적 생산의 동기(즉 타인노동의 착취에 의한 치부)를 가장 순수하고 가장 거대한 도박과 사기의 제도로까지 발전시키고 사회적 부를 수탈하는 소수인의 수를 점점 더 제한한다는 성격, 그러나 다른 한편에서는 새로운 생산양식으로의 이행형태를 구성한다는 성격—은 로(Law)로부터 페레류(Pereire)에 이르기까지의 주요한 신용주창자들에게 사기 꾼과 예언자를 잘 혼합시킨 성격을 주고 있다.9)

신용제도는 이중적이다. 그것은 한편에서는 타인노동의 착취에 의한 치부를 가장 순수하고 가장 거대한 도박과 사기의 제도로까지 발전시키고 사회적 부를 수탈하는 소수인의 수를 점점 더 제한한다. 이와 동시에 그것은 생산력의 물질적 발전과 세계시장의 형성을 촉진하고, 이것을 새로운 생산형태의 물질적 기초로서 일정한 수준에까지 끌어올리며 새로운 생산양식으로의 이행형태를 구성하도록 만든다. 공황은 신용제도에 의해 촉진된 자본주의적 생산의 모순이 격렬하게 폭발하면서 낡은 생산양식을 해체하는 것으로 작용한다. 맑스에 의해 강조된 신용의 이 이중적 역할 중에서 오늘날의 좌파에 의해 일면적으로 강조되고 있는 것은 전자, 즉 수탈적 치부, 도박과 사기의 제도화, 수탈하는 자의 소수화와 사회적 양극화이다. 반면 신용과 금융자본의 발전이 가져오는 생산력의 물질적 발전, 세계시장의 형성, 새로운 생산형태의 물적 기초의 형성과 새로운 생산양식으로의 이행에 대한 촉진에 대해서는 거의 완전히 침묵하고 있는 것이 현재의 금융위기에 대한 접근방식들의 공통분모이다.

▥ 방 법 론

이 일면성을 극복하기 위해서는 무엇보다도 금융위기를 이행의 관점에

---

9) 같은 책, 542-543쪽(강조는 인용자).

서 주체적으로 바라볼 필요가 있다. 이러한 관점의 몇 가지 방법론적 특징을 정식화해보자.

첫째 이행은 자본의 자기운동의 관점에서는 제대로 이해될 수 없고 자본의 운동을 활력의 자기운동의 효과로 이해함으로써 비로소 제대로 이해될 수 있다. 이행은 표면적으로는 자본주의적 생산양식이 스스로 다른 생산양식으로 이행하는 것처럼 보이지만 실제로는 **다중의 활력과 욕망의 자기운동**이 이러한 이행의 형태를 취하는 것으로 이해해야 한다.10) 이것은 금융위기를 주체적으로, 주체성과의 연관 속에서 바라볼 것을 요구한다. 금융이란 무엇인가, 금융위기는 왜 발생하는가, 그것은 왜 지금 세계적 경제위기로 발전하는가, 그것은 왜 다중의 삶의 위기로 나타나는가, 그 위기의 역사적 의미는 무엇인가, 위기 앞에서 우리는 무엇을 해야 하는가 등등의 문제들은 우리 시대의 노동하는 사람들, 서브프라이머들, 가난한 사람들, 빚진 사람들, 즉 다중들의 입장에서 그리고 다중들의 삶의 해방과의 연관관계 속에서 고찰되어야 한다.

둘째 금융위기는 자본운동의 모순의 발현이면서 동시에 다중의 집단적 활력이 직면한 한계와 문제의 표현방식이기 때문에 이것에 대한 분석은 이 위기를 기회로 전환시킬 삶정치적 가능성을 찾는 일과 더불어 수행되어야 한다. 요컨대 신용제도는 자본이나 토지소유 형태의 사회적 생산수단이 사적 개인에 의해 독점적으로 소유되는 자본주의 생산양식의 투기적이고 사기적인 발전을 전제로 하면서도 다른 한편으로는 그 생산양식을 가능한 한의 최고·최후의 형태로 발달시키는 추진력이라는 관점에서

---

10) 안토니오 네그리, 『맑스를 넘어선 맑스』, 윤수종 옮김, 새길, 1994의 8장 '공산주의와 이행' 참조

분석되어야 한다.

셋째 금융자본과 생산자본의 구분은 과거처럼 선명할 수 없다. 자본주의적 축적은 삶시간으로부터 노동시간의 분리와 그 노동시간의 (필요노동시간과 잉여노동시간으로의) 분절을 통한 잉여가치의 창출에 기초한다. 그런데 삶의 모든 영역이 노동으로 되어 노동이 자본에 총체적으로 포섭된 시대에 축적은 오히려 전지구적 노동협력체 그 자체에 대한 자본의 형식적 포섭을 통해서 달성되는 구조를 취한다.11) 자본은 점점 노동의 계획자, 관리자, 고용자로서보다는 오히려 사회적 자본의 지배자이자 실질적 소유주로서, 가상적 믿음의 생산자로서, 화폐명령의 발동자로서만 기능하는 경향이 있기 때문이다. 이럴 때에는 생산자본조차도 투기적 성격을 띠게 되며 대부자본, 신용자본, 금융자본과 구분하기 어렵게 된다.12) 그러므로 **생산자본과 금융자본의 차이보다는 그것들의 연계성과 내적 공통성을 주목하면서 다중의 생산협력체와 그것들이 맺는 관계를 분석의 중심에 놓아야 한다.**

넷째 이번의 금융위기를 가져온 서브프라임 과잉신용은 그 자체로 자본이 기존의 한계를 넘어서까지 생산과정을 팽창시키는 과정을 수반했다. 서브프라임 대출상품의 증권화와 보험화를 통해 신자유주의적 세계화가 가일층 가속되고 세계시장이 실질화된 것은 그 결과이다. 이로 인해 도래한

---

11) 여기서 나는 형식적 포섭을 생산과정에 대한 외부적 포섭으로, 실질적 포섭을 생산과정에 대한 내부적 포섭으로 정의한다. 이런 맥락에서 금융자본과 생산과정과의 관계는 외부적이고 그래서 그 포섭은 형식적이다. 하지만 내외부의 경계는 과거의 형식적 포섭과 실질적 포섭에서처럼 명확한 것은 아니다. 뫼비우스의 띠에서처럼 외부가 내부적 외부로 내부가 외부적 내부로 되는 것이 총체적 포섭에서의 내외부의 관계양상이다.
12) 오늘날 자본에 의해 금산분리의 완화를 위한 법적 개혁이 주장되고 있는 것은 이러한 사태의 반영이다.

금융공황은 비금융적 생산자본으로의 회귀를 재촉하는 사건으로서보다는 소수인들에 의한 사적 소유나 소유 독점을 넘어서는 새로운 사회의 필요를, 즉 자본주의적 생산양식을 넘어서는 아래로부터의 실제적 변형의 필요를 제기하는 것으로 받아들여야 할 것이다.

다섯째 신용자본은 가공적 가치청구권으로서 가치형성의 잠재력을 전제로 한다. 자본의 대부는 그것을 기초로 새로운 생산과정이 개시되고 그것으로부터 가치가 발생할 것에 대한 기대와 약속을 전제로 이루어지기 때문이다. 신용제도는 이 가상적인 새로운 생산과정에 대한 포섭방식이며 이자는 그로부터 발생할 가치에 대한 청구권이다. 그런데 이 새로운 생산과정은 신용자본의 통제 밖에 있다. 따라서 이자청구권은 자신의 외부에서 기능할 생산과정에 대한 포획수단이다.

자본주의의 인지적 전환과 금융자본

자본주의의 역사와 인지자본주의

인지자본주의의 역사적 위치와 노동의 재구성

인지자본주의는 상업자본주의를 대체한 산업자본주의가 탈산업주의적 이행을 겪은 이후의 자본주의, 즉 자본주의의 세 번째 단계를 지칭한다.[13] 산업주의 단계에서 자본가들은 산업노동에 의해 생산된 가치의 일부, 즉 잉여가치를 전유하기 위해 노력했다. 자본은 축적 위기를 극복하기 위하여 점점 더 많은 삶의 영역들을 새로이 자본관계 속으로 흡수한다. 물질노동을

---

13) 인지자본주의의 역사적 위상에 대해서는 Yann Moulier Boutang, et al., *Le capitalisme cognitif: La Nouvelle Grande Transformation* (Amsterdam, 2007), pp. 224-225 참조.

삶으로부터 분리시켜 흡수한 산업자본주의가 과잉생산의 위기에 처했을 때 자본은 비물질노동(지식, 정보, 정동, 소통)을 자본관계 속으로 흡수하는 것을 통해 그 위기를 극복하려 했다. 이후 노동은 인지활동을 중심으로 재편되고 재구성된다. 자본주의적 노동의 전통적 형태들이 유지되긴 하지만 그것의 전일성(專一性)은 부식되고, 그것의 전개양상도 변형된다. 비물질노동이 오히려 헤게모니적인 위치를 획득하면서 생산적 노동은 새로운 성질을 획득하며 노동조직도 이에 따라 크게 변형된다. 산 노동은 직접적으로 사회적이며 직접적으로 소통적인 것으로 된다. 노동의 **언어학적 선회**가 이루어지는 것이다.14)

언어적 상호작용, 프로그램화, 지성화가 노동의 주요한 특징으로 된다. 이에 따라 과거에 공장에 집중되었던 노동의 장소성이 탈각되어 노동의 장소는 경직되기보다 유연하고 확정적이기보다 불확정적이며 지역적이기보다 범역적인 것으로 된다. 그래서 오늘날 생산의 공간은 공장이 아니라 메트로폴리스(거대도시복합체)라고 말하는 것이 더 적합하다. 시간의 측면에서도 커다란 이동이 있다. 산업노동은 시작과 끝을 갖는 노동활동이었다. 하지만 인지노동은 시작과 끝을 갖지 않는 노동이며 신체, 정동, 지성 모두가 사회적으로 맺는 관계활동들 자체로서 삶의 시간 전체와 관여한다. 그것은 산업활동기에 생산시간 외부에 속했던 휴식시간을, 현재시간뿐만 아니라 미래시간을, 깨어있는 시간뿐만 아니라 꿈꾸는 시간을, 요컨대 사람들의 삶시간 전체를 생산시간 속으로 끌어들인다.

---

14) Bernard Paulré, "Finance et accumulations dans le capitalisme post-industriel," *Multitudes*, n° 32 (printemps 2008), p. 79.

인지자본주의는 산업자본주의와는 다른 통제양식을 요구한다. 푸코, 들뢰즈, 네그리 등의 저자들은 이것을 훈육체제에서 통제체제로의 이행이라는 말로 표현하곤 했다. 통제체제는 유연하고 변조적이며 파동적인 네트워크의 방식으로 비물질화되고 소통화된 사회적 노동과정을 조직한다. 우리는 앞서 금융자본의 포섭이 형식적 포섭의 형태를 취한다고 했지만 동시에 그것의 포섭은 총체적이기도 하다. 그래서 금융자본의 통제권력은 노동과의 직접적 대면 속에서 노동에 규율을 부과했던 훈육권력과는 달리, 직접 노동과 대면하지도 않고 생산과정에 참가하지도 않지만 변조와 파동의 방식으로 노동과 삶에 결을 새기고 의미를 부여하며 방향을 제시하는 권력, 즉 삶권력으로 된다. 삶권력도 삶의 창조적 활동성을 포획하고 수탈한다. 이런 의미에서 이것도 잉여를 착취한다고 할 수 있다. 하지만 그것은 필요노동시간과 잉여노동시간의 척도적 구분을 통해 착취할 수는 없다. 왜냐하면 비물질화되고 소통화된 생산적 노동이 생산하는 잉여는 산업적인 생산적 노동의 생산물과는 달리 측정할 수 없는 것이기 때문이다. 그래서 삶권력은 창조성이 권력의 틀을 벗어나지 못하도록, 아니 그것이 권력을 욕망하도록 하는 방식으로 창조성을 포획하고 그것을 가치화한다.

인지자본주의에서의 축적

그렇다면 인지자본주의에서 축적이란 무엇을 의미하는가? 첫째로 축적되는 잉여는 노동시간의 축적이 아니라 지적이고 정동적인 창조성의 축적이다. 이것의 축적은 생산이 실행되는 곳에서 직접적으로 실현된다. 이것은 실재적이면서 비물질적인 축적이다. 둘째 이 창조성의 축적은 **화폐적**

축적과 분리되며 화폐적 투자를 필연적으로 함축하지는 않는다. 축적의 장소와 시간은 확장되어 기업 내부에서뿐만 아니라 외부에서도 축적은 이루어진다. 인지자본주의 하에서 기업적 화폐적 축적은 이 다변화된 축적의 활동들을 자신의 아래로 포섭하는 것을 통해 이루어진다. 이러한 포섭을 위해 기업적 축적은 대량화하기보다 경량화하며 고정화하기보다 유연화하고 내부화하기보다 외부화하며 실체화하기보다 가상실효화한다.

인지자본주의와 금융화

국가적 삶정치에서 금융적 삶정치로

금융화는 일반적으로 국내적 국제적 금융흐름의 증가, 기관 및 개인 주식 투자자들이나 금융기관들과 같은 금융 행위자들의 역할과 그 영향력의 증대, 기업 및 가계 부채의 증가로 생산과 소비가 공히 신용에 의지하게 되는 것, 연금소득의 증가와 그것의 금융자본으로의 변형 등의 현상과 더불어 사회의 모든 측면에서 금융적 동기들이 실물적 동기보다, 금융논리가 경제논리보다, '기업/개인-금융(주식)시장' 연계가 '기업/개인-은행' 연계보다 지배적으로 되는 현상을 일컫는다.15) 이러한 현상의 출현은 결코 우연적이거나 일과적인 것이 아니다. 이것은 1970년대에 개시되고 1980년대에 본격화되었으며 1990년대에 가속된, 생산에서의 포스트포드주의화와 유통에서의 신자유주의적 세계화에 수반된 축적의 새로운 양식의 도래를 보여준다. 신자유주의적 금융화를 통해 금융은 복잡화되며 축적은 전문적 행위자들의 개입에 의해 달성된다. 또 금융화는 축적양식의 변화만을 의미하지 않는

---

15) Ibid., p. 81.

다. 그것은 포드주의의 위기를 가져온 새로운 주체성을 통제하기 위한 새로운 통제양식의 도입을 의미한다. 이런 의미에서 금융화는 일종의 반작용이며 자본의 노동에 대한 정치적 응답이다. 그것은 포드주의 산업체제의 해체와 안락사, 산업으로부터 자본의 탈주를 통한 새로운 통제체제의 수립을 지향한다. 그것은 고정성과 경직성을 특징으로 하는 산업체제의 궁지에서 이동성과 탄력성을 통해 잉여가치를 획득하려는 자본의 혁신 노력을 표현한다. 노동과 직접 대면하지 않으면서 노동의 새로운 주체성을 통제하고 그것들의 능력을 포획하는 것이 그것이다. 그 결과 자본과 노동 사이의 적대는 새로운 형상을 취한다.

금융화는 국가권력에서 삶권력으로의 이행과 병행한다. 삶권력은 포드주의와 복지국가의 동맹 하에서 이미 나타났던 것이다. 특히 복지국가는 집단적 삶(생명)을 정치적 대상으로 삼았다. 금융화의 시대에 복지국가는 해체되며 임금과 보상, 집단적 소비 등은 개인화된다. 국가의 복지 대신 부채가 보상과 안전의 지배적 장치로 되면서 삶(생명)의 관리는 국가의 문제가 아니라 금융의 문제로 전환된다. 모든 사람들의 삶의 생산과 재생산이 국가, 조합, 공동체 등의 연대성 장치들이 아니라 각종각급의 신용과 부채에 의지하는 한에서, 그 결과 모든 개인들의 삶이 저축, 보험, 연기금, 이자와 배당 등을 매개로 금융체제에 종속되고 금융논리가 그들의 삶을 지배하는 한에서 금융은 그 자체가 바로 삶권력의 형태가 된다. 국가적 삶정치(케인스주의)에서 금융적 삶정치(신자유주의)로의 이행이 이루어지면서 모든 사람들은 자신의 창조적 능력을 현금화하고 자신이 현재와 미래에 필요로 하는 유동성을 확보하는 데 몰두하지 않을 수 없게 된다.

금융은 공통적인 것의 평가이다

산업자본주의에서도 금융영역은, 이자와 배당의 형식으로, 창출된 가치의 일부를 취득했다. 하지만 금융은 가치를 창출하는 것이 아니라 창출된 가치에 기생했다. 금융의 평가적 인지적 차원이 없었다고 할 수는 없지만 그것은 부차적이었다. 왜냐하면 가치는 주로 기업에서 창출되고 생산영역 내부에서 평가되었기 때문이다. 앞서 말했다시피 인지자본주의에서 가치는 기업 내외의 (특히 외부의) 다양한 원천들로부터 창출된다. 생산은 사회적이고 공통적이며 언어적이다. 어떤 행위자가 이 사회적 생산과정의 창조물의 일부 혹은 전체를 전유하고자 할 때 착취 혹은 수탈이 발생한다. 기업은 바로 이것을 하기 위해 만들어진 조직이다. 분명히 기업은 고용된 노동의 잉여노동시간을 착취하는 방식으로 축적할 수 없다. 그렇다면 어떻게 착취나 수탈이 가능해지는 것일까? 이 질문에 답하기 위해서는 금융이 어떤 기능을 수행하는지를 검토해야 한다.

금융이 수행하는 다양한 기능 중에서 가장 중요한 것은 미래에 대한 판단을 통합하는 재현 기능이다. 금융은 **협력적이고 공통적인 미래의 생산 능력을 평가하는 기능을 수행한다.**16) 매우 복잡해진 전지구적 시장에서 어떤 것이 생산적이고 어떤 것이 비생산적일지를 평가하는 역할은 금융에 맡겨진다. 이것은 전지구적 시장에서 소통되는 정보의 명확성과 적실성에 기초하지 않으면 안 된다. 금융은 정보, 분석, 종합, 판단, 평가, 의견형성 등의 형식들을 통해 일종의 믿음의 질서를 생산한다. 금융은 충실한 재현을 생산하는 것을 목적으로 삼지 않는다. 그것이 생산하는 것은 실재를 반영하는 담론들이라기보다 실재를 더 이상 반영하지 않는 **수행적 담론들**

---

16) Ibid., p. 87.

이다. 금융적 판단과 의견이 실재로부터 분리되는 것은 공통적이고 사회적인 미래 생산이 창조성에 의해 규정되는 한에서 그것을 재현하는 것이 실제로는 곤란하거나 불가능하기 때문이다. 그래서 금융은 공통적이고 창조적인 미래의 생산에 대한 비재현적 수행적 평가를 통해 특정한 금융행위에 대한 정당화와 믿음을 창출하는 기능을 수행한다. 이런 의미에서 금융은 경제적 행위이기보다 정치적 행위이다. 그것은 금융당국들, 금융전문가들, 금융관리인들, 요컨대 "권위있는" 사람들이 주도적으로 참여하여 특정한 방향(의 투자)에 대한 신뢰를 창출하고 여론을 확산시키고 행동들에 개입하는 정치적 행위이다. 이들 당국들, 전문가들, 관리인들은 주식거래와 중개 공간을 독점하면서 여론의 시장을 창출한다. 착취가 발생하는 것은 여기서이다. 금융은 언어행위이기 때문에 주식과 자산의 평가에서 금융외적 가치를 계산에 넣으면서 사회적 공통언어에 대한 평가와 통제를 수행하고 이를 통해 공통적인 것의 일부를 착취하거나 수탈한다.

금융시장: 통치의 새로운 형태, 혹은 외부성에 대한 통치

금융이 공통적인 것의 착취라는 사실을 간과하는 경우에 사람들은 금융적 축적이 실물적 축적을 어떻게 제약하는가라는 케인스주의적 도식에 따라 문제를 바라보게 된다. 실제로 이 도식에 따라 문제를 바라보면 금융적 축적의 증대과정이 실물적 축적의 하락 혹은 약화와 병행하는 현상을 발견하는 것은 쉽다. (산업자본가의 입장에서 보면) 이윤이 높아지는 경우에도 배당금의 지불이 늘어나기 때문이다. 하지만 이러한 시각은 오늘날 이른바 '실물적' 축적이 축적의 전부도 아니요 헤게모니적 부분도 아니라는 사실에 대한 무시로 인해 실제적 사태로부터 유리된다. 중요한 것은 금융적 축적

과의 구별 속에서 실물적 축적이 강화되는가 약화되는가를 살피는 것이 아니라 오히려 금융화가 인지적 노동의 창조적 능력의 축적을 제약하는가 촉진하는가를 이해하려고 노력하는 것이다.

18세기 중반 이래 지속된 평균 5%대의 높은 성장과 **산업화의 기적**은 두 가지 외부성에 대한 통제에서 얻어졌다. 그 하나는 19세기 중엽에 맑스에 의해 깊이 천착된 바의 외부성인 노동자의 부불노동이고 또 하나는 20세기 말엽에 생태주의 운동에 의해 주목되는 바의 외부성인 자연이다. 즉 노동착취와 생태파괴가 그 기적의 원천이었던 것이다. 1968 혁명과 노동거부 운동은 노동자의 부불노동이라는 외부성에 대한 통제가 더 이상 불가능하다는 신호였으며 1970년대에 나타난 두 번의 석유위기와 생태주의 운동의 등장은 자연이라는 외부성에 대한 통제가 어려워진다는 신호였다. 산업이 통제한 외부성들의 복수가 이러한 방식으로 나타났을 때 국민소득의 분할에서 이윤몫은 급격하게 축소되었다. 이로써 노동이라는 외부성과 자연이라는 외부성에 대한 산업적 통치는 종말을 고하게 된다.

신자유주의는 이러한 상황에서 새로운 **외부성**을 발명하고 그에 적합한 통치형태를 창출하기 위한 방법으로 탄생했다. 신자유주의적 세계화는 부불노동이나 자연자원의 착취를 자신의 핵심적 외부성으로 삼기보다는 지구에서의 삶의 보편적 조건인 생명권(biosphere)이나 인식 및 문화 교환의 보편적 조건, 즉 지식권(noosphere)을 자신의 핵심적 외부성으로 삼는다. 이렇게 해서 산업자본주의는 인지자본주의로 이행한다. 새로운 디지털 테크놀로지는 정신활동에서 반복적인 모든 것('1 수준의 인식'으로 부르자)을 디지털화하여 계산가능하게 만들면서 코드화된 인식의 상업적 가치를 떨어뜨리는 대신 주목, 돌봄, 지성, 혁신, 창조성('2 수준의 인식'으로 부르자)의 희소성을 새롭게 가치화한다. 인지자본주의가 가치화하고 착취하는 것은 노동시간의 지속이나 에너지의 단순한 지출 혹은 반복되는 정신활동(1 수준의 인식)이 아니라 독창성, 발명력, 창조성(2 수준의 인식)이다.[17]

그런데 경제적 가치실체의 이러한 변화와 인지적 축적은 몇 가지의 새로운 모순에 직면한다. 첫째 2 수준의 인식들은 코드화할 수 없고 상품들로 환원할 수 없다. 코드화는 2 수준의 인식을 1 수준의 인식으로 환원함으로써만 가능한데 이럴 때에는 2 수준의 인식에 고유한 특이성, 맥락화, 지성이 사라지기 때문이다. 둘째 디지털화된 1 수준의 인식들도 배타적으로 전유하기에는 난점이 있다. 그것들을 생산하는 데에는 때로 상당한 비용이 들지만 그것들의 추가적인 수적 재생산에는 거의 비용이 들지 않기 때문이다. 추가적인 수적 재생산의 한계비용이 거의 영에 접근하기 때문에 지적 소유권의 행사 자체가 인위적인 것으로 된다. 셋째 살아있는 노동 및 발명력을 예속시키기 위해서는 그것들을 코드화된 과정 속에 객관화해야만 하고 이것은 노동과정에 대한 통제를 필요로 하는데, 창조와 발명은 통제 속에서는 억제된다. 발명력은 그것의 주요한 생산도구(뇌)로부터 분리시킬 수 없고 완전한 프롤레타리아화가 불가능하다. 비물질노동은 네트워크에 의해 연결된 뇌들 사이의 협력과정이기 때문에 통제는 그 네트워크를 대상으로 이루어질 수 있을 뿐 노동력의 생산수단으로부터의 분리(즉 프롤레타리아화)를 통해 이루어질 수는 없다. 네트워크에의 자유로운 접근과 뇌들 사이

---

17) Yann Moulier Boutang, "finance, instabilité, et gouvernabilité des exteranalités," *Multitudes*, n° 32, p. 97.

의 협력은 인지자본주의의 설비재, 생산재이다. 이제 상품들을 생산하는 것보다 살아있는 것, 삶들, 신체들, 기관들, 삶형식들, 요컨대 생물적 사회적 삶의 재생산이 중요하다. 이 새로운 생산적 노동에 대한 포섭은 그것의 발명력을 생산과정 외부로 유출되는 생산물들 속에 응고시키는 것이 아니라 오히려 직접적인 행동들, 사건들로 되게 하면서 그것들을 시장에 흡수되지 않고 유지되는 외부성들로 통합하고 형식적(이지만 총체적)으로 포섭하는 것을 통해 이루어진다.18)

이러한 포섭을 달성하는 방법이 바로 경제의 금융화이다. 통화는 2 수준의 비물질적 활동들, 즉 발명력, 창조력, 혁신능력 등을 1 수준의 인식인 코드화된 인식으로 환원하지 않으면서 그것들을 형식적으로 포섭할 수 있는 형태이다. 발명력과 창조력은 그 자체로서는 화폐를 필요로 하지 않지만 자신들의 자율적 공간을 창출하기 위해서는 화폐를 필요로 하기 때문이다. 인식상품들의 가치는 그것을 재생산하는 데 필요한 사회적 노동시간에 의해 결정되는 것이 아니다. 발명력의 상호작용의 강도가 가치를 규정한다. 이 때문에 구글의 가치가 마이크로소프트의 가치를 초과할 수 있다. 이러한 가치는 영(한계적인 제로 비용)에서부터 통분할 수 없는 가치까지, 그리고 정치적 가격인 독점가격까지 오르내릴 수 있다. 석유가격의 불확실성보다 훨씬 더 큰 이 새로운 불확실성을 통치할 수 있게 하는 것이 바로 금융과 그것의 평가기능이다. 금융자본은 발명력들에게 화폐를 사용할 수 있게 하고 그로부터 이자, 수수료, 배당금 등의 형태로 사용료, 즉 지대(rent)를 받는다.19)

---

18) Ibid., p. 100.
19) Ibid., p. 100-101.

이자, 이윤, 임금의 지대화

맑스의 지대론과 금융화에서의 지대 문제

지대는 오늘날 토지에 고유한 것만도 아니고 금융에 국한된 것도 아니다. 많은 사람들이 안락사했다고 여겼던 지대는 21세기에 오히려 가장 중요하고 포괄적인 범주로 부활하고 있다. 이 문제를 생각해 보기 위해 먼저 맑스의 지대 개념에서 시작해 보도록 하자. 맑스의 가치론이 지대(rent)의 발생과 관련하여 직면한 문제는 다음과 같은 것이었다.

곤란은 다음과 같은 문제를 증명하는 데 있다. 즉 각종 자본들 사이에서 잉여가치가 평균이윤으로 균등화된 뒤에 다시 말하면 모든 생산분야에서 사회적 자본에 의하여 생산된 총 잉여가치를 각종 자본들이 그들의 상대적 크기에 비례하여 분배한 뒤에, 즉 분배될 수 있는 모든 잉여가치의 분배가 외관상으로는 이미 끝나버린 이후에 토지에 투하된 자본이 지대의 형태로 토지소유자에게 지불하는 부분은 어디로부터 나오는가라는 문제이다.[20]

맑스의 지대 분석은 지대의 문제가 노동과 연관되어 있는 부분과 노동의 범위 밖에 있는 문제를 동시에 제기한다는 것을 보여주었다. 즉 가치법칙의 안과 밖을 동시에 함축하는 것이 지대의 문제임을 보여주었다. 가치법칙 안에서 제기되는 지대유형들은 차액지대[21] 1, 2와 독점지대[22]이다.

---

20) 칼 마르크스, 『자본론』 III, 962쪽.
21) 차액지대(差額地代: Differentialrente)는 독점될 수 있는 자연력을 이용하고 있는 개별 자본의 개별적 생산가격과 그 생산부문에 투하된 자본의 일반적 생산가격의 차액으로 형성되는데, 비옥도 및 위치를 달리 하는 여러 토지에서 병행적인 동시적 경작이 행해

두 유형의 차액지대는 **가치법칙의 산물**이며 (특별잉여가치와 유사한) 잉여
가치의 일부이다. 독점지대 역시 그 원천은 잉여가치이다. 이것을 A 유형의
지대라고 부르자. 그런데 이와는 다른 유형의 지대가 있다. 실제의 임대차
관계에서는 최열등지에 대해서도 소유제한이 관철되고 토지소유자는 그곳
에 자본을 투하하려는 사람에게 지대지불을 요구한다. 이 때문에 농산물의
시장가격은 생산가격 이상으로 오르지 않으면 안 되는 것이며, 이 인상분을
통해 최열등지에도 지대지불이 가능하게 된다. 이와 같이 토지소유 그 자체
가 가격앙등을 창출하는 원인이 되는 바, 이처럼 토지소유의 독점이 산출하
는 지대가 절대지대(絶對地代: absolute Grundrente)이다. 절대지대는 가치
법칙 안에서 제기되면서 동시에 가치법칙의 외부로부터 영향을 받는
유형의 지대이다. 이것을 B 유형의 지대라 부르자. 이 유형의 지대는 본원
적 의미의 소유가 가치관계에 미치는 영향으로 인해 발생한다. 본원적
소유는 생산수단을 생산자로부터 분리시키려는 자본의 본원적 노력의 산
물이다. 이것은 일반적으로 1) 폭력과 공포 2) 은폐와 기만과 무지 3) 대중의
분열 등에 의해 창출되고 또 유지된다.

그런데 우리는 현대자본주의에서 A 유형(차액지대 및 독점지대)과 B
유형(절대지대)의 구분이 점점 희미해지고 모든 지대들이 B 유형의 절대
지대의 헤게모니 하로 수렴되며 그 속에서 생산되고 재생산되어가는 경향
을 목도한다. 그리고 이것이 가치법칙의 위기 혹은 종말이라는 상황을 빚어

진다고 하는 조건 아래서 형성된 것이 제1형태이고 이와 달리 여러 자본분량이 상이한
생산성으로서 계기적으로 동일장소에 투하된 경우에 생기는 차액지대는 제2형태라고
부른다.
22) 특정한 생산력을 갖는 토지의 독점과 토지소유의 독점을 구별할 필요가 있다. 전자의
독점에 기초해서 발생하는 것이 독점지대이고 후자의 독점에 기초해서 발생하는 것이
절대지대이다.

내면서 지배양식의 위기와 이행의 문제를 구성하는 것으로 나타난다.

금융과 연기금: 자본의 사회화와 임금노동자의 분열적 위치

생산적인 것은 삶 자체이다. 금융자본은 경제와 정치가 통합된 삶정치적 문맥 속에서 스스로를 **화폐의 본원적 소유자**로 권력화함으로써 지대를 수취한다. 기하급수적으로 증가하고 있는 금융 파생상품들은 미래와 그 이후의 예측불가능한 관계까지 포함하는 모든 차원의 삶시간(영원)이 금융적 포획의 대상이 되고 있음을 보여준다. 금융상품과 신용의 파생들(파생금융상품들)은 다중의 삶의 잠재적 협력흐름을 가치생산공정으로서의 노동으로 전환시키는 신용공학이다. 이렇게 금융자본은 전적으로 다중의 협력체, 공통체에 의존한다. 금융자본의 이익은 순수한 의미에서 이 현실적 잠재적 공통적인 것의 포획이며 투기는 영원성을 포획하는 하나의 방식이다. 오늘날 임금노동자들은 금융자본에 대항하면서도 다양한 뮤츄얼펀드와 연기금에의 자의적 혹은 타의적 참여를 통해 금융자본을 구성하기도 하는 분열적 상태에 놓여 있다. 오늘날 금융자본의 점점 더 큰 부분이 임금노동자들의 연기금과 보험금에서 충당된다는 사실은 역설적이게도 노동이 자신이 대항할 형태를 스스로 생산하고 있다는 것을 의미한다.[23]

이자가 화폐의 소유자에게 주어지는 지대라는 것을 이해하기는 쉽다. 그런데 오늘날 지대화하고 있는 것은 이자만이 아니다. 소득의 거대 범주들인 임금과 이윤도 지대화하면서 이들 사이의 경계들이 훨씬 더 모호하게 된다. 이제 이 점에 대해 간단히 살펴보자.

---

23) 이에 대해서는 프랑수아 셰네 엮음, 『금융의 세계화』, 서익진 옮김, 한울, 2008, 제6장 '글로벌 금융의 발흥에 있어서 앵글로 색슨계 연기금과 뮤추얼 펀드의 역할' 참조.

금융, 인지노동, 그리고 이윤의 지대화

인지자본주의에서는 잉여가치의 추출 양식이 근본적으로 변화한다. 인지적 생산에서 산 노동의 협력은 자율화하고, 금융자본이 이것에 (총체적 포섭관계 혹은 통제체제 속에서이지만) 점점 더 외부적으로 대립한다는 점에 대해서는 앞서 말했다. 자본은 삶의 시공간에서 확장되는 집단적 노동력의 생산적 협력에 점점 더 외적인 것으로 나타난다. 그래서 자본은 본원적 소유권력으로 전화하여 이 협력적으로 생산된 부를 지대의 형식으로 전유한다. 오늘날 저축은 증권과 배당 획득을 위한 집단저축으로서의 성격을 띠는데 이는 저축과 투자 사이의 경계, 심지어 저축과 투기 사이의 경계가 희미해지는 것을 보여준다. 예컨대 임금으로부터의 공제를 통해 축적되는 연기금에 대한 보상은 이중적 성격을 갖는다. 한편에서 그것은 화폐를 소유한 것의 효과로 귀속될 수 있는 이자의 형식이면서 이와 동시에 다른 한편에서는 연기금 형태의 저축이 직접 투자로 될 수 있는 한에서 타인의 잉여노동 시간에 대한 착취의 효과로 귀속될 수 있는 협의의 이윤이다. 요컨대 임금노동자의 저축에 대한 보상은, 자본이 추출하는 데 성공하고 또 이윤의 형태 하에서 전유하는 데 성공하는 잉여가치에 직접적으로 의존하면서 동시에 그것이 협력적인 사회적 생산과정에 외적이라는 점에서는 지대의 성격을 갖는다. 이 두 개의 범주를 추상하는 것은 가능하지만 그것들의 경계를 실제로 식별하는 것은 불가능하다. 우리가 이윤과 이자 사이의 경계가 흐려지고 있다고 말하는 것은 이 때문이다. 이런 상황에서는, 차라리 이윤과 이자가 지대 헤게모니 하에서 그것의 효과로서 발생되고 있다고 말하는 편이 나을 것이다.

임금의 개인화와 자본의 사회화 속에서 임금의 지대화

이런 현상은 임금에 대해서도 나타나고 있다. 오늘날 정규직의 임금노동자에게서 임금은 노동력의 사회적 재생산비를 넘는 **추가부분**을 포함한다. 왜냐하면 그 임금에는 연기금과 보험의 명분으로 주어지는 사회적 임금형태들이 추가되어 있기 때문이다. 우리는 이 추가부분이 잉여가치의 분유(分有)나 때로는 여성노동자, 불안정노동자, 이주노동자 등 현 시기의 서발턴 노동자들의 노동력의 사회적 재생산비로부터의 공제(控除)를 포함한다는 것을 알고 있다. 이런 식으로 획득되는 추가 임금부분을 임금지대라고 부를 수 있다.

새로운 것은, 오늘날 임금지대가 이중의 과정 속에서, 즉 **임금의 개인화와 자본의 사회화**라는 이색적이고 전도된 과정 속에서 발생한다는 것이다. 임금의 개인화는 사회적 복지의 해체과정에서 심화되며 노동계약의 협상양식의 개인화로 나타난다. 임금이 개인화하면 건강, 교육, 교통 등의 공공재에 대한 집단적 소비가 개인화하며 노동과 삶의 위험에 대한 보호도 개인적 보험논리에 따라 추구된다. 이에 반해 자본은 오히려 사회화하는데 자본이 개별 사회구성원들의 집단적이고 사회적인 저축(및 연기금)으로부터 형성되는 것이 그것이다. 임금노동자들 중의 일부(특히 정규직 노동자)는 자신의 임금 중의 일부를 소비하지 않고 저축할 수 있다. 왜냐하면, 이들은 자신들의 직접적 소비의 필요를 만족시킬 수 있는 비용 이상을 임금으로 받기 때문이다. 이들은 자신의 저축의 소유자들이다. 저축이나 펀딩을 한다는 사실로부터 이들은 직간접적으로 자본의 일부로 참가한다. 이들은 또한 소유의 효과인 보상, 즉 지대의 권리를 갖는데 이자나 배당이 그것이다. 이것이 임금지대가 형성되는 메커니즘이다.

분명히 임금지대는 자본가들과 노동자들 사이의 소득 분배에 영향을 미치지만 (노동자들이 그들의 임금 외에 잉여가치의 일부를 더 많이 받는 만큼 자본가들에게 분배되는 잉여가치 몫은 줄어들며 그 반대의 경우는 반대이다) 임금과 이윤 사이의 분배에는 아무런 영향도 미치지 않는다.[24] 왜냐하면 노동자들 일부가 이윤의 일부를 가져갈 뿐이지 임금과 이윤 사이의 분할경계는 그대로이기 때문이다. 다시 말해 계급적대가 온존하는 상태에서 이것을 완충하는 분열적 위치의 주체성이 형성되는 것이다. 임금지대를 수령하는 노동자들은 이윤에서 혜택을 얻지만 임금과 이윤 사이의 소득 분배에 개입할 만큼의 힘을 갖고 있지는 않다. 왜냐하면 그들은 의사결정 과정 외부에 있기 때문이다. 이것이 임금지대를 수령하는 노동자들이 처해 있는 분열증적 입장이다. 이들은 자본에 의해 자신들의 협력적 노동을 수탈당하는 피해자이면서 동시에 자본이 수탈한 것을 나누는 공모자들이다. 금융적 참여 및 노동자 지주제(그들의 스톡옵션들)는 이 분열증의 표현형태이며 뉴딜이 정의되는 장소도 이곳이다. 이곳은 신자유주의적 주체성이 생산되는 공장이기도 하다.[25] 이러한 주체성의 생산이 여성노동, 비정규직 노동, 이주노동, 다양한 형태의 비고용노동 등에 대한 배제와 불안정화를 통해 가능한 한에서 신자유주의적 자본주의의 발전과 민주주의는 양립불가능하며 절대지대 체제는 만인에 의한 만인의 자기지배로서의 절대민주주의 운동과 대립하게 된다.[26]

---

24) Antonela Corsani, "Rente Salariale et Production de Subjectivité," *Multitudes*, n° 32, pp. 108-110.
25) Ibid., pp. 106-110.
26) 절대민주주의에 대해서는 안토니오 네그리·마이클 하트, 『다중』, 조정환·정남영·서창현 옮김, 세종서적, 2008, 292쪽 참조.

금융위기와 그것의 세계사적 의미

이상의 고찰을 통해 우리는 금융화된 인지자본주의가 다층적이고 다측면적인 모순들에 의해 횡단되고 있음을 알 수 있다. 발명력은 삶을 여는데 권력은 그것을 닫는다. 생산은 공통화하는데 소비는 개별화한다. 노동은 보편화, 수평화하는데 소득은 특수화, 위계화한다. 사적이었던 자본은 사회화하는데 공적이었던 소비들은 개인화된다. 소유는 분산되고 사회화하는데 명령과 지배력은 집중되고 사유화된다. 자본들 사이는 본원적으로 경쟁적이면서도 협력이 지배적인데, 다중들 사이는 본원적으로 협력적인데 경쟁이 지배적이며 자본과 노동, 주권과 다중 사이에는 초자본주의적인 적대가 가로지른다. 이러한 다측면적이고 다층적인 모순들로 인하여 다중의 비물질화하고 공통화하는 생산관계가 소수의 금융 행위자들 및 기관들의 투기와 사기의 무대가 된다. 그렇기 때문에 인지자본주의에 기초한 신자유주의는 각종 위기들에 의해 점철되지 않을 수 없고 마치 위기를 먹고 사는 짐승처럼 경제위기, 사회위기, 정치위기 등 일상화된 위기들에 노출되지 않을 수 없다. 금융위기도 그것의 하나인데, 금융이 인지자본주의의 핵심적 명령주체라는 점에서 그것의 파장은 국지적이지 않고 전면적이다.

서브프라임 모기지 위기와 금융위기

2007년에 시작되어 2008년 9월에 금융위기로 확산된 서브프라임 모기지 위기는 몇 가지 조건들을 기초로 조성되었다. 첫째는 프롤레타리아 하층, 즉 서브프라이머들의 형성이다. 이들은 프라이머들이나 알트-A 계층과는 달리 극도의 신용불안정 상태에 놓여 있는 계층이다. 신자유주의는 공적 가치나 사회적 연대 체계를 파괴하고 임금과 보상의 체계를 개인화함으로써 신용체제에서 배제된 (그러나 사회적 협력체 속에서 기능하는) 서브프라이머들을 양산했다. 둘째 1990년대에 발전된 정보기술에 의지하여 신용의 정보화 및 위험평가의 기술이 발전되면서 위험에 대한 계측이 가능해지고 서브프라이머 층을 대부시장으로 흡수할 수 있게 된다(클린턴의 이른바 '신용의 민주화' 정책). 셋째 증권화와 세계화를 통한 위험의 분산과 공유의 기술이 발전되었다. 위험이 작고 집중될 때에는 그 위험이 고스란히 당사자의 것으로 돌아오지만 그것이 분산되면서 전체적으로 거대한 것일 때에는 그 위험을 사회의 부담으로 돌리는 것이 가능해지기 때문이다. 넷째 지리적 불균등 발전이 위험의 세계화를 실제적으로 뒷받침할 수 있게 되었다.27) 아시아와 유럽에서의 경제성장은 미국의 서브프라임 대출을 증권화한 MBS, CDO 등의 상품의 실질 구매력으로 기능했다. 그 결과 미국의 주택금융시장은 세계자본시장과 연결되었고 위험이 실질적으로 세계화했다. 미국의 주택을 유동화(증권화)시킨 것은 미국 내의 투자회사들과 보험회사이지만 그 증권의 상당부분은 국제자본시장에서 국제적 투자가들(연기금운영자를 비롯한 각종 기관투자가들, 각국의 상업은행 등)에게 판매되었다. 다섯째 무디스, 스탠다드 앤 푸어스, 피치 등의 신용평가기관들이 권력화한 것도 또 다른 요인이다. 불확실성과 위험이 점점 증가되는 시기에 구매자와 판매자들 간의 거래를 용이하게 하는 기관들의 역할은 점점 증가되어 이들이 시장을 조직하고 세계를 지배하게 된다. 이들은 현재의 상황에 대한 금융행위자들의 집단적 이해를 강화하고 특정한 믿음을 조장함으로써 가능한 세계의 그림을 제시하는 역할을 한다.

---

27) 이에 대해서는 데이비드 하비, 『신제국주의』, 최병두 옮김, 한울, 2005 참조.

이러한 조건들이 결합되어 만들어진 서브프라임 모기지 시장은 1980년대 이후 고조된 미국 저소득층 가계의 경제적 어려움의 표현이자 금융자본이 사회적 생산 협력체의 최후의 잉여를, 아니 삶의 필수부분까지 자신의 것으로 흡수하려는 몸부림의 표현이다. 서브프라임 모기지 대출자들의 58% 이상에게서 채무는 과거의 누적 주택지분을 담보로 한 현금대출, 주택가격 상승분을 근거로 한 추가 대출, 과거 부채의 모기지로의 통합 등에서 발생한다. 이는 자신의 주택지분을 은퇴하기 이전에 현재 소비를 위해서 사용한다는 의미이다. 물론 하층 프롤레타리아들은 '비우량담보대출'을 통해 신용체제로부터의 배제상태에서 일시적으로나마 벗어나 신용체제에 접근할 수 있게 되었다. 이런 의미에서 비우량담보대출 자체가 새로운 유형의 뉴딜이며 국가개입 없이 신용기관들(상업은행, 투자은행, 보험회사)이 시행한 케인스주의이다. 물론 그것은 복지를 통해 기능하는 것이 아니라 부채를 통해 기능한다는 점에서 커다란 적대성을 함축한다.

비우량담보대출은 금리를 낮추는 것에서 시작되었다. 저/비소득 계층은 낮은 금리로 얻은 신용으로 주택을 구입했고 주택수요가 늘면서 주택가격이 상승했다. 주택가격의 급속한 상승은 가상적으로는 금리부담을 한층 상회하는 소득효과를 가져오는 듯했다. 그러나 상환만기가 가까워온 순간에 주택은 포화상태가 되었고 주택수요는 줄어들었으며 주택가격은 하락했고 저/비소득 계층은 신용파괴 상태에 놓이게 되었다. 주택가격으로는 주택담보대출의 상환금을 갚을 수 없게 된 것이다. 특히 늦게서야 높은 가격의 주택에 대한 담보대출을 받게 된 사람들은, 마치 늦게서야 피라미드 열차에 올라탄 사람처럼, 일순간에 폭탄을 맞는 것 같은 충격을 받았다. 서브프라이머들의 상환능력의 상실로 인해 붕괴되는 것은 서브프라이머들만이 아니다. 이미 현실화되었듯이 그것은 세계적 금융위기로, 나아가 전지구적 경제위기로 되면서 수많은 은행들, 기업들, 기관들이 붕괴되었다.

현재의 금융위기는 자본의 코뮤니즘의 1차 보편 위기이다

이 위기의 역사적 위치와 세계사적 의미는 무엇일까? 결론부터 말한다면 현재의 금융위기는 **자본의 코뮤니즘의 제1차 보편 위기**라는 것이다.[28] 먼저 **금융적 축적체제**는 코뮤니즘이 자본주의적 방식으로 나타나는 것, 즉 자본의 코뮤니즘이라고 부를 수 있는 것임이 강조될 필요가 있다.[29] 금융적 축적체제에서 **화폐**는 교환의 보편적 등가물일 뿐만 아니라 공통적인 것, 즉 일반지성과 정동에 기초한 비물질적 사회적 노동의 가상적 재현물이다. 화폐는 공통적인 것의 재현능력을 독점함으로써 자신을 순수한 권력으로 정립한다. 금융적 축적체제에서는 국가명령보다 더 강력한 것이 **화폐명령**이다. 부유해지고 싶다는 욕망은 오늘날 전지구적으로 확장되어 풍요의 전망을 현실적인 것으로 만들고 있는 사회적 노동의 힘의 재현적 메아리이다. 전지구화된 사회적 노동의 탈희소적 잠재력의 그림자는 어떤 민족국가도 감히 건드릴 수 없는 이른바 '큰손들'의 움직임 속에서 어른거린다. 비록 물화되고 소외된 형식 속에서이지만 **사회적 공통과 시간적 영원**이 우리의 삶을 규정하고 있는 것이다. 금융자본이 현대사회의 공통성을 대표하는 현실에서 생산수단에서의 분리보다 더 큰 문제는 금융흐름에

---

28) Yann Moulier Boutang, "Les vertiges de la crise des subprimes," *Multitudes*, n° 34 (2008/4), p. 12.
29) 맑스와 엥겔스는 주식회사를 '자본의 사회주의'라고 부른 바 있는데, '자본의 코뮤니즘'이라는 표현은 이로부터 추론된 표현이다.

서의 배제('신용불량')이다. 그것은 즉각적으로 탈근대적 삶의 조건인 '공통적인 것'에서의 배제를 의미하기 때문이다. 오늘날 생산자본과 금융자본의 관계는 역전되었다. 금융자본이 생산자본을 보조하고 있는 것이 아니라 생산자본이 금융자본의 기능이 되었다. 생산자본과 가상자본의 구분이 흐려지고 생산자본과 가상자본의 관계가 가상자본의 헤게모니의 형태로 역전되면서 사회자본이 총체적으로 가상실효적 자본의 성격을 갖게 된 것이다. 오늘날 가상실효적 자본, 즉 금융자본을 실물자본의 부당한 가상화라는 관점에서 평가하는 실물주의적 관점은 설득력을 갖지 못한다. 오늘날 생산적인 것은 고용노동에 준거하고 있지 않으며 경제적 가치생산의 술어(예컨대 GNP, GDP 등등)로 측정될 수도 없다. 생산적인 것은 삶 자체이며 금융자본은 삶정치적 문맥 속에서의 권력화를 통하여 자신을 재생산한다(예컨대 주목효과를 통한 삶방향과 삶내용의 결정, 점차 주요해지는 마케팅 기능 등).

금융적 축적체제는 "자본주의적 생산양식 안에서 자본주의적 생산양식을 철폐하는", 즉 "자기를 철폐하는" 주식회사의 모순을 극단화한다. 주식회사가 "새로운 생산형태로의 단순한 통과점"으로서 나타났다면 인지자본주의와 금융적 축적은 새로운 생산형태를 현실화하면서 그것을 낡은 축적양식의 통제 아래에 복속시키는 것으로 나타난다. 금융적 축적은 지리적 불균등, 경제적 불균등을 낳고 더 광역적인 전지구적 통치의 필요성을 불러온다. 그것은 저축은행, 투자기관, 보험회사 등 금융흐름에 연결된 투기와 사기의 제도들을 생산할 뿐만 아니라 임금노동자까지 저축, 연기금, 주식투자 등을 매개로 이 제도들의 일부로 편입시킨다. 이런 의미에서 자본의 형성과 운동은 고도로 사회화된다. 그럼에도 불구하고 임금과 보상, 그리고 소비는 극도로 개인화되고 사유화된다. 여기에 금융화에 의해 지배되는 인지자본주의의 적대구조가 놓여 있다. 금융화된 인지자본주의는 괴물적 착취의 공동체로 나타난다. 왜냐하면 노동력이 다중이 되고 노동이 협력적이고 인지적으로 될 때, 자본은 단지 노동자 자체를 착취하는 것을 넘어서 이 노동자가 생산하는 공동체를 수탈하는 것을 통해 재생산되기 때문이다. 요컨대 금융화한 인지자본주의는 공통적인 것을 착취하는 괴물적인 착취의 공동체, 착취의 코뮤니즘이다.

자본의 코뮤니즘의 1차 위기는 채무자의 파산과 채권자의 도산이라는 형태로 나타났다. 채무자의 파산은 금리상승과 주택가격의 하락에 의해 촉발된 부채상환 능력의 고갈이었다. 채무자들은 개인파산신청, 주택압류, 퇴거 및 신용불량 조치를 겪는다. 다양한 유형의 은행과 금융기관으로 구성된 채권자들도 파산을 겪는다. 하지만 채권자들이 겪는 파산경험은 채무자들의 그것과는 다르다.30) 은행들은 말한다. '우리가 파산하기에는 우리의 부채가 너무 크다. 우리가 파산한다면 국민 전체가 파산할 것이다.' 실제로 은행들의 파산은 인지자본주의의 금융흐름 전체를 파괴할 수 있으며 또 그들이 운용한 자금이 헤아릴 수 없이 많은 사람들의 저축, 연기금, 보험금에서 나왔다는 점에서 파산의 피해는 사회 전체의 것으로 돌아가게 되어 있다. 오늘날 파산에 직면한 은행을 은행의 국유화라는 방식으로 구제하게 되는 것은 이 때문이다. 미국은 아시아 및 유럽의 경제들에게 말한다. '우리들의 이중적자는 당신들이 우리들을 파산시키기에는 너무 크다. 우리가 침몰한다면 세계 전체가 우리와 함께 침몰할 것이다.' 이것 역시 사실이다. 아시아의 수출주도 경제는 미국의 과소비와 수지적자에 의존하고 있으며 유럽의 경제는 미국의 군사적 케인스주의와 재정적자에 의존하고 있기

---

30) Yann Moulier Boutang, "Les vertiges de la crise des subprimes," pp. 12-13.

때문이다. 그래서 미국 위기의 대안은 실추하는 미국 헤게모니의 인위적 유지와 달러 기축성의 보수(補修)에서 찾아진다. 이렇게 미국이 국제적 합의에 의해 부양되고 은행들이 국유화를 통해 회생하기 위해서 소요되는 비용은 전세계의 다중들에게 부담지어진다. 이익을 사유화하고 손실을 사회화·세계화하기, 이것이 자본의 코뮤니즘의 1차 위기를 극복하는 자본의 방식이다.

이 방식에서 미국의, 그리고 다른 나라의 서브프라이머들이 파산되기에는, 그리고 거리에 나앉기에는 너무 많다(미국만 하더라도 그 수는 1,200만 가구, 그러니까 6,000만명에 이른다)는 사실은 고려되지 않고 있다. 이것은 위기 대처 방식이 근본적이지가 않고 방편적임을 시사하는 지점이며 다른 한편에서는 다중의 운동의 약점을 보여주는 지점이다. 자본의 코뮤니즘의 위기가 보여준 것은 채무자와 채권자가 공동운명체라는 것, 채무자들과 채권자들이 불가분하게 상호의존하고 있다는 엄연한 현실이었다.[31] 채무의 규모가 사회전체의 운명을 좌우할 만큼 거대해짐으로써 채무자가 자신의 채권자와 풀어야 할 문제를 갖고 있다기보다 오히려 채권자가 자신의 채무자와 풀어야 할 문제를 갖는다고 하는 편이 더 적실한 상황이 드러났다. 이런 상황에서 은행의 채무, 국가의 채무에 대해서는 사회에 책임을 돌리는 일종의 코뮤니즘적 조치가 취해지면서 다중의 채무에 대해서는 개인적 책임으로 돌리는 불평등성이 위기 대처 방안 속에까지 나타났다. 이것은 결국 채무자들의 반란[32]을 재촉하는 것에 다름 아니다.

---

31) Ibid., p. 12.
32) 채무자들의 반란의 역사에 대해서는 안토니오 네그리·마이클 하드, 『다중』, 299-300 쪽 참조

절대지대인가 절대민주주의인가?

인지자본주의 하에서 궁극적 채권자는 화폐의 본원적 소유자로서 절대지대의 수취자이다. 궁극적 채무자는 화폐를 갖고 있지 못한 사람들로서 화폐를 사용하기 위해서는 그 사용료(지대)를 내야 하는 사회적 집단이다. 전세계의 서브프라이머들은 금융자본의 눈에 비친 그러한 궁극적 채무자 집단의 모습이자 이름이다. 그리고 복잡한 채권과 채무 관계에 얽혀 있는 다양한 관리자 집단, 지대수령 임노동자 등 신용중간집단들이 궁극적 채권자와 궁극적 채무자 사이의 지대(地帶)에 자리한다. 화폐가 척도(등가물)에서 권력(명령/지대)으로 기능변환하면서 형성된 금융권력은 이들 사이를 횡단한다. 그러면서 그것은 한편에서는 전지구적 전쟁으로 명령체계를 부단히 재생산하고 다른 한편에서는 사회적 개인들의 소통흐름과 그것에서 생산된 공통가치로부터 지대를 수용(收用)하고 분배한다. 이것이 삶권력(biopower)으로서의 금융권력의 작동방식이다. 이 과정에서 지대의 획득이 이윤과 임금이 창출될 수 있게 하는 보장조건으로 되면서 이윤과 지대의 경계가 사라지고, 임금도 지대의 성격을 띠게 된다. 그러므로 인지자본주의에서의 신자유주의적 금융화는 지대의 지배, 특히 절대지대의 지배를 공고히 한다. 금융화는 혁신과 연관된 임시지대, 상대지대, 차액지대의 획득을 목표로 삼는 것이 아니라 집단적 발명력과 창조력의 수용(收用)에 기초한 영구지대, 절대지대의 수용을 목표로 삼는다.

절대지대 체제는 시초축적의 과정이 그러했듯이 폭력적 지배를 핵심적 계기로 삼는다. 그것은 공통적인 것에 대한 착취를 위하여 사람들을 공통적인 것의 생산물에서 배제시키는 폭력의 기술을 혁신하고 폭력을 사회 전체에 일반화한다. 그것은 인권과 삶에 폭력적으로 대립한다. 절대지대의 지배는 예외상태를 일반화한다. 케인스는 지대소득자의 안락사가 필요하다고 주장했지만 그것이 실패했다는 것은 명확하다. 케인스주의를 대체한 신자유주의가 오히려 지대를 삶정치적 과정의 중심에 놓았고 변형된 지대들, 지대의 파생물들의 반동적인 고조를 낳고 있기 때문이다.[33]

그렇지만 절대지대의 지배는 삶이 돌이킬 수 없이 공통적으로 되었다는 것을 반증한다. 그것이 착취하는 것은 메트로폴리스 수준에서 공통화되는 제헌권력(le pouvoir constituant)이다. 현대의 제정된 권력(le pouvoir constitué)은 지금의 소유관계를 신성하고 불가침한 것으로 간주하지만 그 소유관계는 제헌권력의 불복종적 반란이 발생되어 나올 지형을 정의할 뿐이다. 제헌권력이 자신을 규정하고 있는 형식적 틀을 넘어서 그것의 고유한 물질성 속에서 나타날 때에는 항상 소유에 대해 문제를 제기하며 새로운 구성, 사법적 혁신, 민주적 제도의 창출 등의 문제를 제기한다. 그것은 절대지대와 충돌하고 그것을 뒤흔들면서 자신의 투쟁을 능력, 강도, 속도, 혁신의 영역으로, 즉 차액지대의 영역으로 확장한다. 오늘날 제헌권력이 직면한 것은 자연적/토지적 공통재를 착취하는 절대지대가 아니라 인지, 정동, 발명이라는 인공적/비물질적 공통재를 착취하는 절대지대이다. 다시 말해, 그것은 화폐가 전지구적 차원에서 다중을 통치하기 위해 가동하는 금융지대이다. 금융지대는 자본명령의 실재적 형태이며 삶권력의 기관이다. 금융지대는 분명 기생적이지만 단지 그 측면만 갖는다고 생각하는 것은 일면적이다. 금융지대 속에는 이미 사회적 노동력이, 그것의 비물질적 노동이 함축되어 있다. 그 노동력은 분명히 자본의 생산자이지만 이와 동시에 그

---

33) Toni Negri, "La démocratie contre la rente," *Multitudes*, n° 32, p. 129.

것은 자본에 대한 위협이며 **반란의 맹아**이다. 금융지대와 금융흐름이 전지구적 규모에서의 다중의 투쟁에 의해 횡단되고 굴절되는 것은 이 때문이다.34) 한편에서 금융화는 소유와 **명령**을 실질적으로 **집중화**한다. 개개인들의 소유는 금융화를 매개로 하여 출현하는 사회적 소유의 국지적 가상일 뿐이다. 개인적 소유는 사회적 소유가 획득할 절대지대를 분배받을 권리로서만 나타나기 때문이다. 모든 개인적 소유물은 **금융의 매개**를 거쳐서 **화폐명령의 권력**으로 집중된다. 다른 한편에서 그 화폐명령은 **다중의 투쟁**에 의해 **횡단**된다. 복지, 사회적 임금, 소득 재분배 등의 영역에서 전개되는 투쟁을 통해 절대지대와 다중의 제헌권력은 알력과 투쟁의 관계로 나타난다. (이자나 이윤뿐만 아니라) 임금조차도 금융지대의 분유로서의 성격을 띠게 되는데, 이것은 분명 노동자들의 자본관계에의 유혹과 예속이라는 측면을 갖지만 이와 동시에 지대를 재전유하기 위한 **투쟁의 실재성**과 그 유의미성을 보여주기도 한다.

서브프라이머들, 즉 궁극적 채무자들은 절대지대의 이름으로 행사되는 삶권력과 전면적 대립관계에 있다. 이들의 삶과 생명이 삶권력인 금융권력에 담보잡힌 포획물로 되어있기 때문이다. 각각 정도와 강도의 차이가 나지만 여성노동자, 비정규직노동자, 이주노동자, 실업노동자 등의 경우도 마찬가지이다. 교육, 건강, 주거 등 공공재 소비의 개인화로 인해 이들의 삶은 주택대출뿐만 아니라 임금가불, 전세금대출, 신용카드 할부, 자동차할부, 학자금대출, 마이너스 통장 등 다양한 방식으로 금융에 담보잡혀 있다. 그래서 지대와 갈등하는 장소는 삶의 온갖 영역에 걸쳐 있고 그만큼 지대에

---

34) 2008년 촛불봉기와 금융위기의 관계에 대해서는 조정환, 『미네르바의 촛불』, 갈무리, 2009, 특히 145-158쪽 참조.

대항하는 투쟁의 잠재력은 편재적이다.

절대지대에 붙들려 있고 때로는 그 중의 일부를 분유받기도 하면서 삶의 생산과 재생산의 공동체에 속해 있는 사람들, 그러면서 절대지대 체제의 극복을 위해 싸우는 주체성의 형상을 우리는 다중이라고 부른다. 다중의 민주주의는 절대지대의 분쇄를 필요로 한다. 실제로 투쟁의 민주주의에 회부될 때 절대지대는 차액적으로, 즉 미분적이고 상대적인 것으로 된다.[35] 이러한 투쟁의 주체성을 구축할 구체적 투쟁들과 조직화를 진전시키는 것이 필요하다. 임시직 노동자들과 소외된 사람들을 결합하고 물질노동과 비물질노동을 재결합하며, 공장과 메트로폴리스에서 각개로 투쟁들을 연결하는 것이 필요하다.

그 연결의 고리가 무엇일까? 포드주의 공장노동자들을 서로 연결시키는 고리는 임금을 둘러싼 투쟁이었다. 절대지배의 포획 하에 있는 포스트포드주의 메트로폴리스에서 그 고리는 소득을 둘러싼 투쟁이다. 이미 일부의 임금노동자들이 수령하고 있는 지대임금/임금지대가 하나의 형상을 제공한다. 삶의 생산과 재생산의 협력체에 연결된 모든 사람들의 삶을 보장할 수 있는 수준을 무조건적으로(즉 고용, 연령, 성별, 인종, 능력, 취향 등과는 아무 상관없이) 보장하는 것으로서의 무조건적 보장소득이 대안으로 제시될 수 있다. 소득을 둘러싼 투쟁은 무엇보다도 정치적 주체를 구축하기 위한, 정치적 힘을 구축하기 위한 수단으로 이해되어야 한다. 소득을 둘러싼 투쟁에 나설 수 있는 주체들을 식별하고 그들 사이의 연결을 구축하며 투쟁의 진지들을 구축해나갈 때, 그 투쟁은 단지 보장소득이나 시민권임금을 위한 협상에 머물지 않고 공통적인 것의 재전유와 그것의 민주적 관리를

---

35) 같은 책, 132쪽.

위한 투쟁으로 발전할 수 있다.36) 이럴 때 채무자와 채권자가 공동운명체임
이 보다 선명히 드러나면서 채무와 채권이라는 적대적 관계를 낳는 신용관
계를 해소하고, 신용을 다중 자신의 코뮌적 순환을 위한 매질로 대체하고
자 하는 의지가 형성될 수 있을 것이다. 이럴 때 지대가 덮어 숨기고 있는
공통적인 것이 투명하게 개방되어 투쟁들의 절대민주주의를 통한 공통적
인 것의 자기해방의 길이 드러날 수 있을 것이다.

다중지성의 코뮌

인지자본주의 하에서 생산의 공동체는 다중들의 몸과 정동과 지성의
네트워크이다. 신체적이고 정동적이며 소통적이고 공통적인 다중지성은
금융자본의 외부에서 삶의 생산과 재생산을 담당하면서 동시에 그것에 착
취당한다. 다중지성의 공통되기가 강렬하면 그럴수록 착취될 수 있는 잠재
적 부의 규모도 커진다. 금융자본이 포획하면서 은폐하는 것이 바로 다중지
성의 잠재력이지만 모든 것이 화폐의 자기능력으로 나타나도록 만드는
금융적 신비화의 껍질을 벗길 힘도 다름 아닌 이 다중지성이다. 사회적
협력은 다중들 서로의 신뢰에 의지할 뿐만 아니라 그들 사이의 실제적 사랑
에, 그리고 다중들의 두뇌들의 실제적 협력에 의지한다.
오늘날의 금융화는 다중들 사이의 신뢰, 신용, 협력을 확장하고 일반화하
는 수단이면서 동시에 이 신뢰관계에 배제와 차별과 위계와 한계를 도입하
는 과정이기도 하다. 이러한 차별과 위계의 발생은 신용이 다중지성의 코뮌
이 아니라 화폐와 금융기관에 의해 매개되는 것의 결과이다. 이러한 유형의

---

36) 같은 책, 133쪽.

매개는 신뢰의 관계를 조성하면서 이와 동시에 그것을 밑바닥에서부터 파괴하는 모순적 기능을 수행한다. 신용사회, 금융지배의 사회, 금융자본주의, 신자유주의는 다중의 협력에 의지하면서 이 협력을 끊임없이 깨뜨리는 살아있는 모순이다. 신용사회가 자본주의 질서로 재생산되기 위해서는 신용에 의지하면서도 신용을 제한하지 않으면 안 되기 때문이다.

신용의 이러한 파괴가 1970년대 이래 체제 전체에 만연해 있으면서 부정기적이고 수시적으로 모습을 드러낸 부채위기, 금융위기의 실체이다. 신용의 붕괴는 다중의 생산공동체의 가동을 중단시킴과 동시에 다중의 협력체에 기생해온 신용자산들의 파산을 가져온다. 한 사람이 부채를 갚지 못하면 그 부채에 의지해 형성된 증권자산들이 연쇄적으로 붕괴된다. 신용은 실추하고 경색되고 전쟁상태가 도래한다. 신용자본주의에서 전쟁자본주의로의 이행. 전쟁자본주의는 이렇게 언제나 신용자본주의의 이면으로 도사리고 있다.

금융화가 인류를 신용과 전쟁 사이에서 동요하도록 만드는 것임이 드러나는 이 순간, 다중이 수행해야 할 것은 다중의 생산공동체를 지키기 위해 신용, 신뢰, 사랑, 협력을 화폐명령, 사유화, 시장, 권력의 매개로부터 해방시키는 것, 즉 그것들을 자율적인 자기가치화의 과정으로 전환시키는 것이다. 삶의 공동체를 가치공동체로 역전시키는 금융메커니즘을 절단하는 것이다. 삶의 공동체가 가치공동체, 화폐공동체로 나타나지 않도록 고용/비고용, 노동/비노동, 임금/비임금, 정규/비정규의 분할기제들을 해체하여 범역적이고 보편적이고 개방적인 삶정치적 공동체가 작동되도록 만드는 것이다. 협소한 민족주의와 제국주의적 세계주의를 동시에 넘어서는 코스모폴리탄적 인류인주의의 관점에서 자본의 코뮤니즘을 다중의 코뮤니즘으로 역전시킬 다중지성의 코뮌들을 구체화하는 것이다.

　금융화는 이렇게 우리에게 새로운 생산과 삶의 양식의 잠재적 형태를 미리 보여준다. 그리고 그것이 직면한 심각한 위기는 새로운 양식의 삶과 생산을 실현하는 일의 절박성을 우리에게 알려주고 있다.

03

탈근대의 국민주의와 이주 및 계급 재구성

이득재·박미선_문화/과학

옮겨온 공장에 묻어온 외국인 노동자들을 처음 보았을 때만 해도, 평식은
이게 배를 채워 주리라곤 전혀 생각하지 않았다. 시커먼 얼굴에 뒤통수라도
치면 금세 쏟아낼 것처럼 큼지막한 눈방울을 뒤룩거릴 때면, 저게
사람이라기보다는 집에서 기르는 소나 돼지 같은 짐승이거니 여길 뿐이었다
—이시백의 『누가 말을 죽였을까』에서

들어가며

기존의 포스트 포디즘 논의는 저개발국가(주변의 주변)→주변부 포디즘
국가들(주변의 중심)→중심부 포디즘 국가들(중심의 주변)→포스트 포디
즘 국가들(중심의 중심)이라는 발전 도식에 바탕을 두고 있었다. 그러나
이 도식은 고도로 발달한 자본주의 국가들을 중심으로 이루어졌다는 한계
를 지닌다. 이러한 설명은 가령 앨빈 토플러가 부자나라와 부자들의 입장에
서 "놀랍게도 가난한 나라의 수백만 빈농들은 화폐 경제로 들어서고 있는
데 부유한 나라의 수백만 부자들은 정반대로 가고 있다"[1]고 말하는 방식과

크게 다르지 않다. 따라서 가령 이러한 도식으로는 중심의 중심에 속하는 포스트 포디즘 국가들 내부에 형성된 혹은 형성되고 있는 거대한 저임금 노동시장이나 전지구적인 차원에서 진행되고 있는 빈곤의 확대를 설명하기에는 불충분하다. 좀 더 자세하게 말하면 자본의 축적방식이 포드주의에서 포스트 포드주의로 변하면서 글로컬한 차원에서 소수의 안정적인 고임금 노동자와 그들과 맞먹는 수의 임시 또는 계약직 노동자로 이루어진 이중 노동시장이 형성되어 오고 있는 현실을 포착하는 데에는 일정한 한계를 드러낼 수 있다는 것이다.

오늘날 자본주의 경제에서 미국, 한국, 인도, 러시아 등 각각의 국민국가는 이제 내부에서 두 개의 나라로 양분되고 있고 그 모습은 알랭 리피에츠가 말하는 모래시계 사회(hourglass society)에 비견할 만하다. 일단 두 나라의 예만 들어보자. 미국은 아메리칸 드림의 표상이었지만 하루 7달러 이하로 생계를 유지하는 사람이 7천 6백만 명에 이르고 소득불평등 지니계수는 멕시코 다음으로 2위를 달리는 나라이다. 한국의 경우 경제 규모는 세계 12위에 이른다고 하지만 슬럼 거주 인구가 전체 도시 인구의 37%를 차지하는 세계 12위의 슬럼 대국이 되었다. 이것은 미국이나 한국사회가 개미허리를 가진 모래시계 사회로 변했다는 말인데, 리피에츠가 말하는 '모래시계 사회'의 출현은 문제의 '개미허리'가 전세계를 횡단하고 있음을 가리킨다.

이것을 한 마디로 빈곤의 전지구적 횡단 현상이라고 말할 수 있을 것인데, 이때 주목할 점은 허리가 가는 모래시계의 그림자가 글로컬한 차원의 노동시장에 그대로 투영되면서 이주노동자들이 거대한 저임금 노동시장의 하층을 차지하기 시작했다는 사실이다. 소위 3D 시장이라 일컬어지는 노동

---

1) 앨빈 토플러, 『부의 미래』, 김종웅 옮김, 청림출판, 2006, 235쪽.

의 공간에서 이주노동자들이 노동력을 헐값에 팔기 시작한 것이 대표적인 예라고 할 수 있다. 현재 전세계적으로 1억5천만 명이 노동력을 팔기 위해 이주하고 있고 국내에도 30만 명 이상의 이주노동자가 농업 노동자로 일하거나 제조업과 건설업 등의 3D 업종에서 노동력을 팔고 있다.[2] 최근 불거진 금융위기로 인해 1980년대에서 2000년대와 같은 많은 숫자의 이민은 나타나기 어렵겠지만 앞으로 유럽이나 아시아 주요 국가의 인구가 35~40% 수준으로 감소할 것임을 감안하면,[3] 우리의 경우에는 이주노동자 문제가 지속적으로 이슈화할 가능성이 크다.

본고에서는 이러한 글로컬한 차원의 이주노동자 문제가 탈근대의 국민주의와 어떤 연관을 가지며 기존의 계급구성 및 재구성에 어떤 영향을 미칠 것인지 살펴보고자 한다. 로빈 코헨과 폴 케네디는 『글로벌 사회학』(2000)에서 이동공간을 지구화(globalization)와 지구성(globalism)으로 나누어 설명한다. 여기서 전자는 재화, 통화의 흐름을 가리키고 후자는 인간 그 자체의 이동과 연관된 흐름을 가리킨다. 이주노동자 문제는 지구성의 문제로서 글로컬한 차원에서 계급구성 및 재구성에 큰 영향을 미칠 것으로 보이는바, 그동안 이주노동자 운동 연구에서 이주노동자에 대한 인종적 차별이 주목을 받았다면 이제는 이주노동자에 대한 인종주의적 차별에 대한 서항의 거점을 이주노동자의 정체성 정치에서 찾을 필요가 있다. 한국의 경우 이주노동자 운동의 정체성 정치에 대한 계급적 논의는 명동성당 농성투쟁 이후에 비로소 이루어졌다.[4] 이주노동자들을 노동계급으로 규정하며 노동조합

---

2) 이 숫자는 등록 이주노동자 숫자이고 미등록 이주노동자를 합치면 약 50만 명이 되며 이주해 결혼한 인원 등까지 합치면 100만 명 정도가 국내에 들어온 외국인이다.
3) 해리 덴트, 『불황기 투자 대예측』, 김중근 옮김, 청림출판, 2008, 499쪽.
4) 정정훈, 「탈국가적 정치주체로서 이주노동자에 관한 연구」, 연세대학교 석사학위 논문,

(MTU)이 결성된 시점도 2005년으로 매우 늦다. 이런 점은 오늘 위기에 빠진 노동운동의 돌파구를 이주노동자 운동에서 찾는 것은 섣부름을 보여준다. 이주노동자 운동을 둘러싼 이론적 논의도 아직은 초기 단계로 보인다. 이주노동자의 정체성을 X라고 했을 때 그동안 그 지시대상으로는 호모 사케르, 소수자, 프롤레타리아, 새로운 프롤레타리아, 룸펜프롤레타리아, 산업예비군, 노동자계급 등이 거론되어 왔다. 우리는 여기서 이들 개념의 적실성 여부를 이론적-정세적으로 판단하고 니콜래스 쏘번의 '이름붙일 수 없는 프롤레타리아', 에티엔느 발리바르의 '붙잡을 수 없는 프롤레타리아' 개념을 논의한 후 이주노동자 운동을 포함한 한국사회의 계급 변동에 적실한 계급 개념으로서 알랭 리피에츠가 말하는 '언더클래스'(underclass) 관념을 대안으로 제시하고자 한다.

탈근대의 국민주의와 이주 문제

자본주의, 국민주의, 식민주의, 제국주의, 신자유주의, 전지구화와 같은 현대의 역사적 정치적 과정은 불평등을 은폐하는 담론을 발명하고 그에 의존한다. 우리 시대의 국민주의는 전지구화론과 다문화주의 이데올로기와 함께 작동한다. 전지구화와 더불어 대규모의 (노동) 이주는 국민의 경계와 국가의 역할을 끊임없이 재조정하도록 요구한다. 오늘 국민국가는 점점 더 많은 이주민, 외국인들이 오가면서 더욱 다문화적인 사회가 되고 있다. 전지구화로 요약되는 이러한 과정은 경제적 영역에서 국민국가의 경계를 더욱 더 불분명하게 만든다. 전지구화가 국민국가의 기능을 쇠퇴시키고

2006.

지역의 근대식 민족주의를 쓸모없는 것으로 만들 것이라는 논의가 많이 있지만, 그것은 지금 전세계적으로 드러나고 있는 경험의 일부만을 강조하여 나온 결과일 것이다.5) 경제적 영역에서 경계가 사라지는 것처럼 보이기도 하지만 이런 때 더욱 강력하게 요청되는 것이 국민주의의 한 종류인 것 같다. 전지구화와 더불어 사람들이 유례없이 대규모로 국민국가의 경계를 넘어감에 따라 사람들은 일시적으로나마 초국가적 주체가 되는 경험을 하지만, 바로 그 경험을 통해서, 즉 자신에게 "시민의 권리"를 부여해준 국민국가의 영토가 아닌 다른 지역에서의 국제적 경험을 통해서 자신을 더욱 강력하게 한국인, 중국인, 미국인 등 국민적 주체로 재규정하게 되기 때문이다. 여기서 우리는 전지구화의 역설을 목도한다. 경제적 경험은 점점 더 국민국가의 영토를 벗어나 탈경계적(transnational)인데 반해 정체성 규정은 더욱 더 상상적으로 국민적 영토에 근거하는 경향을 띤다.

전지구화와 국민주의는 따라서 상호배타적이기보다는 상호의존적이며 서로를 강화시키는 관계라고 봐야 한다. 대규모의 (노동) 이주는 국민국가 차원의 시민권 규율방식을 갱신하도록 요구한다. 할둔 굴랄프(Haldun Gulalp)에 따르면, 근대 국민국가의 발흥과 더불어 발생한 시민권 개념은 국가가 자신의 영토 안에 존재하는 다양한 공동체를 희생시켜서라도 개인들의 충성을 국가가 독점하려는 기획과 긴밀히 관련된다. 이러한 근대의 기획에서 시민권은 새로운 국가 공동체의 형성 그리고 정치적 주권이라는 새로운 국민주의 이데올로기를 수반한다. 시민권 개념에는 두 가지 특징적

---

5) 보다 포괄적인 관점에서 전지구화, 신자유주의 이데올로기와 국가의 기능과 역할을 다루는 자세한 논의는 『문화/과학』 54호, 2008년 여름에 실린 특집 글과 좌담을 참조할 것.

측면이 있는데, 우선 그것은 정치적으로 구성된 새로운 정체성을 정의한다. 시민권은 누가 민족 공동체의 안에 존재하는 구성원인지, 누가 아닌지를 구체적으로 정의하는 배제와 폐쇄의 체계로 기능한다. 둘째 시민권은 공식적으로 그 공동체의 구성원들에게 일련의 권리와 의무를 부여한다. 19, 20세기 국민주의의 최대 이상은 국가와 민족을 일치시키는 것이었다. 그러나 이제 근대적 의미의 시민권에 포함되지 않는 이주노동자들, 국가의 보호를 받지 못하는 미등록 이주노동자 등이 대규모로 발생하게 됨에 따라 근대의 국민주의 틀에서 다룰 수 없는 사회적 담론적 문제들 또한 발생한다.6)

정확하게 이 지점에서 "인권"과 차이의 공존을 강조하는 다문화주의와 국가 경계 내부의 이익을 강조하는 국민주의가 지구지역적 차원에서 시민권을 규율하는 이데올로기들로서 서로를 갱신하게 된다. 즉, 전지구화는 국민국가들의 경계 지대에서 살아가는 주체들의 시민권을 어떻게 재정의하고 규율할 것인지에 대한 문제를 국민국가에 떠맡긴다. 다른 한편 끊임없이 경계를 넘어가는 이주노동자를 필요로 하는 전지구적 경제를 유지하기 위해서 "인권" 개념이 새롭게 재등장한다.

언뜻 보아 특수주의 성향을 띠는 국민주의와 보편주의 이데올로기에 의존하는 인권 개념은 서로 대립되는 것 같지만, 전지구화 하에서 제 역할을 담당하며 서로를 강화한다. 나오키 사카이는 미국의 다인종보편주의와 국민주의를 논의하면서 "미국식 보편주의의 정당성을 주장하는 것이 미국의 군사적 폭력을 전세계에 보편적으로 적용하는 것과 분리될 수 없는 것"임을 지적한다.7) 전지구화 시대의 제국인 미국이 겉으로 표방하는 보편주

---

6) Haldun Gulalp, *Citizenship and Ethnic Conflict* (Routledge, 2006), pp. 2-4.

의는 실제로 미국의 특수한 이익을 보증하는 방식으로 사용된다. 사카이의 통찰을 활용하자면, 근대시기에 유럽의 보편주의와 국민국가적 특수주의가 대립관계에 있지 않았던 것처럼, 전지구화 시대의 시민권과 인권의 관계 역시 특수주의와 보편주의의 공모관계를 드러낸다. 최근 2-30년간 신자유주의의 확장과 더불어 초국가적 개념으로 등장한 인권 개념이 전지구적 경제를 떠받치는 신자유주의 이데올로기의 강력한 수사로 사용되어 왔다는 점을 생각해보라.

전지구화 시대의 국민국가는 인권과 시민권의 이러한 분열 상태를 관리하는 역할을 담당한다. 이광일은 전지구화가 국민국가의 기능을 쇠퇴시킬 것이라는 주류 전지구화론자들의 견해에 반대하면서 이렇게 지적한다. 전지구화로 인해 변화중인 조건 속에서 국민국가는 "자본의 재생산을 위해 여전히 없어서는 안 될 중요한 역할을 수행하고 있"으며 "역설적이게도 '지구화'가 자본의 순수경제적인 힘을 특정 국민국가의 영역을 훨씬 넘어 확장시켰다는 바로 그 사실은 그 지구적 자본이 행정적이고 억압적인 필수 기능들을 수행하는 많은 국민국가들을 필요로 한다는 것을 의미한다."[8] 전지구화가 작동시키는 탈근대성은 동질성과 획일성을 강조했던 근대 국민국가의 보편주의적 가정을 해체하면서 시민권을 다중화, 탈국가화하는 추세를 강화시킨다는 점에 있다. 그렇지만 이러한 탈근대성에서 주목할 점은 근대의 민족주의는 해체되는 것이 아니라 새로운 방식으로 재구성되어 활용된다는 점이다. 질라 아이젠슈타인(Zillah Eisenstein)은 이런 맥락에

---

7) 나오키 사카이, 「제국의 국민주의와 미국과 일본의 공모」, 『문화/과학』 58호, 2009년 여름, 290쪽.
8) 이광일, 「한국에서 신자유주의 경쟁국가의 계보와 현재」, 『문화/과학』 54호, 2008년 여름, 34쪽.

서 탈근대의 국민주의는 "전지구적 경제에 의한 재구조화에 면허증을 부여"하는 이데올로기라고 지적한다.9)

국민주의는 전지구화의 압력과 지역의 국가관리 이데올로기로서 요청되며 경제적 전지구화와 지역의 국민주의는 서로 불편스레 혼합되면서 결국은 서로를 강화시킨다. 이것은 우리 시대의 국민주의가 전지구적인 문화적 경제적 네트워크 내부에 존재하기 때문이다. 또한, 초국가적 경제는 다양한 인종집단 출신의 노동자를 필요로 한다. 이러한 상황에서 국민 "공동체"와 관련해서는 더욱 풀기 어려운 문제들이 생겨나고 있다. 예컨대, 전지구화는 빈곤의 여성화를 양산하고 대규모 이주를 증가시키면서 진행된다. 남성에 비해 여성이 상대적으로 더 많이 빈곤해지는 상황에서 국민 "공동체" 안에서 여성은 온전한 성원권(full membership)을 성취할 수 있는가? 국민경계의 바깥쪽 주변부로 밀려나는 이주민, 여러 사회적 소수자들, 하위주체(여성)들이 제기하는 문제를 "국민"이라는 관념 혹은 정치체를 통해서 풀어나갈 수 있는가? 쉽게 그렇다고 말하기는 어려울 것 같다. 점점 더 빈번하게 민족과 국가의 경계를 넘어 초국가적 경험을 하게 되는 것이 21세기의 상황인 것이다. 하지만 또 하나 분명한 사실은 오늘도 민족정체성이 우리가 누구인가를 정의하는 데 핵심적 요건으로 작용한다는 것이다. 유례없이 다른 지역들과 더 강하게 연결되어 있는 현재의 전지구화 경제 속에서 민족은 지역과 전세계를 매개하는 핵심적 상상계이다. 전지구화로 인해 경제적 영역의 경계가 사라지지만 새로운 상상계로서의 국민의 구성은 여전히 필

---

9) Zillah Eisenstein, "Writing Bodies on the Nation for the Globe," in Sita Ranchod-Nilsson and Mary Ann Tétreault, eds., *Women, States, and Nationalism: At Home in the Nation?* (Routledge, 2000), p. 35.

요한 것이다.

이주노동공간에서의 데자뷔— 다시 보는 전태일

현재까지 이주노동자 문제는 전지구적인 차원에서 이루어지는 이주의 흐름에서 이주가 지역의 임금을 하락시키는가, 이주가 각 국가의 자국노동자들의 일자리를 빼앗는가, 이주와 자국 실업률의 관계는 무엇인가, 기존의 복지국가 시스템에 이주가 어떤 영향을 미치는가, 이주가 전세계적으로 트리클다운(Trickle-down) 경제를 확산시키는가, 하는 질문을 야기했다. 이주민 유입으로 국내 거주 인구가 1% 증가하면 국내 총 생산은 1.25%에서 1.5%로 증가한다고 한다.[10] 그 증가분이 이주노동자에게 적절하게 분배되고 있는가 하는 것도 쟁점 사항이다. 피터 스토커에 따르면 이주노동자는 평균 임금의 가장 낮은 곳을 지향하는 자본주의적인 착취 시스템에 맞추어 글로벌경제의 충격 흡수 장치나 경기 변동을 완화하는 장치 구실을 해왔다. 이 맥락에서 떠오르는 것이 자본에 대한 이주노동의 순기능과 역기능을 살펴보는 문제이다. 오늘의 상황은 지구적 혹은 지역적 차원의 저임금 노동 시장에 편입되기 위해 막대한 인력이 피 말리는 최하층 경쟁(race to the bottom)에 뛰어들고 있는 상황이다. 마이크 데이비스의 표현을 빌리면 시장 개방으로 잉여인간들의 박물관으로 변해 버린 비공식경제 부문[11]에서 격

---

10) 피터 스토커, 『국제 이주』, 김보영 옮김, 이소출판사, 2004, 87쪽.
11) 마이크 데이비스, 『슬럼, 지구를 덮다』, 김정아 옮김, 돌베개, 2007, 233쪽. 비공식부문이라는 용어는 인류학자 키스 하트(Keith Hart)가 제안한 개념으로서 한국의 비공식경제의 규모는 폴란드, 터키, 이탈리아, 멕시코에 이어 5번째다. 이주노동자/이주여성노동자가 이 비공식경제 부문에서 노동력을 팔고 있는 상황에 대한 통계 연구는 아직 국내에서 이루어지지 않고 있는 것으로 보인다.

렬한 생존투쟁이 벌어지고 있는 것인데 이런 상황은 자본에게 유리한가 아니면 그 반대인가? 이주노동 공간이 통합하는 힘과 분열하는 힘이 서로 길항작용을 벌이는 장소라는 점을 인정한다면 이주노동이 유입된 공간은 착취와 억압에 대한 저항주체의 생산 가능성도 점쳐볼 수 있는 공간이라고 봐야하지 않을까?

국내에서도 그동안 이주노동자 문제에 대해 많은 논의들이 제출되었다. 그 논의들을 여러 범주로 나누어볼 수 있겠지만 이주노동자 문제를 계급구성과 재구성의 문제와 관련시켜, 특히 본고에서 주목하고자 하는 언더클래스(underclass)와 관련지어 논의한 경우는 많지 않다. 드문 경우로 케빈 그레이(Kevin Gary)가 계급 이하의 계급으로서의 이주노동자 문제를 다룬 적이 있지만 그 역시 계급의 관점에서 언더클래스의 문제를 본격적으로 다루지는 않았다. 현재까지 이주노동자 문제는 이주노동운동의 역사, 국가의 외국인력정책, 이주노동자의 급여실태와 노동시간, 불법이주노동자라고 불리고 있는 미등록 이주노동자의 현황, 이주노동자에 대한 차별과 폭력, 1995년 이주노동자들의 명동성당투쟁, 인권과 시민권을 중심으로 논의되어 왔다.12) 재중동포 및 연변족을 중심으로 한 이주노동자들 내부의 차별과 위계화에 대한 논의도 있지만 인종과 계급의 관계에 대한 논의는 아직까지 진척된 것이 별로 없다.13) 물론 그 이유는, 우리의 경우 이주노동자들의 이주

---

12) 발리바르의 경우 이주자들이 반드시 정치적 시민권을 가질 필요는 없다고 본다. 그러나 이주자들이 사회적 시민권은 반드시 가져야 한다고 본다. 그는 이것을 가리켜 '권리들을 가지고 거주할 수 있는 권리' 또는 '입국과 거주에 대한 권리'로서의(droit de cité)라고 말한다.

13) 이주노동자운동에 대해서는 그동안 법적·제도적 차원에서의 논의 및 이주노동자의 실태에 대한 논의와 이론적·실천적 차원에서의 논의가 이루어져 왔는데 후자의 경우로는 정정훈, 「탈국가적 정치주체로서 이주노동자에 관한 연구」(2006); 조원광, 「이주노동자와 이동」(『부커진 R』, no. 1, 2007); 김홍진, 「이주노동자들의 공동체」(『문화/과

역사가 짧고 국가적으로도 1991년에 들어서서야 산업연수생제도가 시행되는 등 이주운동의 역사가 일천한 탓도 있지만 한편으로는 운동을 장기적인 전망 속에 두면서 다른 한편으로는 공황을 포함한 주된 경기 변동을 고려하면서 이주노동자 문제가 이주노동자운동 내지는 전체 노동운동과 절합되는 효과에 대해 적극적으로 사고하지 않았기 때문이다. 그리고 근대 민족국가의 가족 제도가 인종주의 생산의 핵심적인 제도라고 한다면(발리바르), 우리의 경우 인종주의와 가족주의가 결합해 이주노동자 문제에서 민족적인 헤게모니가 우위를 점하고 그로 인해 계급적대의 문제의식은 약화되는 경향이 농후한 측면도 있다.

본고에서 이주노동자 문제 혹은 이주노동자운동 문제와 관련하여 주목하는 것은 우리가 21세기에 1970년에 분신자살한 전태일을 다시 한 번 더 보는 것 같은 데자뷔 현상이 나오고 있다는 사실이다. 자본주의는 성, 인종, 계급을 초월하여 막대한 노동력을 장시간 저임금 구조를 통해 착취하는바, 21세기의 한국에서는 최근에 유입된 이주노동자를 중심으로 전태일 열사 시절의 착취 구조가 다시 복제되고 있는 양상이다. 1970년 전태일 열사가 분신하기 한 달 전쯤에 경향신문은 '근로조건 0점 평화시장 피복공장—골방서 하루 16시간 노동—소녀 등 2만 여명 혹사'라는 기사를

학』, 52호); 강수돌, 「한국사회와 이주노동」(강수돌·홀거 하이데 공저, 『자본을 넘어, 노동을 넘어』, 이후, 2009); 이수자, 「이주여성 디아스포라」(『한국사회학』 제38집 2호, 2004) 정도가 있고 전자의 경우로는 케빈 그레이(Kevin Gray)의 「'계급 이하의 계급'으로서 한국의 이주노동자들」(『아세아연구』, 제 47권 2호, 2004); 박경태, 「이주노동자를 보는 시각과 이주노동자운동의 성격」(『경제와 사회』, 통권 제67호); 설동훈, 「외국인 노동자 문제의 배경」(『실천문학』, 2004년 여름호; 설동훈, 「국제노동력이동과 외국인 노동자의 시민권에 대한 연구」(『민주주의와 인권』, 제7권 2호, 2007); 김영옥, 「새로운 '시민들'의 등장과 다문화주의 논의」 (『아시아여성 연구』, 제46권 2호, 2007); 최정규, 「한국의 진보진영에 이주노동운동을 제안한다」(<참세상>, 2007. 4. 23) 등이 있다. 전자의 경우에는 많은 글들과 논문들이 있지만 많은 부분들이 중첩되어 있다.

통해 당시의 혹독한 노동 조건을 전달한 바 있다.14) 그 당시 나이어린 노동자들은 3-4 천 원의 월급을 받았는데 오늘날 국내의 외국인 노동자들의 노동 시간과 임금 구조는 1970년대와 비교해 뚜렷하게 나아진 것이 없다.15) 전태일 열사가 "근로기준법을 지켜라"라고 절규하며 분신한 것처럼 국내의 이주노동자들도 근로기준법의 대우를 전혀 받지 못하고 있다. 오늘 인종과 계급의 절합 양상을 살피는 작업이 매우 절실해 보이는 것은 이처럼 '또 다른 얼굴의 전태일'이 양산되면서 인종이 착취영역 확산의 중요한 수단으로 전락하고 있기 때문이다. 문제의 절합을 살펴보려면 먼저 이주노동자가 어떤 계급인지 살펴봐야 한다.

이주노동자는 어떠한 계급인가

조원광은 '이주'노동자가 이동 통제를 당하는 현실에서는 이주노동자가 이동의 가능성을 확보하면 '새로운 프롤레타리아'의 힘이 만들어질 것이라고 기대한다. 그는 프롤레타리아트의 해양적 기원을 지적한 비릴리오의 말을 인용하면서 이주노동자만이 이주노동자가 아니라 노동자 모두가 이주노동자라고 말한다. 그리고 사업주가 이동 통제를 위해 여권을 빼앗아 소지하지만 이주노동자는 주민등록증을 휴대할 의무가 없어서 그런 통제망에 잘 갇히지 않는다고 본다. 조원광은 운동과 이동을 구분하면서 후자의 가능성에서 상당한 정치적 기대를 걸고 있지만 우리로서는 선뜻 수용하기

---

14) 이원보, 『한국 노동운동사』, 지식마당, 2004, 425쪽.
15) 2001년에 나온 『외국인 이주노동자 인권백서』(다산글방)에 '다시 전태일을 떠올리며' 라는 소절이 있는 것은 우연이 아니다.

어려운 입장이다. 이주노동자의 이동은 2-3년밖에 안 되는 합법적인 체류 기간에 의해 제약을 받을 수 있고 통제의 망을 피해 전국으로 흩어진다 해도 이주노동자는 '난민'으로 전락할 가능성이 높으며 이주노동자에 대한 민족적-인종적인 편견이 뿌리 깊은 한국사회에서 생존 가능성이 희박하다. 난민이 망명을 신청한다고 해도 최근 난민에 대한 장벽은 점차 높아져가고 있는 추세다.16) 조원광은 "영토에 자신이 볼 수 없고 예상할 수 없고 숫자조차 파악할 수 없는 이상한 존재가 돌아다닌다는 사실처럼 권력에게 무서운 것이 또 있을까?"17)라고 말한다. 하지만 이주노동자의 이런 모습은 그 자신이 예로서 제시한 미국 개척 당시 발생한 이동하는 프롤레타리아의 그것과 크게 다른 것 같지 않다. 이론적으로는 '이동하는 프롤레타리아' 개념이 가능할지 모르지만 실제로는 이주노동자 환경 자체가 너무 열악하고 노동자 내부의 임금 격차를 조작하는 이데올로기 공세를 견디기도 힘들고, 무엇보다 감시와 통제의 기술이 과학기술혁명으로 인해 놀랍도록 발전하고 있다. 노동력이 부족하다고 해서 이주노동자에 대한 통제가 사라지는 것도 아니다. 조원광도 "핵심은 정부와 기업이 노동자의 이동을 통제할 수 있고 조절할 수 있다는 점"18)이라고 인식하고 있다. 동아시아 국가 중에서 가장 강력하게 이주노동자를 통제하는 곳은 한국, 대만, 싱가포르로 알려져 있다. 이들 나라에서는 고용주에 대해 강한 제재를 가하고 있지만 미등록 이주노동자의 수는 그래도 증가하는 추세이다. 하지만 문제는 그렇다고 이들 이주노동자가 새로운 힘을 지닌 프롤레타리아로 등장하는 것은 아니라는 데

---

16) 피터 스타커, 『국경 없는 노동자』, 최수연 옮김, 이화여자대학교출판부, 2003, 57쪽.
17) 조원광, 「이주노동자와 이동」, 『부커진 R』 창간호, 2007, 147쪽.
18) 같은 글, 131쪽.

있다.19) 미등록 이주노동자의 증가로부터 노동운동의 새로운 동력이 자동
적으로 형성되지는 않는다는 말이다. 이는 오늘의 노동운동 조건이 전태일
시대의 그것과 근본적으로 다르지 않기 때문일 것이다. 이주노동자들에게
필요한 것은 여전히 아직도 확보하지 못한 노동 3권이고 단결을 저해하는
체류 기간 철폐이다. 조원광도 인정하듯이, 이주노동자들이 새로운 프롤레
타리아 혹은 이동하는 프롤레타리아로 변하지 못하게 만드는 궁극적인 장
벽은 2-3년의 체류 기간에 있다. 그러나 자본이 무슨 이유로 체류 기간을
철폐하면서까지 이주노동자를 장기 고용할 필요가 있는가?20) 이러한 사정
은 자국노동자의 경우도 마찬가지다. 비정규직 법으로 자국노동자의 고용
기간을 2-4년으로 묶어 놓은 것이나 이주노동자의 체류 기간을 2-3년으로
정해 놓은 것이나 별반 다르지 않다. 자국노동자와 이주노동자의 임금 격차
만 문제가 되는 것이 아니다. 이주노동자의 존재 자체에 의해 자국노동자의
노동 규율이 더 강화되고 저임금 구조가 장기화할 가능성이 높아진다. "총
자본의 보증인이란 역할, 주체성 및 노동 이동에 대한 감시자란 역할을
맡고 있는 국가가 구축하는"21) 산업예비군의 기능을 이주노동자가 톡톡히
하고 있는 상태에서는 등록 이주노동자가 미등록 이주노동자의 이익에 반
하는 효과를 가질 수 있다.

　　조원광은,

---

19) 피터 스타커, 『국경 없는 노동자』, 54쪽.
20) 소규모 영세사업주들은 비용 절감 차원에서 미등록 이주노동자를 선호하기 때문에
　　간혹 체류 기간 문제를 놓고 정부와 충돌한다. 그러나 총자본의 입장에서는 굳이 미등
　　록 이주노동자를 저임금으로 활용할 필요가 없기 때문에 정부는 이주노동자를 통제하
　　고 자본은 노동을 초과 착취하는 공모의 효과를 볼 수 있다.
21) 얀 물리에르 부탕, 「모든 벽들에 대한 증오의 벽 사이에서: 이동성의 소수적 사선」,
　　『흔적』 제2호, 2001, 135쪽.

노동자가 힘을 가지는 것은 자본이 정해준 자리, 이익기반에 따른 적대의 구조를 벗어날 때이다. MTU가 이해관계가 상충하는 건설노조나, 전혀 상관없을 것 같은 장애인이동권연대와 연대할 때 노동자는 힘을 가진다. 비정규직이 통제된 운동을 벗어나 노조를 결성하고 양대 노총도 예상치 못한 사회세력으로 등장할 때 노동자는 힘을 가진다.[22]

고 지적하지만 "모든 노동자는 권력이 지정한 자리를 벗어나 이동할 때에야 힘을 가진다"[23]고 말할 뿐 문제를 전략적으로 사고하지 않는다. 이주노동자 운동이 건설노조, 장애인이동권연대와 연대하는 것이 탈주 방식이라고 말하기 전에, 앞에서 말한 대로 이주노동자 내부와, 자국노동자와 이주노동자 사이의 복잡한 관계를 먼저 전략적으로 사고해야 한다. 그래야 서로 다른 형태의 계급들 간의 연합이 가능하고 연합노조가 가능할 것이다.

최근 사상의 빈곤 속에 자크 랑시에르나 조르쥬 아감벤의 책이 번역되면서 그들의 사유가 국내 이주노동자 문제에 대한 사유와 연결되고 있다. 랑시에르는 이미 정치적 주체로 인정받은 노동계급에서 벗어나 정당하게 자신을 대변하지 못하는 다양한 특수집단, 사회에서 배제되어 있으나 자기들의 곤경을 정치화하는 데 큰 장애를 안고 있는 '이주자' 등에게로 눈길을 돌린다.[24] 고병권에 따르면 "미등록 이주노동자야말로 한국사회의 호모 사케르"[25]이다. 김태환도 현대의 호모 사케르는 누구인가라고 물으면서 나치 치하의 유대인들, 법적 지위가 없는 난민, 불법 체류자들 등이 그런

---

22) 조원광, 앞의 글, 148쪽.
23) 같은 글, 같은 곳.
24) 『시사 IN』, 2008. 3. 8, 71쪽.
25) 같은 책, 72쪽.

존재라고 파악한다.26) 이들 논자들에게는 미등록 즉 불법 이주노동자들이 호모 사케르인 것이다. "우리 사회의 예외적 존재인 미등록 이주노동자 역시 우리 사회의 정상성이 무엇인지를 폭로한다. 그들에게 가해지는 폭력이 바로 우리 얼굴, 우리의 야만이다"27)라는 고병권의 지적을 부정할 수는 없다. 이주노동자를 소나 돼지로 보는 한국사회의 인종 편견은 다른 나라의 인종차별에 버금갈 정도이고 미등록 이주노동자에게 가해지는 폭력으로 인해 한국사회의 야만성이 폭로될 수 있다. 그러나 다른 한 편으로 보면 호모 사케르는 관리와 통치 대상이 아니라는 점에서 미등록 이주노동자를 호모 사케르로 파악하는 것은 무리인 것 같기도 하다. 아감벤이 말하는 '끌어안는 배제' 개념에 따르면 호모 사케르는 법질서에서 추방된 자로서 그 추방으로 인해 주권은 힘이 강해지고 예외 상태가 형성된다. 추방, 배제라는 관념에서 보면 미등록 이주노동자는 호모 사케르처럼 보인다. 하지만 아감벤의 주권, 예외상태/예외성이란 관념은 국가의 입장에서 파악되는 것이다. 다시 말해 무언가를 오직 배제만을 통해서 끌어안는 가장 극단적인 형태의 관계가 예외 상태이긴 하지만 그 '법의 특별한 힘'은 국가라는 틀 안에 존재한다. 그런데 호모 사케르가 추방/배제된다고 했을 때 호모 사케르가 어디에서 추방 배제되는가 하는 문제를 따져야 하지 않을까? 호모 사케르는 과연 자본주의적인 사회관계로부터 추방 배제된 것인가 아니면 법질서로부터 추방 배제된 것인가? 아감벤은 푸코가 통치와 주권을 이야기하면서도 법치에 대해 언급하지 않았다고 하면서 푸코를 비판한다. 하지만 중요한 것은 미등록 이주노동자든 등록 이주노동자든 국가권력에 의해서

---

26) 김태환, 「예외성의 철학」, 『문학과 사회』 67호, 2004년 가을, 1287쪽.
27) 『시사 IN』, 2008. 3. 8, 72쪽.

는 예외상태로 가동되고 자본에 의해서는 산업예비군으로 호출되는 것이 아닐까? 호모 사케르가 구속도 보호도 필요 없는 벌거숭이 삶이라고 할 때, 미등록 이주노동자는 과연 국가의 구속을 피해 새로운 프롤레타리아로 거듭나는가? 혹은 거듭날 수 있는가? 우리는 호모 사케르야말로 폐기된 삶이라고 생각한다. 호모 사케르가 관리 통치 대상이 되지 않는다는 말은 삶의, 생명의 폐기상태를 지칭하는 것이다. 그러나 과연 미등록 이주노동자는 폐기된 생명인가? 난민 보호신청이 수용되지 않았으므로 국적을 잃은 것도 아니고, 그렇다고 해서 시민권이 있는 것도 아닌 인간이 미등록 이주노동자이고 국적과 시민권 사이에서 동요하는 주체가 미등록 이주노동자이며, 시민권 없는 주체가 과연 호모 사케르인가? "삶과 죽음의 경계를 정하는 것이 바로 주권"[28]이지만 미등록 이주노동자는 과연 죽음의 경계에 서있는가? 그동안 이주노동자가 실제로 죽은 경우도 있지만, 여기서 '죽음'은 주권에 의해 어느 인간이 호모 사케르로 '결정'되는 것을 말한다. 미등록 이주노동자는 과연 국적을 포기하고 이주노동자가 아닌 국내 외국인으로 남을 수 있는가? 국내에서 이주노동자와 관련하여 시민권과 인권의 논의가 있지만 호모 사케르로서의 미등록 이주노동자가 국가가 부여하는 시민권을 수용할 필요가 있는가? 혹은 수용할 수 있는가? 만일 미등록 이주노동자가 시민권을 획득한다면 미등록 이주노동자는 호모 사케르의 위치를 벗어나 국가와 자본의 틀 안으로 통합되고 마는 것 아닌가? 그렇게 될 경우 어디에서 해양적 프롤레타리아가 생산될 수 있다는 말인가? 미등록 이주노동자와 호모 사케르는 다른 것 같다. 호모 사케르는 통치가 불필요할 뿐만 아니라 통치 자체가 불가능한 인간, 잉여인간으로서 폐기된 존재

---

28) 김태환, 「예외성의 철학」, 1290쪽.

들이다. 그러나 미등록 이주노동자는 통제의 필요성은 있지만 통치할 필요가 없을 정도로 통치 자체가 불가능하고 무의미한 인간은 아니다. 물론 이주노동자들이 유입되고 동시에 불법화되면서 이주노동자들의 권리가 곧 바로 '진공 상태'에 들어가고 자본은 그 상태에서 초과 착취하는 것이므로 바로 그 불법성을 생명정치적으로 관리한다는 측면에서 본다면 미등록 이주노동자를 호모 사케르로 생각할 수도 있다. 그렇지만 호모 사케르나 배제된 자의 지시대상은 정확하게 무엇인가라는 질문을 다시 던지지 않을 수 없다.

산업예비군은 실업 상태를 말하지만 배제란 실업을 의미하지 않는다.[29] 산업예비군으로서의 실업은 고용된 상태와 분명하게 대칭관계에 있지만 배제는 불완전취업 상태로서 실업과 명확하게 구분되지 않는다. 그렇다면 배제란 고용상태와 비고용상태의 경계선에서 작동한다고 봐야 한다. 미등록 이주노동자는 배제 상태에 있는 존재이다. 배제라는 말은 고용상태와 비고용상태라는 두 가지 영역이 상호 침투하는 곳에 어울리는 말이다. 미등록 이주노동자가 잠재적인 등록 이주노동자로 등록될 가능성은 개별적이긴 하지만, 분명히 존재한다. 이주노동자가 고용 상태에 있다고 해도 고용이 안정적이지 않을 때 배제라는 말을 사용할 수 있다. 그러나 정규고용의 상태로 만들 필요가 없다고 판단되는 것은 이것과 조금 다르지 않을까. 이러한 경우에는 배제(exclusion)보다 축출 내지는 추방(expulsion)이란 말이 더 어울릴 것 같다. 국민/국가와 자본으로부터의 추방.

---

29) 篠原雅武, 「非正規性と戰爭」, 『現代思想』, 2007/7, 120쪽.

프롤레타리아인가 언더클래스인가

알랭 리피에츠는 언더클래스라는 관념을 개념으로 사용한다. 이 개념의
계보학에 대해서는 지면상 생략하겠지만,[30] 이 개념을 사용할 때에는 주의
할 점이 있다. 하나는 '언더'라는 말 탓에 격차사회의 맨 하부에 존재하는
저소득층이 언더클래스가 아니라는 점을 간과하거나, 두 번째로 언더클래
스라는 말에 부수되어 나오는 도덕적인 뉘앙스를 따라 언더클래스를 갱,
불량배, 마약집단 등과 혼동하는 것이다. 최근 이명박 정권이 들어서서 쥐
꼬리 같던 사회복지마저 붕괴되는 조짐을 보이고 있고 가족에게 모든 생존
책임을 전가하는 가국체제가 더욱 더 공고해지는 상황임을 감안하면 '한계
적인 생의 존재방식'이 언더클래스에 더 적합한 규정으로 보인다.[31] 그러나
언더클래스 개념을 둘러싼 이러한 식의 정의 작업보다 더 중요한 것이 있다.
쏘번의 경우 룸펜프롤레타리아를 안정된 집단적 규정을 갖지 않은 불분명
하고 통합되지 않은 집단으로 보는데,[32] 언더클래스도 이처럼 탄력적인
개념[33]임을 인정하고 '언더'의 의미가 무엇인지 천착해볼 필요가 있을 것
같다. 이주노동자의 경우 계급과 인종 양 측면에서 가장 하위에 속해 있기

---

30) 로버트 무어(Robert Moore)는 주변화된 이주노동자, 피난민과 수용소난민, 도시 내부의
    소수인종, 주어진 경제 질서 안에서 재화와 기술을 전혀 통제하지 못하는 가장 가난한
    사람들을 언더클래스로 본다. 모리스(L. Morris) 같은 사람은 언더클래스 개념이 좌파나
    우파의 강력한 정치적 수사의 도구로 쓰일 수 있다고 보고 영국의 프레드 로빈슨과
    닉키 그레그손(Fred Robinson and Nicky Gregson)은 언더클래스를 용어와 개념으로
    사용하는 것이 매우 효과적일 수 있다고 본다. 그러나 언더클래스 개념 자체를 부인하
    는 논자도 있다. 이상의 문제들에 대해서는 Charles Murray, "Charles Murray and the
    underclass: The Developing Debate," *The IEA Health and Welfare Unit* (London, 1996),
    pp. 1-26 참고.
31) 篠原雅武, 앞의 글, 126쪽.
32) 니콜래스 쏘번, 『들뢰즈 맑스주의』, 조정환 옮김, 갈무리, 2005, 165쪽.
33) Charles Murray, op. cit., p. 3.

때문에 앞에서 언급한 정의에 따르면 '언더'클래스라고 말할 수 있을 것이다. 그러나 여기서 '언더'는 막연하게 격차사회의 최하위층에 있는 저소득층만을 가리키지 않는다. '언더'의 의미는, 그것이 여기서 계급과 인종 양 측면에서 최하위 층을 가리킨다고 이해해야, 제대로 살아난다고 말할 수 있다.

두 번째로 언더클래스의 '언더'는 일종의 구성 공간이라고 말할 수 있다. 좁은 의미에서 본다면 언더클래스란 프롤레타리아에서 기존의 대기업 보장노동자 계급을 제외한 나머지 프롤레타리아라고 말할 수 있다. '언더'가 노동계급(working class) '이하'의 계급이라는 뜻이다. 케빈 그레이가 언더클래스를 가리켜 부른 '계급 이하의 계급'의 의미가 제대로 전달되려면 전자의 '계급'은 대기업 보장노동자 계급, 후자의 '계급'은 전자를 제외한 계급을 뜻하는 것으로 정의되어야 할 것이다. 그런데 이것만으로는 충분하지 않다. 후자의 계급은 다시 규정될 필요가 있다. 이는 '언더'를 계급 구성 공간으로 파악하고 그 언더의 공간 안에서 계급 구성이 다시 이루어져야 한다는 말이다. 그 구성 공간에서 언더클래스가 프롤레타리아와 마주칠 때 프롤레타리아를 어떻게 봐야 할 것인가가 먼저 해결되어야 한다. 프롤레타리아는 엄밀한 의미에서 계급이 아니다. 그렇다면 프롤레타리아를 포괄하는 계급 개념을 언더클래스로 파악하고 언더클래스를 새로운 계급 개념으로 제기할 수 있지 않을까. 이 점을 주장하려면 니콜래스 쏘번과 에티엔느 발리바르의 프롤레타리아 개념을 살펴보는 작업이 필요하다.

쏘번은 프롤레타리아를 가리켜 이름붙일 수 없는 존재라고 말한다. 이것은 궁극적으로 프롤레타리아를 규정된 주체성이 없는 혹은 그러한 주체성에 대립하여 소수적 차이와 창조성의 과정들을 호출하는 구성양식으로 보기 위함이다. 쏘번의 이름붙일 수 없는 프롤레타리아는 발리바르가 말하는 붙잡을 수 없는 프롤레타리아와 유사하다. 그러나 해석의 논리와 그에 따르는 결론은 서로 상이하다. 쏘번은 자본가와 노동자가 자본의 기능이라는 점에서, 그리고 계급은 부르주아계급 하나만 존재한다는 들뢰즈적인 입장에 서서 프롤레타리아를 계급으로 파악하지 않는다. 이 점은 발리바르의 주장과 동일하다. 발리바르는 맑스를 전거로 한다.

> 이러한 시각에서 엄밀히 말하면 부르주아지는 역사상 유일한 계급이다. 그 전에는 아직 진정한 계급이 아니었던 카스트들, 신분들만이 있었을 뿐이다. 프롤레타리아트에 대해 말하자면, 일단 자신의 개념에 합치하게 되면 그것은 더 이상 하나의 계급(une classe)이 아니다(계급이 아니라 대중 [la masse])이다.[34]

쏘번은 맑스와 바쿠닌을 비교하는 가운데 룸펜프롤레타리아, 그리고 프롤레타리아를 자본주의 사회관계에서 '분리된' 동일성으로 보거나 자본주의 안에서의 계급구성으로 파악하지 않는다. 발리바르 또한 "프롤레타리아트 자체가 계급이기를 멈추어야 한다"며 프롤레타리아를 계급으로 간주하지 않는다. 쏘번과 발리바르의 논리대로라면 분리는 당연한 일이다. 여기에는 프롤레타리아를 노동자에 대립시키고 노동에 대한 비판, 더 나아가서는 노동 폐지 내지는 노동거부의 자율주의 이론을 제시하려는 의도가 들어있

---

34) 칼 마르크스 · 프리드리히 엥겔스, 『독일이데올로기 I』, 김대웅 옮김, 두레출판사, 1989, 78쪽, 에티엔느 발리바르, 『대중들의 공포』, 최원 · 서관모 옮김, 도서출판b, 2007, 224-225쪽에서 재인용.

다. 쏘번의 논리대로 말하면 프롤레타리아는 자본주의 안의 계급구성이 아니므로 계급일 수 없고 프롤레타리아 계급이라는 주체성도 상정할 수 없다. 그러면 프롤레타리아가 노동의 특유한 배치로부터 지속적으로 그 자신의 형태를 발견해 내야만 하는, 그리고 그 자신의 기법을 발명해 내야만 하는 무엇이라는 맑스의 지적은 어떻게 받아들여야 할까. 이 맑스의 지적을, 쏘번은 그래서 프롤레타리아는 이름붙일 수 없다, 즉 "하나의 경험적 집단이 아니라 구성양식"35)이라는 말로 받아넘긴다. 이 지점에서 발리바르의 주장을 들어볼 필요가 있다.

"계급"이자 동시에 "대중"인 프롤레타리아트가 주어져 있는 주체가 아니라는 사실, 프롤레타리아트는 자기 자신과 결코 일치하지 않는다는 사실, 말하자면 존재론적으로 분리되어 있다는 사실이 "프롤레타리아트"가 결코 역사 속에서 스스로를 주체로서 표상하고 주체로서 행동하기에 이르지 않는다는 것을 뜻하지는 않는다.36)

그렇다면 쏘번이 프롤레타리아라는 동일성에 대항하여 기존의 결정된 계급구성에서 벗어나 도달하는 곳은 어디인가? 프롤레타리아를 구성양식으로 보면서 결국 소수적 구성양식을 주장하자는 것 아닌가? 쏘번도 결국에는 이름붙일 수 없는 프롤레타리아를 소수정치의 주체로 상정하고 있는 것 아닌가? 앞 인용문에서 보았듯이 발리바르에게 있어서 프롤레타리아는 계급이자 더 나아가서는 대중이다. 이때 발리바르가 말하는 대중은 "사회

---

35) 니콜래스 쏘번, 『들뢰즈 맑스주의』, 196쪽.
36) 발리바르, 『대중들의 공포』, 302쪽.

의 해체의 최종적 생산물"[37]로서 언더클래스와 흡사하다. 그러나 발리바르는 프롤레타리아를 대중과 계급 사이에서 '동요하는' 것으로 받아들인다. 들뢰즈의 논리를 따라 프롤레타리아를 비-계급으로 파악하고 계급 포섭 내지는 계급 지배와 무관한 새로운 삶의 방식으로서의 코뮤니즘을 주장하는 이진경[38]이나 프롤레타리아를 소수자로 치환하는 쏘번과 달리 발리바르는 프롤레타리아를 비-계급 내지는 소수자로 사고하지 않는다. 쏘번은 프롤레타리아라는 용어가 『자본』에 부재한다고 말하지만 발리바르는 "기이하게 국지화되어 있다"[39]고 말하면서 프롤레타리아라는 개념이 계급과 대중 사이에서 동요하는 원인을 인구라는 매개체에서 찾으며 "인구의 운동"은 "대중의 운동"의 설명을 위한 일차적 토대라고까지 말할 수 있을 것[40]이라고 말한다. 그렇다면 글로컬한 차원에서 각각의 국민국가가 모래시계 사회로 변하고 인구의 하향 운동이 눈에 띄게 전개되는 오늘날 대중운동은 계급과 대중을 동시에 포괄하는 새로운 계급 개념을 요구하는 것이 아닐까.

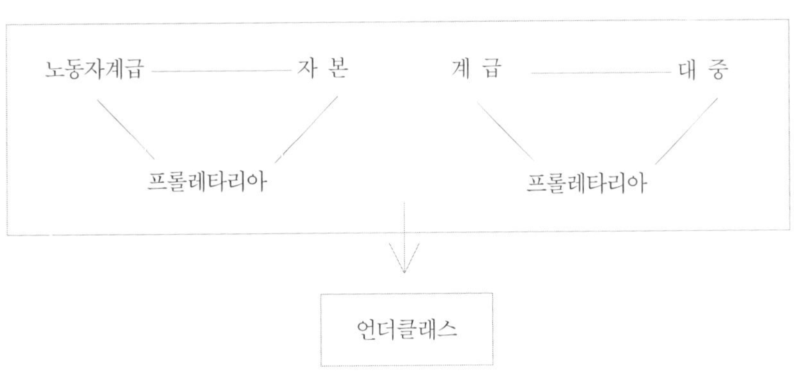

---

37) 같은 책, 298쪽.
38) 김강기명, 「프롤레타리아트는 누구인가」, <자율평론> 14호 참고
http://www.jayul.nct/view_article.php?a_no=869&p_no=1
39) 발리바르, 『대중들의 공포』, 302쪽.
40) 같은 책, 301쪽.

우리는 여기서 기존의 결정된 계급구성 범주를 벗어난 프롤레타리아, 계급과 대중 사이에서 동요하는 프롤레타리아를 언더클래스로 부르고자 한다. 언더'클래스', 즉 '계급' 개념을 유지하면서 계급의 언더라는 구성 공간 안으로 프롤레타리아, 사회적 소수자(장애인/독거노인 등), 빈민, 철거민, 이주노동자, 여성이주노동자, 배제된 자를 포함하는 산업예비군 등을 호출하고 그들을 '대중'이라는 시니피앙에 대응시키기 위함이다. 여기서 대중은 자본축적의 방식에 의해 규정되는 인구의 운동에 따라 얼마든지 클래스(계급)의 '언더'가 아니라 클래스(계급) '안으로'(into) 편입될 수 있다. 비정규직 보호 기간이나 체류 기간이라는 점에서 자국노동자와 이주노동자가 동일한 노동자인 것처럼 언더라는 구성 공간에 들어오는 모든 존재들은 자본주의적인 사회관계의 망을 피할 수 없고 자본(가)의 생산수단을 소유하지 못한다는 점에서 동일한 계급성을 갖는 것이고 따라서 그 존재들을 모두 언더클래스로 파악할 수 있을 것이다. 쏘번의 입장에 선다면 이주노동자는 프롤레타리아일 수 없다. 이주노동자는 글로벌한 자본주의적인 사회관계에서 벗어난 주체가 아니고 돈을 더 벌려고 온 마당에 프롤레타리아의 본질인 노동거부는 언감생심이기 때문이다. 한국에 이주한 노동자들의 임금 격차가 이주노동자들의 자국에 비해 7:1이나 되는 상황에서[41] 이주노동자를 소수성의 정치학에 편입시키는 노력은 너무 낙관적인 전망에 기초하고 있는 것 같다.

쏘번은 부탕이나 트론티 등의 논의를 인용하면서 그들의 계급구성 이론에서 나오는 관점의 역전이라는 원리를 긍정적으로 바라본다. 쏘번은 그 원리를 노동거부, 계급구성과 더불어 소수정치학의 기초로 이해하

---

41) 미국과 멕시코는 9:1이고 임금격차가 11:1 되는 경우도 있다.

려는 입장이거니와, 관점의 역전은 여기서 "사회적으로 발전된 수준에서 자본주의 발전은 노동계급 투쟁에 종속된다"[42]는 입장으로 드러난다. 이때 노동계급 투쟁은 자본, 그 중에서도 가변자본인 노동이 자본으로부터의 특정한 자율을 가지는 방향으로 나가도록 강제한다. 쏘번에 따르면,

> 관점의 역전의 명제에서 노동에 대항하는 노동자들의 투쟁은 자본으로 하여금 생산의 부드러운 작동에서 벗어나거나 그것을 파열시키는 것을 감금하고 포획하기 위해 재배치하지 않을 수 없도록 강제한다. 각각의 발전 단계가, 각각의 새로운 '계급구성'의 '탈구성' 속에서 자본으로 하여금 새로운 테크놀로지적 패러다임으로 나아가도록 강제한다.[43]

이러한 역전의 원리에 대해 김세균은 계급론을 주관적이고 객관적인 것으로 나눈 후에 다음과 같이 적절한 비판을 한 바 있다. 자율주의의 이러한 관점의 역전은 "자본주의적 관계의 변화를 노동의 밑으로부터의 투쟁에 대한 자본의 대응으로서만 파악함으로써 밑으로부터의 투쟁만을 특권화하는 점에서 잘못된 것"이라는 것이다.[44] 박승호는 계급구성·탈구성·재구성을 하나의 투쟁주기로 보는 자율주의 이론은 1917년부터 1968년까지 장기호황기를 누렸던 대중노동자 시기에나 어느 정도 설득력 있을 뿐이라고 비판하면서[45] 계급 역관계가 분석적 개념으로서 더 적절하다고 주장한

---

42) 니콜래스 쏘번, 『들뢰즈 맑스주의』, 316쪽.
43) 같은 책 같은 곳.
44) 김세균, 「계급 그리고 민중 시민 다중」, 『진보평론』 20호, 2004년 여름.
45) 박승호, 『좌파 현대자본주의론의 비판적 재구성』, 한울, 2004, 488-489쪽. 자율주의에

다. 자본이 노동력을 구성하고 노동계급의 투쟁이 자본으로 하여금 임금협
상에 나서게 하고 생산 설비 투자에 나서게 하지만 자율주의는 투쟁주기의
관점을 유지하기 때문에 노동계급을 긍정적인 주체, 더 나아가 자율적인
주체로 상정한다는 것이다. 그렇다면 이주노동자도 자율적이고 긍정적인
주체로 상정되고 재구성될 수 있을까. 이주를 하기 전이나 후에 자국과
외국에서 언더클래스로 존재하는 이주노동자가 자본의 탈구성 전략에 맞
서 재구성되려면 무엇이 필요한가.

　이주노동자 문제는 계급구성에 대한 자본의 탈구성 전략의 일환이다.
자본에 의한 탈구성적인 대응 전략은 과학기술혁명, 자동화, 린생산 방식
으로 대표되는 자본의 유연화와 세계화 등을 들 수 있다. 전지구적으로
이주노동자는 전후 호황기에 자본에 의한 노동력의 차별적 재구성 전략에
따라 대거 유입되면서 산업예비군 역할을 함에 따라 당시 자본의 이윤율
은 장기적으로 지속될 수 있었다. 이 장기호황기에 노동력은 주로 이주노
동자가 담당했지만,[46] 그 외에 농업 부문, 여성이 담당하기도 하였다. 국
내적으로 볼 때 자본은 착취의 공간을 두 개 마련한 셈이다. 하나는 자국노
동자의 착취 공간이고 다른 하나는 이주노동자의 착취 공간이다. 자본은
이러한 두 개의 착취 공간을 통해 이주노동자를 인종적·계급적으로 최
하층에 위치시키는 한편 자국노동자와 최하층 경쟁을 벌이게 만든다. 자
본이 의도한 것이든 아니든 간에 자본에 의한 노동의 탈구성 전략은 관철
된 셈이다. 자국의 최하층 노동자와 이주노동자 사이에 총노동의 관점에
서 문제를 풀어가지 않거나 언제든지 반실업 내지는 실업 상태에 빠질

　대한 홀로웨이 등의 개방적 맑스주의의 비판에 대해서는 334-338쪽 참고
46) 1971년 서독의 이주노동자 숫자는 200만명을 상회했다. 같은 책, 380쪽.

수 있는 언더클래스라는 계급적 동일성이 확보되지 않으면 계급의 재구성
은 불가능하다.

나가며

　이주노동자는 호황, 불황, 공황을 반복하는 자본주의의 순환 주기와 자본
축적 방식의 재편에 따라 철새처럼 움직이는 존재다. 이주노동자는 자국의
노동자와 마찬가지로 요즘 같은 공황기에 계급 역관계에서 불리한 위치에
놓인다. 물론 위기가 기회가 될 수는 있지만 그 기회는 언더클래스가 계급
적 동일성의 축으로 기능할 때 찾을 수 있다. 오늘날 적대의 지점들은 총자
본과 총노동만이 아니라 노동의 여성화에 따른 자본과 여성, 자본과 이주노
동자/이주여성노동자, 자본과 빈곤, 자본과 실업, 자본과 대학생, 자본과
청소년 알바 등으로 다양해지고 있다. 식상한 결론이지만 문제는 그 새롭게
형성되고 있는 적대 지점들에서 새로운 발화 지점들과 투쟁 지점들을 생산
해내는 방식이다. 그러나 지금처럼 부문별 단체별로 목소리를 내는 방식은
지양되어야 한다. 최근 민주노총에서 사회연대노조 등 연대의 목소리가
들리고 있지만 부문별 단체별 목소리들을 횡단하고 엮어내는 누빔점으로
서의 언더클래스를 중심으로 계급적 동일성이 먼저 확보되어야 한다. 이러
한 계급적 동일성의 확보야말로 다양한 적대 지점들에서 나타나는 에너지
를 집중시킬 수 있는 계기가 될 것이기 때문이다. 이 에너지를 수렴하고
발산시킬 수 있는 매개체의 확보, 즉 당 건설이 여기서 과제로 떠오른다.
하지만 이주노동자 운동에 연관된 한, 운동은 1970년대로 되돌아가서 거기
서부터 시작해야 한다. 두 개의 착취 공간 안에서 자본은 21세기라는 시간

을 20세기 식으로 다시 착취하고 있기 때문이다. 전태일 열사의 분신 이후 연합노조가 결성되었던 자본의 착취 현장에서 언더클래스의 새로운 계급 주체를 건설하는 일이 새롭고도 여전한 과제로 떠올랐다.

04

페미니즘 관점에서 본 한국의 사회운동과 패러다임의 전환—적·녹·보라의 관계 설정을 위한 시론[*]

고정갑희_지구지역행동네트워크 설립위원장, 한신대

현재 우리는 한국사회와 운동 진영에서 새로운 움직임을 갈구하는 소리들을 듣는다. 무언가가 막힌 것이다. 이 막힌 무엇이 무엇인지 그 정체를 파악하려 노력하는 소리들이 들린다. 진보라고 자처했던 그룹들이 하나씩 한계를 드러내면서 이 소리는 속삭임에서 더 큰 소리로 바뀌고 있다. 이 속삭임을 큰 소리로 바꾸는 데 신자유주의와 경제 지상주의를 표방한 신개발주의적 이명박 정부의 출현이 한 몫을 하고 있다. 1987년 민주화운동과 7월 노동자대투쟁의 연장선에서 20년 동안 다양한 운동들이 진행되어 왔으나 지금 이 시점에서 사회운동 진영은 그동안의 활동에 대한 성찰과 새로운 방향 설정을 고심하고 있다. 여성운동,[1] 환경운동, 노동운동이 새로운 전환

---

[*] 이 글은 『진보평론』 40호(2009년 여름)에 '페미니즘 관점에서 본 한국의 진보와 패러다임의 전환'이라는 제목으로 실렸던 글임을 밝혀둡니다.

1) 87년 이후 민주화의 진행과 함께 여성운동이 힘을 얻게 된 것은 사실이다. 여성단체연합 같은 여성운동연합체의 힘을 입어 여성과 성을 둘러싼 법들이 제정되었다. 1987년 남녀

점을 맞아 새로운 패러다임을 필요로 하고 있다.

지난 20년 동안 여성운동 또한 풀뿌리 운동, 노동조합운동, 문화운동 등 다양한 운동들을 전개해 왔지만 전반적으로 보면 계급적 측면이나 생태적 측면에 대한 운동이 미미했던 것 또한 사실이다. 여성운동은 여성환경운동과 여성노동운동을 전개해 오면서 환경, 여성, 노동을 연결시키려는 노력을 해왔다. 그러나 환경운동과 노동운동은 성의 문제를 중심에 두지 않았다고 할 수 있다. 한국사회의 진보운동은 일부 여성운동단체들과 연대하여 변화를 기해왔거나, 진보진영의 여성활동가들이 페미니즘 의식을 갖고 여성위원회를 만들고 성폭력과 할당제를 의제화하여 활동하였지만 근본적으로 그 운동과 담론에서 성의 문제를 본격적으로 다루었다고 보기 힘들다. 계급을 주요 의제로 두는 좌파운동은 생태와 성을 중심축으로 가져오지 못했고, 생태/환경을 주요의제로 다루는 생태/환경운동 또한 계급의 문제나 성의 문제를 중심축으로 가져오지 못했다. 다시 말하면 계급 없는 성과 생태, 성 없는 계급과 생태, 생태 없는 성과 계급이 현재 담론과 운동의 모습이라 할 수 있다. 각각의 모순지점이 서로 어떻게 연결되어 있는지를 보지 못하고, 보지 않음으로써 현재의 움직임이 서로 분리되어 힘을 얻지 못하고 있다. 각 운동이 주요모순이 있지만 그 주요모순의 한 축만을 강조함으로써 새로운 운동의 방향을 찾지 못했다는 점에서 각각의 주요모순에만 머물지 않는 새로운 움직임의 가능성을 찾는 일이 중요하다. 이런 시각

고용평등법을 출발점으로 1990년대는 각종 여성관련 법과 제도의 정비가 이루어지고, 여성정책을 담당하는 국가기구와 법률이 만들어지게 되었다. 지난 20년간 여성정책위원회, 국회여성특별위원회, 여성개발원, 여성부, 여성가족부가 출현하였다. 그리고 성폭력특별법, 가정폭력방지법, 호주제폐지법, 성매매 특별법('성매매알선등행위의처벌에관한법률'과 여성부 소관의 '성매매방지및피해자보호에관한법률'로 구성) 등이 제정되었다. 성주류화와 법제도화가 진행된 셈이다.

에서 이 글은 페미니즘의 관점에서 패러다임의 전환을 위한 고리를 제시해 보기로 한다.

1. 페미니즘이 요구하는 패러다임의 전환

1) 자본주의에서/와 가부장제로─적색의 전환, 보라색의 요구

좌파운동, 진보운동은 현재 신자유주의와 자본주의를 주요 문제로 부각시킨다. 페미니즘의 시각에서 보면 가부장제도 중요한 억압 기제이다. 가부장제는 자본주의적이고, 신자유주의적으로 움직이기도 하는데 한국의 남성중심적 좌파, 진보진영의 운동과 학술/이론적 지식생산은 계속해서 가부장제를 도외시한다. 현재 진보진영은 가부장제를 아주 극히 부분적인 것으로 생각하고 전체의 패러다임과 관련된 문제로 보지 않기 때문에 결국은 오랜 가부장제는 계속 재생산될 수밖에 없다. 가부장제를 본격적으로 좌파운동의 의제로 놓지 않으면 현재의 이론과 운동이 더 나아가기 힘든 상태에 왔다고 말할 수 있다.

진보담론은 끊임없이 자본주의나 신자유주의 문제에 천착함으로써 의제를 재생산한다. 주요모순과 해결되지 않은 문제들에 천착해야 하지만 그 문제를 의제화하는 방식과 내용이 가부장적이라 가부장제를 본격적으로 문제 삼는 페미니즘 운동과는 소통이 어려운 상태다. 이러한 공간의 정치, 담론의 정치가 결과적으로 의제와 운동의 남성중심적 편향성을 낳으면서 가부장제가 계속 재생산되는 구조를 지속시키는 것이다.

특히 좌파, 진보 진영의 남성들은 자신들의 가부장성을 제대로 깊이 성찰하려 하지 않는다. 이것은 모든 분야, 모든 영역에 연결되는 문제다. 자본주의가 우리의 삶 깊숙이 파고들어 있듯이, 가부장제 또한 우리의 삶 속에 깊이 파고들어 있다. 그런데 자신들이 딛고 서있는 가부장제에 대해서는 자본주의에 천착하는 것만큼 천착하지 않는 이유는 무엇일까? 본인들이 의제화하고 있는 것들이 중요하고, 최종적이며 근본적이라고 생각하기 때문일 수도 있다. 그리고 만약 가부장제를 문제화하면 본인들 스스로 너무나 괴로운 그 어떤 것을 직면하기 때문일 수도 있다. 왜 그것을 여성들의 문제로, 하나의 코너로, 하나의 부분으로, 전체를 해체한 그 어떤 것으로 생각하는 것일까? 본인들은 보편의 문제, 전체의 문제를 본다고 생각하지만 실은 자신들이 전체의 문제라고 생각하는 곳이 부분이기 때문이다. '여성'을 따로 두고, '여성운동'도 따로 두어야 할 정도로 자신들이 의제화하는 문제를 '인간'의 문제로 '전체'의 문제로 두고 싶기 때문이다.

패러다임의 전환이란 내용과 방식의 전환을 의미한다. 의제와 운동의 방향이 달라짐을 의미한다. 그것은 곧 새로운 세상을 만드는 것을 의미한다. 진보의 보수성을 극복하기 위해 현재의 패러다임의 전환이 필요하다. 그 패러다임의 전환으로 먼저 계급 패러다임의 전환을 말해보자.[2] 그 방법의 차이가 계급만 생각하지 않고 계급과 성을 연결하여 생각하는 것이다.

지금까지 페미니즘은 성적 모순과 계급적 모순에 대한 생각을 진전시켜 왔다. 페미니즘은 맑스주의와의 만남을 시도하여 맑스주의 페미니즘을 만들어냈다. 이러한 관점은 기존의 맑스주의에 입각한 좌파운동에게 요구할 거리를 만든 셈이다. 그러나 페미니즘의 이러한 시도 자체가 계급을 중심에 둔 남성중심적 이론과 운동에서는 받아들여지지 않았다. 페미니즘은 맑스

---

2) "운동은 중층적이고 받드는 골격은 계급관계 간이다"(김진균, 『진보에서 희망을 꿈꾼다』, 박종철출판사, 2003, 139쪽).

주의 페미니즘을 통해 성 없는 계급, 계급 없는 성의 문제를 지적하면서 자본주의와 가부장제의 만남을 시도하였다. 이뿐만 아니라 계급을 다른 각도로 볼 가능성을 제공하였다. 성의 변증법, 성의 정치, 성적 계약, 성매매 혹은 성거래 등으로 성을 중심에 놓으면서 기존의 계급을 다시 설정하려는 시도를 시작하였다.

자본주의 논의를 적어도 자본주의와 가부장제 논의로 놓거나, 가부장제 논의로 이동해 본다면 자본주의적 가부장제 혹은 가부장제로 논의의 틀이 바뀐다. 이를 위해서는 생산, 노동, 계급의 재개념화와 재구성이 필요하다. 현재의 생산, 노동, 계급은 제한적이다. 자본주의적 상품생산을 중심으로 하는 생산, 노동, 계급 개념에 기초한 패러다임으로 보면 현재의 진보가 희망으로 제시된다. 자본주의적 모순과 노동자계급의 해방을 위하는 이론과 운동이 상정한 노동자는 누구인가? 이때, 희망은 누구의 희망인가? 노동자계급의 희망? 그럼 그 노동자계급은 어떤 노동자계급인가? 주로 사회적 영역, 공적 영역이라 불리는 곳의 노동자들이다. 여기에는 성별과 성애의 문제가 포함되지 않았다. 성적으로 분류된 노동자들이 포함되어 있지 않다. 여기서 성노동자라는 개념은 성별과 성애적인 노동을 의미한다. 성노동에는 모성노동, 섹스노동, 가사노동 그리고 성별-성애화된 임노동이 포함된다.(실상 더 크게는 남성이 하는 노동과 여성이 하는 노동 전체가 성적노동인 셈이다. 공/사로 구분하여 사회적 노동을 주로 남성들이 담당해온 것 또한 큰 범주에서는 성적/성별적 노동인 셈이다.)

자본주의를 주요 모순으로 보는 이론가들과 운동가들은 생산을 상품생산으로 제한하였고, 그렇게 함으로써 여성들의 노동과 성별/성애적 노동을 보지 못하게 되었다. 보지 못하게 될 뿐만 아니라 이러한 노동을 노동의 시야에서 가려버렸다. 이렇게 되면 상품생산을 중심으로 하는 생산 개념은 다른 생산들을 포함하지 못하는 한계를 갖거나 다른 생산들을 재생산으로 놓는 우를 범한다. 인간생산을 담당하는 여성들을 신비화하거나 비가시화하고, 여성들이 쾌락생산 그리고 가사노동을 전담하게 하는 가부장제를 이론과 운동의 의제로 삼지 않는 우를 범한다. 특히 여성이 하는 인간생산(임신+출산+양육)을 자연의 영역으로 간주함으로써 그 노동과정을 담당하는 여성들을 사회적 담론과 운동의 시야에서 밀어낸다. 여성들은 구체적으로 임신과 출산과정을 겪으면서 그 과정에서 부여되는 노동을 한다. 이 노동을 통해 생산하는 것이 인간이다. 이렇게 생산된 인간을 자본주의적/맑스주의적 시각에서는 노동력의 재생산으로 본다. 이렇게 생산된 인간은 양육의 과정, 보살핌/돌봄 노동을 통해 성장한다. 이 노동을 주로 어머니-여성이 맡는다는 면에서 모성노동이라 할 수 있다.

필자는 성관계-성노동-성장치를 가부장체제를 유지하는 삼각구도로 본다. 성관계로는 생산/거래/권력/계급관계를 놓고, 성장치로는 신체, 가족, 서사-미디어, 시장, 국가, 종교, 교육을 생각한다. 실제로 이러한 장치들은 한 사회의 여성을 주체화하는 장치들이다. 신체는 성별화가 일어나는 장치다. 가족은 가부장제 혹은 자본주의적 가부장제를 유지하는 토대가 된다. 시장은 산업을 통해 성별화한다. 예를 들어 의복산업을 보자. 여성의복과 남성의복을 구분하여 생산한다. 이러한 의복을 입는 사람들은 가부장제의 재생산 고리를 유지한다.(물론 그 반대의 경우도 있다. 중성적 복장, 복장전환 등. 그러나 복장전환의 경우 성별화를 재생산하는 역할도 한다. 앙드레 김의 패션쇼는 끊임없이 남녀의 로맨스와 결혼, 이별 등을 재생산한다.)

패러다임의 내용이 달라지면 소유와 분배의 방식이 달라질 것이다. 현재

자본주의적 모순을 계급적 모순으로 보는 진보진영의 축은 노동자계급의 분배를 문제 삼는다고 볼 수 있다. 잉여가치를 통제하는 쪽이 자본가계급이라는 측면에서 그리고 그것이 국가간의 불균등구조에 따라 어떤 국가에 그 분배가 쏠릴 것으로 볼 수 있다. 그러나 가부장제적 패러다임으로 전환되면 분배의 문제는 남녀 분배의 문제가 된다. 물론 국가, 인종, 계급에 따라 분배가 달라질 수는 있다. 현재 전지구적으로 토지, 자본 등의 얼마를 남성이라는 성이 소유하고 있는지를 본다면 그 분배가 노동자계급의 통제 하에 있게 되는 것과 여성의 통제 하에 있게 되는 것은 어떤 차이를 가져올 것인가? 혹은 여성노동자계급에게 있다면 어떻게 달라질 것인가?

사회의 양극화를 말할 때도 남성과 여성의 양극화에 대해선 언급하지 않는다. 양극화를 물질적인 차원에서 빈부로만 구분하는 현재의 시점을 남성과 여성의 양극화로 옮겨 여성적 빈곤을 보게 된다면 양극화 현상도 다르게 드러날 것이다. 20대 80의 사회라는 사회의 양극화에 대한 생각에 젠더가 도입된다면 20에도 남녀가 80에도 남녀가 포함되어 있을 것이다. 그러나 그 80이 모두 같은 80은 아니고, 20에 속한 여성도 남성과 같이 20을 나누어 10을 가지고 있지는 않을 것이다. 그렇다면 운동을 누가 어떻게 함께 할 것인지의 문제가 새로운 논의의 과제가 될 수 있다.

자본주의적 가부장제를 문제 삼으면 성적 생산양식이 주요 문제로 떠오르게 될 것이다. 가부장제는 자본주의보다 오래된 제도이며 체제다. 250년(혹은 그보다는 더 오래된)의 역사를 가진 자본주의와 수천년 동안 유지되어온 가부장제에서 그 자체의 생산양식을 발견할 수 있을 것이라 짐작된다. 노예제, 봉건제, 자본제의 생산양식으로 사회적 생산양식을 구분하는 방식이 아니라 그와는 다른 성양식을 발견해낼 수 있을 것이다. 성양식은 아직한 번도 제대로 바뀐 적이 없는지도 모른다. 하지만 앞으로의 연구를 통해 이런 지점도 살펴볼 수 있을 것이다. 역사적 접근이 필수적으로 필요한 부분이다.

비정규직의 문제는 사실 그 어느 문제보다 성별화된 문제다. 한국사회의 비정규직 운동을 만들어온 대표적인 사례들은 KTX, 이랜드, 기륭전자 그리고 여러 곳에서 시작된 미화원 노동자들의 운동이다. 그러나 이 문제를 비정규직의 문제로만 접근하지 젠더화된 사회의 노동양상으로 보지 않는다 (물론 사회운동 내부의 여성들은 이렇게 보려고 한다). 비정규직 문제는 성차별화된 가부장제와 자본주의의 문제로 접근할 때 근본적인 해결의 실마리를 찾을 수 있을 것이다.

이러한 문제를 맑스주의 이론가와 노동운동 진영이 페미니즘과 함께 생각해 본다면 지금까지와는 다른 이론과 운동이 될 수밖에 없을 것이다. 이러한 생각이 자본주의/신자유주의/제국주의에 대한 싸움을 늦추는 것이거나 달리하는 것이라고 생각한다면 그 생각은 수정이 필요하다.

2) 인간주의에서/와 가부장제로—녹색의 전환, 보라색의 요구

심층 생태주의는 맑스주의 혹은 사회주의를 비판하며 등장한 측면이 있다. 생태주의와 사회주의의 엄격한 분리주의를 강조하는 진영에서는 그 이유로 맑스주의의 문제점을 지적한다. 맑스주의 정치경제학은 환경문제와 관련하여 문제를 안고 있다고 보았기 때문이다. 자본주의 하에서의 경제성장이 사회주의적 프로젝트를 수행하도록 되어 있다는 가정이 문제라고 본다. 그리고 맑스의 경우 자연은 극히 수동적이거나 관심의 대상이 아니라는 점을 지적한다. 나아가 현실사회주의의 주된 특징은 정치적, 경제적 중

앙집권화이고, 맑스주의가 갖는 기술주의적 입장이 문제라고 본다. 기술은 자본주의와 사회주의 양체제에서 정치적, 경제적 권력의 반영체이며 동시에 정치적 선택의 핵심주체라고 본다. 사회주의가 혁명주체로 산업노동계급에 기대하는 점 또한 산업사회 자체를 거부하는 입장으로는 받아들이기 어렵다는 것이다. 인간 존재를 유물론적으로 정의하는 것 자체를 또한 거부한다. 이러한 심층생태주의에 대해 맑스주의는 생태주의가 환경의 지속가능성에 대한 인류의 보편적 이해관계라는 이름 하에, 계급적 불평등에 대한 관심을 갖지 않는다고 주장하고, 녹색과 기술관료 및 부르주아 계급과의 동맹 가능성을 우려한다.

종(種)으로서의 인간을 환경 파탄의 원인으로 보는 것에 대한 반박은 생태주의 내부에서도 일어났다. 머레이 북친 같은 사회생태주의자는 이렇게만 보는 것의 위험성을 지적한다. 환경파탄의 원인이 보편 인간으로 상정되어 버리면 인간 내의 차등화된 관계가 만들어내는 환경파괴의 결과가 간과된다고 본다. 그렇게 되면 "그러한 파탄은 <사회적> 파탄의 결과가 아니게 된다. 억압받는 소수 원주민 집단인가, 여성인가, 제3세계 민중인가, 아니면 제1세계—여기서는 모든 사람이 환경 파괴에 관하여 강력한 기업 엘리트와 공범 관계에 있다—의 민중인가와는 무관하게 <인류>라는 신화적인 것이 조작된다. 새로운 종류의 생물적 차원의 <원죄>가 조작되어, <인류>라는 동물의 애매한 집단이 생활 세계의 존속을 위협하는 파괴 세력으로 간주된다."3)

한국에서 녹색대안을 찾는 움직임들에는 스펙트럼이 다양하다. '초록정

---

3) 머레이 북친, 『사회생태주의란 무엇인가』(*Remaking Society*), 박홍규 옮김, 민음사, 1998, 11쪽.

차'는 지역자치나 생명공동체 등에 관심을 갖고 '생명평화'에 가치를 두는 쪽이 있다. 개인의 수행을 더 중시하며 생태적인 공동체사회를 만들어가는 것을 강조하기도 한다(황대권). "한국 현대사는 한마디로 경제인간들만 존재했고 모든 것이 경제로 환원되어 왔"다고 보면서 근대산업사회의 폐해를 주장하기도 한다(주요섭). 이런 관점에서 보면 "맑스의 모든 이론이 지나치게 인간중심적"이다. 그리고 "자본가가 노동자를 착취한다 혹은 노동자는 자본가 계급을 폐지하고 노동자가 관리하는 사회를 만든다고 했을 때 그 모든 전제 속에 자연은 빠져 있"으며 "자연 때문에 먹고 살고 있는데도 불구하고 그 자연을 가공해서 만든 것을 어떻게 분배하느냐 하는 문제에 초점을 맞추는" 것으로 보인다. 따라서 자연이 총체적인 위기에 빠져 있는 상황에서 "지금까지의 모든 좌파의 논쟁이란 것이 무슨 의미가 있단 말인가?"라고 반문하게 된다(황대권). 박승옥은 맑스에 대해 다음과 같이 비판한다. "맑스는 전체적으로 보면 자연은 무한하고 유한하고를 떠나 자연 자체가 논의에서 없었습니다. 기본적으로 맑시즘의 발전사관이 추구했던 바는 식민지 근대화론이며 그런 면에서 엄밀하게 말하면 뉴라이트의 사상적 아버지는 맑스인 것 같은데요."4)

일찍이 『녹색평론』을 펴낸 김종철은 생태학적 관점의 중요성을 강조한다. "지금은 생태학적 관심을 중심에 두지 않는 어떠한 새로운 창조적인 사상이나 사회 운동도 있을 수 없는 상황이라고 나는 믿는다. 세계 전역에서 뭉게구름이 사라지고, 여름이 되어도 제비를 볼 수 없게 된 지금 우리는 아무런 일이 없는 것처럼 종래의 관행을 되풀이하고 있을 수는 없는 것이다. 인간의 삶과 문화는 이제 인간 자신의 존재의 궁극적인 근거에 대한 뼈저린

---

4) 이 문단은 '생태주의'를 특집으로 한 『문화/과학』 56호, 2008년 겨울을 참조하였다.

성찰 없이는 지속 불가능한 현실에 직면하였다.5) 그리고 이어서 "아마도 오늘의 산업 사회의 치명적인 약점이라고 할 수 있는 생태학적 사유의 빈곤은 오랜 세월 '어머니 대지'를 섬기며, 생태적으로 지극히 지혜로운 삶을 살아온 토착 민족들이 보여 주는 것과 같은 정신적 균형을 상실한 데 따른 불가피한 귀결일지 모른다"6)고 말한다.

맑스가 생태와 자연에 대해 무관심했거나 착취적인 것을 부추긴 셈이라는 지적까지 나오는 데 대해 한국의 좌파 진영에서는 "에코자본주의"의 문제를 지적하거나(이득재) '생태학적 맑스'(심광현)를 주장하기도 한다. 그리고 가타리의 환경생태학, 사회생태학, 정신생태학이라는 '세 가지의 생태학이 소개되며(윤수종) "맑스주의와 생태주의의 그릇된 반목을 넘"고자 하는 시도들이 제기된다(심광현). "소유와 분배의 문제만을 혁신하려고 했던 구좌파의 한계를 극복하기 위해 맑스주의의 확장을 시도"하겠다고 한다(심광현). 그러나 심광현은 환경생태와 사회생태와 정신생태학의 위기를 심화시키는 주범을 "신자유주의 세계화"로 놓는데 환경, 여성, 노동, 문화 운동 "각 운동 진영에서도 이견이 없는 듯하다"고 단정하여 버린다.7) 그러나 이 단정은 어디까지나 좌파진영의 한정적 단정이라 할 수 있다. 왜냐하면 위기의 주범을 달리 상정함으로써 각각의 운동이 다를 것이기 때문이다.

한국의 환경운동은 87년 민주화운동과 함께 성장하였고, 실제 운동은 훨씬 이전으로 거슬러 올라가는 역사를 갖고 있기 때문에 앞에서 예를 든 생태운동과 다소 거리가 있을 수도 있다. 물론 단체들 사이에도 차이가

---

5) 김종철, 『시적인간과 생태적 인간』, 삼인, 1999, 5쪽.
6) 같은 책, 6쪽.
7) 이 문단 또한 『문화/과학』 56호를 참조하여 정리하였다.

있지만 환경연합이나 녹색연합 같은 환경운동단체들이 노력을 기울였던 새만금, 부안 등의 문제는 먹거리 문제만이 아니라 전세계 에너지 문제, 변형유전자, 광우병, 지구온난화 등과 함께 생태, 환경운동의 의제가 됨을 보여준다. FTA와 공정무역, 대안무역의 문제로 오면 녹색과 적색의 문제의식이 한층 가까워짐을 볼 수 있다.

페미니즘의 시각에서 맑스주의가 자본주의만을 문제 삼을 것이 아니라 가부장제에 관심을 둘 필요가 있다고 앞에서 말했듯이 생태주의 또한 인간주의 혹은 인간중심주의를 문제삼으며 성차별구조를 건너뛰고 있음을 문제 삼을 수밖에 없게 된다. 생태환경의 위기를 궁극적으로는 인간이라는 종이 만들어 내고 있는 것은 사실이지만 북친이 말하듯이 그 인간이라는 종 내부의 책임 여부를 간과할 경우, 자본가들, 과거와 현재의 제국주의자와 식민주의자들, 남성들, 상층계급의 여성들의 책임이 약화된다. 여성들이 자신들을 옥죄는 가부장제에 공모해야 생존할 수 있어서 공모했다 하더라도, 그 책임 자체가 여성들에게 먼저 돌아가지 말아야 하듯이, 생태계에 대한 책임도 제3세계 여성, 남반구의 여성, 하층계급의 여성, 노동자계급에게 책임이 먼저 돌아가서는 안된다고 말할 수 있다. 따라서 인간중심주의를 문제 삼는 생태주의와 환경운동 또한 가부장제에 대한 인식을 동시에 할 것을 페미니즘은 요구한다.

서구와 한국에서 페미니즘은 생태주의와의 만남을 시도하여 에코페미니즘(생태여성주의)과 여성환경운동의 영역을 열었다. 에코페미니즘이라는 용어는 자연의 지배와 여성의 지배 사이에 비판적인 연관성이 있다는 가정을 받아들이는 여러 이론적 입장을 포괄하는 페미니즘 운동 내의 주요한 경향을 지칭한다. 에코페미니즘은 처음 등장했을 때 성별관계(gender relations)와 경제체계의 틀 안에서 지배적인 권력구조를 폭로하고, 그것에 도전하고, 변화시킬 것을 약속했다.[8] (에코)페미니스트들은 인간과 자연 사이의 갈등을 개념화한 것이 오히려 가부장제와 같은 다른 형태의 지배를 은폐하고 있다고 지적한다. (에코)페미니스트들은 근본생태주의에 가부장적 편견이 존재하며 남성중심주의를 재생산하고 있다고 보기도 한다. 또 '지구먼저!'와 같은 운동이 지향하고 있는 급진적 생물중심주의의 흐름은 재생산권 옹호운동을 벌이고 있는 여성들에게 비판받고 있는데 이는 그 흐름이 남쪽 여성을 겨냥한 강제적인 인구조절 프로그램을 정당화하는 데 일조할 수도 있기 때문이다.[9]

캐런 J. 워런이 말한 생태여성주의의 기본 원칙 네 가지를 소개해 보자. 첫째, 여성의 억압과 착취 그리고 자연의 억압과 착취 사이에는 중요한 연관성이 있다. 둘째, 이러한 연관성의 성격을 올바로 이해하기 위해서는 여성과 자연의 이중적 억압을 올바로 이해할 필요가 있다. 셋째, 모든 페미니즘 이론과 실천은 반드시 생태학적 관점을 포함하여야 한다. 넷째, 생태문제에 대한 해결은 반드시 페미니즘적 관점을 포함하여야 한다.

페미니즘의 시각에서 생태사상은 문제점을 안고 있다. 먼저 자연과 여성을 신비화하는 경향에 대해 생각해 보자. 자연과 여성의 혐오증에 대한 대안으로 자연과 여성이 신비화되는 경향이 있다. 여성적 가치를 강조하고 '어머니 대지'의 '중요성'을 강조한다. 그리고 여성적 가치의 강조는 주로 어머니대지, 모성적 여성의 베품의 강조로 연결되면서 기존의 자연과 여성

---

8) 『대지의 회복—여성이여 대지의 삶에 대해 떠들어라』(1983), 『상처의 회복』(1989) 『세계를 다시짜기: 에코페미니즘의 대두』(1990)를 참조

9) 로지 브라이도티, 『여성과 환경, 그리고 지속가능한 개발』, 이진아 옮김, 나라사랑, 1995, 7장 참조

을 등치시켜온 남성중심사상을 재생산할 수도 있다. 그리고 토착종교, 민족의 문화, 동양의 정신문화를 재고하지 않고 신비화하기도 한다는 점이다. 토착적인 것과 민족적인 것, 그리고 농촌사회를 하나의 대안으로 제시할 때, 이러한 특징들이 갖는 가부장적 지점들을 보지 않고 이상화할 가능성이 있다. 한국이나 서구의 생태론자들이 풍류도, 노자, 공자를 말하기 시작하면서 그동안에 페미니즘이 해온 비판적 역사를 지워버리게 된다. 토착종교, 민족문화, 농촌사회, 불교, 도교, 유교의 가부장성에 대한 비판과 그 사회의 계급, 신분제에 대해서는 언급하지 않고 그들의 사상을 긍정적으로 내놓을 때, 전통에 대한 신비화를 통해 성/계급이데올로기가 재생산될 가능성이 크다. 노자, 공자의 사상에 배어있는 성계급적인 문제를 파헤치면 그들의 무위사상이나 인의예지가 어디에 기반하는지 나올 것임에도 근대산업사회의 대안적 정신문화로 이러한 사상을 놓게 되면 결국 자연도 여성도 보이지 않는 초자연의 세계로 빠질 가능성이 있다. 물질에 대한 정신을 강조하느라 결국 물질문명의 폐해를 가져온 계급적, 성적 주체에 대한 비판은 빠지고 인류, 인간이라는 종의 일반화가 일어날 가능성이 있다. 인간이 종으로서 원죄의식을 느낄 부분이 많은 것은 사실이다. 여성도 이 문명의 한 희생자이면서 수혜자로서, 동물살해와 육식의 문화, 가죽옷 문화의 동참자로서 분명 돌아보아야 할 지점들이 있다. 그러나 그 이전에 가부장제와 자본주의가 무엇을 생산하는지, 그리고 그 가부장제와 자본주의의 주역이 누구인지 더 특화되어야 할 필요도 있다.

서구의 남성 생태주의자들이 지구적 차원의 생태와 환경문제를 인식하고 문제를 지적하는 데 있어 시간의 차이를 염두에 두지 않는 것 같아 보일 때가 있다. 먼저 북반구의 부와 남반구의 빈곤에 대한 인식이 첨예하

지 않은 상태로 보인다. 지금까지 자연자원과 여성을 착취함으로써 부를
축적한 북반구의 국민, 시민인 북반구 생태론자들이 자연의 착취문제를
이야기할 때, 제국주의의 식민화문제를 제대로 반성하지 않은 채, 자연보호
를 논하는 경향이 있다. 최근에 지구온난화와 유전자변형 농산물에 대한
환경론자들의 전지구적 자본주의에 대한 비판이 제기되지만 오히려 서구
생태주의자(자연을 위한 항거, 녹색의 위기를 말하는 사람들)들의 일부는
분배에 대한 이야기가 없다. "인간들만의 세계로부터 자연공생계로" "자연
에 대한 책임" "자연국가/사회국가"에 대한 인식을 보여주는 『자연을 위한
항거』10)는 "모든 나라에게 단지 선진국으로 가는 길이 하나만 있다는 생각,
개발도상국가들이 단지 자기의 문화와 역사와 상관없이 선진국으로 들어
가는 그 순위를 통해서만 서로 구분될 수 있다는 것은 역시 잘못된 생각이
었습니다"라고 말한다.

제3세계와 공생이라는 말이 언급되지만 문제는 인간들만의 세계와 인간
중심주의를 말하다보면 인간세계의 계급과 성적 착취가 부재대상이 되어
버린다. 지속가능한 개발이 문제라고 할 때 그 지속가능한 개발을 위해서
'선진국'의 국민으로 느껴야 할 책임과 의무조항이 나오지 않는다. 선진국
도 다른 모든 국가들도 공생체이기 때문에 당연히 제3세계의 산업발전이
더 이상 진행되어서는 안 될 것이라고 단순히 생각한다. 독일이나 미국의
구성원이 국가자원을 공유하고 있으며 이 공유가 무엇을 바탕으로 이루어
졌는지에 대한 반성이 있으려면 철저하게 이 문제에 대한 자성과 비판과
대안을 제시해야 한다.

---

10) 클라우스 미하엘 마이어 아비히, 『자연을 위한 항거』, 박명선 역, 도요새, 2001.

한국의 남성생태주의자들도 다른 측면에서 비슷한 행동을 한다. 자연에 대한 인간의 책임과 윤리를 말하려면 남성으로서 누리고 있는 것에 대한 이야기가 먼저 선행되어야 한다. 항상 가진 자들보다 가지지 못한 자들이 더 복잡한 생각을 할 수밖에 없는 이 불공평함을 바꾸기 위한 이론과 실천이 필요하다. 가지지 못한 자는 가진 자들의 것이 잘못되어 있는데, 그냥 나는 가지지 않아야 되는가 그렇다면 나는 어떻게 생존할 수 있는가라는 고민을 하게 된다.

2. 적+녹+보라, 서로의 요구를 통해 만들어 갈 지점은?

앞에서 페미니즘의 이름으로 맑스주의와 생태주의를 향해 가부장제를 본격적으로 고려할 것을 요구했다. 자본주의와 인간중심주의가 가부장제와 얽혀있다는 문제의식이 있을 때 새로운 패러다임의 가능성이 열릴 것으로 보인다. 물론 맑스주의와 생태주의가 만나고, 페미니즘과 맑스주의, 그리고 페미니즘과 생태주의가 더 깊이 만나야 그 가능성은 열릴 것이다.

현재 맑스주의는 '적색은 녹색이다'라고 한다든지 적색과 녹색의 연대를 모색하려는 시도를 한다. 서구에서는 맑스주의 이후에 등장한 이론과 운동들인 생태주의와 페미니즘은 맑스주의가 갖는 한계들을 먼저 지적하면서 자신들의 정체성을 확보하려 했다고도 볼 수 있다. 현재 한국과 국제적으로 좌파진영이 생태주의와의 연대를 모색하려 하지만 실상 계급이 최종심급인 것처럼 생각하는 것은 여전한 것으로 보일 때가 있다. 그리고 페미니즘에 관심을 보이긴 하지만 어떻게 연결될 수 있을지 가늠하기 어려워하는 것으로 보인다. 그리고 페미니즘 또한 계급이나 인간중심주의 문제에 대한 관심을 더 심화시킬 필요가 있다. 현재 여성운동은 굳이 남성중심의 노동운동이나 환경운동과 만나려 하지 않는 것으로도 보인다.

페미니즘은 이론적으로 지금까지 여타의 이론적 경향들에 대해 귀 기울여 왔다. 그러나 페미니즘의 등장 이후에 등장한 생태주의는 페미니스트들을 제외하곤 페미니즘 없는 생태주의를 생산해 왔다고 볼 수 있다. 지금까지 여성생태주의자를 제외하고 여성/남성의 젠더 문제를 생태 문제와 관련시킨 논자, 저자, 운동가들은 얼마나 있는가? 이 질문은 바로 생태주의가 가부장제를 생태주의의 문제로 가져올 것을 제안하기 위한 것이다. 근본생태주의, 사회생태주의 모두 생태여성주의의 문제를 깊이 있게 천착하지 않는 것으로 보인다. 근본생태주의의 가부장적 편견을 드러내기 위해 두비아고는 다음과 같이 묻는다. "왜 당신들은 페미니스트가 아닌가? 왜 생태운동은 지난 15년간의 방대한 작업을 통해 밝혀진 반박할 수 없는 여성혐오와 자연혐오간의 관련성에 대하여 그토록 무지한가?"(Dubiago in Plant 42)

현재 적, 녹, 보라는 제대로 만나지 못하고 있다. 맑스주의, 생태주의, 페미니즘이 함께 작동한다면 이론과 현장 운동의 지형이 달라질 것이다. 지금까지 페미니즘은 그 자체로 생태주의와 사회주의를 의제로 삼고 있다. 물론 아직은 부분적이긴 하지만 이들을 의제로 삼는 이유는 성을 둘러싼 문제가 지엽적인 것이 아니기 때문이다. 아울러 페미니즘이 맑스주의와 생태주의 이론들을 문제 삼은 것은 이 이론들이 남성중심적이며 가부장적인 면모를 띠고 있기 때문이고 하지만 동시에 이론적 도움을 받기 위한 것이기도 하다. 그러나 현재 적과 녹과 보라가 연계된 학술적이며 현장운동적인 이론이 생산된다면 운동의 의제가 새롭게 발굴될 수 있을 것이다.

이 세 이론과 운동이 공통으로 접근할 의제는 많다. 그것은 바로 생산과 노동의 재설정이나 재구성과 관계되어 있다. 이 글에서는 지면상 '생산'의 문제를 보기로 하자. 자본주의적 상품생산만을 문제 삼지 않고 인간과 자연의 생산 전반을 문제삼는다면 이론의 지형도가 달라질 수 있을 것이다. 예로 상품생산중심주의를 보자. 페미니즘의 시각에서 보면 자본주의적 상품생산의 과잉은 바로 여성노동과 여성의 생산을 소외시킨 과정이라고 볼 수 있다. 그리고 생태주의에서 보면 자연의 노동(?)과 생산을 자본주의와 인간중심주의가 착취하고 소유해버린 것으로 볼 수 있다. 생태주의페미니즘이 자연과 여성의 생산에 대한 소유와 착취를 가부장제의 문제로 보게 된 것은 이 지점에서 중요하다. 남성중심적 가부장제의 생태학적 관점에서 알랭 리피에츠는 생산지상주의 경제가 '손익 계산'을 제대로 하지 못한다고 보았다. 그는 이 경제가 생태적 회계를 필요로 한다고 말한다. 환경과의 거래가 기록되어 있지 않은 손익 계산서는 잘못된 것이며, 환경의 파괴와 그 개선이 고려되지 않을 때, 유기농업에 관한 대차대조표나 원자력 발전의 개발에 관한 대차대조표가 지금으로서는 전혀 차이가 없다는 논리를 주장한다.[11] 페미니즘의 시각에서 보면 자본주의의 상품생산중심주의가 여성들의 일을 노동으로 보지 못하게 한 측면이 있다.

그리고 세 이론과 운동은 자본주의와 가부장제의 결탁을 비판할 수 있다. 자본의 축적이 땅과 여성에 대한 착취 없이는 불가능하다고 말할 수 있다. 특히 서구의 제국주의도 가부장제와 자본주의의 밀착을 통해 가능했다. 제3세계의 인간과 땅이 제국의 착취 대상이 되지만 특히 식민지의 여성과 땅이 그 중에서도 가장 중첩된 착취의 대상이 되어왔던 점을 생각해볼 수 있다. '발전'이란 여성의 착취와 자연과 타문화와 그 땅에 대한 파괴에 기초

---

11) 알랭 리피에츠, 「책임, 자율, 연대를 위한 경제」, 『녹색평론』 16호, 1994년 5·6월호

한 근대 서구 가부장제 경제체제의 확장을 일컫는 말이다. 식민주의적 영향력 가운데 산업주의와 자본주의 성장의 특정한 상황 속에서 이루어진 경제성장과 천연자원의 활용은 소위 독립된 제3세계 국가들을 계속 종속시키는 결과를 가져왔다. 로자 룩셈부르크가 보았듯이 식민주의는 자본주의의 성장을 위해서는 지속적으로 필요한 조건이 된다. 식민지들이 없이는 자본축적이란 불가능하기 때문이다. 자본축적과 경제의 상업화에 기인한 '발전'은 부를 계속 재생산할 뿐만 아니라 빈곤과 박탈을 전제로 한 재생산을 낳는다.

따라서 '생산'과 '생산성'에 대한 새로운 정의가 필요하다는 주장은 세 가지 이론이 함께 논할 수 있는 지점이 된다. 오늘날 생산은 오로지 기술들이 생명을 파괴한다 해도, 상품 생산을 위한 기술에 의해서만 이루어지는 것이라는 생각이 지배적이 되었다. 생태여성주의자들은 여성들이 가정과 사회를 위해 물을 얻는 공동 장소로서 강을 사용하는 것도 생산노동에 가담하는 것임을 강조한다. 이제까지는 그 물이 남성들의 기계작업에 의해 대치될 때만 생산활동으로 간주되었다. 이런 생산활동에 근거한 '발전'은 '악성발전'(maldevelopment)이다. 이것은 여성적이거나 보존적인 생태계의 원칙이 결여된 '발전'이다. 독일 사회학자 마리아 미즈가 지적하듯이 '잉여'에 관한 개념은 가부장적인 편견에 기초한다. 잉여 생산이란 자연으로부터 그리고 여성으로부터 폭력적인 형태로 탈취된 것이고 합리화된 것이다. 제3세계 여성들의 관점에서는 생명을 낳고 유지하는 것이 생산성이라면, 현대 가부장제의 경제 체계에 의하면 이윤을 낳는 것만이 '생산적'인 것이다. 여성의 노동력 착취와 자연의 착취를 통해 서구 가부장적 부르주아는 이득을 챙기고 산업자본주의를 진전시켰다. 여성은 남성에게 소외되고 지배되었고, 자연은 남성에 의해 분리되고 착취되었다.

자본주의와 인간중심주의를 염두에 둔 페미니즘 이론, 가부장제와 인간중심주의를 염두에 둔 맑스주의, 자본주의와 가부장제를 염두에 둔 생태주의가 각각의 이론을 더 심화시키는 작업이 더 나올 수 있다면 지금까지와는 다른 담론의 장이 열릴 수 있을 것이다. 그리고 현재의 사회운동 중 여성운동, 노동운동, 환경운동 또한 다른 운동들에게 열리면서 자신들의 의제를 재구성하게 된다면 지금까지와는 다른 운동의 장이 열릴 수 있을 것이다. 새로운 운동과 담론의 장이 펼칠 수 있는 구체적인 상들은 앞으로 적+녹+보라가 함께 해나가야 할 지점이다. 적과 녹을 이미 고려해본 페미니즘이 이 시점에서 적+녹+보라의 출발점으로 간주될 수 있을 것이다.

2부

국가와 정치

05

주권의 정치학을 넘어서: 정치신학 비판을 위하여

조원광_연구공간 수유+너머

1. 주권이라는 문제설정

"문제는 주권(Sovereignty)이다!" 권력에 대해 던져지는 질문은 이 말의 주변을 맴돌고 있는 듯하다. 이는 단지 휴전협정이나 군사작전권 등을 들어 주권의 소재가 미국에 있음을 주장하던, 오래된 민족해방이론의 '식민지국가론'의 문제가 아니다. 가령 네그리와 하트는 국민국가적 주권의 시대를 넘어서, 전지구적 단일 주권의 출현을 지적한 바 있다.[1] 전지구적으로 통합된 단일 권력이 출현했다는 말이다. 물론 국민국가적 주권이 사라진 것은 아니다. 그러나 지금에 와서는 그러한 복수의 주권들이 단일한 하나의 주권으로 통합되고 있다고 한다. 국민국가적 주권 사이의 전쟁과는 다른 '정당한 전쟁'이 새로이 전지구적 차원에서 정치·군사적 질서를 만들어가고 있다는 것이 그 증거다. 미국이 거기서 특권적 역할을 하는 것은 단지 여러

---

1) 안토니오 네그리·마이클 하트, 『제국』, 윤수종 역, 이학사, 2001, 15쪽.

주권 국가들 사이에서 가장 힘 있는 국가였다는 사실에 기인하는 것만은 아니다. 미국 헌법 자체가 이미 제국주의를 넘어선 제국적 주권의 요소를 함축하고 있었기 때문이다.

어느 정도 정세적인 성격의 이런 주장과 달리 권력의 문제를 이론적으로 다시 주목하게 하면서 주권의 문제에 새삼 눈 돌리게 만든 것은 아감벤이었을 것이다. 그는 슈미트에 의거하여 주권자란 "예외상태를 선포할 권력을 가진 자"로 정의한다. 그리고 이런 주권자의 위상이 법질서의 내부에 있으면서 동시에 외부에 있다는 것을 지적함으로써 '법 유지적 폭력'과 다른 차원에서 '법 정립적 폭력'의 개념을 권력의 중심으로 끌어들인다. 정상이란 예외를 통해 정의된다는 흥미로운 역설을 통해 주권이 예외적 권력임을, 법적 질서 전체를 정지시킬 수 있는 특권적 권력임을 강조한다. 정상적 규칙의 중단, 그것이 정상적 권력의 정의인 것이다. 이러한 권력이 가장 확연하게 두드러지는 지점은 수용소다. '죽여도 살인죄가 성립되지 않는 사람들'인 호모 사케르가 그에 상응하는 인물이다. 수용소가 근대의 노모스라면, 호모 사케르는 근대의 주권적 권력이 작용하는 대상, 즉 근대인의 일반적 형상인 것이다.

사실 주권은 근대 정치와 국가에 대한 사유에서 핵심적인 개념이었다. 그것은 한편에서는 지배하는 자들의 권능을 설명하고 그 위대함을 추앙하는 데 사용되었으며, 다른 한편에서는 저항하는 이들이 자신들의 정당성을 주장하는 데 사용되었다. 주권은 근대 정치와 권력을 둘러싼 사유에 엄청난 영향력을 행사해 왔다. 그런데 그 개념이 지금 이런 방식으로 새삼 정치와 권력에 대한 사유의 중심에 다시 등장하고 있는 것 같다. 어쩌면 너무도 고전적인 근대적 개념이 다시 등장하는 것은 그것의 정치적 유효성을 증명하는 것일까? 이를 검토하기 위해 우리는 고전적인 주권 개념에 대한 검토로부터 시작할 것이다.

애초에 주권은 중세의 정치관념으로부터 단절하여 국가와 권력을 사유하기 위해 도입되었다. 중세까지 국가 혹은 권력은 신의 영향 하에, 즉 기독교의 영향 하에 있었다. 국가를 정당화해 주는 것은 신이었으며, 권력은 항상 신법에 따라 집행되어야 했다. 적어도 명목상 국가의 목표는 지상 세계에 해방을 불러오는 것이었다. 신성로마제국과 같은 단일 제국의 꿈은 그 때문에 존재했다. 교황이나 황제를 떠나서는 권력을 생각할 수 없었다. 그리고 주권은 바로 이런 기독교적 관념으로부터 벗어나 국가와 권력을 정의하려는 시도였다. 주권이 '근대'권력을 설명하는 주요한 틀로 여겨지는 것은 이런 단절 탓이다.

이런 단절은 주권이론에 앞서 국가이성(Reason of state)에 의해 처음으로 시도되었다. 국가이성은 주권이라는 문제의식이 등장할 수 있는 일종의 지적 토양이었는데, 주권에 앞서 국가 고유의 메커니즘을 설명하기 위해 도입되었다. 이탈리아의 정치사상가인 귀챠르디니(Francesco Guicciardini)가 국가이성이라는 말을 처음 사용했는데, 이는 국가의 이성이 윤리나 종교와 구분되는 독자적인 영역을 가지고 있음을 지적하기 위함이었다. 귀챠르디니는 1284년 제노바와 피사 사이의 전쟁에서 일어난 피사인들의 학살을 언급하면서, 국가가 저지르는 살육이나 약탈은 양심이나 종교로 도저히 설명할 수 없다고 이야기한다. 대신 그것은 국가의 이성과 관행에 따른 것이다.2) 즉 국가이성은 도덕과 종교와 구분되는 국가의 운영원리를 정초하려는 시도였던 셈이다. 신법이나 자연법에 의해 제약되지 않는 권력. 그

---

2) 곽차섭, 『마키아벨리즘과 근대 국가의 이념』, 현상과 인식, 1996, 35-37쪽.

것이 근대국가가 얻으려고 했던 권력이었으며, 국가 이성이 정당화하려 했던 권력이었다.

하지만 국가이성은 정리된 이론적 입장이라기보다는 거칠게 제시된 관점에 가까웠다. 이런 단절을 좀 더 이론적이고 명료한 형태로 정리한 개념이 바로 주권이었다. 주권이론은 무엇보다 권력을 주체나 상황으로부터 분리시킴으로써 이 단절을 이루어냈다. 중세의 정치 관념에서 국가 혹은 권력은 주체와, 그러니까 국가 안에 살고 있는 사람이나 통치자와 분리되지 않았다.3) 신과 신에게 정당성을 인정받은 황제라는 주요 주체는 국가권력에 종교적 성격을 부여했다. 이에 최초의 주권론자라 불리는 장 보댕은 주권이라 불리는 권능이 주체와 분리되어 있음을 천명했다. 그에 따르면 주권은 주권자와 분리되어, 주권자가 죽더라도 영속한다. 국왕이 죽더라도 국가는 영속하는 것처럼 말이다. 즉 보댕에게 국가와 주권은 주체와 상관없이 존속하는 "절대적이며 영구적인 권력"4)이다. 비록 보댕은 주권자가 신법과 자연법을 존중해야 한다고 거듭 말하지만, 주권은 이제 신으로부터 독립하기 시작했다. 주권이론의 핵심이 권력은 주체나 맥락에 상관없이 존재한다는 점이었기에, 신과 같은 외부의 질서가 국가 권력에 개입할 여지가 점차 줄어들었기 때문이다.

이렇게 신으로부터 독립한 권한인 주권이 많은 이론적 변형에도 불구하고 유지한 기본적 속성은 크게 네 가지로 요약될 수 있다. 하나는 '절대성'이다. 주권은 절대적이다. 주권에 도전할 수 있는 힘은 아무 것도 없다. 리바이어던이라는 인공인간(괴물)은 바로 이런 절대성을 상징한다. 다른 하나는

---

3) 박상섭, 『국가 · 주권』, 도서출판 소화, 2008, 55-56쪽.
4) 장 보댕, 『국가론』, 임승휘 역, 책세상, 2005, 41쪽.

'영속성'이다. 앞서 말했듯 주체와 구분되는 권한인 주권은 영속한다. 상황에 따라 흔들리거나 바뀌지 않고, 애초부터 존재했으며 결코 사라지지 않는다. 보댕이 절대적인 권한을 가졌던 로마 독재 집정관을 주권자가 아닌 관리로 여긴 것은, 그가 영속성이라는 조건을 갖추지 못했기 때문이다. 또 다른 하나는 '단일성'이다. 주권은 분할되지 않는다. 만약 주권이 둘이라면, 그것들은 서로를 제약하면서 절대성이나 영속성이라는 속성을 가지지 못할 것이다. 루소가 '전체의사'에서 주권을 찾았을 때조차 그것은 '하나'로 집약된 전체의 의견이자 분할 불가능한 의지이지 다수의 의견이 아니었다.5) 마지막은 '자의성'이다. 그것은 절대적이기에 심지어 자신에 의해서도 제한되지 않는다. 보댕에 따르면 주권자는 과거에 자신이 발했던 명령이나 만들었던 법에도 제약되지 않는다.6) 그런 의미에서 주권은 자신의 의지조차 언제든 뒤집을 수 있는 '자의성'을 가진다.

즉 세속적이며 모든 조건으로부터 독립된, 주체와 상관없이 영속하는 단일한 절대권능이 근대 주권이론이 내세운 권력의 상이었다. 무엇보다 국가권력이 이런 주권이라고 여겨졌으며, 그렇기에 우리는 주권을 국가의 권력 행위에서 쉽게 목격한다. 국가는 그 존재를 유지하기 위해서라면, 자신의 신민에게 폭력을 가하거나 살해할 수도 있다. 주권이론 이후의 정치가 이런 주권의 소유자나 소재에 대한 논의를 둘러싸고 이루어진 것은 이런 관점에서 쉽게 이해할 수 있다. 어떻게 그런 주권이 가능했는지를 질문할 여지가 아예 처음부터 없는 한, 주권에 대한 질문은 주로 누가 그것을 소유하는지, 그 소유는 정당한지 하는 것이 될 수밖에 없었기 때문이다. 사실

---

5) 장 자크 루소, 『사회계약론』, 이환 역, 서울대학교 출판부, 1999, 36쪽.
6) 장 보댕, 앞의 책, 55-57쪽.

누가 주권을 소유하는가 하는 것은 영토 국가의 군주권과 관련해서 가장 중요한 관심사였다. 부르주아지가 계약론 등을 제시하면서 주권에 대해 가졌던 의문 역시 어떻게 주권이 가능한지, 그런 권력이 허용되어야 할 이유가 무엇인지 하는 것이 아니라, 다만 그것을 누가 가질 것인가 하는 질문이었다. 잘 알다시피 맑스주의 혁명이론에서조차 핵심은 국가권력, 즉 주권을 장악하는 것이었다. 제국/제국주의 논쟁에서도 마찬가지이다. 문제는 주권이 어디에 있는가, 국민국가가 갖고 있는가 아니면 제국이라는 초국가적 존재가 갖고 있는가로 집약된다.

예외상태를 선포할 권력을 가진 자로서 주권자를 정의하면서 시작하는 슈미트나 아감벤의 입론 역시 다르지 않은 것 같다. 이들은 법적인 상태, 정상적인 상태 전체를 부정할 수 있는 절대적 권력으로서의 주권, 자신이 통치하는 정상적 상태 전체를 자의적으로 부정할 수 있는 초월적 권력으로서의 주권의 개념을 제시한다. 그리고 그 권력을 누가 갖는가 하는, 주권자의 자리에 대한 위상학적 논의를 전개한다. 슈미트의 입론이 파시즘의 정치학이 되었던 것은 주권의 소유에만 집중하면서, 주권 개념의 이런 자의성과 절대성 혹은 초월성을 기정사실화하고 있었다는 점과 무관한 것일까?

이런 주권은 군주권의 형식으로 등장했다고 할 수 있다. 뭐든지 할 수 있는, 심지어 자신의 신민에 대한 전적인 생사여탈권마저 갖고 있던 군주의 권력을 모델로 했다는 말이다. 이는 주권이론이 등장한 역사적 배경과도 일치한다. 그것은 위로는 황제와 교황으로부터 독립하려 하고, 아래로는 지방 귀족들의 반항을 제압하려 했던 영토 국가 군주의 권한을 설명하고 정당화하는 개념이었다. 그런데 근대 이전까지 거슬러 올라가는 그러한 권력의 개념이 지금까지 여전히 유효한 권력의 모델이라고 할 수 있을까? 정말 정치란 그런 주권의 소유자를 바꾸는 문제라고 할 수 있을까? 아니, 그보다 먼저 군주권이 그런 절대적 권력을 가졌다는 것은 사실일까? 사실 '절대군주'라고 불리던 시절의 군주권조차 별로 그렇지 못했다는 것은 많이 알려진 사실 아닌가? 좀 더 비근한 예로, 현실사회주의는, 스탈린처럼 강력한 권력을 장악한 경우에도, 주권을 장악하면 모든 것을 바꿀 수 있으리라는 관념이 하나의 허상임을 보여준 건 아니었을까? 그게 아니라면 혁명 이후 프롤레타리아트가 국가주권을 장악했지만, 그것은 결코 국가의 폐절이나 자본주의 생산양식의 철폐에조차 성공하지 못했던 것을 어떻게 설명할 수 있을까?

이것이 주권을 완전히 장악하지 못한 문제이거나 주권의 소재가 완전히 정리되지 않은 문제인 것일까? 차라리 이렇게 물어야 하지 않을까? 주권의 개념은 정말 우리가 사는 세계에서 권력과 정치의 문제를 분석하는 데 적합한가? 그것은 오히려 근대에 출현한 다양한 권력의 작동양상조차 주권이 귀속되는 지점으로, 즉 절대적 권력인 국가권력으로 환원하고 있는 것은 아닌가? 그리고 그 국가적 권력이 어떻게 행사되는 것이 '정당한가'를 묻고, 그 권력을 누가 소유해야 하는가를 묻는 것으로 우리의 시야를 제한하고 있는 것은 아닌가? 우리는 권력이란 소유되는 것이 아니라 행사되는 것이고, 그러한 행사와 관련된 관계라는 푸코의 테제를 이런 맥락에서 이해하고자 한다. 그러한 테제를 통해 주권의 개념 자체를 근본에서 재검토해야 한다고 생각한다.

2. 주권의 논리학

1) 주권의 초월성

앞서 말한 것처럼 중세의 정치관념은 '신'이라는 명백한 배경과 기원을 갖고 있었다. 모든 권력은 신에 의해 작동하고 정당화된다. 주권이론이 이로부터 벗어나기 위해서는, 우선 '신'이라는 기원을 지워야 했다. 주권이 극히 세속적인 권력이 되었던 것은 그 때문이다.

이처럼 분명 주권은 신과의 관계를 '정리'했지만, 신의 자리까지 없애지는 않았다. 대신 자신이 그 자리를 차지했다. 아니 그 자리 자체가 되었다. 주권이론은 신이 사라진 권력에 대해 세속적이고 실질적인 기원을 설명하는 대신, 주권이라는 형태의 권력이 신의 자리/기원의 자리를 차지하는 것으로 논의를 귀결시켰다. 주권이론은 주권을 원래 존재하는 원초적 권한으로, 그래서 그 존재의 정당성을 의심해볼 여지가 없는 당연한 권한으로 내세웠다. 이제 남은 문제는 그 '자리'를 누가 차지하는가 하는 것이 되었다.

보댕이 주권을 내세우면서 특별한 기원을 해명하지 않은 것은 그 때문이다. 그는 근대적이고 세속적인 권력개념이 필요했지만, 그렇다고 권력의 세속적인 기원을 찾으려고 한 것은 아니다. 대신 주권을 정치체라면 그 안에 당연히 존재하는 것으로 상정한다. 그리고 이런 당연한 권능인 주권은 시간이 지나도 변하지 않고 영속한다. 주권자는 이런저런 이유로 교체될 수 있지만, 그가 선 자리로서, 그 자리에 귀속되는 권력으로서의 주권은 변함이 없기 때문이다. 이처럼 '당연히' 존재하는, 딱히 기원을 찾을 수 없는 권력인 주권은 그 스스로가 기원이 된다. 이제 신 대신 주권이 초역사적 존재형태를 획득한 셈이다.

동시에 주권은 절대적인 권력이다. 권력이라는 게 인민을 통치하는 것인데, 그것이 동시에 인민을 죽일 수도 있는 권력이라면, 그 권력이 절대적인 것임은 쉽게 납득할 수 있다. 가장 최근의 주권이론가인 아감벤에서도 이를 명확히 확인할 수 있다. 앞서 말했듯 아감벤에게 주권은 예외 상태를 선포할 수 있는 권한이다. 그렇기에 여기서 주권은 일체의 법조차 무시할 수 있는 절대적 권력이다. 정상상태에서 벗어날 수 있는 권한, 그리고 그럼으로써 정상상태를 만들 수 있는 권력, 그것이 주권이다. 이러한 주권의 절대성을 입증하는 것은 "죽여도 죄가 되지 않는 인간의 존재"다. 아감벤은 이를 '호모 사케르'라고 명명한다.

아감벤의 잠재성 개념은 행사되지 않을 때조차 권력은 절대적임을 보여준다. 아감벤에게 잠재성이란 할 수 있는데 하지 않는 것이다. 예를 들어 기타 연주자가 기타를 연주할 수 있는데 하지 않을 때, 그것을 잠재적이라고 한다. 하지만 그때도 기타 연주 능력이 있다는 사실은 자명하다. 주권도 마찬가지다. 주권의 본질은 예외상태를 선포하는 것이지만, 그렇지 않을 때에도, 여전히 그것은 잠재성의 상태로 존재하는 것이다.[7] 따라서 정상적인 상태에서도 우리는 사실 예외상태를 선포할 수 있는 권력이 상존함을 의식해야 하며, '조심해야' 한다. 당장 가시화되지 않았다고 멋대로 하다간 정말 큰 코 다치는 수가 있으니까 말이다.

주권의 초역사적 성격과 절대적 성격은 동전의 양면이다. 절대성은 초역사성으로 자연히 이어진다. 어떤 권한이 나타났다가 나타나지 않았다가 한다면 그것을 절대적이라 보기 어렵다. 아감벤이 예외상태를 선포하는 주권을 정치체라면 당연히 가지고 있는 원초적인 권한으로 보고, 그 증거인 호모 사케르가 로마시대 가부장의 생사여탈권에서부터 오늘날 수용소에 이르기까지 일관되게 확인된다고 주장하는 것은 그 탓이다. 동시에 초역사성은 절대성을 보장한다. 어떤 사물의 역사성이나 맥락은 그것의 존재조건인 동시에, 그것을 제약하는 조건이기도 하다. 그 맥락과 역사가 다르게

---

7) 지오르지오 아감벤, 『호모 사케르』, 박진우 역, 새물결, 2008, 111쪽.

변화하면 그 사물이 사라진다는 뜻이기 때문이다. 예를 들어 선거로 얻어진 권력은 다음 선거를 통해 사라지거나 바뀔 수 있다. 하지만 스스로 기원의 자리에 올라 모든 기원을, 그리고 모든 역사를 제거해버린 주권은 누구도 건드릴 수도 간섭할 수도 없는 절대적 지위를 확보한다.

요컨대 주권은 초월적인 권력이다. 초역사적이며 절대적이다. 이 세계의 모든 것에 영향을 미칠 수 있지만, 거꾸로 자신은 이 세계의 어느 것으로부터도 제약받지 않는다. 이러한 초월성을 근거짓는 것은 근거를 제거하는 방식으로 진행되었다. 발생적 원인의 부재. 그것은 정확하게 신이 초월적 지위를 획득하는 우주론적 증명을 반복한다. 나에게서 아버지로, 그 아버지로 존재하는 것의 근거를 찾아 올라가는 무한한 소급이 멈추려면, 누군가에 의해 태어나지 않는, 다시 말해 발생적 원인을 갖지 않는 '신'이란 존재가 도입되어야 한다. 발생적 원인 없이 스스로 존재하는 자, 그것이 신의 오래된 정의다. 주권 또한 그러하다. 그것은 권력으로서 모든 것을 좌우하지만, 발생적 원인을 갖지 않는다. 그저 주권으로서 존재한다. 발생적 원인에 대해 누구도 질문하지 않으며, 누구에게도 그러한 한 질문이 허용되지 않는 것이다.

이는 주권을 처음부터 이미 존재하는 것으로 가정하는 방식의 논리를 취한다. 자명한 '공리'로 도입하는 것이다. 물론 공리적 형식을 취하지는 않는다. 다만 어느새 존재하는 것으로 가정하고 시작할 뿐이다. 누군가 주권이 대체 어디에서 왔는가를 묻는다면, 이상한 질문을 다 보겠다는 표정을 지으며 '원래부터' 존재했다고 답할 것이다. 좀 더 자세히 말하면 이렇게 될 것이다.

"주권이란 무엇인가?" "주권이란 주권자가 갖는 권리이다."

"주권자란 누구인가?" "주권을 가진 자이다."

그럼에도 불구하고 주권자는 어떻게 그런 권리를 갖는가고 묻는다면, 인간이 '인권'을 갖는 게 당연한(혹은 천부적인) 것처럼, 주권자가 주권을 갖는 것은 당연한(혹은 천부적인) 것이라고 답할 것이다. 주권자와 주권이 서로에게 소급되는 순환논리 속에서, 주권은 자신의 존재를 동어반복적 자명성 속에서 당연한 것으로 전제한다. 심지어 계약론의 경우에도 주권은 계약에 의해 '양도'되는 것으로 설명되지만, 양도란 관념은 이미 그 이전에 주권이 존재함을 어느새 전제하고 있음을 역으로 보여준다.

요컨대 주권의 논리학이란 것이 있다면, 주권의 초월성을 드러내는 방식이 있다면, 그것은 설명해야 할 대상을 설명의 근거로 삼는 순환논증이다. 설명되어야 할 주권의 속성들을 주권이 원래부터 가진 능력으로 대체한다는 말이다. '주권은 어떻게 존재하게 되었는가?'라는 질문에는 '주권은 원래 영속한다.'라고 답한다. '주권은 어떻게 그렇게 절대적인가?'라는 질문에 '주권은 원래 절대적인 능력이 있다.'라고 답한다. 이런 동어반복은 주권이 신이라는 기원을 지우고 스스로 기원이 되었을 때, 권력의 내재적 기원을 설명함으로써 기원의 초월적 자리를 파괴하는 대신 스스로 초월적 기원의 자리를 차지했을 때 이미 예비된 일이었다. 주권의 논리학은 주권에 대한 설명이 아니라, 주권의 절대성과 초역사성을 사실로서 받아들이도록 하는 강요다.

주권의 존재만이 아니다. 그것의 결과 또한 마찬가지다. 주권은 절대적이기에 어떤 것도 주권에 의해 설명될 수 있다. 마치 어떤 존재자도 절대자인 신에 의해 그 존재이유가 설명되듯이. A라는 현상도, B라는 사건도, C라는 행위도 그것이 정치적인 것이라면, 모두 주권에 의해 설명된다. 무엇이건 할 수 있는 권력이 그때그때마다 어떤 결과를 만들어냈다는 것이다. 그 결과 정치적 사건이나 현상 사이에 변별점이 사라지고 모든 권력 행사는 '절대권능'의 발현으로 환원된다. 무언가에 대해 분석하는 대신, '모든 것을 할 수 있는 실체'를 가정함으로써 모든 문제를 뛰어넘어 버린 꼴이다. 심지어 권력이 작동하지 않을 때조차, 그것은 스스로의 실현을 연기하는 주권의 '잠재적' 작동이 아닌가? 그러나 사실 이는 무의미한 분석이다. 분석이란 특정한 시점과 장소에서 왜 하필 그러한 형태로 무언가가 일어났는지 설명하는 것이다. A라는 상황에서 왜 하필 B라는 사건이 일어났는지 설명해내야 한다는 말이다. 그러나 그 모든 것이 주권으로 귀속되면 사실 아무 것도 설명하지 않는 게 아닌가?

주권의 소재를 교체한다고 이런 문제가 해결되지는 않는다. 루소가 이를 잘 보여준다. 루소는 보댕이나 홉스와 달리 주권자는 정부가 아니라고 말한다. 정부는 주권자의 명령을 받는 하인이요 집행자에 불과하다. 대신 루소는 주권이 인민의 '전체의사'(volonté générale)에 있다고 주장한다. 군주가 아닌 인민에게서 주권의 소재를 찾는 셈이다. 하지만 이 '전체의사'는 군주의 주권과 마찬가지로 여전히 주권의 초월성을 전제하고 있다. 잘 알다시피 인민에게 주권이 있는 이유는 '인권'과 마찬가지로 '하늘이 내려준 것이다.' 또 전체의사는 여전히 군주주권처럼 파괴될 수도 분할될 수도 없다.8) 인민을 주권의 구성요소로 설정하지만, 실제로 민중에 의해서는 영향을 받지 않는다. 인민이 전체의사에 이견을 표시해도, 그것은 개별자의 상태에서 이견을 표시한 것이기에 무시될 수 있다.9) 오히려 루소는 전체의사가 개별자들에 의해 휘둘리면 그 정치체는 멸망할 것이라고 본다.10) 그런 의미에서

---

8) 장 자크 루소, 앞의 책, 136-137쪽.
9) 같은 책, 140쪽.

전체의사 역시 무엇에도 영향 받지 않고 영속하는 절대권이며 기원을 지우고 스스로 기원이 되는 초월적 권력이다. 다만 그런 권한이 정부가 아니라 인민에게 있다고 주장할 뿐이다.

스스로 기원의 자리를 차지하는 단일하고 절대적인 권력을 주장하는 것은, 그것의 소유자가 누구라고 말하든 여전히 주권의 논리학의 자장에 머무른다. 어떤 권력 현상을 '군주'의 뜻이나 능력이라고 하는 대신, '인민'의 뜻이나 능력이라고 바꿔 말한 것에 불과하기 때문이다. 슈미트 말대로 루소의 논의가 독재로 흐를 수 있다고 한다면 이는 주권의 소유자를 바꿔 쓰는 것으로는 주권의 본성에 큰 영향을 미칠 수 없음을 의미한다.11)

스피노자라면 이처럼 설명할 대상을 설명의 근거로 삼는 태도를 보고, 인식의 한계에 부딪혔을 때 '신'과 같은 자율적 실체로 도피하는 무지의 도피처를 확인할지도 모르겠다. 물론 주권이론은 신을 폐기하면서 등장했지만, 신보다 더한 초월성을 지닌 절대적 권한으로 도피했다. 신보다 신의 자리가 더 중요하다는 니체의 말을 굳이 빌지 않아도, 우리는 주권이론이 권력에 대한 신학의 일종임을 쉽게 확인할 수 있다. 주권은 내재적 근거나 조건에 대한 탐구보다 초월적 믿음이 요구되는 권한이자 모든 것을 할 수 있으며 영속한다고 '주장'되고 '가정'되는 권능이라는 말이다. 이 신학은 모든 권력의 활동에서 자의적이며 절대적인 초월적 권력의 현현을 목격한다. 슈미트의 주저 중 하나가 『정치신학』임은 바로 이런 지점을 역설적으로 보여주는 것이 아닐까? 맑스라면 이를 사물의 내재적인 맥락이 사라짐으로써 등장하는 물신(物神)이라고 했을지도 모르겠다.

---

10) 같은 책, 45쪽.
11) 칼 슈미트, 『독재론』, 김효전 역, 법원사, 1996, 157쪽.

2) 정당성의 논리

그렇다면 왜 이런 신학적 개념이 정치와 권력의 사유에서 그 주도권을 획득할 수 있었나? 신이나 종교가 논리적으로 타당해서가 아니라 특정한 필요성에 의해서 살아남았듯이, 주권 역시 역사적 역할을 가졌다. 그것은 영토 국가 권력을 정당화하는 것이었다. 그리고 주권이론이 정당화를 통해 핵심적으로 넘어서려고 한 것은 당대의 만연한 전쟁이었다. 이런 신학적 개념을 통해 전쟁을 넘어서 이루어진 권력의 정당화는 향후의 정치를 정당성을 둘러싼 정치로 한정하게 되었다.

보댕이 주권론을 정초할 당시, 프랑스는 종교적 갈등과 내란에 휩싸여 있었다. 중앙집권화를 시도하던 프랑스 국왕과 이에 저항하는 지방 귀족들 사이의 갈등뿐만 아니라, 1562년부터 시작된 신구교파 사이의 갈등이 전쟁 수준으로 지속되고 있었다.12) 보댕의 주권이론은 이런 상황을 종식시키고 영토 군주의 권한을 정당화하기 위한 시도였다. 즉 영토 국가에는 절대적이며 단일한 권력이 '원래' 있다고 선언함으로써, 위로는 교황과 황제로부터 독립하고 아래로는 지방귀족들의 저항으로부터 벗어나려 했던 셈이다. 전쟁을 종식시키기 위해서는 그 정당성에 추호도 의문을 품을 수 없는 절대 권력이 필요했고, 주권이론은 이에 성공적으로 응답했다.

전쟁은 근대국가를 만들어내는 데 엄청난 역할을 했지만,13) 역설적으로 그렇게 등장한 국가권력의 굳건함을 증명하는 주권은 전쟁을 지워야 했다. 즉 더 이상 전쟁은 있어서는 안된다는 것. 현 권력에 대한 도전은 이제 중지되어야 한다는 것. 지금의 국가 권력은 애초부터 존재했으며 정당하다

---

12) 박상섭, 앞의 책, 199쪽.
13) 찰스 틸리, 『국민국가의 형성과 계보』, 이향순 역, 학문과 사상사, 1993, 93쪽.

는 것. 신이든 무엇이든 이를 간섭할 수 없다는 것. 주권 이론이 등장하면서 핵심적으로 전달하려고 한 메시지는 이러한 것들이다. 주권의 신학적 논리는 거꾸로 바로 이런 정당화를 위해 요구되었다.

'양도'를 통한 주권의 성립이라는 논리는 주권의 역사적 기원이나 발생을 설명하는 게 아니라, 거꾸로 전쟁과 같은 실질적 기원을 지우고 주권의 발생을 환상화하고 은폐하는 방식으로 작동했다. 홉스가 이를 잘 보여준다. 푸코에 따르면 홉스 역시 당대의 만연한 전쟁의 사상을 넘어서려 했다. 홉스가 핵심적으로 극복하려 했던 사상은 권력이 전쟁을 통해서, 물리적 폭력을 통해 발생했다는 믿음이었다. 이는 당대의 민중들 사이에 널리 퍼져 있었는데, 이에 따르면 영국의 통치권은 윌리엄이 전쟁에서 승리했기 때문에 존재한다. 이런 태도는 정체를 굳건하게 하기보다 유동화하고 전쟁에 열어놓는다. 만약 현 정치체의 정당성이 전쟁의 승리의 결과라면, 현 정치체를 무너뜨리는 전쟁을 벌여 성공할 경우 다시 정당한 권력을 얻을 수 있기 때문이다.[14]

홉스는 자신의 이론을 통해 통치권은 전쟁의 존재 여부와 상관없이 항상 존재하는 것임을, 즉 주권의 형식을 가짐을 증명하고자 했다. 이는 전쟁 대신 '전쟁 상태'라는 표상 게임을 도입함으로써 가능했다. 홉스는 만인의 만인에 대한 투쟁이 주권을 낳는다고 본다. 이 투쟁은 실제 일어난 전쟁과 거리가 멀다. 대신 홉스는 '전쟁 상태'를 강조한다. 각자가 서로를 위협으로 느끼는 상태, 전투의 의지가 존재하는 상태에만 돌입해도 전쟁이 일어난 것과 동일한 효과를 산출한다고 봤다.[15] 홉스에 따르면 주권은 바로 이런

---

14) 미셸 푸코, 『사회를 보호해야 한다』, 박정자 역, 동문선, 1998, 136쪽.
15) 토마스 홉스, 『리바이어던 1』, 진석용 역, 나남, 2008, 171-173쪽. 홉스에 따르면 전쟁 상태는 매우 일반적이다. 자기 전에 문단속을 하고 여행을 갈 때 무장을 하는 것 등이 전쟁상태의 일반성을 보여준다.

'전쟁 상태'에서 사람들이 자발적으로 권한을 주권자에게 양도함으로써 발생한다. 즉 실제 전쟁의 결과가 아니라, 상대가 나를 공격할지 모른다는 공포가 주권을 발생시킨다는 말이다. 이는 실제 전쟁이 존재하는 곳에서도 마찬가지다. 예컨대 정복 전쟁을 통해 현 주권이 무너졌다고 하자. 이때 새로운 주권이 다시 성립되는 것은 전쟁의 승리 탓이 아니다. 정확히 말해 이때 주권은 전쟁의 결과 자신들의 주권자를 잃은 신민들의 공포에 의해 발생한다. 살길이 막막한 상황에서 신민들이 자연권을 또 다른 주권자에게 양도할 것을 결정한다는 말이다. 공포가 없다면 신민들은 정복자를 인정치 않을 것이고, 이에 정복자는 모든 신민을 죽일 수밖에 없고, 당연히 그 땅에서 그 신민들에 대한 주권은 발생할 수 없다.

즉 홉스는 주권은 전쟁이 아니라 공포에 의한 양도에 의해 형성된다고 본 셈이다. 비록 만들어지는 맥락은 다르지만 그런 공포는 전쟁이 있건 없건 항상 존재하는 것이며, 그렇기에 주권은 전쟁과 같은 역사적 상황과 상관없이 늘 존재한다.16) 그리고 이는 발생에 대한 설명이라기보다는 발생을 은폐하는 설명이다. 어떤 조건에도 기대지 않고 양도와 발생이 일어난다는 설명은 곧 원초적으로 존재한다는 초역사성에 대한 주장이기 때문이다. 홉스는 주권이 양도를 통해 발생한다고 설명함으로써 당대 권력의 주요한 발생과정인 전쟁을 은폐하고 다시 주권을 초-역사화한다. 백번 양보해 설사 원초적인 양도가 있었다 해도, 왜 인민이 그런 권한을 가지고 있는지는 역시 설명할 수 없다. 있다고 가정될 뿐이다.

그런 의미에서 주권은 기본적으로 권력을 분석하기 위해 나타난 것이 아니라, 기원과 맥락을 파헤치기 위해 등장한 것이 아니라, 거꾸로 그것

---

16) 미셸 푸코, 앞의 책, 120쪽.

을 지우고 현 권력을 정당화하기 위해 탄생한 것이었다. 그렇기에 주권이론이 등장한 이후 정치는 상당 부분 정당성을 둘러싼 논의로 귀착되었다. 애초에 주권은 전쟁을 끝내기 위해 현 권력이 원초적으로 정당한 권력임을 주장하면서 등장한 개념이기 때문이다. 이에 문제제기하는 가장 손쉬운 방법은 '그 권력은 정당한가?' 혹은 '주권에 정당함을 부여하는 원천은 다른 곳에 있는 것이 아닌가?'와 같은 질문을 던지는 것이다. 즉 정치적 저항은 정당성을 인정받고 있고 자신들의 권력을 '주권'이라 선포하는 현 정권이 사실은 부당한 권력, '주권'이라 할 수 없는 권력이라는 점에 초점을 맞추었다. 신학적 권력의 소재와 소유가 정치의 중심문제가 된 셈이다.

루소가 보여주듯이, 이러한 저항은 가장 성공적일 때조차 쟁취하는 바가 그리 많지 않다. 하지만 더 큰 문제는 이런 식의 정당성을 둘러싼 정치가, 정말로 정당하다고 인정되는 권력에 대해서는 문제를 삼지 못하도록 한다는 점이다. 사실 우리 일상에 영향을 미치는 대부분의 권력은 부당한 권력이 아니라 정당한 권력이다. 부당하다 여겨지는 권력은 잠재적 저항 탓에 행동이 제약되지만, 정당하다 여겨지는, 그래서 '주권'이라 여겨지는 권력은 오히려 더 큰 전횡을 휘두를 수도 있다. 만약 정치가 권력을 문제삼고 변환시키기 위함이라면, 주권은 정치가 가장 필요한 곳에서는 정치가 작동하지 못하도록 막고 있는 셈이다.

3. 주권과 법

1) 주권의 법적 성격

주권은 애초부터 단일하고 영속적인 절대권한이 존재한다는 믿음이다.

그런 의미에서 그 자체로는 아무 내용 없는 공리이며 선언이다. 스스로를 입증할 수도 없고, 분석하려 해도 분석할 것이 없다. 주권은 논리적으로 텅 빈 자리이다. 맑스가 헤겔을 비판하면서 군주가 군주일 수 있는 이유는 그 출생에서밖에 이유를 찾을 수 없다고 조롱한 것은 정확히 이 때문이다.[17] 그 텅 빈자리에는 그때그때 설정된 주권자가 들어가 자의적 권력을 휘두르게 된다.

근대적 권력 형식으로 '법'(Law)이 요구되는 것은 바로 이런 취약함을 보충하기 위함이다. 법은 주권의 텅 빈 자리를 법적 형식의 객관성으로 채우게 된다. 들뢰즈·가타리는 국가를 이루기 위해서는 마술적인 극과 함께 계약이나 법으로 작동하는 판관의 극이 필요하다고 설명한다.[18] 신학적인 논리로 작동하는 주권이 마술적인 극이라면, 여기에 객관성을 부여하는 법은 판관의 극에 해당한다. 법은 그 자체로 공평무사해 보인다. 그래서 권력을 마치 객관적인 것처럼 치장한다. 너는 대한민국 국민이기에 주권자의 명령을 따르라는 말에는 쉽게 반발할 수 있지만, 몇 조 몇 항에 의거해서 그런 행동을 하면 안 된다는 법적 설명에 도전하기란 쉽지 않다. 하지만 동시에 판관의 극은 마술적 극이 없이는 작동할 수 없다. 사실 아무리 법률이 공평무사한들, 그것에 복종해야 한다는 사실을 애초에 납득하지 않으면 법은 작동하지 않는다. 애초에 법을 세우고 그 법에 복종할 것을 강요(!)하는 신학적 작동이 오히려 법 작동의 전제조건이란 말이다. 아무리 미국 법이 좋아도, 한국인이 미국법에 복종하겠다는 생각을 하지 않는 것은 마술적

---

17) 칼 맑스, 『헤겔 법철학 비판』, 홍영두 역, 도서출판 아침, 1988, 153쪽.
18) 질 들뢰즈·펠릭스 가타리, 『천의 고원 II』, 권혜원·이진경 외 역, 연구공간 수유＋너머, 2000, 209쪽.

극이 작동하지 않았기 때문이다. 그런 의미에서 주권, 즉 마술적 극과 법, 즉 판관의 극은 상호 의존하며 국가권력을 정당화한다.

요컨대 주권이론은 신학적 논리로 사람들을 포획하며 시작하지만, 실제로 유효하게 작동하기 위해서 법적인 것의 공리적 형식을 취한다. "이 나라의 신민/국민이라면 당연히 이하의 법에 따라야 한다"는 관념이 그것이다. 보댕은 법이라는 단어가 라틴어로 주권을 가진 자의 명령이라는 사실을 상기시키며 주권을 입법권으로 정의한다. 주권자는 자유의지로 법을 제정할 수 있다. 또한 그는 기존에 자신이 반포한 법을 뒤집을 수도 있다. 역사적으로도 근대 법은 주권에 의해 등장했다고 볼 수 있다. 보댕의 시대에 주권을 통해 절대적 군주권을 확립하려 했던 절대주의 국가들이 공통적으로 로마법을 부활시켜 자신들의 권력을 정당화하고 숙련된 법학자들이 행정기구를 장악했던 일에서 이를 볼 수 있다.[19] 푸코가 법은 기본적으로 군주권을 정당화하기 위함이며, 법적 사유의 핵심에 주권이 있다고 지적한 것은, 그래서 법과 주권과 군주를 연결시킨 것은 정확하며 날카로운 통찰이다.[20]

시간이 흐르고 주권이론이 변이를 거듭함에도 법에서 권력을 찾는 태도는 기본적으로 유지되었다. 홉스는 국가의 유일한 입법자가 주권자이며, 그 법은 사실 명령이라고 지적한다.[21] 루소 역시 '입법'을 사회협약에 의해 만들어진 정치체에 활동과 의지를 부여하는 중요한 일로 규정한다. 그리고 이런 법은 루소가 진정한 주권자라고 파악하는 전체의지의 행동이며 명령

---

19) 페리 엔더슨, 『절대주의 국가의 역사』, 김현일 외 역, 소나무, 1993, 26쪽, 49쪽. 물론 주권 이전에도 법은 있었다. 다만 주권론자들이 말하는 법은 기존의 신법이나 자연법과 다른 '실정법'이다. 즉 신이나 자연에서 '발견되는' 법이 아니라, 주권자가 독자적으로, 의지에 의해서 '견정'하고 '만들 수 있는' 세속적 명령이라는 말이다.
20) 미셸 푸코, 앞의 책, 43-45쪽.
21) 토마스 홉스, 앞의 책, 349쪽.

이다.22) 칸트는 입법권을 가진 주체가 인민이라는 이유를 들어 거꾸로 그렇기에 자신이 만든 법을 따라야 한다고 말한다. 그렇게 만들어진 법은 누구나 따라야 할 '윤리학적 정언명령'이 된다. 선이 법이 되는 게 아니라, 법을 따르는 게 바로 선인 것이다. 슈미트와 아감벤은 주권이란 '예외상태' 즉 법이 정지된 상태를 선포할 권한이라고 말한다는 점에서 법에서 벗어난 주권의 논리를 말하는 것처럼 보인다. 그러나 이는 앞서 말했듯이 주권을 모든 법적 상태를 넘어서 이미 존재하는 절대적 권한임을 말하는 것이란 점에서 '마술적 포획'의 극을 표시하는 것이다. 이러한 주권이 법을 벗어나서 하는 것은 새로운 법의 제정이다. 즉 법을 따르라는 새로운 명령이다. 여기서 주권은 법을 벗어나는 방식으로 법을 재가동시킨다. 즉 그것이 법을 벗어나는 것조차 사실은 새로운 법을 부과하기 위해서다. 정상상태에서도 예외상태를 선포할 잠재성으로 존재하는 주권의 개념이 법적 형식과 무관하게 보인다면, 그것은 국가장치란 언제나 마술적 포획의 극과 법적 실행의 극을 포함한다는 점을 잊고 그 중 어느 하나로 단순화했기 때문일 것이다.

2) 법적 권력의 작동양상

이런 법은 크게 두 가지 작동양상을 가진다. 우선 법은 기본적으로 '금지'한다. 푸코는 여러 권력 장치를 일별하면서 사법을 '금지하는' 방식으로 작동하는 권력이라 지적한다. 그에 따르면 사법은 금지된 행위의 목록을 만든다. 이를 위반하면 처벌하고, 그렇지 않으면 허용한다.23) 군주의 권능을 정당화하기 위해 법이 요청되었던 시기, 그 법은 주로 금지된 것을 저지

---

22) 장 자크 루소, 앞의 책, 50-52쪽.
23) Michel Foucault, *Security, Territory, Population*, tr. Graham Burchell (Palgrave, 2007), p. 46.

른 주체를 처벌하고 추방하고 죽이기 위해 작동했다. 특정 주체에게 '죽음'을 부여하는, 존재 자체를 '금지'하는 모습이 법적 권력의 극단적 작동을 보여준다.

아감벤은 홉스를 해석하면서 모든 법이나 규칙은 '자연상태'를 부정하는 형태로 포함한다고 말한다. 법은 항상 법이 없고 규칙이 없는 무정부 상태를 경계하면서, 그것을 부정하는 형태로 자기 안에 가지면서 작동하기 때문이다. 그렇기에 법이나 규칙을 장악하고 있는 자는, 그 내부에 항상 존재하는 자연상태(법과 규칙이 없는 상태)를 거꾸로 불러올 수 있다. 법이나 규칙을 멈춤으로써, 그 안에 늘 부정적 형태로 존재한 자연상태를 불러올 수 있다는 말이다.24) 호모 사케르(Homo Sacer)가 바로 주권권력에 의해 법이 중단된 자연상태에 처한 자들이다. 이들은 법이 정지된 상태에 있기에, 누구든 죽여도 되는 이들이다. 법 밖에 존재하기에 어떤 취급을 당해도 저항할 수 없는 미등록 이주노동자를 떠올려보면, 이들이 왜 죽음에 노출되는지 쉽게 이해할 수 있다. 요컨대 아감벤에 따르면 법은 그 내부에 부정적 형태로 포함하고 있는 자연상태를 해방시킴으로써, 늘 누군가를 죽음에 이르게 할 수 있다.

두 번째로 법은 기본적으로 표상(representation)을 그 작동 대상으로 삼는 권력이다. 법은 본질적으로 사람들의 '관념'과 '관념들의 연결'을 바로잡기 위한 장치이다. 근대 형법의 시조라 불리는 베카리아의 논의에서 이를 확인할 수 있다. 18세기 개혁가였던 베카리아는 자의적 성격이 강했던 기존의 수많은 법들을 '보편성'과 '필연성'을 갖춘 '단일한' 법체계로 재편하려 했다. 통치의 효율성과 경제성을 확보하기 위함이었다. '누구나' 규칙을 납

---

24) 지오르지오 아감벤, 앞의 책, 93-99쪽.

득할 수 있고, 범죄에 따르는 형벌을 '필연적'으로 예측할 수 있다면, 통치는 아주 효율화된다. 주권의 행사가 신민을 강압적으로 억압함으로써 이루어지는 대신, 신민들도 납득할 수 있는 타당한 규칙에 의해 이루어지기 때문이다. 오늘날 당연하게 여겨지는 '무죄추정의 원칙' 등은 이때 개혁가들이 보편적 법체계를 정비하기 위해 도입한 개념들이다. 베카리아가 루소를, '전체의지'를 강조하고 모든 법은 특수한 개인이 아니라 전체를 향해야 한다고 주장한, 즉 보편적 주권 행사를 주장한 루소를 추앙한 것은 이 때문이다.25)

그렇기 때문에 이런 법 작동의 타깃은 바로 '표상'이다. 보편성과 필연성을 갖춘다는 말은 사람들의 이성에 호소한다는 뜻이다. 즉 가만히 생각해봤을 때, 법을 납득하고 당연하다 여겨야 한다. 그래야 주권의 신학적 논증이라는 마술적 극을 지탱하며 통치를 효율화할 수 있다. 그렇기에 법 집행의 목표는 사람들이 특정한 방식으로 '생각하게' 만드는 것, 즉 사람들이 가진 관념과 표상의 체계를 특정한 방식으로 주조하는 것이다. 이때 범죄자는 보통 사람과 다른 관념의 체계를 가진 사람으로 여겨진다. 예컨대 절도 범죄자는 절도를 할 경우 자신에게 특정한 이익이 발생한다고 생각한다. 즉 '절도'의 관념과 '이익'의 관념이 연결되어 있는 셈이다. 이때 법에 따른 처벌의 목표는 이런 잘못된 관념의 연쇄를 깨고 '절도'의 관념을 '노역'이나 '감금'의 관념과 연결해야 한다. 이를 위해 베카리아는 형벌은 범죄와 유사해야 하며(예컨대 나태한 자에게는 노역을 시키고, 교만한 자에게는 명예형을 부과하는 식) 신속해야 한다고 주장한다. 그래야 범죄와 형벌의 관념

---

25) 체사레 베카리아, 「루소―그에게 인류는 커다란 감사의 빚을 지고 있다.」, 『범죄와 형벌』, 한인섭 역, 박영사, 2006, 9쪽.

사이의 연상이 강화되어 올바른 관념의 체계가 만들어지기 때문이다.[26] 홉스 또한 "모든 범죄는 이해력의 부족이나 추론상의 오류, 혹은 충동적인 정념에서 생긴"[27]다고 보고 이를 바로잡는 것이 형벌이라 여겼다.

베카리아 이후 근대사법이 범죄자의 '이해의 체계'를 파악하려고 매번 노력했던 것은 이런 이유에서다. 범죄자가 가진 잘못된 이해의 표상 체계를 파악해야 이를 바로잡을 형벌을 선택할 수 있다. 만약 이런 관념의 체계가 원리상 파악되지 않는 사람, 즉 무의식중에 범죄를 저지르거나 광기에 휩싸여 범죄를 저지른 자는 법적으로 처벌할 수 없다. 그 자에게는 법이 작동할 대상이 없기 때문이다. 푸코에 따르면 프랑스 형법 제 64조는 "피의자가 범죄 행위 시 착란 상태에 있었거나, 혹은 자기도 어쩔 수 없는 힘에 이끌려 했다면 범죄나 위법이 성립되지 않는다"고 명시하고 있다.[28] 요컨대 근대 사법은 '표상'의 연결을 바로잡기 위해 작동하는 권력이다.

3) 법적 권력과 신체적 권력

하지만 문제는 권력이 이런 방식으로만, 즉 법의 형식으로만 작동하지는 않는다는 사실이다. 물론 권력이 법을 통해 작동할 수도 있다. 하지만 그것은 권력 작동의 극히 일면일 뿐이다. 우선 권력은 법처럼 금지의 형식으로만 작동하지 않는다. 푸코가 잘 지적하듯이, 근대 권력은 금지하고 제약하고 나아가 죽이는 방식으로 작동하는 대신, 오히려 특정한 방식으로 키워내고 훈련시킴으로써 작동한다.[29] 푸코가 제시하는 '규율'(discipline)은 이처

---

26) 같은 책, 81-83쪽.
27) 토머스 홉스, 앞의 책, 380쪽.
28) 미셸 푸코, 『비정상인들』, 박정자 역, 동문선, 2001, 36쪽.
29) 미셸 푸코, 『성의 역사1』, 이규현 역, 나남, 2004, 154쪽.

럼 '키워내는 권력'이 작동하는 양상을 보여준다. 무엇보다 규율은 개별적 신체를 뜻하는 대로 훈련시키려는 권력기술이다. 그것은 신체를 시공간적으로 세세히 분할한 후, 최적화된 행위양식을 부여하여 훈련시킨다. 수도원에서 분 단위로 시간표를 작성하고 이에 맞추어 사람들을 훈련시키는 것이나, 테일러주의에서 최적 동선을 설정하고 노동자를 여기에 맞춰 훈련시키는 것이 좋은 예다. 이때 권력의 목표는 '금지'가 아니다. 권력은 이제 '의무'를, 권장되는 행위 형태나 양식을 더 중요하게 생각한다. 금지하는 사항만 어기지 않으면 자유롭게 놔두는 법과 달리, 특정한 이상적 형태(예컨대 훌륭한 노동자나 수감자의 상)에 조금이라도 더 가까이 닿을 수 있도록 채찍질 한다는 말이다.

이런 길러냄을 관철시키기 위해서는 결국에는 죽음을 위협하는 금지의 명령이 존재해야 하지 않느냐는 반문이 있을 수 있다. 규율을 따르지 않으면 죽인다는 '금지'가 있어야 하지 않느냐는 말이다. 하지만 규율에서는 처벌조차 특정한 방향의 육성을 직접적으로 겨냥한다. 학교에서 규율을 어겨 성적이 떨어진 학생에게 주어지는 형벌은 '보충수업'이지 '죽음에의 위협'이 아니다. 내무반에서 잘못을 저지른 병사에게 주어지는 형벌은 연병장을 돌면서 정신과 신체를 다잡는 것이지, '죽음에의 위협'이 아니다. 푸코가 법과 구분되는 규범(Norm)을 중요하게 여긴 것은, 이런 적극적 규칙의 작동을 포착하기 위함이었다. 즉 기본적으로 금지하는 방식으로 작동하는 '법'과 그것에 기대는 주권은 결코 권력을, 특히 근대 권력을 설명할 수 없다.

두 번째로 권력은 법처럼 표상만을 그 대상으로 삼지 않는다. 오히려 많은 권력 기술은 신체를 대상으로 한다. 감옥이 좋은 예다. 18세기, 앞서 말한 베카리아 같은 개혁가들의 논의가 한창일 때, 정작 형벌의 주요한 모델로 등장한 것은 '감옥'이었다. 개혁가들의 입장에서, 혹은 합리적인 근대적 사법의 입장에서 감옥은 정말 야만적인 형벌이다. 개혁가들에 따르면 범죄와 그 범죄를 일으킨 관념의 종류에 따라 개별적인 형벌이 부과되어야 한다. 사람들이 이런 형벌을 납득할 수 있어야 하기 때문이며, 그런 형벌을 통해 관념 체계가 바로잡아져야 하기 때문이다. 그런데 감옥은 어떤 범죄자든, 살인자든 절도범이든 모두 감금해버린다. 개혁가들의 입장에서 감옥은 통치의 효율성도 교정의 효과도 기대할 수 없는 이상한 제도다. 하지만 감옥은 개혁가들의 무성한 논의를 뚫고 실질적으로 형벌을 장악한다. 그것은 감옥이 개혁가들이 파악하지 못한 방식으로 권력의 경제성과 교정의 효과를 달성했기 때문이다. 그 핵심은 감옥이 표상이 아니라 신체를 대상으로 작동한다는 점에 있었다. 생각 이전에 신체적 동작과 습관을 통제해내는 것이다. 감옥 권력의 입장에서, 범죄자가 그 형벌을 납득하거나 자신의 행위를 반추할 필요는 없다. 오히려 생각 자체를 지우고, 신체에 습관을 새기는 것이 중요하다. 여기서 권력은 생각을 제대로 할 수 있도록 하는 대신, 생각을 지우고 신체를 훈련시킨다.[30] 당시 감옥에서 '노동'이 중요한 덕목이자 프로그램으로 자리잡은 것은 바로 이런 신체 훈련의 필요성 때문이었다.

감옥만이 아니다. 수많은 형태의 권력기술이 관념과 이성의 영역, 즉 법의 영역 바깥에서 작동한다. 예를 들어 위생권력은 관념에 근거를 두고 작동하지 않는다. 대신 개별적 신체 혹은 집합적 신체에 근거해서 작동한다. 이때 위생권력이 작동하는 기준은 법이 아니라 '정상' 혹은 '건강'과 같은

---

30) 미셸 푸코, 『감시와 처벌』, 오생근 역, 나남, 2003, 205-206쪽.

규범(Norm)이다. 환자 혹은 대중들이 이런 규범을 '이성적'으로 납득할 필요는 전혀 없다. 의사는 환자가 자신의 진단을 '이해'하기를 기대하지 않는다. 대신 의사의 말 혹은 위생당국의 말은 과학이나 진리라는 지위를 가진 채 신체에 강요된다.

나아가 이런 표상의 영역 밖에서 작동하는 비-법적 권력은 거꾸로 법에 영향을 미친다. 현대의 법은 결코 독자적인 논리로 작동하지 않는다. 예를 들어 감옥은 앞서 말했듯이 엄격한 법적 논리에서 벗어나 있다. 나아가 거꾸로 법에 영향을 미친다. 만약 감옥의 독자적인 체계가 특정 범죄자가 모범수라고 판단하면, 그는 법원에서 내린 형기를 다 채우지 않은 채 석방될 수도 있다. 법과 구분되는 행형권력이 법으로 규정된 형량을 바꾼 셈이다. 법-의학 감정서는 법에 영향을 미치는 비-법적 권력을 좀 더 극적으로 보여준다. 법적으로 완전한 증거가 없어도, 용의자가 정신적으로 불안하고 충동적이며 살인을 저지를 법한 정신상태임이 '정신의학자'가 쓴 '법-의학 감정서'에 의해 확인되면, 용의자가 처벌 받을 확률은 비약적으로 높아진다. 법과 아무런 상관없는 의학적 사실이 법의 판결을 좌지우지한다. 무죄추정의 원칙과 죄형법정주의가 의학권력에 의해 흔들리는 셈이다. 즉 이성의 논리에 의해 관념의 올바른 연결을 바로잡는다는 법의 고유한 영역은 신체를 대상으로 하는 각종 권력에 의해 침투되고 변형된다.

요컨대 '법'은 권력의 아주 특수한 일면만을 설명한다. 그렇기에 누군가가 입법권을 가지고 있다는 것으로 권력을 가졌다고 말할 수 없다. 거꾸로 법과 전혀 가깝지 않은 의사나 과학자가 큰 권력을 행사할 수도 있다. 예를 들어 법원은 결코 캠퍼스를 봉쇄할 수 없다. 어떤 명분을 들이대건 대중들의 큰 저항에 직면할 수밖에 없다. 관념의 차원에서 정당성을 확보하고 힘을 행사하는 것은 그만큼 힘들다. 하지만 법과 무관한 과학자들은 이를 해낼 수 있다. 어떤 캠퍼스에 사스나 신종 인플루엔자 환자가 있다고 선포하면 누구도 거기를 봉쇄하는 데에 불만을 제기하지 않는다. 그런 의미에서 법을 제정하고 운용할 수 있는 권한을 중심으로 규정된 주권은, 신학적 논리와 법이라는 양극으로 정의된 주권은 현대 권력을 설명하는 독자적 개념일 수 없다. 법 이외에 무수한 권력기술이 존재하고, 오히려 그 권력기술이 더 강한 영향력을 행사하고 있기 때문이다.

4. 주권이론을 넘어서

정치에 대한 사유가 단지 국가적 권력, 혹은 주권의 논리를 구체적으로 확인하는 것이라고 생각하지 않는다면, 정치에 대한 사유가 다른 종류의 삶에 대한 새로운 가능성을 찾기 위한 것이라고 믿는다면, 주권의 관념을 넘어서 정치를 사유하지 않으면 안된다. 주권이 한계 지우는 정치를, 즉 주권의 소유나 소재를 둘러싼 정치를, 정당성을 둘러싼 정치를 넘어서야 한다. 법적 작동으로 포착되는 권력을, 법 밖에 있다고 말할 때조차 법을 중심으로 공전하는 권력의 형태를 넘어서 권력의 문제를 사유할 수 있어야 한다. 주권이라는 절대권능을 상정하는 대신, 권력이 작동하는 조건, 즉 주권 외부의 조건을 봐야 한다. 주권의 관념을 넘어서 권력의 문제를 다시 사유하고자 했던 푸코의 정치학이 중요하다고 믿는 것은 이런 이유에서다.

그런데 이런 푸코의 권력 개념이 광범위하게 받아들여지면서도 국가권력에 대해 말하거나 분석할 때에는 항상 다시 주권적인 개념이나 틀로 돌아가곤 한다. 푸코의 권력 개념이 주권이 다루던 권력, 즉 국가와 같은 거시적인 권력은 설명하지 못한다는 생각 때문이다. 풀란차스가 대표적이다. 그는 푸코의 권력개념이 국가의 핵심인 계급모순이나 자본주의 재생산 측면을 설명하지 못하기 때문에 국가를 설명하는 데 부적합하다고 생각했다.[31] 푸코의 미시권력이 감옥이나 가정 같은 한정되고 작은 영역에는 적용가능하지만, 거시적 영역에는 적용불가능하다는 생각이다.

하지만 푸코는 미시권력이 범위나 영역의 문제가 아니라 '관점'(point of view)의 문제임을 명확히 밝힌 바 있다.[32] 그 관점의 핵심은 "보편이 없다고 가정하는 것"(Suppose universals do not exist)이다. 즉 푸코는 [광기], [비행], [성] 같은 보편적이고 당연하다 여기는 범주를 부정한다. 환상으로 여기는 것이 아니다. 대신 어떤 구체적인 실천과 관계가 이런 범주가 있는 것처럼 여기게 했는지 탐구한다. 국가도 마찬가지다. [주권]은 국가에 당연히 존재한다고 가정된 보편적 범주였다. 푸코는 이를 부정한다. 대신 주권이 은폐하려고 한 맥락이 무엇인지, 어떤 구체적인 권력기술이 국가를 구성했는지, 어떤 실천이 마치 주권이 있는 것처럼 사람들을 착각하게 만드는지 분석한다. 주권과 같은 '중심'에서부터가 아니라 "끝으로부터, 마치 모세혈관처럼 가늘어진 그 끄트머리의 윤곽선에서부터 권력을 포착"[33]하려 한 것은 그 때문이다. 일종의 미시적인 국가권력 파악을 시도하는 셈이다.

푸코는 국가권력의 문제를 미시적으로 사유하기 위해 '안전장치'(security dispositif)와 '통치성'(governmentality)이라는 새로운 개념을 제시한다. 안전은 푸코가 18세기 말에 등장했다고 보는 집단을 다루는 권력기술이다. 안전

---

31) 니코스 풀란차스, 『국가, 권력, 사회주의』, 박병영 역, 백의, 1994, 46-47쪽.
32) Michel Foucault, *The birth of biopolitics*, tr. Graham Burchell (Palgrave, 2008), p. 186.
33) 미셸 푸코, 『사회를 보호해야 한다』, 46쪽.

이전의 권력기술은 기본적으로 사람들을 개별화하여 통제하려 했다. 한명 한명을 의도한 대로 움직이게 하려 했다는 말이다. 16, 17세기의 통치가 그러했다. 내부 역량을 극대화하여 국제 질서에서 살아남기 위해 개별 신민을 특정한 방식으로 행위하도록 규제하려 했다. 곡물가 통제정책에서 이를 잘 볼 수 있다. 프랑스에서는 1754년까지 다른 지방으로의 곡물 이동이 제한되어 있었다. 국가 내부 신민의 거래와 행동을 하나하나 통제하려 했던 셈이다.34)

하지만 이는 곧 한계에 부딪혔다. 사람들의 거래를 하나하나 통제하는 것은 사실상 불가능한 일이었을 뿐만 아니라, 끊임없이 부작용에 노출되었다. 곡물가는 통제되지 않았다. 푸코에 따르면 개개인의 거래를 일일이 규제하려 한 시도는 오히려 국가를 곡물 결핍에 노출시켰다. 낮은 가격을 인위적으로 유지하려는 정부 규제는 농부들로 하여금 생산을 확장하기 힘들게 했으며, 농산물이 풍족할 때는 가격이 더욱 떨어져 농부의 수익을 떨어뜨렸다. 이는 당연히 다음 해에 농부들이 경작을 줄일 수밖에 없도록 만들었으며, 이런 조건은 조그만 기후 불안정에도 쉽게 결핍(scarcity)으로 이어졌다.35)

안전은 이런 난점을 돌파하기 위해 제안된 권력 기술이다. 안전은 인구(population)의 자연성에 주목한다. 인구는 신민의 집합이 아니다. 하나하나 통제해서 전체의 방향을 결정할 수 없다는 말이다. 대신 인구는 나름의 자연성을 지니고 있는 집합적 실체다. 이를 무시하고 개개인을 강제로 통제

---

34) 헨리 히그스, 『프랑스와 케네와 중농주의자』, 김기태·배승진 역, 비봉출판사, 1994, 9쪽.
35) Michel Foucault, *Security, Territory, Population*, p. 32.

함으로써 효과를 이끌어내려고 하면, 곡물가 통제가 실패했듯이 부작용이 생긴다. 그래서 안전장치는 인구의 자연성을 활용하려 한다. 예를 들어 시장에서 인구의 자연성이 발휘되어 자유로운 거래가 일어나면 국가 전체에 득이 된다. 즉 안전은 개인을 일일이 특정한 방향으로 이끄는 대신, 인구가 가지는 자연적 성향과 방향에 주목하고 이를 존중함으로써 활용하려 한다. 이를 위해 안전장치는 인구(population)에 대한 앎을 늘려가려고 한다. 그리고 통치성은 이런 안전장치를 중심으로 여러 권력기술이 접합된 총체이다.

푸코에 따르면 19세기 자유주의 국가는 이런 통치성을 통해 설명된다. 자유주의 국가가 개개인을 일일이 통제하려고 하는 대신 시장의 자연성에 의존하고 거기에서 통치의 방향을 찾으려 했던 것은, 이런 인구의 자연성을 파악하기 위해 엄청난 양의 공식 통계를 수집하고 결과 '인쇄된 문자의 범람'[36]이 일어났던 것은 바로 이런 통치성이라는 전략 때문이다. 푸코는 국가가 이런 통치성의 효과(effect)라고까지 말한다. 푸코에 따르면 국가는 바로 이런 구체적인 기술에 근거한 실천이지, 원래 존재하는 보편적 범주가 아니다.

이런 일련의 파악은 주권의 투박한 눈으로는 볼 수 없었던 많은 단절을 드러낸다. 예를 들어 16세기의 경찰과 19세기의 경찰은 전혀 다른 의미와 역할을 지닌다. 주권의 틀에서 둘은 국가의 주권을 관철시키는 제도라는 점에서 동일하지만, 권력기술의 측면에서는 전혀 다르다. 16세기의 경찰은 개개인을 일일이 통제하려는 권력기술의 영향 하에서 작동했다. 반면 19세기의 경찰은 규모는 훨씬 커졌지만, 개개인을 일일이 통제하려 하지 않는다. 대신 대중의 자발적 순환을 보조하는 역할을 맡는다. 경찰은 이제 대중의

---

36) Ian Hacking, *The Taming of Chance* (Cambridge University Press, 1990), p. 2.

자연성을 억압하지 않도록 최소한의 규칙을 마련하고, 이를 어기는 자들만을 단속한다. 요컨대 16세기의 경찰이 신민을 특정한 형태로 하나하나 훈련시켜내려는 적극적인(positive) 목적을 가졌다면, 19세기의 경찰은 집단의 자연적인 순환을 방해하는 이들을 규제하는 소극적인(negative) 목표를 가진다.37)

푸코의 이런 설명은 최근의 신자유주의까지 이어진다. 푸코가 파악하는 신자유주의 통치성의 핵심은 '자기혁신적 주체' 혹은 '기업가적 주체'를 길러내는 것이다. 사람들을 특정한 형태로 규율하는 대신, 그러니까 말 잘 듣는 노동자로 만드는 대신, 스스로 자기를 계발하고 혁신하는 주체로, 시키지 않아도 알아서 기업의 요구에 맞춰가고 나아가 기업의 방향을 제시하는 창의적인 주체로 만들려고 한다는 말이다. 이를 위해 국가는 시장을 경쟁을 중심으로 재편하며 소득평준화 정책을 포기한다. 스스로 효용을 극대화하는 기업가적 주체를 길러내기 위함이다. 어쩔 수 없이 사회보장정책을 시행할 때조차, 현물을 지급하는 대신 바우처(voucher)를 지급한다. 수급자가 스스로 복지상품을 선택하게 만듦으로써 수급자조차 효용을 계산하는 경제적 주체가 되도록 유도하기 위함이다. 그리고 이 과정을 관철하기 위해 강한 폭력을 동원한다. 최근 일어나는 탈규제는 단순히 국가 권력을 축소시키는 것이 아니라, 특정한 효과를 노린 적극적 정책이다. 그런 의미에서 푸코에게 신자유주의 국가는 결코 약한 국가나 덜 개입하는 국가가 아니다. 다른 방식으로 개입하는 국가일 뿐이다.

만약 주권이론의 시각에서 이를 바라보면 16세기 국가에서 오늘날에 신자유주의 국가까지 큰 차이를 발견할 수 없을 것이다. 다만 주권이 점점

---

37) Michel Foucault, *Security, Territory, Population*, p. 354.

더 강해졌고 이런 저런 일들을 해왔을 뿐이다. 주권이론의 시각에서는 16세기의 경찰이 자행한 폭력과 19세기 국가의 지식독점과 오늘날 신자유주의 국가의 사회보험 해체는 동일하다. 모두 주권권력의 권능이다. 하지만 푸코의 미시권력 차원에서 각각의 권력 행사는 전혀 다른 맥락과 의도를 가진다.

그런 의미에서 주권을 떠나서도 얼마든지 광범위한 영역에 행사되는 권력, 즉 국가권력을 분석하는 것이 가능하다. 푸코의 '통치성'에 대한 분석은 이를 잘 보여준다. 그것은 동일한 주권이 행사되는 것처럼 보이는 장면조차 얼마나 다양한 맥락과 기술에 근거하여 이루어지는지 드러낸다. 국가권력에도 주권, 즉 금지와 법으로 한정되지 않는 다양한 권력기술이 존재한다. 국가 권력을 다룰 때조차 비주권적 시각을 가져야 한다는 말이다. 권력과 대결하는 것은 그것의 작동 양상을 세밀하게 파악함으로써 가능하다. 주권이라는 권력의 본질이 존재하지 않는 것처럼 저항의 지점 역시 단일하지도, 단순하지도 않기 때문이다. 이를 위해서 무엇보다 주권의 관념을 넘어서 정치를 상상하고, 권력을 포착해야 하지 않을까?

06

근대와 인권의 정치

박기순_서울대 인문학연구원

1. 문제로서의 인권

1789년에 프랑스 국민의회는 "인간의 자연적이고, 양도할 수 없는 신성한 권리들"을 주장하는 「인간과 시민의 권리 선언」(Déclaration des droits de l'homme et du citoyen)을 채택한다. 이 「선언」은 다음과 같이 시작하고 있다. "인간들은 자유롭게, 그리고 평등한 권리를 가지고 태어났으며, 또한 그렇게 존재한다."[1] 이어 「선언」은 모든 정치적 연합의 목적은 제한할 수 없는 이 자연권을 보존하는 것에 있음을 밝히고 있다.[2] 프랑스의 「인권 선언」에 앞서 발표된 미국의 「독립 선언」(The unanimous Declaration of the thirteen united States of America, 1776) 또한 유사한 내용을 담고 있다. 「독립 선언」은 이렇게 쓰고 있다. "우리는 다음과 같은 진리들을 자명한

---

1) Déclaration des droits de l'homme et du citoyen de 1789(DDHC), art. 1.
2) DDHC, art. 2.

것으로 간주한다. 즉 모든 사람들은 평등하게 창조되었다는 것, 그들은 양도할 수 없는 어떤 권리들을 창조자로부터 부여받았으며, 그 권리들에는 생명, 자유, 행복추구가 속한다는 것, 그리고 이러한 권리들을 보장하기 위해 통치체들이 인간들 사이에 설립되는데, 그것들의 권력은 피통치자들의 합의로부터 나온다는 것."

요컨대, 두 선언은 모두 모든 인간들에게는 어떤 자연권들이 있으며, 모든 정치체는 이 권리의 보장에 그 목적이 있음을 밝히고 있다.[3] 물론 이러한 선언의 내용들은 홉스, 로크, 루소 등으로 대표되는 근대 사회계약론을 그 이론적 배경으로 하고 있다. 인권 개념이 근대 사회계약론에서 고유하게 제기되고 이해되고 있다는 점은, 그것이 근대 계약론이 가지고 있는 성과와 한계를 동시에 지니고 있다는 사실 또한 함축한다.

먼저, 근대 계약론은 권리 개념의 근대적 이해를 특징짓는 '주체적 권리'(jus subjectivum) 개념을 전제하고 있다는 점이 이해될 필요가 있다. 아리스토텔레스와 토마스 아퀴나스에 의해 대표되는 고전적 자연법 사상에서 전제되고 있는 자연은 조화와 균형에 의해서 특징지어지며, 그것에 기초해서 정의되는 자연권(혹은 자연법[jus naturale])은 사람들 사이의 몫의 비례적 배분으로 정의된다. 그러나 근대인들은 자연에 대한 개체주의적이고 기계론적인 이해를 제시함으로써 이러한 고전적 자연 이해와 갈라선다.

---

3) 이러한 공통점은 두 선언 사이에 존재하는 중요한 차이를 간과하지 않는다. 프랑스 「인권 선언」이 루소적 관점에서, 법을 일반의지의 표현으로 이해하면서 인민의 정치에의 참여를 정당화하는 반면, 미국 「독립 선언」은 자유주의적 관점에서 주권에 저항하는 개인의 권리를 강조하면서, 인권을 국가 권력의 토대로서가 아니라 그것의 한계들을 지시하는 개념으로서 파악한다는 점에서, 사람들은 종종 둘 사이의 차이를 논의한다. 인권에 대한 자유주의적 해석자인 고셰(M. Gochet)의 논의는 이러한 두 선언의 이러한 차이에 근거하고 있다. M. Gauchet, "Les droits de l'homme ne sont pas une politique," *Le Débat*, n° 3 (juillet-août 1980) 참조

이와 더불어 그들은 자연권을 고립된 개인이라는 토대 위에서 사고한다. 따라서 이제 권리는 개별 주체가 고유하게 갖는 어떤 속성이나 특질, 권한과 능력이 된다.4) 주체적 권리 개념은, 위계적 질서를 '자연적인 것'으로 간주하는 고전적 관점의 전복이라는 점에서, 개인들의 근원적 평등을 전제하고 있다는 점에서 근대적 성과로서 간주될 수 있다.

그런데 일부 사상가들은 바로 이 주체적 권리 개념으로부터 '근대 법적 실증주의'(positivisme juridique moderne)의 필연성을 이끌어낸다.5) 주체적 권리가 그 자체로는, 그 개념 규정상, 개인들 사이의 사회적 관계를 지배하는 법칙들의 토대가 될 수 없는 한에서, 시민법은 또 다른 토대, 즉 사회적 질서를 설립하고 그것을 보전하는 어떤 권력을 상정해야 한다. 계약론자들은 이 권력을 주어져 있는 개인들의 자연권으로부터, 보다 정확히 말하면 그들의 합의로부터 이끌어낸다. 따라서 형식적으로, 그리고 원칙적으로, 이 권력은 자연권들의 응축(concentration)으로 나타난다. 그런데 문제는, 이렇게 응축된 권력이 독립적이고 초월적인 지위를 확보하면서 이제 역으로 자연권의 내용과 범위를 규정하게 된다는 점이다. 다시 말하면, 실정법은 권리로부터 독립성을 확보할 뿐만 아니라 더 나아가 권리 내용 전체를 구성하게 된다. 권리는 이제 실정법으로 해소되게 된다.6)

---

4) 근대적인 '주체적 권리' 개념은 중세 유명론의 정초자인 오캄(William of Ockham)에게까지 거슬러 올라간다. 프란시스코 수도회가 제시했던 '수도사들은 사용할 권리만을 가질 뿐 소유하지는 않는다'는 원리를 옹호하기 위해 오캄은 『90일간의 저작』(*Opus nonaginta dierum*)이라는 책을 쓴다. 이 책에서 그는 하늘에 의해서 주어지는 권리(jus poli)와 사회로부터 주어지는 권리(jus fori)를 구분하면서, 전자를 신에 의해서 각 개인에게 주어지는 천부적 권리로서 규정하게 된다.

5) 우리는 이에 관한 가장 대표적인 논의를 프랑스 법철학자 미셸 빌레(M. Villey, *La formation de la pensée juridique moderne*, 2nd édition corrigée [1975])에게서 찾아볼 수 있다.

6) 근대 계약론에서 주권(souvraineté)에의 비판과 저항이 원칙적으로 배제되는 것은 아니다. 자연권의 보장을 목표로 하는 법이 그것에 벗어나게 될 때, 주어진 법에 대한 저항은

이렇게 근대 계약론이 법적 실증주의를 함축하고 있다면, 인권과 시민권은 구별될 수 없을 것이다. 즉 인간은 한 사회의 시민이 되는 한에서, 한 국가의 구성원인 한에서 자신의 인간으로서의 권리를 누릴 수 있게 될 것이다. 한나 아렌트(Hannah Arendt)가 『전체주의의 기원』이라는 책에서 '인권의 난점들'(Perplexities of the Rights of Man)[7]이라고 부르고 있는 것이 바로 이러한 문제의 재확인이다. 그녀에 따르면, 시민권과 구별되는 인권을 정의하는 데 난점들이 존재한다. 이러한 난점은 '인간과 시민의 권리 선언'을 두 가지 서로 다른 방식으로 읽는 것을 가능케 한다. 첫째, 인권과 시민권이 동일한 것이라면, 즉 오직 시민이 되는 한에서만 인간으로서의 권리를 누릴 수 있다면, 인권은 특정 국가의 시민만이 누릴 수 있는 권리, 즉 이미 권리를 가지고 있는 사람들의 권리가 될 것이다. 이럴 경우, 인권은 시민권과 구별되지 않으며 단순한 동어반복이 된다. 반대로, 인권이 시민권과 구별된다면, 인권은 인간으로서 인간이 지니는 권리가 된다. 그러나 인간으로서의 인간, 단순한 생물학적 존재로서의 인간은 어떠한 권리도 갖지 못한다. 이 경우, 인권은 어떤 권리도 갖지 못하는 사람들의 고유한 권리가 된다. 따라서 그것은 완전히 빈껍데기일 뿐이다.[8]

맑스의 권리(인권) 개념 비판 또한 동일한 맥락 속에 위치한다. 그는 『유태인 문제』에서 「인간과 시민의 권리 선언」이 말하는 인간이란, 실제로는

권리로서 정당화된다. 그러나 법이 원리적으로 자연권의 보장으로서 정의되고, 더 나아가 자연권에 대한 독립성을 가지는 한에서, 실제로 저항의 권리는 한갓 이름에 불과한 것이 될 위험을 내재적으로 갖고 있다.

7) H. Arendt, *The Origines of Totalitarianism*, second enlarged edition (The World Publishing Company, 1958), pp. 290-302.

8) 아감벤(G. Agamben)이 말하는 '호모 사케르'(homo sacer)는 바로 이 시민이 되지 못하는, 단순히 인간일 뿐인 인간, 따라서 모든 권리를 박탈당한 인간을 지시한다.

부르주아 사회의 구성원으로서의 인간이며, 그러한 한에서 인권이란 부르주아들이 자신들의 이익을 자유롭게 추구할 권리, 이미 권리를 갖고 있는 자들의 권리임을 주장하면서, 인권의 허구성을 고발한다. 따라서 그에게 정치적 과제는 한갓 이름과 형식일 뿐인 권리와 현실 사이의 이 괴리를 없애는 것이었다. 그리고 그는 그 과제를 바로 사회 경제적 현실의 변혁에 두었다.9)

그러나 인권의 추상성, 허구성에 대한 이러한 비판들에도 불구하고, 현실 정치와 정치철학에서 인권에 대한 준거는 사라지지 않았다. 오히려 인권의 문제는 새로운 정치적–이론적 상황들의 출현과 더불어 오늘날 가장 중요한 정치적 쟁점으로 떠오르고 있다. 1970년대 말 이후 소비에트 연방 국가들과 전체주의 체제에서 나타났던 정치적 탄압, 동유럽 국가들을 비롯해 세계 각처에서 일어나고 있는 인종적, 종교적, 민족적 박해들, 아우슈비츠와 관타나모 수용소의 역사적 경험들, 법의 보호 밖에 놓여 있는 불법 이민 노동자들의 문제 등은 오늘날 우리에게 인권을 핵심적인 정치적 문제로 제기하고 있다.

이러한 현실적 지속성에도 불구하고, 인권은 여전히 하나의 허구적 추상일 뿐인 것으로 간주되어야 하는가? 그렇지 않다면 그것에 어떤 정치성을 부여해야 하는가? 이 문제들에 답하기 위해서는, 인권의 문제를 그것을 떠받치고 있는 주요 개념들을 면밀히 재검토할 필요가 있다. 그것은 인권에

---

9) 아렌트와 맑스의 이러한 비판은 버크(E. Burke)가 이미 앞에서 행했던 비판을 계승하고 있다. 버크는 인권은 공허한 형이상학적 개념일 뿐이라고 비판하면서 그것에 역사적 권리, 즉 특정한 인간 집단의 구성원들이 역사적으로 획득한 실질적 권리를 대립시킨다. E. Burke, *Reflections on the Revolution in France*, J. G. A Pocock, ed. (Indianapolis, Hacket, 1987).

대한 선언들이 기초하고 있는 근대 정치철학의 고유한 문제설정과 그 주요 개념들에 대한 비판적 분석을 요청하는 일이 될 것이며, 나아가 그것에 고유한 난점을 해결하고 인권을 정치의 문제로서 사유할 수 있는 가능성을 모색하는 일이 될 것이다.

2. 근대정치의 계약론적 전유

앞에서 살펴본 바와 같이, 인권 개념에 제기되는 가장 핵심적인 문제는 시민권과 구별되는 그것의 고유성을 이해하는 것이다. 인권과 시민권의 구별은 가능한 것인가? 가능하다면 그것은 어떠한 이론적 지반 위에서 가능할 것인가? 인권을 정치화하기 위해서 계약론적 틀을 벗어나야 한다면, 근대 계약론은 어떠한 방식으로 해체되어야 하는가? 우리는 이러한 물음들에 답해야만 할 것이다.

인권 개념 자체가 애매하다면, 그것은 시민과 구별되는 '인간' 개념의 애매성이다. 근대 계약론의 일반적 정의에 따라, 우리는 인간을 자연상태에 존재하는 인간, 모든 사회적, 경제적, 정치적 규정들로부터 벗어나 있는 '자연적' 인간으로 간주할 수 있을 것이다. 인간의 이 '자연/본성'(nature)은 전-정치적(pré-politique) 단계를 지시하며, 정치성의 전제로 제시된다. 자연상태의 인간이 정치적 관계로 들어가기 이전의 인간인 한에서, 정치성의 토대로서의 이 인간의 자연/본성은 '추상적'이다.

그런데 이 추상성은 근대적 정치 사유의 급진성과 그 난점을 동시에 설명해준다. 플라톤과 아리스토텔레스로 대표되는 정치철학의 고전적 형태들에서, 정치체의 구성은 이미 존재하는 질서의 반영으로서 제시된다.

여기에서는, 엄밀한 의미에서 정치를 근본적으로 새롭게 사유하도록 해주는 근대적 의미의 전-정치적 상태는 존재하지 않는다. 정치는 사회를 구성하는 각 부분들 사이에 존재하는 질서의 표현에 다름 아니다. 그들에게 자연/본성은 이미 사회적이고 정치적이다.

이러한 관점에서 볼 때, 근대인들이 정치를 사유하기 위해 상정했던 자연상태(자연/본성)는 정치철학에서의 근본적인 변혁과 전환을 알리고 있는 것이다. 자연상태의 인간이 갖는 자연성이 추상적인 형태로 제시되고 있다는 사실은, 인간을 모든 사회적 결정들 즉 위계질서로부터 독립해서 규정하며, 그리고 그것을 통해서 모든 인간들의 근원적 평등을 긍정한다는 것을 의미한다. 자연상태 이론은 모든 인간이 모두 정치에 참여할 권리를 갖는다는 것뿐만 아니라 모든 인간이 그 본성에 있어서 동등하다는 것을 긍정한다.[10] 요컨대, 모든 인간들의 이 근원적 평등이 정치의 토대라는 사실을 근대 사상가들은 자연상태 이론을 매개로 보여주고 있는 것이다.[11]

우리는 이러한 관점에서 앞에서 언급되었던 '주체적 권리' 개념, 즉 자연상태의 독립적 개인이 갖는 자연권 개념을 재해석할 필요가 있다. 자연상태가 정치체를 새롭게 사유하기 위한 하나의 개념적 전제라고 한다면, 그것으로부터 곧바로 개체주의적 존재론을 이끌어내는 것은 오류일 수 있기 때문이다. '독립적 인간'의 설정은 그것의 개념적 작용들에 대한 분석을 통해서,

---

10) 발리바르는 전자를 '외연적 보편성'(extensive universality)으로, 후자를 '내포적 보편성'(intensive universality)로 규정하고 있다 ("Is a Philosophy of Human Civic Rights Possible? New Reflections on Equaliberty," *The South Atlantic Quarterly*, vol. 103, No. 2/3 (Spring/Summer 2004), p. 372.

11) 랑시에르는 자연상태라는 픽션이 갖는 의미를 정치의 궁극적 원리로서의 평등의 긍정으로 이해한다. 그에 따르면, 그것은 이 근원적 평등, 아무개와 아무개의 평등은 모든 사회적 질서의 궁극적 비밀이 바로 이 평등에 있음을 알리는 것이다(J. Rancière, *La mésentente: politique et philosophie* (Galilée, 1995), pp. 115-116.

근대적인 정치철학적 전략이라는 관점에서 보다 정확히 이해될 필요가 있다.

그것은 다음과 같은 3가지로 요약될 수 있다.[12] 첫째, 근대인들이 고립된 개인으로부터 출발한다면, 그것은 그 개인에 대한 인식이, 다른 개인들과의 유사성 혹은 보편성 때문에, 다른 개인들의 본성, 나아가 인간 본성 일반의 인식을 가능케 하기 때문이다. 실제로 홉스는『리바이어던』의 서문에서 다음과 같이 말하고 있다: "한 인간의 사유 및 정념과 다른 인간의 사유 및 정념 사이에 존재하는 유사성 때문에, 사유하고, 생각하고, 추론하고, 희망하고, 두려워할 때, 자신이 무엇을 하고 있고 어떤 동기들 때문에 그렇게 하는지를 자신의 내면을 보면서 관찰하는 사람은 누구든, 그것을 통해서 유사한 상황에 있는 다른 모든 사람들의 사유와 정념을 읽고 인식하게 될 것이다."[13] 이러한 관점에서 볼 때, 자연상태의 고립된 개인은 인간 본성의 이해를 위한 전략적 전제일 뿐이다.

둘째, 정치체의 발생을 자연상태의 독립적 개체들로부터 설명함으로써, 근대인들은 자연적이고 따라서 절대적인 것으로 간주되었던 정치사회적 질서들, 가치들을 비판할 수 있는 가능성을 열어놓는다. 그리고 그들은 사회적 질서와 가치들을 새로운 토대를 통해 재구성한다. 정치성을 로고스를 지닌 인간의 본성으로 여겼던 아리스토텔레스와 달리 그것을 '구성된 것'으로 위치시켰던 홉스를 비롯한 근대 정치 사상가들의 독창성은 여기에 있다. 그렇게 함으로써 그들은 정치를 어떤 도덕적 가치에 종속시키는 것을 막을 수 있었다. 인간 본성과 도덕의 분리는 자연상태의 고립된 개인이라는 전제

---

12) J. Terrel, Hobbes, *Matérialisme et politique* (J. Vrin, 1994), pp. 136-137 참조.

13) Hobbes, *Léviathan*, introduction, traduction et notes de F. Tricaud (Editions Sirey, 1971), p. 6.

가 생산해낸 또 다른 이론적 성과였다.

셋째, 사회를 부분적으로 파괴하고 있는 사회적 위기들은 각자에게 시민 사회를 자기 자신으로부터 재사유하도록 하는 기회를 제공한다. 이때, 고립된 개인은 전-정치적 단계를 더 이상 지시하지 않으며, 오히려 정치에 내재하는 현실을 구성한다. 그것은 정치의 내부에서 정치를 재사유하게 해주는 위기와 해체의 순간, 따라서 우리로 하여금 정치의 의미를 지속적으로 묻게 만드는 내적 계기로서 존재하게 된다.

이렇게 근대 정치철학의 자연상태 이론, 즉 자연상태의 고립된 개인들의 비정치성에 관한 이론은 정치적 사유의 지평을 이동시켰다. 그것은 통치에 관한 이론을 '권력의 기원'에 관한 이론으로 전위시켰다. 그렇게 함으로써 근대인들은 정치를 근본적으로 새롭게 사유할 수 있는 가능성을 열어놓았다.

그러나 자연상태 속의 고립적 인간이 그 형이상학적 추상성에 의해 근대적 정치철학의 전략적 개념이 되었다면, 바로 그 추상성은 동시에 근대 정치철학의 주요한 난점을 구성하고 있었다. 특히 이 난점은 자연상태의 속에서 고려되는 자연권, 즉 자연적 인간의 본성으로부터 나오는 권리를 정의하는 데서 잘 드러난다.

대부분의 근대 계약론자들에게 자연권은 자신의 보존을 위해, 즉 자신의 생명과 재산을 보존하고 행복을 추구하기 위해 자신이 가지고 있는 힘을 사용할 수 있는 자유로서 정의한다. 여기에서 문제가 되는 것은 자연권이 목적과 수단이라는 관계 속에서 정의되고 있다는 점이다. 근대 정치철학의 기본 방향을 설정했던 홉스의 서술을 다시 살펴보자: "사람들이 'jus naturale' 라고 부르는 자연권은, 자신의 고유한 본성 즉 자신의 생명을 보존하기 위해 각자가 자신이 가지고 있는 힘을 자신이 원하는 대로 사용할 수 있는 권리, 따라서 각자가 자신의 고유한 판단과 이유에 따라 이 목적에 가장 적합한 수단이라고 간주하는 모든 것을 할 수 있는 권리이다."14)

자연권은 자기보존이라는 목적에 종사하는 일종의 의무이다. 그런데 이 의무는 단순한 '자연적 의무'(obligation naturelle)로서 이해될 수 없다. 왜냐하면 자연적인 것에 대한 홉스의 이 개념화 안에는 일종의 법적 차원이 내재해 있기 때문이다. 먼저, 자연권에는 일종의 자기-제한이 존재한다. 우리는 우리의 감정이 시키는 대로 할 권리가 없다. 자연권은 생명의 보존이라는 목적에 부합하는 것으로 우리의 이성이 판단하는 것만을 할 수 있는 권리이다. 바로 이러한 의미에서, 자연권은 이미 자연적 차원을 넘어 법적 차원을 갖는다. 이것은, 자기보존이라는 목적을 이루기 위해 이성이 우리가 따라야 하는 것으로 제시하고 있는 규칙, 즉 '자연법'(lex naturalis, natural law) 개념에서 보다 분명히 드러난다. 다시 홉스의 말을 들어보자:

> 자연법은 이성에 의해 발견된 어떤 **명령**, 일반 규칙이다. 이 규칙은 사람들에게 자신들의 생명을 파괴하는 데로 이끄는 일, 자신들의 생명을 보존하는 수단을 박탈해 가는 일을 행하는 것을 금지하며, 자신들의 보존에 유용하다고 생각되는 것을 놓치는 일을 금지한다.(강조는 필자)15)

자연법에 대한 논의에서 이미 홉스는, 그것을 일종의 명령으로 간주함으로써, 그것에 법적 의미(sens juridique)를 부여한다. 요컨대, 그는 자연권에 대한 논의 속에서 자연적인 것으로부터 법적 심급의 발생을 설명한다.

---

14) Ibid., p. 128.
15) Ibid.

자연성의 특정한 이해 속에 내재되어 있는 이러한 법적 강제성은 자연상태에서 시민상태로의 이행, 주권의 구성을 이미 내재적으로 추동하고 있다. 달리 말하면, 이 이행은 자연권 개념에 내재되어 있는 이중성의 전개로서 이해될 수 있다. 근대 계약론자들이 규정하고 있는 자연권에 어떤 법적 강제성이 함축되어 있다면, 주권(pouvoir souverain)은 이 법적 강제성의 발전적 형태라고 할 수 있기 때문이다.

자연법은 이성이 발견한 규칙, 이성의 명령이다. 이제 시민상태에서는 국가가 이성의 지위를 획득한다. 국가 권력은 자연상태의 개인들의 합리적 계산에 의해 추동되어 구성되었다는 의미에서, 즉 자기보존이라는 목적을 보다 효율적으로 이루기 위해 설립되었다는 의미에서 이성적이다. 계약이라는 합리적 절차에 의해서 성립된 것으로 간주함으로써, 근대 계약론자들은 계약을 소환불가능한 것으로 만들고, 그것에 의해 주권에 절대적인 법적 지위를 보장하였다. 국가는 이렇게 확고한 이성의 지위를 확보하게 된다. 그리고 이성에 의해 발견된 자연법이 하나의 명령이듯이, 국가 이성에 의해서 포고되는 시민법 또한 명령의 의미를 지니게 된다. 여기에서 법에 대한 근대적 이해가 도출된다. 법은 논의되고, 이해되어야 할 대상이 아니라, 복종해야 할 명령으로서 나타난다. 이 점에서 자연법과 시민법은 구별되지 않는다.16)

그러나 시민법은 그것이 '쓰여진 법'(lois écrites)이라는 점에서, 즉 국가라는 법적 단위에 기초해 있다는 점에서 자연법과 구별된다. 자연법은 법적

---

16) "시민법과 자연법은 서로 다른 두 종류의 법이 아니라, 법의 서로 다른 부분들이다. 쓰여져 있는 법의 한 부분이 시민법이라고 불린다면, 쓰여져 있지 않은 다른 부분은 자연법이라고 불린다"(*Léviathan*, chap. XXVI, p. 285).

강제성을 개념의 차원에서는 가지고 있지만, 외연적이고 실제적인 강제성을 가지고 있지 않다. 반면에 시민법은 외적 강제성을 갖는다. 그것은 국가가 단순히 이성일 뿐만 아니라 동시에 강제적 힘이기도 하기 때문이다.

비록 주권이 자연권의 연장인 한에서, 자연권의 보장을 그 목표로 하고 있지만, 자신의 발생적 토대로부터 독립성을 획득하는 한에서, 이제 인간이 인간으로서 갖는다고 간주되었던 자연권은 주권에 의해서 규정되고, 제한될 수밖에 없게 된다. 이성이 현실적으로 국가 이성에 의해 표현되고 독점되는 한에서, 자연법은 오직 시민법의 제한 속에서만 규정될 수 있을 뿐이다.

이러한 사태는 궁극적으로는, 앞선 논의에서 볼 수 있듯이, 계약론자들의 자연권 개념 안에 이미 법적 차원이 내재해 있다는 사실로부터 나온다. 그들은 자연상태의 고립된 개인을 전략적 개념으로 상정함으로써, 정치를 도덕과 분리시킬 수 있는 가능성을 열어놓았다. 그러나 그들은 자연상태에서도 합리적인 것과 그렇지 않은 것, 해야 할 것과 그렇지 않아야 할 것의 구별이 존재함을 주장함으로써, 자신들이 열어놓은 가능성을 다시 닫아버렸다. 자연상태라는 추상 속에서 고려되는 인간의 권리가 이렇게 이미 법적 강제성 속에서 이해되고 있는 한, 인권은 법적 테두리 하에서 규정되는 시민의 권리와 구별될 수 있는 가능성을 상실한다.

여기에서 맑스가 가했던 비판은 그 정당성을 획득한다. 자연상태의 추상적 인간은 충분히 추상적이지 못했다. 자연상태의 인간은 '이미' 부르주아 사회의 구성원이었다. 따라서 자연상태에 놓여 있는 인간의 자연성 혹은 추상성은 부르주아적 시민성의 가면에 불과했다. 부르주아 사회가 자기보존을 위한 이익의 무한한 추구에서 자신의 동력을 발견하고 있는 한에서, 자기보존은 자연적 목적으로 정당화되어야만 했다. 그리고 개인들은 그러한 목적을 달성하기 위해 자신의 힘을 사용할 수 있는 자유와 권리를 지닌 존재로 이해되어야만 했다. 주의주의적-목적론적(volontarist-finalist) 관점[17]은 이렇게 부르주아적 자본주의 사회의 형이상학과 인간학이 되어 계약론의 토대가 되었다.

3. 계약론적 모델의 해체와 인권

인권에 대한 맑스의 비판은 진실의 한쪽만을 드러내고 있을 뿐이다. 그의 비판은, 이름과 사물, 형식과 내용, 언표된 형식적 권리와 현실에서의 실질적 권리, 인간과 시민 사이의 간격에 대한 비판이다. 즉 그는 인권을 사실 혹은 현실에 대한 왜곡된 반영, 즉 허위라는 관점에서 이해한다. 따라서 그에게 인권은 이데올로기이다. 그리고 그러한 한에서 그에게 문제는 이 거리 혹은 간격을 없애는 것이다. 주지하다시피 맑스는 그 과업을 사회혁명에서 찾았다.[18] 여기에서 '인권의 정치'를 사유할 가능성은 사라진다.

계약론적 모델의 해체는 다른 방식으로도 나타난다. 계약론의 가장 중요한 특징은 주권의 절대성이다. 다시 말하면, 계약에 의해서 성립된 주권은 소환불가능한 것이 된다. 그러한 한에서 주권은 독립적인 법적 지위를 갖게 된다. 계약론자들은, 주권자와 그의 목적 사이의 괴리를 주장하면서 주권자

---

17) 이러한 관점에 대한 비판은 스피노자의 『윤리학』 1부, 특히 '부록'(Appendix)의 주요 주제였다. 스피노자는 어떻게 주의주의적 관점이 결국 목적론적 세계관과 만나게 되는지를 '부록'에서 설명한다. 따라서 그에게 두 관점은 서로 다른 것이 아니라 하나를 구성한다.

18) 뒤에서 보겠지만, 랑시에르는 이 간격을 정치의 토대로서 간주한다. 따라서 이러한 간격을 해소하려는 모든 시도는 정치를 봉쇄하는 시도이다. 맑스에게서 나타나는 이러한 시도를 특히 그는 '메타-정치'(méta-politique)라는 이름으로 부른다. 이에 대해서는 J. Rancière, op. cit., pp. 118-131을 참조할 것.

에게 저항하는 가능성을 제거하기 위해, 주권의 절대성을 확립하고자 하였다. 그들은 그것을 주권에 절대적 합리성을 부여함으로써 달성하였다. 주권이 자연권의 보장이라는 자신의 고유한 목적에 의존하는 것으로 이해될 때, 주권의 절대성은 붕괴된다. 왜냐하면 그 목적에 부합하는 것이 무엇인지에 대한 판단의 기준은 주권의 외부에 존재하기 때문이다. 그리고 그러한 한에서 주권자는 저항과 비판의 대상이 될 수 있다. 따라서 주권의 절대성은 모든 결정과 판단의 권한을 주권에 종속시킴으로써 가능해진다. 계약론자들은 이것을 주권이 그 개념적 본성에 의해 이성적임을 보여줌으로써 달성한다.

그런데 계약론에 나타나는 절대성과 합리성의 이 조합은 이율배반적인 것으로 드러난다. 슈미트가 보여주고 있듯이, 절대적 주권의 고유성은 그것이 '예외 상태'(état d'exception)를 결정할 수 있다는 데 있다. 주권자가 법적 질서에 예외 상태를 선언할 수 있다는 것은, 그가 자신이 세운 이성적 질서로서의 법적 질서로부터 벗어날 수 있는 권한이 있다는 것을 의미한다. 달리 말하면, 주권자는 법적 질서를 포고하고 설립하지만, 그 자신은 이 질서에 종속되지 않는다. 여기에서 주권자의 절대성은 신의 절대성과 개념적 동일성을 갖는다. 신은 자신이 자연을 창조하면서 설립한 자연 법칙들에 종속되지 않고, 그것을 벗어날 수 있는 능력을 가지고 있기 때문이다. 기적이 바로 그것이다. 이러한 의미에서 신은 절대적 권력이다. 이것이 바로 신학자들, 특히 중세와 근대의 주의주의적 신학자들이 신의 절대적 역량(potentia absoluta Dei)이라는 개념을 통해서 사유해왔던 것이다. 이러한 관점에서 볼 때, 슈미트가 홉스에게서 정치와 신학의 분리가 아니라 그 통합을, 즉 정치신학(political theology)을 발견하고 있는 것은 정당화될 수 있다.[19]

주권에 대한 슈미트의 해석은 계약론적 모델에 기초해서 정당화되었던 자유주의가 그 개념적 구조에서 전체주의와 분리될 수 없다는 것을 보여주었다. 근대 계약론이 그 안에 내재해 있는 모순에 의해 자기 반박되면서 그 틀 안에서 사유되었던 인권의 위상 또한 난점에 봉착하게 된다. 아감벤은 그것을 누구보다도 잘 보여주고 있다.

아감벤은 슈미트의 예외 상태를, 푸코의 생체정치(biopolitique) 즉 '생명에 대한 통제'와 연관시킨다. 즉 그는 예외 상태를 포고할 수 있는 주권을 푸코의 생체권력(biopouvoir)과 동일시함으로써, 슈미트의 예외 상태를 생명의 예외 상태로 해석한다. 즉 그것은 시민적 삶으로서의 생명이 아니라 '벌거벗은 삶'으로서의 생명을 의미한다. 성스러운 인간(homo sacer)은 법의 범위 밖에 놓여 있는 인간이다. 그가 성스러운 것은, 신의 축복을 받았기 때문이 아니라, 로마법에 의해서 규정된 의미에서, 즉 시민사회로부터 추방되어 어떤 시민적 권리도 소유하고 있지 못하다는 부정적 의미에서이다. 여기에서 아감벤은 인권의 문제에서 아렌트가 발견해냈던 난점들을 다시 만나게 된다.[20]

근대 계약론에 대한 슈미트-아감벤적 해체는 인권을 곤궁에 빠트린다. 아렌트가 보고 있듯이, 그리고 어떤 시민사회도 속하지 못한 채 경계 속에 놓여있는 불법 이민노동자들의 존재가 보여주고 있듯이, 인권은 아무런 권리도 갖지 못한 사람들이 갖는 권리, 즉 한갓 이름에 불과한 권리가 된다.

---

19) "근대적 국가 이론의 모든 중요 개념들은 세속화된 신학적 개념들인데, 그 이유는 그것들의 역사적 발전뿐만 아니라…그것들의 체계적 구조 때문이기도 하다"(C. Schmitt, *Political Theology: Four Chapters on the Concept of Sovereignty* [MIT Press, 1988], p. 36); C. Schmitt, *The Leviathan in the State Theory of Thomas Hobbes* (Greenwood Press, 1996) 참조

20) G. Agamben, *Homo sacer. Le pouvoir souverain et la vie nue* (Seuil, 1998) 참조

그렇다고 해서 아감벤이 인권을 허구로서 비판하고 있는 맑스를 따르는 것은 아니다. 맑스에게서 문제가 되었던 것은 이름과 현실, 형식과 내용 사이의 괴리였고, 그 괴리는 사회경제적 현실의 모순의 반영이었다. 따라서 맑스에게서 그것에 대한 정치적 해결은 사회혁명이었다. 반면에, 아감벤에 게서 인권을 한갓 이름에 불과한 것으로 만드는 것은 예외를 만들어낼 수 있는 주권으로부터 오는 것이다. 따라서 그에게 정치는 모든 것으로부터 박탈되어 한갓 생명일 뿐인 생명을 증거하는 일이 된다.

여기에서 인권, 인간의 인간으로서의 '권리'는 어떤 실질적인 의미도 갖지 못한다. 즉 인권을 정치화할 수 있는 가능성, '인권의 정치'21)를 말할 수 있는 가능성이 사라진다. 아감벤에 대한 랑시에르의 비판이 갖는 함축은 바로 여기에 있다. 인권에 대한 비판들, 즉 맑스에게서부터 아감벤에 이르 기까지 모든 비판들은 어떤 현실 혹은 진실을 표현하고 있다. 그러나 문제 는 그것으로부터 인권이 아무것도 아니라는 것을 이끌어내는 것이다. 인권 을 아무 것도 아닌 것으로 간주할 때, 그것은 이미 존재하고 있는 구분, 권리를 가진 자와 갖지 못한 자의 구분을 인정하는 것 그 이상이 되지 못한다. 비인간적 탄압과 박해를 받고 있는 사람들이 그것에 저항할 어떤 힘과 권리도 없다는 것을 인정할 뿐이다. 더 나아가, 그들의 권리가 이름뿐 이고, 따라서 쓸모없는 것이라면, 이제 그 권리는 그들을 대신해서 그 권리 를 사용할 수 있는 제3자에게 돌아간다. 그리고 이 제3자로부터 돌아오는 것은 의약품과 의복이다. 결국, 그들의 권리는 인도주의적 권리가 될 뿐이

---

21) 발리바르는 '인권'을 말하는 것과 '인권의 정치'에 대해서 말하는 것을 구별한다(E. Balibar, *Masses, Classes and Ideas* [Routledge, 1994], p. 205). '인권'을 정치화하는 것, 바로 이점에서 발리바르와 랑시에르는 아감벤과 다른 길을 가고 있다.

다. 여기에서 어떤 권리도 갖지 못한 사람들, 즉 한갓 생명일 뿐인 절대적 희생자들은 정치적 주체가 되지 못한다.

랑시에르는 더 나아간다. 그는 이 인도주의적 권리는 결국 '인도주의적 간섭의 권리'(droit d'ingérence humanitaire)임을 밝힌다. 인도주의적 권리가 절대적 희생자의 권리, 어떤 일상적인 법적 보호도 받지 못하는 사람들의 권리인 한에서, 그 권리는 그 일상적 법질서를 뛰어넘는 절대적 개입의 권리를 요청한다. 이 개입의 권리는, 절대적인 것인 한에서 모든 법적 질서를 넘어서 있는 권리, 모든 권리보다 우위에 있는 권리이다. 절대 악의 선언과 함께 자행되었던 미국의 제국주의적 개입은 이 인도주의적 권리가 내포하고 있는 위험이 무엇인지를 백일하에 드러내주었다.22)

4. '인권의 정치'의 가능성

랑시에르의 아감벤 비판이 보여주고 있는 것은, 인권이 한갓 빈 껍데기에 불과하다고 비판하는 것만으로는 불충분하다는 점이다. 아렌트와 아감벤은, 인권이 시민권과 구별될 수 있는 유일한 가능성은 인권이 모든 권리를 박탈당한 사람들의 권리, 즉 비어있는 권리가 되는 한에서라는 점을 긍정하고 있다. 그러나 랑시에르는 그러한 전제에서 출발하는 한, 우리는 역설적으로 제국주의적 논리에 빠져든다고 비판한다. 따라서 문제의 해결은 그러

---

22) 랑시에르의 아감벤 비판에 대해서는 J. Rancière, "Who is the Subject of the Rights of Man?", *The South Atlantic Quarterly*, t. 103, n. 2-3 (Spring-Summer 2004), pp. 297-310; "Démocratie et droits de l'homme," texte inédit, cours professé à l'Université national de Séoul, le 2 décembre 2008(「민주주의와 인권」, 미출판 원고, 서울대학교 인문학 연구원 주최 '저명학자 초청강연', 2008년 12월 2일)을 참조할 것.

한 전제를 재검토하고, 인권의 정치를 사유할 수 있는 가능성을 모색하는 것이다. 다시 말하면, 인권을 시민권과 구별되면서 동시에 어떤 실재성을 갖는 것으로 이해할 수 있는 가능성을 탐색하는 것이다.

랑시에르와 발리바르는 상이하지만 유사한 방식으로 인권의 정치의 가능성을 제시하고 있다. 인권을 민주주의와의 직접적 연관 속에서 이해한다는 점에서 둘은 서로 만나고 있다.

알튀세르의 두 제자가 공유하고 있는 전제는, 인권은 인간의 어떤 자연적인 고유한 성질로부터 설명될 수 있는 것이 아니라는 점이다. 인권은 역사적으로 획득되고, 상실되고, 재규정되는 어떤 것이다. 그러나 동시에 인권은 어떤 특정한 역사적 상태에 국한되지 않는 어떤 초역사적인 것이기도 하다.[23] 이 역설적인 규정을 이해하기 위해 발리바르는 클로드 르포르(Claude Lefort)를 인용한다. 이 프랑스 정치철학자는 다음과 같이 말하고 있다. 인권은,

> 그것에 대해 주어졌던 어떤 특정한 정식화도 넘어선다. 이것은, 인권에 대한 특정한 정식화는 그것에 대한 재정식화의 요구를 포함하고 있으며, 그 획득된 권리들은 필연적으로 새로운 권리들을 지지하는 데 동원된다는 것을 의미한다…. 민주주의 국가는 전통적으로 법적 상태(état de droit)에 부여되었던 경계들을 넘어선다. 민주주의 국가는 그 법적 상태로 구체화되지 못했던 권리들을 시험한다.[24]

---

23) E. Balibar, *Masses, Classes and Ideas*, p. 213. 동일한 생각은 데리다에서도 발견된다 ("Autoimmunity: Real and Symbolic Suicides: A Dialogue with Jacques Derrida," in Giovanna Borradori, ed., *Philosophy in a Time of Terror: Dialogues with Jürgen Habermas and Jacques Derrida* (University of Chicago Press, 2003), pp. 132-133.

인권은 끊임없는 재해석과 시험을 요구하는 것이다. 그러한 의미에서 인권은 특정한 정식화를 벗어난다. 이 점에서, 그것은 시민권과 구별된다. 인권은 어떤 실체적인 것이 아니다. 그것은 오히려 재해석에 대한 끊임없는 요구 그 자체이다. 이러한 의미에서, 그것은 데리다가 정의(justice)에 대해서 말한 '무한성'으로서 이해될 수 있다.

이러한 의미에서 인권은 민주주의와 동의어이다. 왜냐하면, 발리바르가 말하고 있듯이 바로 이 인권 개념 속에서 "민주주의에 특징적인 본질적 무한성"25)이 표현되고 있기 때문이다. 즉 인권이 무한성으로서 이해되는 한, 그것에 기초해 있는 민주주의 또한 무한성으로 정의되어야 한다. 발리바르는 민주주의의 원리로서의 이 인권을 '평등한 자유' 혹은 새로운 조어 '평등-자유'(equaliberty, égaliberté)라는 개념을 통해 표현한다. 그에 따르면 '평등-자유'는 다음의 세 가지 의미를 갖는다. 첫째, 평등과 자유는 서로 배타적이지 않으며, 오히려 서로를 함축한다. 다시 말하면, 그것은 평등에 의한 자유의 제한, 혹은 자유에 의한 평등의 제한을 배제하는 '요구의 절대성'을 표현한다. 둘째, 평등-자유는 보편성을 함축한다. 즉 모든 인간에게로의 인권의 확장, 즉 권리의 보편화를 함축한다. 셋째, 평등-자유는 정치에 대한 모든 사람들의 권리, 정치적 주체가 될 수 있는 권리를 의미한다.26)

이렇게 발리바르에게서 인권은 민주주의의 원리가 되고, 정치의 원리가 된다. 그에게 인권, 민주주의, 정치는 모두 동의어가 된다. 인권은 '전-정치적' 단계로 설정되는 자연상태에서의 인간의 권리, 인간에 대한 자연적 규

---

24) C. Lefort, "Politics and Human Rights," in *The Political Forms of Modern Society* (MIT Press, 1986), p. 258.
25) E. Balibar, *Masses, Classes and Ideas*, p. 211.
26) Ibid., pp. 212-213.

정으로부터 오는 권리가 아니라 시민상태에 내재하고 있는 '정치적 계기'로서, '정치의 장소'로서 재규정된다.

이 점에서 랑시에르는 발리바르와 만나고 있다. 왜냐하면, 지젝이 올바르게 지적하고 있듯이, 랑시에르에게서도 "보편적 인권은 전-정치적인 것이 되는 것이 아니라 고유한 정치화의 바로 그 공간을 지시"27)하기 때문이다. 발리바르에서와 마찬가지로 랑시에르에서 문제는 인간으로서의 인간에 속하는 인권과 시민권 사이에 존재하는 것처럼 보이는 이율배반, 아렌트가 발견한 난점을 해결하는 것이다.

랑시에르에게서 인권은, 인간의 어떤 자연성에 의해서도, 또는 어떤 사회 및 경제적 결정들로부터도 정의되지 않는다. 다시 말하면 그에게 인권은 근대 계약론이 상정했던 인권 혹은 시민권 그 어느 것으로도 환원되지 않는다. 인권이 정치의 원리, 민주주의의 원리라면, 그것은 인권이 실현되어야 하고 달성되어야 할 어떤 것이라는 의미에서가 아니다. 랑시에르에게 정치는, 정치철학의 정초자 플라톤이 생각했던 것처럼, 실현해야 할 원리를 갖지 않는다. 따라서 인권이 정치의 원리라면, 그것은 '원리가 아닌 원리', 혹은 '토대가 아닌 토대'이다.

이 원리가 아닌 원리로서의 인권을 랑시에르는 '근본적 평등'(égalité fondamentale) 혹은 '아무개와 아무개의 평등'(égalité de n'importe qui avec n'importe qui)이라고 부른다. 랑시에르에 따르면, 모든 위계적 질서는 이 근원적 평등에 기초해 있다. '아무개와 아무개의 평등'은, 어떤 자연적 혹은 사회적 특질에서 동등함, 둘을 동등하게 놓는 어떤 기준이나 척도에 의해 동등함이 아니라, 임의의 어떤 x와 y 사이의 동등함, 따라서 어떤 질서라도

---

27) S. Žižek, "Against Human Rights," *New Left Review*, t. 34 (July-Aug 2005), p. 131.

구성할 수 있고 동시에 어떤 질서로부터도 벗어나 있는 동등함의 관계이다. 따라서 이 평등은 '이미' 모든 사회적 질서에 내재해 있는 평등이다. 따라서 그것은 실현해야 할 목적으로서의 평등과는 무관한 것이다.[28]

모든 질서에 이미 내재해 있는 이 평등이 정치의 원리, 민주주의의 원리가 된다. 인권은 정치의 근원적 토대인 이 평등을 형식적으로 성문화한 근대적 산물이다. 따라서 랑시에르는 이 인권을 정치적 주체화의 토대로서, 즉 인권의 정치라는 관점에서 이해할 것을 요구한다. 예를 들면, 로사 팍스(Rosa Parks)라고 불렸던 한 흑인 여성이 1955년 12월의 어느 날 알라바마의 한 버스에서 백인 전용의 좌석에 앉기로 결심했을 때, 그녀는 분리주의를 내세웠던 한 주정부의 인종주의적 법제에 미국 헌법이 모든 시민들에게 인정하고 있는 형식적 권리들을 대립시킨 셈이다. 그녀는 그렇게 함으로써 주정부에 의해서 부정되었던 형식적 권리들에 물질적 현실성을 부여하기로 결심하였다. 이때, 인권은 이미 권리를 누리고 있는 시민들의 권리도, 인간이라는 것 외에 아무런 권리도 가지고 있지 않은 자들의 권리도 아니다. 그것은 정치적 주체화의 토대가 되는 권리가 된다. 인권은 현실에 존재하는 어떤 부당함을 드러내준다. 이때 인권은 자신들이 갖고 있는 권리들을 갖고 있지 못한 사람들의 권리가 된다. 그러나 또한 인권은 그 부당함을 부당함으로 되돌려줄 수 있는 정치의 토대이기도 하다. 이때 인권은 자신들이 가지고 있지 못한 권리들을 가지고 있는 사람들의 권리가 된다.[29]

지젝은 랑시에르와 발리바르에게서 나타나는 이 '인권의 정치'를 '보편성의 귀환'(universality's return)으로 요약한다.[30] 발리바르에게서 이 점은 분

---

28) Rancière, *La mésentente*, pp. 19-67 참조.
29) Rancière, "Démocratie et droits de l'homme" 참조.

명하다. 보편자에 관한 한 글에서, 그는 보편자의 의미를 세 가지로 나누고 있는데, 그 중에 하나가 바로 이념성(idéalité) 혹은 이상(idéal)으로서의 보편 자이다. 이념성으로서의 보편자는 "모든 제도적 제한들에 대항하여 상징적 으로 불러일으켜질 수 있는 절대적이고 무한한 요구들이라는 형태"31)로 존재한다. '평등-자유'라는 보편적이고 절대적인 요구가 특정한 형태의 법 적 및 제도적 틀 안에서 정치적 요구로서 작동하는 할 수밖에 없는 한, 그 추상적 보편성은 공허한 추상이 아니라 하나의 물질적 힘으로서 존재하 게 된다. 우리는 이것을 '이념의 물질성'이라는 이름으로 부를 수도 있을 것이다. 구체적인 사회적 조건들로부터 독립적인 추상적인 보편적 인권이 한갓 이름일 뿐인 것이 되지 않는 이유는 그 보편적 이념이 실질적 힘으로, 즉 어떤 의미에서는 물질적인 것으로 이해될 수 있기 때문이다.

우리는 랑시에르에 대해서도 유사한 것을 말할 수 있다. 물론 그는, 그가 말하고 있는 정치의 토대로서의 '아무개와 아무개의 평등'을 이념성으로서의 보편자로 간주하지 않는다. 그것은 이념이 아니라 필연적 '전제'(présupposition) 이다. 그 전제는 존재하고 있는 법적 질서에 낯선 것이지만, 동시에 그 질서 자체의 유지가 절대적으로 의존하고 있는 전제이다. 정치는 이 전제를 실험하고, 그것을 실제화시키는 것이다.32)

랑시에르의 '근원적 평등'이 보편적 이념성의 의미를 갖지는 않지만, 이 전제로서의 평등은 18세기에 이르러 '인간과 시민의 권리 선언'의 형태로 보편적 이념으로서 기재된다. 이 기재된 형식은 한갓 형식에 불과하다고

---

30) S. Žižek, "Against Human Rights," pp. 129-131 참조

31) E. Balibar, "Les universels," in *La crainte des masses. Politique et philosophie avant et après Marx* (Galilée, 1997), p. 441.

32) J. Rancière, *La mésentente*, p. 37.

보는 것은 이 형식이 표현하고 있는 것, 즉 '아무개와 아무개의 평등'을 정치적 원리로서 이해하는 것을 포기하는 것이다. 랑시에르는 다음과 같이 말하고 있다.

> 인권은 성문화된 권리들이다. 그 권리들은 자유롭고 동등한 주체들로 구성되었다고 설정된 공동체의 기재(記載) 형식들(formes d'inscription)이다. 그런데 현실이 그것들을 부인하거나, 그 권리들이 현실에서 우롱당하는 일이 있을 수 있다. 그러나 그렇다고 해서 그 권리들이 허상이라고 말할 수는 없다. 준수되지 않는 권리들이라는 기재 형식들은 여전히 권리들의 기재 형식들이다. 그것들은 어떤 물질성을 가지고 있으며, 그 물질성을 주어진 것을 구체화하는 데 필요한 어떤 실질적 요소로 삼는 상징적 능력을 지니고 있다.[33]

발리바르와 마찬가지로 랑시에르는 여기에서 인권이라는 선언된 형식이 단순히 형식일 뿐인 것이 아니라, 어떤 물질성을 가지고 있다고 봄으로써, 인권의 정치의 가능성을 확립하고 있다.

5. 결론을 대신하여

인권의 추상성과 허구성에 대한 고발은 인권의 문제에 관한 한 어떤 진실을 말하고 있다. 그러나 그것은 반쪽만의 진실이다. 왜냐하면 그것은 인권의 정치의 불가능성을 함축하고 있기 때문이다. 또한 인권을 모든 권리를 박탈당한 절대적 희생자의 권리로 이해하는 것 또한 다른 의미에서 반쪽

---

33) J. Rancière, "Démocratie et droits de l'homme."

의 진실만을 표현하고 있다. 기껏해야 그 인권은 인도주의적 권리가 될 수 있을 뿐이다. 인도주의는 결국 제국주의의 논리를 함축할 뿐이라는 랑시에르의 분석은, 인권을 정치의 문제로 제기하는 것의 절박성을 설명해준다.

이 점에서 발리바르와 랑시에르의 정치철학적 논의는 주목할 만하다. 무엇보다도 그들은, 인권을 전-정치적 권리가 아니라 정치적 권리로서, 시민의 권리이지만 동시에 시민적 법질서의 재구성을 위한 권리로서 이론화함으로써 인권의 정치의 가능성을 열어놓았다.

그런데 발리바르와 랑시에르가 정초하고 있는 이 인권의 정치는 근대 사회계약론에 대한 특정한 방식의 해체를 통해서 이루어진다. 이 점에서 그들은 어떤 의미에서 근대 안에서 근대의 계약론적 모델을 해체하고 있는 스피노자의 계승자들이라고 할 수 있다. 주지하다시피 스피노자는 홉스의 계약론적 언어들을 사용하고 있지만 이미 『신학정치론』에서부터 계약론을 벗어나고 있고, 『정치론』에 이르러서는 계약론적 언어조차도 완전히 버리게 된다. 근대 사회계약론의 정초자 홉스와의 차이를 밝히고 있는 스피노자의 언급 속에서 우리는 그의 반계약론적 사유를 확인하게 된다. 정치에 관련해서 홉스와의 차이를 묻는 옐레스(Jarig Jelles)에게 스피노자는 다음과 같이 답한다. "그 차이는, 나는 항상 자연권을 유지하고 있으며, 내가 어떤 정치체에서 신민들에게 갖는 주권자의 권리를 인정한다면, 그것은 주권자가 신민들보다 힘에서 우월한 한에서라는 것에 있습니다. 이것은 자연상태의 연속입니다."34) 여기에서 분명하게 드러나듯이, 스피노자는 주권에 어떤 절대적 법적 지위도 부여하지 않는다. 달리 말하면 그는 계약을 소환불가능한 것으로 만들지 않는다. 주권과 대중의 관계는 순수하게 물리적인

---

34) Spinoza, *Lettre*, 50.

관계, 즉 물리적 힘의 관계이다. 시민들이 주권자에 복종한다면, 그것은 주권자가 어떤 법적, 윤리적, 합리적 정당성을 갖고 있기 때문이 아니라 힘에서 우월하기 때문이다.

이러한 한에서, 스피노자가 분명하게 언급하고 있듯이, 시민상태는 자연상태의 연속이다. 즉 자연권은, 전-정치적 권리가 아니라 시민상태에서의 시민들이 갖는 권리, 즉 정치적 권리가 된다.[35] 바로 이 점에서, 스피노자는 발리바르와 랑시에르의 선구자라고 할 수 있을 것이다.

이들 사이의 차이가 없는 것은 아니다. 계약론의 해체와 그것을 인권의 정치의 가능성을 프랑스의 두 현대철학자들이 이념 혹은 형식의 물질성을 사유하면서 확립하고 있다면, 스피노자는 동일한 것을 어떤 법적 통합성으로부터도 벗어나 있을 수밖에 없는 물리적 힘들의 관계에 대한 사유를 통해 제시한다. 이 점에서 그는 '물리적'(physique)이라고 불릴 수 있는 방식을 선택하고 있다.

어떤 방식을 선택해야 하는가는 열려있는 문제이다.

---

35) 이것은, 스피노자에서 '대중'(multitudo)이 한편으로는 국가의 토대의 '하나'로서 이해되기도 하지만, 동시에 그 국가를 파괴하는 '여럿'이기도 하다는 것과 동일한 의미를 지닌다. 스피노자의 대중 개념이 이렇게 내적인 분열, 자신의 자신으로부터의 거리로서 이해되고 있다는 점이, 스피노자에서 인권의 정치를 사유할 수 있는 가능성을 열어준다.

07

전지구적 자본주의에서 국민국가의 문제

배성인_한신대, 정치학

1. 머리말

외환위기 시절 우리는 국제통화기금(IMF)에게 주권을 잃었다고 말했다. 어떤 하나의 국가가 아닌 실체가 없는 국제기구에 의해서 주권을 상실했다고 들었을 때 대다수의 국민은 그것을 이해하기 어려웠다. 당시 국민들은 국가를 원망하면서 인내와 내핍을 통해 위기를 극복하였다. 그런데 국민들을 동원해서 위기를 극복하게 만든 원동력은 민족정체성, 즉 민족주의였다는 사실이다.

2009년 1월 20일 용산 참사가 발생했지만 국가는 무관심과 냉소로 일관하고 있으며, 대중은 그 참사를 잊거나 의도적으로 외면하고 있다. 국가가 국민을 돌보지 않는다는 점에서 보면, 국민들이 원하는 국가가 없어진 셈이다. 오늘날 국가가 없어진 것은 비단 국경 밖에 있는 난민이나 이주노동자 경우에만 적용되는 것이 아니다. 신자유주의를 살아가고 있는 대부분의 소외되고 빈곤한 많은 이들에게까지 광범위하게 일어나는 문제이다. 이 시점에서 국가가 무엇인지 묻지 않을 수 없다.

최근 미국발 세계 경제위기로 인해 한국에도 그 여파가 밀려오자 국가에 의존하려는 대중들의 심리가 생겨났다. 하지만 이명박 정부는 대중들의 요구와 무관하게 자신들의 정책을 '일관성있게' 추진하고 있다. 국가가 국민의 열망을 전혀 개의치 않는다는 점에서 보면 국가는 정녕 없어진 듯하다.

대외적으로는 미국 헤게모니의 위기와 대내적으로는 이명박 정부의 위기가 더불어 확산되면서 생겨난 객관적 위기의 심화 발전은 새로운 변혁 주체 형성의 과제를 긴급한 시대적 임무로 촉구하고 있지만 전반적으로 패배주의와 개인주의가 도처에 만연하고 있기 때문인지 아직 그 기반조차 형성되지 못하고 있는 실정이다.

지난 20여 년 동안 활성화된 글로벌 자본주의는 사람들에게 버블의 고통을 인식하게 만들었다. 또한 신자유주의 시대에 국가는 고립된 사람들에 대해서 '자기 책임이니까 스스로 알아서 해결하라'는 식으로 대응한다. 신자유주의 하에서는 경쟁에서 낙오된 사람을 구해주는 철학이 사라지게 된 것이다. 설상가상 지구 환경이 파괴되고 있다. 글로벌 자본은 자신의 이익을 지키기 위해 환경보호 비용을 지불하지 않으려는 쪽으로 점점 가고 있어 지구의 환경파괴가 그치지 않고 있는 것이다. 이들 문제를 해결할 명쾌한 비전이 없다면 21세기 지구는 불안정할 수밖에 없다.

이렇게 자본주의의 지구화가 가져온 총체적 결과는 이른바 '무한경쟁 시대의 도래'라는 한마디로 요약된다. 종래에는 서로 적대적인 두 세계체계 간의 대립으로 말미암아 국가들 간의 경제적 경쟁이 정치적으로 조절되기도 했다면, 이제는 그러한 대립이 완전히 종식되었기 때문에 자본주의의 경쟁원리가 국가들 간의 관계를 규제하는 가장 강력한 힘으로 완전히 확립되었다.

남은 것은 야만과 전쟁의 부르주아 문명뿐이다. "부르주아지는 모든 민족들에게 망하고 싶지 않거든 부르주아지의 생산양식을 채용하라고 강요한다. 그들은 소위 문명을 도입하라고, 즉 부르주아가 되라고 강요한다. 한마디로 부르주아지는 자본의 모습대로 세계를 창조하고 있는 것이다."[1]

맑스는 국가의 힘을 통해서 자본주의를 바꿔야 하며, 국가에 의해 자본주의 경제와 계급사회를 지양하면 국가는 자연스레 사라질 것이라고 생각했다. 그리고 민족의 차이는 세계자본주의의 침투에 의해 소멸될 것이라고 생각했었다. 그러나 현실운동은 이와 반대로 나타났다. 과거 우리는 이와 같은 문제를 놓고 많은 논쟁을 경험했다. 밀리반드(R. Miliband)와 풀란차스(N. Poulantzas)의 도구주의와 구조주의 논쟁, 히르쉬(J. Hirsch)와 알트파터(E. Altvater)로 대표되는 독일 국가도출 논쟁, 하버마스(J. Habermas)와 오페(C. Offe)의 비판이론 논쟁, 제3세계 국가론 등은 지금은 잠시 수면 아래로 들어갔지만 여전히 우리에게 시사하는 바가 크다. 지난 시기 국가론 논쟁은 일단 국민국가적인 틀을 전제로 한 것이었으나 향후 변화된 조건에 맞게 재구성되어 재생산될 것이다.

본 연구는 국가론 논쟁을 재검토하려는 것이 목적이 아니다. 우리는 신자유주의 지구화 시대에 국민국가의 방향에 관해 초점을 맞추고자 한다. 전지구화는 국민국가의 위상을 과연 약화시키는가? 국민이라는 단위 자체는 이제 소멸의 길로 접어든 것인가? 이 경우 민족/국민이라는 개념이나 민족

---

1) 칼 맑스 & 프리드리히 엥겔스, 『공산주의당 선언』, 최인호 옮김, 『칼 맑스 프리드리히 엥겔스 저작선집』 1, 박종철출판사, 1993, 404쪽.

주의는 어떠한 위상의 변화를 겪을 것인가? 이러한 변화를 통해서 드러나는 국가의 성격을 또 어떻게 이해해야 하는지 살펴보고자 한다. 지구화와 함께 자본의 축적 조건의 변화에 따른 국민국가의 위상 및 역할 변화에 대한 연구는 중요하다. 특히 미국발 세계 경제위기라는 또 다른 조건 속에서 국민국가의 향후 방향을 가늠해 보는 것은 매우 의미있는 작업인 것이다.

2. 지구화와 국민국가의 관계

1) 지구화와 국민국가의 변화

근대국가는 국민국가와 동일한 표현이면서도 서로 다른 측면을 부각시킨다. 근대국가는 전근대국가와 구별되는 표현이지만, 국민국가는 군주국가 일반과 대립되는 개념이다. 쉽게 말하면 근대국가의 일반적 특징 중 하나가 국민국가이다. 또한 대부분의 근대국가들이 민족을 근간으로 하는 민족국가(nation-state)라는 점에서 근대국가와 국민국가 그리고 민족국가는 같은 의미로 사용된다.

한편 민족 혹은 민족정체성은 국가정체성의 핵심적인 구성부분이 된다. 민족정체성은 정치공동체의 존재 혹은 특정 민족의 자기실현 도구로서 주권을 가진 국가의 존재를 상정하고 있다. 즉 민족정체성은 아무리 미약한 것이라 하더라도 어떤 정치적 공동체의 의미를 포함하고 있다. 정치공동체는 적어도 공동의 제도, 공동체의 모든 구성원들에게 적용되는 단일한 권리와 의무의 법전을 갖추어야 한다는 것을 의미한다. 정치공동체는 명확한 사회적 공간, 상당히 잘 구획되고 경계지어진 영토가 존재한다는 것, 공동체의 성원들은 그 공간 및 영토와 자신을 동일시하고 거기에 소속감을 느낀

다는 것을 시사한다.2)

반면 민족정체성의 기본적 특징 혹은 구성요소를 "역사적 영토 혹은 국토, 공통의 신화 및 역사적 기억, 공통의 대중문화, 모든 성원들에게 공통적으로 적용되는 법적 권리 및 의무, 공간적 이동성이 보장되는 공동 경제"3) 등 다섯 가지로 제시한다.

근대국가가 국민국가의 성격을 지닌다는 것은 지구화와 관련해 매우 중요한 의미를 가진다. 국가의 구성 토대로 존재하는 '국민적 영토성'이 지구화와 관련해 해체되거나 새로운 차원으로 발전할 수 있기 때문이다. 유럽에서는 절대왕정이 해체되면서 등장한 근대국가가 왕의 신민으로 존재하던 인민을 '국민'으로 호명하면서 국가의 영토 내에 존재하던 다양한 신분과 계급, 인종의 인민을 하나의 '국민'으로 통합시켰다. 이 때문에 근대국가를 국민국가로 부르고 있다. 그래서 근대국가는 국민이라는 정치적 정체성을 중심으로 구성되었고, 이것이 전근대국가와 구별되는 핵심적 특징 중 하나이다.

일반적으로 세계의 지형을 영토적 경계에 따라 국민국가로 나눈 시발점은 베스트팔렌 조약(1648년)이다. 역사상 최대이자 최장인 종교전쟁으로 유럽 전역을 파괴한 참혹한 전쟁인 30년 전쟁의 결과 체결된 베스트팔렌 조약은 중세적 질서의 소산을 시사하는 동시에 사법적 관할권과 정치적 권위, 주권 행사가 영토에 근거하는 국가로 전환됨을 의미하는 상징적 계기이다.4) 즉 근대 민족국가의 출발점인 이 조약은 민족국가의 탄생 외에도,

---

2) Anthony D. Smith, *National Identity: Ethnonationalism in Comparative Perspective* (University of Nevada Press, 1991), p. 9.
3) Ibid., p. 14.
4) 막스 베버는 영토와 국민이 확실하고 이들에 대한 절대적 주권이 근대 민족국가의 필수

봉건체제가 자본주의체제로 넘어가는 전환점이었다.

그런데 베스트팔렌 체제에 변화가 발생한 것이다. 바로 '현실사회주의'의 몰락으로 인해 자유주의가 승리를 부르짖으면서 세계가 자본주의로 단일화된 것이다. 1990년대 이후 경제활동은 급속히 지구화되어 '국경없는' 하나의 세계경제로 통합되고 있는데, 특히 자본축적을 규제하는 조절자로서의 국민국가를 대체할 새로운 조절자로서 초국적 금융자본이 등장하였다. 즉 근대 산업사회를 상징하던 포디즘(Fordism)이 1980년대에 들어와 위기에 휩싸이면서 출현한 새로운 축적체제가 바로 포스트-포디즘(Post-Fordism)[5]인데, 이 포스트-포디즘으로 나아가는 과정에서 지구화, 정보화, 탈산업화 등의 현상을 목격하게 된다.

특히 지구화가 1990년대의 지배적인 담론으로 위치지어지게 된 배경에는 사회주의의 붕괴와 위기를 들 수 있다. 지구화와 신자유주의[6]라는 개념이 격렬하게 분출된 보다 직접적인 배경은 독일의 통일과 공산권의 붕괴에

요소라고 하였다. 그러나 베스트팔렌 조약을 통해 신성로마 제국의 전통적 구조가 해체되고 유럽이 새로운 질서인 주권 국가체제로 이행해 갔다는 것이 일반적인 입장이다.

5) 포스트-포디즘은 유연생산체제의 역할을 중시한다. 새로운 노동방식, 새로운 기술, 다품종 소량생산을 중시하고, 소비자의 다양한 요구에 응하기 위해 디자인과 마케팅에도 변화를 주는 등 생산주기의 변화와 생산의 혁신을 특징으로 한다. 김호기 외 편역, 『포스트 포드주의와 신보수주의의 미래』, 한울, 1995; 제레미 리프킨, 『노동의 종말』, 이영호 옮김, 민음사, 1996 참조.

6) 일반적으로 신자유주의는 성향에 따라 크게 두 가지로 구별된다. 하나는 현재 전세계적으로 진행되고 있는 영미형의 신자유주의이다. 이 논의는 인간의 자유를 도덕적 차원에서 재정의하되 시장의 조정기능을 강조한 하이예크(F. A. Hayek)에서 출발한다고 보고 있다. 정책적으로는 강한국가를 표방하면서도 시장에 대한 국가의 개입을 최소화할 것을 표방한 대처리즘(Thatcherism)에서 가장 전형적으로 표현되었다. 다른 하나는 1930년대 독일에서 나타난 사조이다. 시장과 경쟁을 중시한다는 점에서 (구)자유주의와 다를 것이 없었지만, 공정한 경쟁을 위해 독점 규제를 요구했다는 점에서 야경국가를 주장했던 (구)자유주의와 차이를 보이게 되었고, 바로 이 때문에 신자유주의라는 이름을 얻게 되었다. 김동춘, 「신자유주의의 세계화와 참여민주주의」, 참여사회연구소 편, 『참여민주주의와 한국 사회』, 창작과비평사, 1997, 79쪽, 박노영, 「세계화와 민족국가」, 『사회과학논총』 제9권, 충남대 사회과학연구소, 1998, 30쪽.

의한 냉전시대의 종언, EU의 형성, 그리고 WTO의 조직으로 상징되는 세계무역체제의 등장이다.7) 여기서 주목할 것은 지구화가 항상 신자유주의와 같이 한다는 것이다.

국민국가의 배타적인 권위와 권한 행사가 이전과 같지 않다. 국가는 더 이상 정치, 경제, 안보 등의 문제를 독자적으로 해결할 능력을 갖고 있지 못하며 다문화주의 같은 경우, 특정 국가에만 한정된 현상도 아니다. 또한 유럽연합 등의 초국가기구와 다양한 국제기구가 괄목할 만한 성장을 보이고 있다.

자본주의의 지구화는 흔히 정보통신기술(ICT: information and communication technology)로 통칭되는 새로운 과학기술의 폭넓은 이용과 밀접하게 연관되어 있다. 발달한 정보통신기술은 자본의 지구적 실시간 이동을 가능하게 함으로써 자본주의 세계체계에 많은 변화를 가져오고 있다.

인터넷을 통한 신속하고 활발한 정보흐름과 상호작용이 국제관계에 있어 보다 다양한 행위자를 양산하게 되었으며 정부가 정보를 독점하는 것도 불가능해졌다. 정보통신기술혁명에 힘입은 초국적 커뮤니케이션 등을 통한 전자정부(e-government), 인터넷 상의 '가상 국가'(virtual state)의 출현 등도 전통적인 국민국가의 개념만으로는 이해될 수 없는 새로운 현상이다.8) 전세계 어디서나 접속할 수 있는 웹사이트와 실시간 의사소통의 현실화 등 지구촌을 통합시키는 일련의 경제·사회·문화적 현상들이 광범위하게 나타나고 있다.

---

7) 한배호, 「세계화와 한국의 정치개혁」, 『세계화와 민주주의』, 세종연구소, 1996, 456-457쪽.
8) 김상배, 「네트워크 지식국가론: 정보화시대 국가변환의 개념화」, 『국제정치논총』 제46집 3호, 2006.

지구적 통신 네트워크의 발달과 더불어 지구적 문제에 대한 세계적 공감대가 확산되고 지구적 연대들도 증가 추세이다. 또한 주권국가 체계 속에서 만들어진 민족주의나 자결, 자족 등의 가치 외에 인권, 환경, 지속가능한 개발 등의 새로운 가치들이 더욱 공감을 얻고 있다. 정치적인 면에서는 국내외를 막론하고 지방정부, NGO, 국제기구, 초국적기업, 국제 NGO 등이 서로 얽혀 복잡한 관계의 그물망을 형성하면서 다자간 거버넌스를 만든다.9)

그러나 다양한 세력들에 의해 중첩적으로 네트워크화된 초국적 혹은 지구적 세력들의 행태와 행위들에 관한 체계적인 규명은 매우 어려워 보인다. 폰 라이트(Von Wright)는 초국적인 성격의 조직과 세력은 불명료한 정체(polity)이며 통일된 체계 혹은 질서를 형성하지 않기 때문이며, 이들은 국민국가의 소멸과정에서 나타나는 "새로운 세계적 무질서"라 단정하며 이 무질서를 혼란과 당황이라는 단어로 설명한다.10)

또한 냉전 종식과 더불어 이데올로기라는 강한 결속력이 쇠퇴함에 따라, 한 국가 내에 민족이나 인종과 같은 전통적인 문화적 · 정치적 구분의 중요성이 부각되면서 인종민족주의(ethno-nationalism)를 중심으로 기존 국민국가의 파편화 현상이 두드러졌다. 이러한 파편화 현상은 때때로 폭력적 갈등을 유발하기도 한다. 더욱이 탈냉전기 대부분의 분쟁이 국가 간 전쟁이 아닌 다민족국가 내에서 발생하는 내전 형태를 띠게 되면서, 그에 따른 대량학살, 난민사태, 대량강간 등 인도적 위기 상황이 고조되고 있다.

---

9) 이들을 국내와 국외로 구분할 수 있지만 실제로는 서로 얽혀 복잡한 관계의 네트워크를 형성한다.
10) 지그문트 바우만, 『지구화, 야누스의 두 얼굴』, 김동택 옮김, 한길사, 2003, 124-125쪽.

뿐만 아니라 난민과 망명자의 이동과 신흥 경제지역으로의 노동력 흐름의 증가, 환경 문제, 문화적 상호교류의 증대 등으로 인하여 새롭게 등장한 문제들은 국민국가에 더 많은 능력과 역할을 요구하나 국민국가는 이를 충족시키는 데 분명한 한계를 보여주고 있다.

이런 가운데 신자유주의는 노동시장의 경직성, 국가 규제와 인위적 수요 창출, 만성적 재정적자, 이윤율의 하락이라는 한계상황을 돌파하기 위한 원칙으로 시장의 원리를 주장했다. 이를 위해 노동시장의 유연화, 기업 생산 장려, 이것을 실현할 인프라로서 조세 및 통화제도 개혁, 정부 개입 최소화 등이 주창되었으며 그 결과 초국적 기업의 등장과 막강한 금융 자본의 지구화가 이루어졌다. 이렇게 신자유주의의 경제적 지구화는 국가의 정책 결정과 규제보다 자유로운 세계경제질서와 다자간 경제 감시 및 감독을 위해 지구적 차원의 메커니즘을 발전시켰다.

지구화가 촉발시킨 국민국가의 변화는 앞서 말한 근대국가의 영토성, 국민이란 정체성, 그리고 주권에 '자본과 국가의 결합'을 추가한 것이다. 이 네 가지 측면에서 바로 지구화의 영향이 파악된다. 하지만 이 네 가지 징표에 미치는 지구화의 영향은 매우 복합적이다.

2) 지구화의 특성: 역사의 연속성 혹은 단절

지구화 또는 세계화(Globalization)는 오랫동안 논의를 해왔음에도 불구하고 상당히 다의적이다. 하지만 이전과 구별되는 가장 뚜렷한 변화는 국가 간 국경을 벗어난 경제적 상호의존성의 심화이다. 신자유주의에 근거하여 지구적 시장법칙을 확대시키고 있다. 물론 문화적 영역에서도 지구화의 영향력은 만만치 않다.

지구화의 특성을 크게 역사의 연속성으로 보는 입장과 단절로 보는 입장으로 나눌 수 있다. 아리기(G. Arrighi),[11] 브로델(F. Braudel), 월러스틴(I. Wallerstein)[12] 등은 자본주의 체제의 시점에 관해서는 서로 다른 의견을 보이나 지구화를 자본주의와의 관계 속에서 과거와 현재의 연속성의 결과로 파악하고 있다.

반면 오늘날 진행되고 있는 지구화를 이전과는 다른 맥락에서 이해되는 최근의 새로운 현상이라고 보는 입장 또한 강한 설득력을 갖는다. 헬드(D. Held)에 의하면 과거와 현재의 지구화에 있어 중요한 연속성이 존재하지만, 현대의 지구화의 유형은 특유한 역사적 형태—그 자체가 사회적·정치적·경제적·기술적 세력들의 독특한 국면의 산물임—를 이루고 있다는 것이다. 오늘날 국경을 넘는 상호연계성의 범위와 강도는 이전과는 다른 수준을 보이며 사회적 권력 및 경제, 정치를 비롯한 많은 영역에서 파급효과를 갖는다는 것이다. 각 영역에서 나타나는 변화의 형태와 동학은 이전과는 다른 특이성을 보이고 그 변화들은 복합적인 상호작용의 결과라는 점이 현대의 지구화를 이전의 것과 구별짓는다.[13]

지구화를 역사의 연속성으로 보는 입장과 단절로 보는 입장의 차이점은 자본주의와 국가의 변화에 대한 것이다. 전자는 지구화가 특정 국가나 블록

---

11) 아리기는 1970, 80년대 자본주의 팽창이 14세기 이래 나타난 세계적 규모의 자본축적의 연장이라고 주장한다. G. Arrighi, *The Long Twentieth Century: Money, Power and the Origins of Our Times* (Verso, 1994), p. 300.
12) 브로델과 월러스틴도 자본주의체제의 시점에 대해서는 이견을 보이나 자본주의가 내재하고 있는 세계화의 속성을 주장한다는 점에서는 공통적이다. F. Braudel, *The Structures of Everyday Life: the Limits of the Possible*, trans. M. Kochan (Collins, 1981), p. 24; I. Wallerstein, *The Capitalist World-Economy* (Cambridge University Press, 1979), p. 19.
13) 데이비드 헬드 외, 『전지구적 변환』, 조효제 옮김, 창작과비평사, 2002, 673-679쪽; D. Held, et al., *Global Transformations: Politics, Economics and Culture* (Stanford University Press, 1999), pp. 414-418.

에 의한 자본주의 팽창임을 주장하지만, 후자는 개별국가 단위를 넘어선 탈영토성을 주장한다. 하지만 어떠한 주장이나 입장이든 지구화가 가져온 가장 큰 특징은 국민국가 위상의 변화라는 것이다.

참고로 덧붙이자면 지구화를 자본주의 사회에 내재한 팽창적 논리의 한 결과에 불과하므로 역사의 본질적 변화가 아니라 부수적 사회 현상으로 이해해야 한다는 주장도 있다.14) 더욱 극단적인 입장에서 지구화시대가 종말을 고했다는 주장까지 제기되고 있다.15)

3) 지구화와 국민국가의 상관관계

지구화가 진행되면서 국민국가의 위상이 변화하고 있다. 때로는 지구화라는 통합과정에서 국민국가의 경계가 허물어지는 듯이 보이며, 때로는 지구화의 반대급부로서 국민국가가 재강화되는 듯이 보이기도 한다. 이러한 변화는 단일적으로 일어나는 것이 아니며 단순히 모순되는 현상도 아니다. 특히 지구화가 단순히 하나의 공동체로 재편되는 과정이 아니라 미국을 비롯한 강대국을 필두로 이루어지고 있기 때문에 약소국들에서 국민국가의 위기의식은 고조되고 있다.

지구화의 논의 속에서 국민국가는 소멸 내지는 해체를 의미했었다. 하지만 현재 지구화와 국민국가의 향방은 그리 간단치가 않다. 국민국가와 지구화의 상관관계는 여전히 중요하며 앞으로도 그럴 것이다. 실제로 지구화와 국민국가의 변화, 특히 지구화의 진전을 배경으로 국민국가의 역할이 어떻

---

14) Alex Callinicos, "Globalization, Imperialism and Capitalist World System," in David Held and Anthony McGrew, eds., *Globalization Theory: Approaches and Controversies* (Polity Press, 2007), pp. 62-78.
15) 해롤드 제임스, 『세계화의 종말』, 이헌대 외 옮김, 한울, 2002.

게 달라질 것인가 하는 문제는 학계에서 오랫동안 열띤 관심이 되어왔고 지금도 중요한 논쟁 지점이다.

지구화에 따른 국민국가의 미래에 대한 다양한 토론은 국내에서도 다양하게 진행되었다. 여기에는 대략 다음과 같은 세 가지 시각이 존재한다. 첫째, 지구화를 경제적 현상으로 인식하면서 지구화가 국민국가를 약화시킨다는 지구화론자들(hyper-globalist)의 관점이 그 하나다. 둘째, 지구화는 신화이며 국민국가가 국제경제활동의 규제자이자 초국가적 조직의 정당화론자로서 핵심 구실을 한다고 주장하는 회의론자들(sceptical)의 관점. 그리고 마지막으로 국민국가의 전통적 성격에 영향을 끼치는 근본적 변화를 인정하지만 국민국가의 적실성이 지속된다고 주장하는 변형론자들(transforma-tionalist)의 관점이 있다.16)

지구화론자들은 지구화의 전도를 매우 낙관적으로 바라보면서, 지구화의 결과 결국 국민국가가 소멸하게 될 것이라고 주장한다. 그들은 지역·대륙 간 이동과 네트워크의 강화로 하나의 세계가 생성되어감에 따라 국가의 주권이 약화되고, 문화와 정체성이 약화되며, 초국가적 경제와 새로운 차원의 세계적 분업이 생성되는 세계를 상정한다. 이에 따라 세계는 정치, 문화, 경제적 면에서 단일화되어 가고 새로운 형태의 중층적 거버넌스가 등장할 것으로 예견한다.

---

16) 이러한 시각들에 대한 정리와 비판적인 평가에 대해서는 정진영, 「세계화와 국민국가의 장래」, 『경제와 사회』 제23호, 1994년 가을; 김호기, 「세계화와 국민국가의 위상: 국민국가는 몰락하는가」, 『계간 사상』, 1994년 겨울호; 알렉스 캘리니코스·나이젤 해리스 「자본국제화와 민족국가」, 알렉스 캘리니코스 외, 배일룡 편역, 『현대자본주의와 민족문제』, 갈무리, 1994; 전상인, "'긴장, 절충, 비판': 최근 국내 세계화 논의에 대한 검토」, 『동향과 전망』 통권 26호, 1995년 여름; 이수훈, 「세계화, 지역화와 (국민)국가의 위상」, 『사회과학연구』 제2호, 동국대 사회과학연구원, 1996; 박노영, 앞의 글 참조.

오마에 겐이치(Omae Kenichi)는 1995년 '국민국가의 종말'이라는 저서에
서, 이제 투자, 기술, 산업, 소비자 등의 국제적 이동을 배경으로 세계화의
높은 파도에 국민국가는 쇠퇴해 가고 있고 결국에는 모든 나라들이 자본에
대한 완전한 개방에 기초하여 국가가 필연적으로 종말을 고할 것이라고까
지 큰소리를 쳤다.17) 그는 더 이상 국민국가 단위의 경제정책은 효과가
없으며 특정지역을 중심으로 지역 국가(regional state)가 등장할 것이라고
단언하기까지 했다.

세계화의 파고에 직면한 국가의 약화를 가장 잘 보여주는 사례가 이른바
"세금인하 경쟁"(tax competition)으로 이는 바닥을 향한 경주의 또 다른
측면이라고 흔히 이야기된다.18) 경제학에서는 이미 자신의 영토를 경제활
동에 더욱 매력적으로 만들기 위한 세금경쟁에 관한 모델이 오래전부터
발전되어 왔으며, 너무 심한 세금경쟁은 세금을 너무 낮게 만들어 중요한
공공재의 공급을 부족하게 만들 것이라는 걱정스런 결과도 예측되어 왔다.
세금인하 경쟁은 물론 지구화와 국민국가의 갈등을 보여주는 일례에 불과
할 것이다. 하지만 이를 둘러싼 논쟁들은 국민국가가 약화되고 있다는 주장
이 꽤나 과장되어 있으며, 지구화의 영향에 영향을 미치는 각국의 제도적인
차이나 국가의 역할 강화를 위한 다양한 노력들을 간과하고 있음을 잘 보여
준다.19)

국민국가의 기능에 대한 의문이 점점 가시화되면서 포스트 국가에 대한

---

17) 오마에 겐이치, 『국가의 종말』, 박길부 역, 한언출판사, 1996.
18) J. D. Wilson, "Theories of Tax Competition," *National Tax Journal*, 52 (2) (1999); Johan
    Deprez, "International Tax Policy: Recent Changes and Dynamics under Globalization,"
    Journal of Post Keynesian Economics, Vol. 25, No. 3 (Spring 2003), pp. 367-384.
19) 이강국, "국가의 약화, 혹은 새로운 지배구조?", <프레시안>, 2004. 12. 6.
    http://www.pressian.com (검색: 2009. 6. 15).

관심이 고조되고 있다. 근자에는 한때 학문적 사망 선고를 받았던 '신중세론'(New Medievalism)이 주목받고 있다. 신중세론이란 영토국가들로 구성된 근대 국가체계가 쇠퇴하고 서양 중세의 세계시스템이 부활하고 있음을 주장하는 국제관계학의 한 담론이다.[20]

신중세 담론의 선두주자는 헤들리 불(Hedley Bull)이었다. 그는 "만약 민족국가가 시민에 대한 권위와 자신의 추종자들에게 명령할 능력을, 한편으로 세계적, 지역적 권위와 다른 한편으로 하위 국가 또는 하위 민족적 권위와 분점하게 된다면, 그리하여 주권 개념을 적용할 수 없을 정도가 된다면 신중세적 형태의 보편적 정치 질서가 등장했다고 말할 수 있을 것"이라 주장하며 이를 '신중세주의'라 명명하였다.[21] 물론 그에게 신중세적 세계란 현실적으로 가능성이 희박한 상상의 대안적 정치질서였을 뿐이었다.

그러나 타나까 아끼히꼬(田中明彦)는 국민국가의 약화, 복합적이고 중층적인 국제체제의 출현, 세계시스템 내의 상호의존 상승으로 인해 신중세적 세계로 이행하고 있다고 적극적으로 신중세론을 개진한 바 있다.[22] 그 외에 크라토크빌(F. Kratochwill), 홀(R. Hall), 러기(J. Ruggie) 등에 의해 신중세 담론이 제시되었다. 이들은 변화하는 세계를 신중세로 규명하기 위해서가 아니라 지구화 시대 주권 개념의 의미변화 혹은 근대적 국제질서의 변화를 규명하려는 목적에서 중세를 등장시켰다.

신중세론이 주장하는 핵심은 지구화시대 전개되고 있는 다양한 정치

---

20) 이화용, 「지구화시대 정치공동체의 변화: '신중세론'의 비판적 이해」, 『국제정치논총』 제48집 1호, 한국국제정치학회, 2008, 94쪽.

21) H. Bull, *The Anarchical Society* (Macmillan, 1977), pp. 254-266.

22) 타나까 아끼히꼬, 『새로운 중세: 21세기의 세계시스템』, 이웅현 옮김, 지정, 2000.

행위자의 활동과 이념적 갈등의 약화라는 오늘날의 특성이 서양 중세의 특성, 곧 중층적 권위 구조 및 보편적 규범의 존재와 상당한 유사성을 갖는다는 것이다.23)

하지만 중세의 권위구조가 매우 위계적인 구조였다는 점과 기독교와 신성로마제국에 의해 표상되는 중세의 보편성은 오늘날과 매우 다르다. 또한 '신중세론'은 오늘날 이데올로기의 분열과 대립의 약화 혹은 쇠퇴가 일어나게 된 원인 혹은 이러한 쇠퇴를 결과하는 보편성의 존재에 대해서는 답을 못하는 한계를 보이고 있다.

회의론자들은 '우리가 직면한 세계질서의 변환은 세계화론자가 주장하는 만큼 새로운 현상은 아니다'고 주장하면서, '이러한 변환기에도 국가의 위상은 유지되고 민족주의와 민족적 정체성이 부활하는 가운데 경제블록화가 심화되고 남북 간의 불평등이 증대될 것이라는 점'을 강조한다. 따라서 이들은 이전과 마찬가지로 국가 간의 정치적 갈등이 지속되는 가운데 민족적 집단의 정치적 중요성이 더 커지는 시기가 도래할 것이라고 주장한다.24)

자본의 축적논리로서 신자유주의적 지구화는 초국적 자본의 자유로운 통행을 위해 초민족화 경향을 보이지만 국가의 안위를 지킨다는 명분과 초국적 자본을 지원하는 국민국가의 '국가경쟁력'은 여전히 중요한 구호이다. 신자유주의는 경제적으로는 국가의 책임을 회피하는 작은 정부를 지향

---

23) 이화용, 앞의 글, 100쪽.
24) 지구화론자, 회의론자의 입장에 관한 논의로는 David Held and Anthony McGrew, "The Great Globalization Debate: An Introduction," in David Held and Anthony McGrew, eds., *The Global Transformation Reader* (Blackwell, 2003), pp. 38-39 참조

하였지만 정치·군사적으로는 오히려 '강력한 정부'를 지향하였쭉. 이것은 지구화와 국민국가와의 현재적 관계를 나타내주는 특징이다.

또한 자본에 대한 협상력도 단순히 약화되는 것만은 아니기 때문에 지구화와 함께 국민국가가 일방적으로 축소 혹은 약화되는 것이 아니라 부분적으로 그 역할이 변모하고 있다는 결론으로 이어진다. 몇몇 부문에서는 국가의 약화가 실제로 나타나고 있지만, 다른 부문에서는 새로운 국가의 역할이 더욱 중요해지고 있다는 것이다.

가라타니 고진(柄谷行人)은 현대의 부르주아 지배체제를 '자본=네이션=국가'의 삼위일체로 간주한다.25) 이들 세 항은 각각 독립적인 범주를 구성하고 있고 이들이 하나의 유기체로 결합되면서 오늘날의 자본주의적 민족국가 체제가 성립되었다는 것이다. 월러스틴 역시 자본주의 세계경제가 민족국가를 통해서 유지될 수 있었다는 점을 강조한다. '민족적 동질성'을 근간으로 하는 민족국가만이 자본주의적 세계경제의 축적과 그 지배 메커니즘을 지탱할 수 있었다는 것이다.

세 번째 시각은 앞서의 견해들이 현재 진행되고 있는 현실을 과대평가하거나 과소평가하고 있다고 비판한다. 국민국가의 위상과 관련해 이들은 세계화가 단일한 과정이 아니라 중층적인 과정으로 진행되고 있다는 점에 주목한다. 로즈노(J. Rosenau)가 지적하듯이, 전지구적 수준에서는 두 개의 상이한 사회가 존재하는데, 국가중심적 세계와 다중심적 세계가 그것이다. 전자가 외교와 국가권력이 결정적인 변수로 남아있는 국가들의 사회라면, 후자는 초국적 기업, 그린피스, 나토, 유럽연합 등 각기 자신의 이익을 추구하는 다양한 조직/집단/개인들이 국민국가의 통제 외부에서 분주하게 움직

---

25) 가라타니 고진, 『세계공화국으로』, 조영일 옮김, 도서출판b, 2007, 16쪽.

이는 '초국민적 하위정치의 세계'를 구성한다. 다중심적 세계는 자본과 국민국가적인 정부뿐만 아니라 어느 누구도 발언권을 독점하지 못하지만 다양한 권력 기회를 갖고 있는 모든 요소들이 서로 자신의 목표를 관철시키기 위해 경합을 벌인다.[26] 이러한 두 세계는 물론 상호작용하고 있지만, 각기 자신의 규범/구조/원리를 갖고 있기 때문에 불안정하게 공존하고 있다.

세계사회가 이렇게 이원화되어 있다면, 그 가운데 어느 것이 우세하게 될 것인가를 판단하기란 쉽지 않다. 세계자본주의의 초국적 수렴이 진행되고 있음에도 경제의 세계화는 여전히 국민국가의 무한경쟁을 강제하고 있으며, 또 서유럽 우파의 이민혐오증이나 멕시코 사파티스타 농민저항에서 볼 수 있듯이 국민국가를 거점으로 정치·사회 갈등이 전개되고 있는 것이 현실이다. 요컨대, 한편에서 정보혁명이 가속화되고 이와 연관된 초국적 기업 및 비정부조직의 활동이 증대되면서 장기적으로 국민국가의 경계가 약화될 가능성이 높지만, 다른 한편에서는 새로운 헤게모니 장악을 위한 개별국가 간의 갈등이 증가하면서 단·중기적으로 국민국가의 위상이 오히려 강화될 가능성 역시 존재할 것이다.

3. 국민국가의 성격과 역할 변화

1) 신자유주의의 종말과 국민국가의 방향

신자유주의가 종말로 치닫고 있다. 그런데 이 과정은 단선적이지 않다. 지역적으로 차이가 있는데, 라틴아메리카는 확실히 신자유주의로부터 벗어나는 추세다. 중국도 다른 시스템으로 가고 있다. 유럽은 프랑스·독일의

---

26) 울리히 벡, 『지구화의 길』, 조만영 옮김, 거름, 2000, 75-77쪽.

정권이 정책 전환에 소극적이기 때문에 아직 뚜렷한 변화 조짐이 안 보이지만 완만하게 탈신자유주의의 길을 갈 것으로 보인다. 가장 놀라운 것은 뉴질랜드의 변화였다. 1984년부터 1996년까지 "세계 역사상 가장 두드러진 자유화 사례"라고 평가될 정도로 매우 과감한 신자유주의화를 추진했던 뉴질랜드는 2000년대에 들어 노동, 조세, 복지, 공공부문 등의 영역에서 유럽형 CME(Coordinated Market Economies, 조정시장경제)체제로의 전환을 기대할 정도로 신자유주의 노선과는 정반대되는 개혁정책들을 채택했다.[27]

이제 신자유주의는 사실상 미국과 한국을 벗어나서는 찾아보기 어려운 매우 '예외적인' 자본주의 유형으로 전락했다. 미국 역시 경제위기를 극복하기 위해 정부가 정책적 개입을 할 수밖에 없는 상황이어서, 신자유주의로부터 벗어나는 거대한 변화의 시작이 될 것으로 보인다.

중요한 것은 국가의 성격과 역할 변화가 전체적으로 신자유주의가 처음부터 의도했던 바로 그 '계급투쟁의 봉쇄'를 위해서 진행되었다는 점이다. 이것은 바로 자본의 이익을 최대화시키는 효과를 낳은 것이다. 또한 신자유주의가 종말을 고한다고 해도 여전히 지구화는 진행 중이라는 사실이다. 다만 그 변화의 속도와 폭은 달라질 수 있을 것이다. 그렇다고 해도 지구화와 직결된 문제들은 필연적으로 국가의 역할과 관련된 갈등을 내포한다. 경제적 측면에서 전지구적 시장통합으로 이해되는 지구화는 필연적으로

---

27) Although the New Zealand economy improved dramatically during the 1980s and 1990s, its modest growth in the past decade and relatively poor growth prospects for the years ahead have fueled a debate about the success of its reforms. Why didn't New Zealand's reforms generate a longer economic boom like those of the Asian tigers? Frederic Sautet, "Why Have Kiwis Not Become Tigers?: Reforms, Entrepreneurship, and Economic Performance in New Zealand," *The Independent Review*, Vol. 10, No. 4 (Spring 2006). 뉴질랜드의 이런 변화는 상당부분 1996년의 총선에서부터 적용된 독일식 비례대표제의 도입 덕분인 것으로 보인다.

시장체계에 대한 국가의 개입과 통제를 해체할 것을 요구하기 때문이다.

지구화가 모든 국가에게 동일한 영향을 미치는 것이 아니라 각기 다르게 영향을 미치기 때문에 모든 부문이 동일하게 강화되거나 약화될 수는 없다. 지구화의 충격은 그 나라가 처한 각종 조건들에 따라서 다르게 나타나는데, 국내 계급관계나 체제의 견고함 아니면 국제질서에서 개별 국가가 차지하는 위치에 따라서 상이하게 드러난다.

국민국가의 역할과 성격의 변화는 규범적 차원과 현실적 차원으로 구분할 필요가 있다. 지구화로 인한 폐해에 대처해 나가기 위해 과도기적으로 국민국가의 역할이 필요할 수는 있다. 하지만 규범적인 차원에서 볼 때, 국가는 최소화되어야 한다. 지금까지 국민국가가 맡았던 역할을 시민사회나 지역수준의 정치공동체에서 담당해 나가야 한다.

물론 경제적 분배와 같은 핵심적인 것은 또 다른 차원의 문제이기 때문에 심각하게 고려해야 한다. 즉 국가는 본질적으로 억압적이기 때문에 국가개입을 통해 해결하려 할 경우 더욱 커다란 손실이 발생할 수 있다. 자칫하면 국가의 힘과 개입을 강화하는 방향으로 나아갈 수 있기 때문이다.[28] 명확한 것은 국민국가의 성격과 역할이 불가피하게 변화를 겪을 수밖에 없다는 것이며, 민족주의가 중요한 변수 중 하나로 작용하고 있다는 것이다.

2) 민족주의와 국민국가

지구화의 개념에 대한 한국 정치학의 지배적인 담론은 국가가 상호의존

---

28) 한국의 경우 개인적 삶의 확장을 위한 과도한 국가 의존이 문제가 된다. 좌우를 막론하고 국가는 개인적 삶의 확장을 위해 거리를 두어야 할 외부적 존재라는 사실을 인식해야 한다.

이 심화되는 것, 교통과 의사소통이 전지구적 단위로 확대되는 것, 최상의 관행이 국제적 표준이 되고 이것이 전세계로 확산되는 것 등이었다. 이 가운데 어떤 개념을 택하든 국민국가의 역할은 점차로 축소될 수밖에 없다는 결론에 도달한다.29)

이러한 지구화에 대한 개념화와 그에 따른 국민국가의 역할과 능력의 축소는 여러 가지 문제점을 가지고 있다. 첫째, 개별 국가들간의 관계보다는 전세계 단위의 개인과 집단 간 의사소통의 확대와 표준화에 초점을 맞추기 때문에 지구화 현상이 각 국가간 불평등과 지배-종속관계의 사실을 명확하게 포착하기 어렵게 만든다.30) 둘째, 현상으로서의 지구화는 강대국 특히 미국에 의해 주도되고 있으며 강대국이 약소국에 강압하는 형태의 국민국가간 합의에 의해 촉진되고 확산된다는 사실을 망각하게 만든다.31) 셋째, 모든 나라에 적용되는 하나의 최상의 제도와 관행이 존재하기 때문에 어느 나라든 채택해야 한다는 담론은 어떤 나라든 과거로부터 물려받은 전통과 문화를 가지고 있고 이로 인해 자국에 가장 적합한 제도와 관행이 있을 수 있다는 사실을 무시하고 있다32)는 문제점이 있다.

그렇다면 지구화가 국민국가를 몰락시킬 것이라 단언하는 것은 성급하다. 장기적으로는 소멸할지라도 단·중기적으로는 중요한 위상을 보유할 것으로 보인다. 정치영역에서 중요한 것이 외교와 국방인데, 이런 정치적

---

29) 정영태, 「한국 정치학의 미국 편향성과 한국 정치」, 학술단체협의회 엮음, 『우리 학문 속의 미국』, 한울아카데미, 2003, 153쪽.

30) 김영명, 「세계화와 민족주의」, 『한국정치학회보』 36집 2호, 2002, 374쪽.

31) Robert W. Cox, *Production, Power, and World Power: Social Forces in the making of History* (Columbia University Press, 1987); William I. Robinson, *Promoting Polyarchy: Globalization, US Intervention, and Hegemony* (Cambridge University Press, 1996), pp. 35-36.

32) Richard Whitley, *Divergent Capitalisms: The Social Structuring and Change of Business Systems* (Oxford University Press, 1999).

주권은 쉽게 양도할 수 있는 것이 아니기 때문이다.

또한 자본의 전지구적 확장과 지구통합적 시장체계의 출현을 위해 반대로 국민국가는 중요한 행위자로 존재한다. 즉 지구화의 일방적인 영향을 받는 것이 아니라 국민국가 스스로가 지구화를 추동하거나 그에 대항하는 다양한 연계전략을 구사하려 한다. 대표적인 예가 바로 개별 국가들의 시장체계를 전지구적 통합체계로 확장시키려는 자본의 전지구적 운동과 공존하는 특정 지역의 '블록화' 또는 '지역화' 경향이다.

즉 국민국가는 지구화를 단지 외적 강제로 수용하는 것이 아니라 지구화 자체의 주요 행위자이며, 지구화는 국민국가를 통해 매개된다는 사실이다. 이 두 경향이 서로 공존하고 서로를 제약하며 존재하는 것이다. 정체성의 측면에서 발생하는 국가의 변화 또한 매우 이중적이다. 하나는 국민국가로부터 자유로운 전지구적인 사회가 출현하여 새로운 정치적 정체성인 세계시민과 같은 국민을 넘어서는 초국가적 정체성이며, 다른 하나는 국민국가를 분할하려는 분리주의 운동의 등장이나 민족적 정체성, 혹은 민족주의를 강화하여 전지구적 시장경제에서 우월적 지위를 차지하려는 것이다.

그래서 지구화는 분열된 이미지를 가지고 있어서, 그것은 민족주의나 종교적 원리주의 등의 전세계적 확산과 함께 특히 서구사회에서 사회 결합의 근본 요소들인 족성(ethnicity)[33] 혹은 정체성의 부활이라는 형식으로 나타나고 있다.[34] 지구화는 근대화와 마찬가지로 불가피하게 사회적·문화적 분열을 초래하며, 민족국가는 종종 종족적·민족적인 연대를 촉진함

---

33) 족성이란 정체성의 여러 층차 즉, 성(gender), 계급, 지역, 종교, 종족, 민족 등의 집단성 개념으로 사용한다.
34) 이진영, 「한국의 민족 정체성과 통일을 위한 '열린 민족' 개념에 관한 연구」, 『통일연구』 제5권 제1호, 연세대학교 통일연구원, 2001, 216쪽.

으로써 이런 격변에 반응한다. 일련의 기억, 신화, 상징은 민족을 그들의
종족 유산과 묶어주고, 민족정체성은 변화의 소용돌이에서 사람들의 문화
적 충족, 뿌리 안전, 우애에 대한 요구를 충족시켜 준다. 이런 점에서 세계화
과정이 지속됨에 따라 민족정체성은 점점 더 중요해지는 것이다.[35]

민족주의의 강점은 여전히 국내정치에 대해 강한 정치적 통합력을 부여
하고 있으며, 대부분 사람들의 사고 및 행동을 움직이는 결정적인 이데올로
기로 기능하면서, 때로는 개인의 자아성장과 실현의 역할 담당자가 되고
있다는 것이다. 이것은 여전히 민족국가의 역할을 대신할 만한 어떠한 정치
단위도 아직 뚜렷이 부각되지 않고 있는 것에서 잘 드러난다.[36]

그런 의미에서 민족주의는 지구화의 구호 속에서 여전히 국내적으로
혹은 세계적으로도 중심적인 화두의 하나이다. 민족주의 세력은 아직까지
세계사의 가장 유력한 정치·경제적 역할단위로 기능하고 있는 것으로
보인다.

하지만 민족주의의 가장 큰 폐단은 계급모순이라는 기본문제를 호도하
고 있다는 점이다. 그럼으로써 피지배 계급의 국제적인 연대를 저해하고
있다. 자본과 상품이 무차별적으로 국경을 넘어서는 초국적 자본주의 시대
에 사회운동—노동·환경·여성·비정규직·이주자 운동 등—이 민족
이라는 코드에만 의존해 '국제연대'를 한다는 것은 불가능하다. 신자유주의
에 대한 저항을 해나감에 있어 민족주의에 입각한 일국적 관점과 운동으로
는 불가능하다.

---

35) 신기욱, 『한국민족주의의 계보와 정치』, 이진준 옮김, 창비, 2009, 323쪽.
36) 물론 EU의 등장을 통해 탈민족주의를 정당화시키지만 이 EU구성의 기본적인 단위가
    개별국가임을 부정할 수는 없다.

그것은 신자유주의 정책 30여년의 결과가 말해준다. 즉 신자유주의적 계급대립 정책과 불황의 지속이 가져오는 노자간 계급갈등은 강화되었고 세계시장에서의 초국적 자본의 국민적 경쟁은 보다 격렬할 수밖에 없었다. 부분적인 성장과 물질적 생산부문의 전체적인 정체, 그에 대비한 화폐/금융부문의 국제적 확장, 통화/재정의 만성적 위기, 계급갈등 및 남북격차의 심화 등, 이 모든 것이 그 결과이다.

그런데 현실적으로 노동자 민중은 피폐된 삶[37]을 걸머진 채 국민국가에게 "우리를" 또는 "나를" 보호해 달라고 요구하고 있다. 민족주의가 이러한 힘들을 이해하고 이러한 힘들에 저항하기 위한 최선의 수단이 되고 있는 것이다. 이것은 필연적으로 계급 문제를 민족적인 관점에서 보게 만든다. 민족주의란 더욱 강력한 계급의식의 일시적이거나 삽화적인 '일탈'이 아니라 대다수의 노동계급과 억압받는 사람들의 관념을 계속해서 지배하고 있기 때문이다.[38]

한국사회에서 민족주의의 위험성은 그것이 한국인의 의식 속에서 작동하는 가장 중심적인 코드라는 점에서 발생한다. 민족을 최상의 가치로 놓을 경우 민족적 정체성에 의해 규정되지 않는 소수자 집단인 여성이나 동성애자, 이주노동자 집단은 타자화되고 억압될 가능성이 매우 높다. 제국주의에 저항하는 제3세계의 연대도 민족주의를 넘어선 국제주의를 통해서만 가능하다는 것을 인식해야 한다.

---

37) 신자유주의적 구조조정은 해고, 청년실업, 비정규직 증가, 변형근로제의 운용, 실질 임금의 삭감 등 유연하게 다양한 방식으로 이루어져서 노동자 민중의 삶을 더욱 피폐하게 만들고 있다.
38) 데이비드 맥날리, 이병주 역, 「맑스주의와 민족주의 그리고 오늘날의 민족주의」, 『실천』 통권 24호, 사회실천연구소, 2008년 11월, 128쪽.

4. 맺음말

지구화가 진행되면 될수록 국민국가의 경계가 모호해지면서 권력이 약화되고 위기가 오지만, 이러한 위기를 모면하기 위해 국민국가는 재강화된다. 국가는 기본적으로 정치공동체이다. 국가가 약화된다는 것은 단지 시장에 대한 국가의 개입이 약화되는 것이 아니라 국민들의 시장에 대한 통제력이 약화되거나 정부에 대한 근본적인 신뢰를 철회해야 하는 상황에 직면하는 것이다. 이것은 국가 일반이 아니라 사회 전반을 파괴하는 강력한 힘으로 작동한다.

울리히 벡(Ulrich Beck)은 지구화가 이제 국가의 정치로 규정될 수 없는 초국가적 사회관계이자 공간이라고 하면서 다양한 차원에서 국민국가의 한계를 넘어 초국가적으로 더 밀도있게 진행된다고 보았다. 그러면서 국민국가에 비견되는 이른바 세계국가나 세계정부란 존재하지 않는다는 입장이다.

죠지 몬비오(George Monbiot)는 국민국가의 정치적 왜곡에 주목한다. 그동안 국민국가는 빈곤, 환경, 노동, 불평등 등 세계적 수준의 문제들을 국가 차원의 것으로 협소화시킴으로써 해결을 미룰 수 있었지만 국가가 행사하는 배제와 차별의 논리는 문제를 오히려 악화시켰다는 것이다. 그래서 지구화가 역사상 처음으로 인류 전체를 하나의 종으로 볼 수 있게 하여, 새로운 기회를 제공한다는 것이다. 그는 대안적 세계화로 세 가지 방안을 제시하고 있다. 첫째, 강대국들이 지배하는 국제기구를 대체할 수 있는 지역별 인구 비례의 세계의회의 건설이다. 둘째, 채무국과 채권국 사이의 관계를 청산할 수 있는 국제청산연맹의 설립이다. 셋째, 초국적 기업에 대한 감시, 약소국

에 보호무역권을 부여하는 공정무역기구의 수립이다.39)

그 외 많은 지식인들이 다양한 대안을 내세우고 있는데, 여러 한계도 있지만 상당히 적실성있는 대안들이 많다. 다만 그것을 자기조건에 맞게 실천할 수 있는지는 의지와 역량의 문제이다. 지구화라는 현실을 분석하면 할수록 비관주의에 빠지지만 그럼에도 우리는 현실을 변화시킬 수 있는 낙관주의를 고수해야 한다. 대안적 지구화는 인간의 행위를 통해 세계가 변화될 수 있다는 믿음의 표현이다.

여러 한계에도 불구하고 대안적 지구화운동은 앞으로 진보운동의 핵심적 영역으로 발전할 것으로 보이며, 신자유주의적 지구화와 전세계적 사회운동 간의 갈등이 21세기 자본주의의 가장 치열한 전선이 될 전망이다. 하지만 이러한 운동도 누구나 인식하듯 '반세계화 운동에서 '대안적' 세계화 운동으로의 전환이 필수적이다. 진지한 대안의 고민과 제시 없이는 '다른 세상'이 가능하다는 믿음은 기대로만 그칠지도 모르기 때문이다.

신자유주의가 미국발 세계 경제위기로 인해 기로에 놓여있게 되었다. 시장에 맡겨놓으면 '최적'의 결과를 생산할 것이라고 믿었던 신자유주의가 이제는 정부 당국이 시장에 개입하고 규제하며 심지어 기업이나 금융기관을 국유화하는 상황까지 온 것이다. 하지만 신자유주의가 위기에 놓여 있다고 해도 여전히 자본주의는 자기 조절능력에 의해서 전진하기 때문에 반자본주의 투쟁은 매우 중요하다.

지구화 자체도 기술의 발전 등에 따른 자연스러운 현상이라기보다는 자본주의 경제의 위기와 이에 대한 대응 그리고 신자유주의의 등장 등 복잡

---

39) 죠지 몬비오, 『도둑맞은 세계화—지구민주주의 선언』, 황정아 옮김, 창작과비평사, 2006.

한 역관계와 정책변화에 기초하고 있다. 어떻든 지구화의 진전에 대응하여 변모해가고 있는 국가의 역할과 성격 그리고 경제정책 등 개입방식의 변화에 대해서는 보다 열띤 논의가 지속될 전망이다.

조희연_성공회대 사회과학부
장훈교_성공회대 대학원

성공회대 민주주의연구소는 2008년 1월부터 오늘 현재까지 스물여섯 번에 걸쳐 급진 민주주의 연구라는 이름으로 연구모임을 진행하여 왔다. 서로가 직면하고 있는 지적/실천적 문제들은 상이하지만, 우리들은 '민주주의의 급진화(radicalization of democracy)란 무엇인가'라는 질문을 중심으로 민주주의를 대중 자신의 무기로 만들기 위한 공동의 여행을 시작하였다. 이러한 여행의 출발점에서 우리는 급진 민주주의라는 명칭 하에, "민주주의의 프리즘으로 맑스주의의 합리적 핵심을 계승하고, 생태주의·여성주의 등과도 소통하는 좌파민주주의론"을 정립하고자 하는 문제의식을 가지고 있었다. 지난 20년간의 한국민주주의의 발전을 돌아볼 때, 이른바 '87년 체제' 하에서 민주주의가 다양한 사회경제적 영역으로 급진적으로 확장되어 대중들의 삶의 문제들을 해결해야 함에도 불구하고 오히려 민주주의가 자본주의와 사회적 보수주의에 의해 포위되는 상황에 이르렀고 그 결과

대중들은 민주주의에 대한 희망과 기대를 포기하게 되었고 이들이 민주주의에 기대했던 좌절된 욕망과 요구는 보수세력에 의해서 새롭게 전유되는 상황으로 발전되어갔다. 이런 민주주의의 위기상황에 대응하여, 우리는 민주주의의 권리 획득과 이해실현의 도구로서의 민주주의가 이제 새로운 배제의 기제로 되어갈 수 있다는 점, 이런 점에서 민주주의관(觀) 자체를 급진적으로 확장하여, 민주주의의 이름으로 더 많은 경제적 평등과 사회적 평등을 실현하는 단계로 한국사회가 변화해야 한다는 점, 그리고 현재 우리들의 전 삶의 영역에서 '자본에 의한 식민화'가 급속히 확장되고 있기 때문에, '자본에 의한 전 삶의 식민화'를 비판적·저항적으로 보는 시각이 필요하다는 점, 나아가 우리가 새로운 민주주의를 만들어간다고 할 때—제도정치를 넘어서서—다양한 삶의 영역에서 '운동으로서의 민주주의'를 확장해가야 한다는 점 등을 말하고자 했다. 그러나 여기서의 과제는 현실적·실천적인 어떤 메시지보다는, 민주주의의 확장을 향한 이론적·개념적 천착이라고 할 수 있다.

이 논문은 연구모임 1년을 정리하면서 발간한 연구모임 저널인『성공회대 급진민주주의 세미나1: 민주주의의 외부와 급진 민주주의 전략』에 조희연과 장훈교가 기고한 글에 토대를 둔 것이다.[1] 본 논문의 일차적인 목적은 우리 두 사람의 글에서 발견된 공통성을 확인하고, 그것을 기반으로 하여 이전의 글과는 다른 글을 '실험'해보는 것이다. 하지만 우리들의 이러한 실험은 우리 두 사람의 공통성을 확인하는 것만을 목표로 하지 않는다. 우리 실험의 목표는 본 논문이 우리 연구모임뿐만 아니라 민주주의의 급진

---

1) 조희연, 「급진 민주주의론의 개념적/이론적 기초에 대한 시론」; 장훈교, 「우리에게 급진 민주주의란 무엇인가」,『성공회대 급진민주주의 세미나1호』, 2009.

화, 혹은 우리가 직면하고 있는 민주주의에 대항하는 새로운 민주주의의
이론/실천모델을 구상하는 모든 연구자/활동가들의 공동연구와 개방적 토
론을 활성화하기 위한 '공통의 무기'로 작동하는 것이다.

1. 들어가면서—구성을 위한 '외부'의 발견

어떤 의미에서 우리들의 목표는 민주주의의 급진화를 위한 하나의 '정치
사회학'을 사유하는 것이다. 민주주의를 '정치학'이 아닌 '정치사회학'으로
사유한다는 것은 민주주의를 사회와의 관계에서 일차적으로 파악하는 것
을 의미하며, 사회와의 관계 속에서 정치를 사유하고 분석한다는 것을 의미
한다. 민주주의를 '정치학'의 관점에서 바라보면, 민주주의의 내부에서 내
부를 구조화하는 다양한 힘들을 목격할 수는 있지만, 민주주의의 외부에
위치하는 배제된 사회적인 것을 은폐하거나 내부로 포섭하려는 내부의 시
선을 갖게 된다. 민주주의는 데모스(demos)의 경계에 따라 구획되는 내부와
외부를 가지며, 내부의 동학은 외부와의 관계 속에 조응함에도 불구하고,
'정치학'만의 시선은 그 외부를 망각할 수 있다. 내부로부터 민주주의를
사유하는 시선은 필연적으로 존재할 수밖에 없는 민주주의의 외부를 은폐
하며, 은폐를 통해 내부에 존재하는 제도로서의 정치가 사회 일반을 재현한
다는 환상을 잉태한다. 이런 내부의 시선 속에선 사회적인 것의 '재현'을
통해 정치적인 것이 발생하는 것이 아니라, 정치적인 것의 발견을 통해
사회적인 것이 구성된다. 이 시선 속에선 정치는 사회를 호명하며, 사회는
정치를 통해 구성되는 것이다.

우리의 과제는 이러한 은폐된 세계, 망각된 '사회'의 시선에서 민주주의

를 새롭게 사유하는 것이다. 우리는 배제된 세계의 주체화를 통해 발생하는 새로운 정치적인 것들과 제도로서의 정치, 즉 민주주의의 내부를 독점하는 특정한 정치적인 것들과의 대결과정으로 민주주의를 사유하려고 한다. 민주주의의 외부는 내부의 특성을 가장 분명히 보여주는 내부 구조의 반영이며, 동시에 내부 구조를 재구조화하기 위한 새로운 정치가 발생하는 곳이다. 민주주의의 내부는 특정한 정치적인 것과의 결합을 통해 구성되는 사회와의 관계 속에서 파악되어야 한다.

우리들의 지속적인 관심은 민주주의를 언제나/이미 완결된 것으로 간주하고 그 내부의 구조를 분석하는 지평에서, 민주주의의 구성 과정을 추적하여 민주주의와 그 내부 구조로 포섭되지 않은 것과의 역동적인 상호작용을 분석하는 지평으로의 이동이었다. 민주주의가 하나의 구조이자 동시에 질서라면 그 질서는 자신의 내부로 완전히 포섭되지 않는 '잉여'를 필연적으로 수반하며, 우리는 이 '잉여'가 현실에 실제로 존재하는 민주주의의 '한계'이자 동시에 '조건'이라고 생각한다. 여기서 말하는 '잉여'를 아사다 아키라의 표현을 빌려 위험을 무릅쓰고 단순화해서 표현한다면 그것은 '어긋남'을 말한다.[2] 구조 그 자체가 아닌, 구조와 그 '바깥' 즉 구조의 '외부성'(exteriority)과의 관계를 추적한다는 측면에서, 동시에 구조=질서 자체에 내재된 어긋남과 균열의 계기들을 포착하고 그것을 그 '바깥'과 연결시킨다는 관점에서 우리들의 문제의식은 일반적인 '후기구조주의'의 사유와 밀접한 연관을 갖는다.

하지만 '포스트 구조주의'(post-structuralism) 일반이 '외부'에 대한 사유라는 측면에서 공통성을 가짐에도 불구하고, 그 외부에 대한 사유 자체가

---

2) 아사다 아키라, 『구조주의와 포스트구조주의』, 이정우 옮김, 새길, 1995, 15쪽.

서로 상이하고 질적으로 단절되어 있듯이, 현재 우리들에게 후기구조주의의 '외부(성)'의 사유는 민주주의의 구성 과정 그 자체를 추적하기 위한 발견의 맥락(=하나의 방법론)에서 인정될 뿐이다. 이질적인 힘들과 전략들의 교차과정에서 출현하는 구조=질서의 '구성-균열(=해체)-재구성'의 과정을 '구성'적 관점에서 지속적으로 천착해온 우리들의 관심이 후기구조주의와 조우하게 되었다고 볼 수 있다. 우리들은 '구성'의 개념과 그 자체의 동학을 보다 정교화하는 데, 후기구조주의의 다양한 '외부성'의 사유들이 많은 기여를 할 수 있을 것으로 기대하고 있다.3) 하지만 일차적인 우리들의 관심은 현실에 존재하는, 혹은 주어진 질서로서의 민주주의의 구성을 탐구하고 그것과 지적(知的)으로 대결하는 것이다. '민주주의의 외부'라는 우리들의 개념은, 비록 그것이 현재로선 개념으로 작동하기에는 다분히 은유적이고 모호함에도 불구하고 우리들이 직면하고 있는 민주주의를 새로운 각도와 지평에서 탐구하고자 하는 실천적 지향에서 설정된 것이었다는 사실을 언급하고 싶다.

'구성'이라는 관점과 입장은 민주주의의 구조에 '운동'과 '시간'을 부여하기 위한 것이다. 반대로 말한다면 민주주의의 구조에 구조성을 부여하는 운동과 시간을 추적하여 그것을 탐구하는 것이 '구성'의 관점과 입장이라고 할 수도 있다. 우리들의 '구성'에 대한 입장과 사회구성주의자들의 입장과의 차이점과 공통점을 구별하는 것이 우리들의 논의에 대한 오해를 줄일

---

3) 후기구조주의 일반이 공유하고 있는 단점도 언급되어야 하겠다. 그것은 대상에 대한 사유 이전에, 대상의 외부에 대한 사유이기에 대상의 내부와 그 구조에 대한 탐구를 외부 자체로 대체시키는 듯하다. 그것은 주어진 질서로부터 다른 질서로의 이행과 어긋남을 '발견'하게 하지만, 주어진 대상으로서의 질서에 대한 즉 현재 이행을 가로막고 있는 주어진 질서 자체에 대한 면밀한 '탐구'를 등한시하는 듯하다.

수 있다고 생각한다. 주어진 사회적 객체의 미리/고정된 본질을 상정하는 본질주의적 입장과 대비하여 모든 사회적 객체들은 '사회적 구성물'이라는 입장을 견지한다는 측면에서 우리는 사회구성주의자들과 반본질주의적 입장을 공유한다. 하지만 일반적으로 사회구성주의자들은 그 사회적 구성의 외부를 인정하지 않는다. 우리의 '구성'은 그 외부를 인정하면서 그 외부와의 관계에 의해 사회적 구성물로서의 사회적 객체가 어떻게 구조화되는가를 추적하는 관점이다. 스타브라카스키는 『라캉과 정치』[4])에서 이러한 입장을 '실재론적 구성주의'라고 명명하였는데, 이런 입장에서 본다면 우리들의 입장은 잠정적으로 사회구성주의와 구별한다는 의미에서 '실재론적 구성주의'라고 부를 수 있다는 것이 우리들의 생각이다. 물론 이것은 잠정적이고 과도적인 언급이며, 연구의 발전과정에서 보다 철저하게 검증되어야만 하는 관점이다.

이러한 관점과 입장에 따라 본 논문에선 다음과 같은 네 영역에 대한 탐구에 집중한다. (1) 근대민주주의의 구조에 구조성을 부여하는 특정한 '이중의 운동', (2) 그 '이중의 운동' 과정에서 필연적으로 발생하는 '민주주의의 외부', (3) 민주주의의 외부에서 바라보는 급진 민주주의의 기본 전략들을 탐구한다. (4) (3)의 입장에 근거하여 현재 한국 민주주의의 확장과 급진화를 위한 우리들의 전략을 제시한다.

2. 근대 민주주의의 이중구조: '인민'과 '시민'의 이중운동

우리들의 일차적인 연구대상은 "시민들 사이의 정치적 평등과 인민의

---

4) 야니 스타브라카스키, 『라캉과 정치』, 이병주 옮김, 은행나무, 2006.

권력"5)이라는 근대적 혹은 더욱 정확히 표현하자면 서구의 시민혁명에서 표방된 18세기 이상을 제도화한 대의정부의 체계이다. 일반적 의미에서 고대 민주주의와 구별되는 현대 민주주의의 특성은 정부를 구성하는 주체가 시민으로부터 '시민의 대표'로 이동한 것으로 받아들여진다. 현대 민주주의는 이런 의미에서 대의정부=대의민주주의의 문제로 정의된다. 대의정부=대의민주주의가 소위 3대 시민혁명의 결과로 출현한 것이고, 대의정부=대의민주주의의 구체적인 형태와 운영원리, 그 조건 및 실현상태는 해당 사회의 역사/사회적 조건들에 의해 변형되었지만, 그것들은 버나드 마넹에 따르면 '대의제'라는 차원에서 다음과 같은 네 가지 원칙을 동시적으로 공유한다.6)

(1) 일정한 시간적 간격을 두고 선거를 통해 통치할 사람을 임명한다.

(2) 통치하는 사람의 정책 결정은 유권자들의 요구로부터 일정 정도 독립성을 가진다.

(3) 피통치자들은 통치자들의 통제에 종속되지 않고, 그들의 의사와 정치적 요구들을 표현할 수 있다.

(4) 공공결정은 토론을 거친다.

대의정부와 의회민주주의를 포함하는 의미에서의 '대의제'는 근대 민주주의의 중심원칙이며, 그것은 다양한 정치적/이론적 도전에도 불구하고 근대의 성립 이후부터 지금까지, 근/현대 사회에 가장 적합한 혹은 유일한

---

5) 버나드 마넹, 『선거는 민주적인가』, 곽준혁 옮김, 후마니타스, 2004, 17쪽.
6) 같은 책, 19쪽.

정치제도로 인정받아왔다. 우리들의 연구는 이러한 대의제가 출현한 다양한 역사적 조건들과 사회 환경들을 고려하기 위한 것이 아니라, 현재 우리에게 주어진 지배적인 정치제도로서의 대의제 그 자체에 포함된 '구성의 동학'을 발견하는 것이다.[7]

1) 인민의 시민으로의 전유: 대표 메커니즘의 역설

근대 대의제도에 대한 우리들의 기본 관점은 혹은 보다 일반적 의미에서 모든 지배–정치체계는 이중투쟁의 산물이라는 점이다. 하나의 '역사적 블록'은 낡은 것과 너무 새로운 것, 둘 모두에 대항하는 과정에서 형성되는 것이다. 그람시는 프랑스 혁명과정에서 부르주아지의 역할에 대한 언급과정에서, "권력을 장악하기 위해 싸우던 새로운 부르주아지가, 자신의 지위는 이미 결정적으로 허물어졌다는 것을 인정하기를 거부하는 구사회의 대표자들뿐만 아니라, 1789년으로 인해 만들어진 새로운 구조 자체도 이미 낡은 것이라고 주장한 더 새로운 집단까지도 물리쳤던 것은 그때였으며, 이 승리로써 부르주아지는 낡은 것과 너무 새로운 것에 대해 보다 우월한 자신의 생명력을 증명했던 것이다"[8]라고 언급한다. 1789년체제가 하나의 '역사적 블록'이라면 그것은 낡은 것과 너무 새로운 것에 대한 부르주아지

---

7) 물론 주지하다시피, 대의정부의 핵심제도는 선거이다. 하지만 우리의 분석에서 '선거'는 의도적으로 삭제되어 있다. 이것은 선거가 대의제에서 갖는 핵심적인 중요성을 인정한 다면 부당한 것이며, 동시에 우리 연구의 한계로 지적될 수도 있다. 하지만 우리의 일차적인 관심은 선거가 표방하는 시민들의 동의에 기반을 둔 지배의 창출이라는 원리 그 자체에 포함된, 대의제의 일반적인 구성과정이라는 사실을 강조하고 싶다. 보다 직접적으로 말한다면, 바로 '선거'라는 과정을 통해 도입되었던 '시민들의 동의'라는 요소에 담긴 '정차'의 과정을 새롭게 사유하는 것이 우리들의 목표이다. 하지만 그것은 필연적으로 '선거'보다 넓으며, 그것으로 환원되지 않는다.
8) 버나드 마넹, 앞의 책, 203쪽.

의 이중투쟁의 결과이다. 우리들의 이러한 기본 관점은 근대 대의제도에 대한 단순하면서도 일방적인 비판으로부터 근대 민주주의의 이중성을 방어하는 동시에, 근대 대의제도에서 추방된 '너무 새로운 것'의 영역을 새롭게 사유하기 위한 것이다. 그람시의 분석을 따른다면, 우리는 근대 대의제도를 다양한 힘들과 전략들의 교차과정에서 구성되는 역동적인 과정으로 이해할 수 있다고 생각한다.

결론부터 말하자면, 시민혁명을 통해서 확립된 민주주의는 인민투쟁의 결과이지만, 동시에 인민을 정치의 외부로 추방하면서 '시민들의 정치체제'로 한정된 이중운동체계이다. 근대 이전의 신분제적 위계질서는 통치를 상층귀족계급의 영역으로 한정하였다. 인민들은 통치의 대상이었을 뿐, '정치'의 주체는 아니었다. 하지만 이러한 통치 질서는 아래로부터의 인민의 저항에 의해 위기에 직면하며, 시민혁명은 바로 그러한 저항의 정점이었다. 정치사회학적 관점에서 시민혁명을 정의한다면, 그것은 '시민-정치'의 출현을 의미하는 것이었다. 상층계급에만 한정되었던 통치의 영역이 인민주권의 원리 하에 시민들의 동의에 입각한 '정치'로 전환되면서, 시민은 자기통치의 원리를 '대표'를 통해 구현하는 존재로 등장한다. 우리가 관심을 갖는 메커니즘은 근대 시민혁명이 성립시킨 '인민-시민-대표-정치'로 이루어지는 일련의 순환이다.

전근대 '통치'와 구별되는 '정치'의 공간이 발생하고, 그 정치의 공간이 원리적으로, 그리고 역사적으로 인민들의 저항과 투쟁에 의존한다는 사실은 우리들의 관점에서 결정적인 중요성을 갖는다. 왜냐하면 전근대적 지배와 구별되는 근대적 지배의 특징은 바로 지배가 정치를 통해 작동한다는 사실이며, 이러한 사실은 지배가 인민들의 삶과 실천에 부분적으로 의존할 수밖에 없다는 것을 의미하기 때문이다. 지배의 내부에는 정치를 통해 인민들의 삶과 실천이 새겨진다. 인민의 삶과 실천이 단순한 지배의 대상으로, 지배와 분리되어 그것과 마주하는 대상으로 존재하는 것이 아니라, 지배와 구별되지만 그것과 분리될 수 없는 상태로 지배를 재구조화하는 지배−내부의 힘으로 작동할 수 있는 지배의 대상이라는 사실, 이것이 근대 시민혁명을 통해 인민들이 지배계급의 심장에 새겨 넣은 것이었다. 이런 측면에서 근대 민주주의는 인민들의 삶과 실천을 반영하고 그것을 통해 동의를 확보하고자 하는 일련의 경향들을 갖는다. 이것은 물론 인민들의 저항과 실천에 의해 지배의 내부에 강제된 것으로 보아야만 한다.

하지만 인민들은 '정치'를 출현시켰지만, 실제로 인민들은 정치의 외부로 추방당한다. 근대 민주주의는 대표를 매개로 이루어지는 정치체제로 발전하였고, 이것은 앞에서 살펴본 메커니즘과는 정반대의 과정을 발생시켰다. 근대정치는 시민의 정치였지만, 그것은 인민을 추방하고 자신의 대표를 갖는 시민의 정치로만 제한되었다. 이것은 대표 없는 자들은 여전히 통치의 대상으로 존재할 뿐, 정치의 주체로 등장하지 못함을 의미한다. 인민의 관점에서 본다면, 시민혁명은 정치권력의 궁극적 원천을 인민으로 정립하는 데 성공하였지만, 동시에 인민의 정치권력은 대표를 선출하는 선출권력자로서의 시민으로 제한됨으로써, 평등한 자들의 공동체를 지향하는 근대 민주주의는 대표와 대표를 선출할 수 있는 '시민−들'의 공동체로 제약된다. 인민은 근대 대의제로부터 추방되면서 그것의 내부에 포함된다. 인민은 시민으로 대체되고, 시민은 '대표−있는−자'들이다. 따라서 정치는 시민들의 공동체에 귀속되며, 정치는 시민의 대표들의 공간으로 재규정된다. 이것은 근대 민주주의에 내재된 원형적 역설이자 결손을 표현한다. 근대 민주주

의는 인민에 의존하지만, 인민은 정치의 외부로 추방되면서 시민-대표에
의해 구성되어야만 한다. '인민→시민→대표'로 이행하는 근대 정치의 메커
니즘 속에 근대 정치의 모든 비밀이 들어있다. 그것은 인민의 힘에 의존하
면서도9) 인민의 힘을 정치의 외부로 추방하는 네그리의 표현을 빈다면
"대의는 두 가지 모순적인 기능을 수행한다. 즉 그것은 다중을 통치(정부)에
연결시키는 동시에 분리한다. 대의는 연결시키는 동시에 자르며 접착시키
는 동시에 분리시킨다는 점에서 이접적 종합이다."10)

　　"인민의 시민으로의 전유"라는 근대 대의민주주의의 탄생의 비밀은 일
반적인 관점에서 '정치'가 의회로 한정되는 이유를 설명하여 준다. 이것은
의회 중심의 관념을 대중들의 상식으로 전화시키는 다른 메커니즘들과 결
합된 것이기도 하지만, 우리들의 관점에서 본다면 대의제도 자체가 인민을
정치의 외부로 추방하면서 시민-대표의 관점에서 정치를 이해하도록 하는
메커니즘을 자체로 갖고 있다고 보인다. 이 메커니즘 안에서는 정치가 시민-
대표들의 조직인 정당들에 의한 타협과 갈등의 공간으로 제한되고, 그러한
대표들과 연결된, 혹은 그것을 잉태한 원초적 힘으로서의 인민의 영역은
정치 외부의 영역, 즉 비(非)정치의 공간으로 규정된다. 급진 민주주의는
대표를 통해 '인민의 시민으로의 전유'라는 형태로 발전한 근대 대의민주주
의에 존재하는 근본 역설과 결손이 바로 '인민의 시민으로의 전유'라는 그
과정 자체에 내재된 것으로 파악하면서, 정치의 외부로 추방된 비정치의

---

9) 급진적 정치주의는 근대 시민혁명을 통해서 확보된 (인)민의 주체적 정치공간을 부단히
　전복적으로 재구성하는 방식으로 통해서 민주주의의 '구성적 외부'로 존재하는 것들(요
　구와 이해, 주체들)을 급진적으로 내부화하는 것을 지향한다.
10) 안토니오 네그리·마이클 하트, 『다중』, 조정환·정남영·서창현 옮김, 세종서적,
　2008, 293쪽.

영역 즉 인민들의 영역에 일차적인 힘을 부여하면서 민주주의를 재구조화할 수 있는 정치-전략을 발견하고자 한다.

2) 인민주권: 배제된 자들의 경합공간

근대 민주주의의 정립근거인 '인민주권'은 인민의 시민으로 전유되는 과정에서 현실과 구별되기는 하지만 그것과 분리될 수 없는 하나의 이상과 규범으로 제시되면서 기능한다. 즉 그것은 언제나 실현될 수 없는, 하지만 그것과 분리되는 순간 '민주주의가 아닌 것'으로 전환되는 모호한 하나의 원리로 존재한다. '인민주권'은 이런 의미에서 민주주의를 독재와 구별시키는 핵심원리이지만, 그것은 다양한 해석들에 열려진 원리라는 점에서 하나의 경합적 대상으로 존재한다. 인민주권의 원리로부터 발생하는 이러한 경합공간으로 인해, 민주주의는 시민으로부터 배제된 자들의 원리이기도 하면서 그 시민을 배제하는 지배자들의 원리이기도 한 이중성을 획득한다. 민주주의라는 이름으로 지배하고, 민주주의라는 이름으로 저항한다. 1987년 이후 우리가 직면한 민주주의-지배의 특성은 바로 이것이다. 동시에 바로 이것은 우리 시대 저항의 공통성이기도 하다. 원리를 바라보는 해석들의 다양성과 갈등에도 불구하고 민주주의는 지배와 주어진 질서를 폭력적으로 강요하는 힘에 대항하여 삶과 실천을 방어할 수 있는 공통의 무기로 작동하게 된다. '평등한 시민들의 공동체'에서 배제된 자들에게 인민주권은 그 인민주권이 보장하는 '평등'의 입증을 요청할 수 있는 전제이자, 동시에 인민주권에 대한 지배적/다수적 해석에 대항하여 모든 시민의 공간을 시민과 비시민의 경합공간으로, 즉 저항과 운동의 공간으로 전유할 수 있는 실질적 근거로 작동한다.11)

바로 이런 이유로 인해, 민주주의는 인민주권의 '입증'을 요청하는 형태로, 그것은 배제된 자들의 정치적 주체화와 밀접하게 연결된다. 민주주의는 자본주의의 외피이지만, 동시에 자본주의에 대항하는 민주주의로 작동하며, 성과 인종, 지역차별을 은폐하고 그것을 강화하는 기제로도 작동하지만 반대로 그것에 대항하는 배제된 자들의 공통의 무기로 작동하는 이유가 여기에 있다. 랑시에르의 표현을 빌면, 인민들이 그것을 민주주의라고 인식하고 그것을 위해서 투쟁하는 한 민주주의라는 것은 현실의 "불평등한 권력의 질서에 대한 어떤 보편적 용해제(democracy is the universal solvent of orders of unequal power)"로 지속적으로 남아있게 된다.

'평등한 시민들의 공동체' 외부로 추방된 배제된 자들이, 그 '평등한 시민들의 공동체'를 정립하는 힘의 근원이 바로 자기 자신임을 긍정하고, 그 긍정을 인민주권의 이름으로 '입증'하는 실천 과정에서 정치가 발생하고 민주주의가 새롭게 '구성'된다. 따라서 민주주의는 '적들의 영토'이지만, 그것은 그들이 완전하고 절대적으로 통치할 수 있는 영역이 아닌, 앞에서 살펴본 것처럼 그들의 심장에 배제된 자들의 이름을 새겨넣은 체제이기 때문에, 배제된 자들의 무기로 이중적으로 작동할 수 있는 체제이다. 급진 민주주의는 이런 관점에서 민주주의를 하나의 정부형태가 아닌 역사적/사회적으로 배제된 자들의 주체화와 밀접하게 연결된 지속적으로 구성되는

---

11) 우리 연구모임의 정규식은 그동안 진보담론에서도 배제되었던 노숙인들의 전복적 주체성에 관해 연구를 진행하였는데, 그 연구는 이런 과정을 생생히 증명한다. 모든 사람에게 출입이 보장된 역사와 공원에서 노숙인들이 추방당한다는 사실은 그 공간이 사실은 시민들만의 공적공간이라는 사실을 보여준다. 하지만 노숙인들이 '자신들도 시민이다'라고 주장하면서 그곳에 거주하는 순간, 그곳은 시민과 비시민이 공존하면서 시민의 경계가 무엇인가에 대한 경합공간이 발생하는 공간, 즉 우리의 언어로 하자면 '현장'으로 전환된다. 민주주의는 시민들의 공간을 '현장'으로 전환시키면서 주어진 지배적 질서에 대항한다.

정치프로젝트로 사고한다.

3. 민주주의의 외부와 정치, 정치적인 것

'평등한 시민들의 공동체'의 외부로 추방된, 하지만 그 공동체를 성립시키는 과정에 필수적으로 요청되는 이런 외부의 공간을 개념화하기 위해 우리는 샹탈 무페의 '구성적 외부'라는 개념을 사용한다. 데리다의 '구성적 타자' 개념을 빌어와 자신의 언어로 재정립하면서 샹탈 무페는 "어떤 정치 공동체의 구축, 어떤 통일성의 창출을 겨냥하더라도, 그 존재를 가능하게 해주는 어떤 '구성적 외부', 즉 공동체의 바깥"이 존재한다고 설명한다. '구성적 외부' 즉 공동체의 바깥이란 공동체의 실존을 가능하게 해주는, 즉 하나의 '우리'를 건설하기 위해 요청되는 '우리'와 구별되는 '그들'의 영역, '우리'라는 공동체를 실질적으로 구성하기 위해 필연적으로 요청되는 공동체의 바깥이 바로 '구성적 외부'인 것이다. 우리는 이 '구성적 외부'라는 개념에 의지하여, 평등한 시민들의 공동체로 정의되는 민주주의가 존재하기 위해 필연적으로 요청되는, 그로부터 배제된 비시민들의 공간을 지칭하기 위하여 '민주주의의 외부'라는 개념을 사용한다.

1) 정치의 국가화: 관리에 의한 정치의 대체

민주주의의 원리가 존속하기 위한 식민화된 외부의 필요라는 우리의 문제설정은 내부를 근거 짓는 외부와 내부의 경계를 새롭게 재해석할 문제를 제기한다. 민주주의와 평등의 문제를 내부를 구성하는 외부와의 관계에서 새롭게 고찰할 때, 랑시에르의 '치안'과 '정치'의 구별은 우리에게 민주주의로부터 배제된 자들의 공간을 정치화할 수 있는 하나의 참조점을 제공한다. 이미 정치적 주체로 받아들여진 공동체 주체들 사이의 정치행위와 그에 대항해서 정치적 주체성을 획득하려는 배제된 자들의 정치행위 사이에 존재하는 구별과 차이를 명확히 한 것이다. '치안'과 구별되는 진정한 '정치'로 파악되는 배제된 자들의 주체화라는 그의 문제설정은 민주주의에서 정치적인 것이 발생하는 동적발생의 공간이 어디인가를 명확히 보여준다. 자유주의는 정치를 정치적 주체로 받아들여진 공동체 구성원들의 이해갈등의 조정과 합의의 체계로 이해하지만 실제로 이러한 자유주의 정치의 특징은 정치를 우리의 표현으로 하자면 '관리'로 대체하는 것이다. '정치'를 '관리'로 대체하는 것이 자유주의의 필연적 경향이라고 할 때, 이러한 관리를 우리는 '정치의 국가화'[12]라고 말할 수 있다. 왜냐하면 정치를 관리로 대체하는 핵심 매개물이 바로 관료제이며, 관료제는 국가의 핵심메커니즘이기 때문이다. 자유주의는 민주주의를 민주관료제로 전환시키며, 정치를 대체하는 관리로서의 민주관료제의 핵심적 특징은 살아있는 것을 사물로 전환해야만 한다는 것이다. 다니엘 벨의 지적처럼, "사물에 대한 관리—합리적 판단에 의한 정치의 대체—는 기술관료제의 특징"[13]이기 때문입니다. 살아있는 것의 사물화, 즉 물화(物化)는 정치의 국가화, '관리'의 핵심기제이다.

'관리' 즉 살아있는 것, 사물로 치환되지 않는 살아있는 것들의 배제를 통한 정치의 대체는 몰적 특성으로 파악되지 않는 차이들의 제거를 통한 일반적 규율의 기술관료적 체계를 의미한다. 동시에 그것은 이미 정치적

---

12) '정치의 국가화'와 '정치의 사회화'에 대한 자세한 서술로는 조희연, 「장외(場外)정치, 운동정치와 '정치의 경계 허물기'—비합법전위조직, 재야운동, 낙선운동, 광주꼬뮨」, 신정완 외, 『우리안의 보편성』, 한울, 2006 참조.
13) 다니엘 벨, 『탈산업사회의 도래』, 김원동 옮김, 아카넷, 2004, 249쪽.

주체성을 획득한 공동체 구성원들의 체계라는 점에서 보편성을 가장하는데, 이러한 보편성에 대한 비판을 우리는 영(Iris M. Young)의 글에서 찾아볼수 있다. 영은 모든 이들의 평등을 전제하는 근대 시민권의 보편성의 이상은 실제로는 특수성과 차이들을 제거하는 것에 불과하며, 동시에 그를 통해확립된 법률과 규칙들의 체계를 통해 동일성을 강제한다고 비판한다.14) 특수성과 차이를 뛰어넘는 일반의지로 파악되는 보편성은 그 '일반성' 즉 '동일성'을 견지하지 못하는 개인과 그룹들을 정치공동체의 외부로 추방/배제하며, 이를 통해 자유와 평등이라는 근대 정치의 이상은 실제로는 동일성을 견지하는 특수한 집단들의 폐쇄체계, 즉 단일하고 동질적인 집단들의특수한 대표체계로 표상될 뿐이라는 것이다. 영의 분석을 토대로 우리의문제설정을 정교화한다면, '관리'의 핵심기술은 살아있는 것의 배제이며, 살아있는 것을 배제시킨다는 것은 바로 그 동일성으로 환원되지 않는 특수한 것들의 제거, 즉 '차이'의 제거라고 볼 수 있습니다. '관리'는 기본적으로 '셀 수 있는 수'의 체계이기 때문에 특수한 질적인 것을 표상하는 집단과개인들을 '셀 수 있는 것'으로 전환해야만 하며, 이 과정에서 특수한 것들은관리에 내재된 동일성의 압력에 의해 민주주의의 외부로 추방되는 것이다. 이 추방된 자들의 영역이 바로 민주주의의 외부이며, 이 민주주의 '외부'가바로 동일성으로 환원되지 않는 특수한 차이들의 체계로 분화되어 있는타자화된 공간이다.

2) 배제된 자들의 주체화와 급진 민주주의

민주주의의 외부는 이러한 특수한 차이들이 차등화되어 있는 공간이지

---

14) I. M. Young, *Inclusion and Democracy* (Oxford Univ Press, 2000), p. 250.

만, 실제로 차이가 발생하고 그것이 정치화되는 것은 민주주의의 내부와 외부가 만나는 경계 그곳에서이다. 즉 차이가 현실화되기 위해서는 관리-민주주의에 대항하는 과정에서 그것이 주체화되어야만 하며, 바로 이 순간에 차이들이 '현실화'되고 그 과정에서 정치적인 것이 발생하게 된다. 즉 정치는 내부에서 발생하는 것이 아니라 민주주의가 외부와 만나는 경계에서 발생하며, 그것은 배제된 자들의 주체화로 인해 발생하는 것이다. 이러한 정치적인 것의 발생을 우리는 '정치의 사회화'라고 부르는데, 왜냐하면 그것은 본질적으로 국가화된 정치가 배제했던 사회의 영역을 주체화하는 정치이기 때문이다. 이제 민주주의의 경계는 '정치의 국가화'와 '정치의 사회화'라는 관리와 배제된 자들의 주체화를 향한 침투와 경쟁, 상호 갈등의 공간으로 설정된다. 민주주의의 경계를 둘러싼 이 갈등은 동시에 민주주의의 의미를 둘러싼 갈등의 체계이기도 하다. 정치의 국가화 프로그램은 민주주의를 통치와 관리의 체계로 상정하고, 통치의 조건을 확보하기 위한 전략을 구사하는 반면, 정치의 사회화 프로그램은 민주주의를 공적인 영역을 재정치화하는 프로그램으로 이해한다. 배제된 자들의 주체화는 필연적으로 민주주의를 국가로부터 분리하며, 국가로 환원되지 않는 새로운 사회조직의 원리로서 민주주의를 제시한다. 우리는 이런 배제된 자들의 주체화 과정에서 발생하는 새로운 민주주의의 원리를 '급진 민주주의'라고 부르고자 한다.15)

---

15) 근대민주주의에서의 정치를 둘러싼 다양한 견해와 관련하여, 우리의 시각은 '급진적 정치주의'로 표현해볼 수 있다. 이는 정치의 고유한 위상을 부정하고 그것을 경제적인 논리 혹은 시장기능에 위탁·해소하는 신자유주의에 내재한 '경제주의적 탈정치주의', 근대민주주의의 이중성을 인식하지 못하고 정치를 제도정치로 한정하고 그것을 선거정치나 정당정치와 같이 정치가 실현되는 구체적인 절차와 과정을 강조하는 '제도정치 중심적 정치주의', 정치의 고유한 차원을 인정하지 않고 그것을 경제주의적 모순으로

4. 비시민(Non-citizen)과 연대: 연대를 위한 집합적 범주로서의 '비시민'

우리들이 사용하는 '민주주의의 외부'라는 개념은 그 평등한 시민들의 공동체로부터 배제된 자들의 삶과 노동을 포착하기 위한 것이다. '평등한 자들의 공동체'로 정의되는 시민의 공동체로부터 배제된 자들의 범주를 '비시민'으로 규정할 때, 여기서 비시민이란 시민의 '외부'를 의미하는 부정성으로 정의될 뿐, 그 자체의 객관적인 실증적 정의를 포함하지 않는다는

환원해버리는 스탈린주의적 맑스주의의 경제환원론적 탈정치주의, 정치가 근본적으로 권력관계의 표현이라는 전제 하에 정치 자체를 극복하고자 하는 반(反)정치주의와 구별된다. 이러한 급진적 정치주의는 근대 시민혁명을 통해서 확보된 (인)민의 주체적 정치공간을 부단히 전복적으로 재구성하는 방식을통해서 민주주의의 '구성적 외부'로 존재하는 것들(요구와 이해, 주체들)을 급진적으로 내부화하는 것을 지향한다. 랑시에르가 치안과 정치를 구분하고 정치를 복원하고자 하는 것이나 아감벤이 근대 주권의 이중성을 부각시키면서 정치의 급진적 확장을 취하는 입장도 급진적 정치주의의 현대적 표현으로 이해할 수 있겠다. 급진적 정치주의의 관점에서 보면, 현존하는 지배는 민주주의적인 체제의 방식을 통해서 '구성적 외부'를 만들어내는 방식으로 작동한다. 예컨대 주민등록증 말소자는 민주주의 속에 있으나 바로 그 민주주의적 기제에 의해서 배제되는 구성적 외부가 된다. 주민등록증이라는 제도 자체가 바로 국민국가의 (인)민들을 '국가화된 규율체계' 그리고 그것을 경험적 지표로서의 '주민등록번호' 속에서 재(再)존재화한다. (인)민은 주민등록증을 통해서 코드화되어 국가가 관리하는 수치화된 존재가 된다. 일종의 '존재의 국가화' 현상이라고 할 수 있다. 문제는 바로 그 '국가화된 존재'방식을 통하여 주민등록증 말소자는 2차적으로 존재를 상실하게 된다. 빈곤으로 인해서건, 혹은 여타의 사정에 의해서건, 가상적으로 만들어진 국가화된 존재로부터 그들은 스스로의 존재가 '말소'되는 것이다. 가상적 존재가 만들어지고 다시 거기서 지워지는 방식을 통해서 주민등록증 말소자는 이중의 '구성적 외부'가 된다. 주민등록증 말소자가 특정하게 국가화된 방식으로 민주주의의 구성적 외부가 된다고 하면, 비정규직 노동자는 그들의 요구와 이해가 '민주주의가 포괄하지 않아도 되는' 의제가 되는 방식으로 민주주의의 구성적 외부가 되며, 이주노동자는―정치의 주체로서의―(인)민에 포함되지 않는 방식으로 민주주의의 구성적 외부가 된다. 이들은 민주주의를 통하여, 그리고 정치를 통하여, 구성적 외부가 되는 것이다. 급진적 정치주의는 바로 정치 자체를 급진적으로 확장하는 노력을 통하여, 이러한 구성적 외부를 민주주의의 내부화하는 것이다. 이런 점에서 급진적 정치주의는 이상적인 어떤 정치의 상태를 '외재적'으로 설정하는 방식이 아니라, 내재적 방식으로 정치의 급진적 재구성을 지향하며, 기존의 권력들이 정치를 식민화하는 바로 그 현장에서 균열을 확대하고 '전복'하는 것을 통하여 정치를 확장하는 것을 지향한다.

사실이 강조되어야 한다. 비시민의 시민의 범주가 전제하는 '평등'으로부터 배제된 다양한 장소와 위치로부터 발생하는 것이다. 따라서 비시민을 구성하는 다양한 장소들과 위치들을 통일하거나 동질화할 수 있는 어떤 단일한 규정이나 규칙은 존재하지 않는다. 이러한 단일한 규정이나 규칙의 부재에 의해 발생하는 공백은 '차이'를 단일한 동일성으로 환원하려는 부정적 종합의 시도를 그 근원으로부터 불가능하게 만들지만, 동시에 불평등이 발생하는 장소와 위치의 이질성과 다양성이 사실상의 '분열'과 '분리'로 발전할 가능성과 그 '차이' 상호 간에 발생하는 적대의 잠재성을 모두 내포한다.

1) 비시민

일반적 의미에서 '비시민'이란 시민과 구별되는 자로서, 시민의 국가와 직접적 연관을 갖지 않는 자 일반을 의미한다. 2006년 발간된 비시민의 권리에 관해 데이비드 바이스브로트(David Weissbrodt)가 '인권증진과 보호에 관한 소위원회'에 제출한 최종보고서에 의하면 '시민'과 '비시민'의 경계는 국가와의 실질적인 연관(effective link)에 의해 결정된다. '실질적인 연관이란 시민권 부여의 일반적인 준칙으로 해당 국가에서 받아들여지는 1) 출생지주의, 2) 혈통주의 혹은, 3) 귀화, 또는 이러한 방식들의 다양한 조합에 의해 결정된다. 따라서 비시민이란, 자신이 거주하고 있는 국가에서, 이러한 실질적인 연관을 가진 것으로 인정되지 않는 자를 의미하게 된다.16)

비시민의 범주가 일차적으로 국가와의 관계에서 파악된다는 점에서 비시민은 일반적으로 '외국인'과 동일시된다. 시민=국민이고, 비시민은 국민이 아닌 자들이다. 이것은 현대적인 시민권의 개념이 '국가의 성원' 경계와

16) [세계의 인권보고서 15] 비시민의 권리에 대한 보고서, 인권연구소 홈페이지.

동일시된다는 점에서 현대적인 시민권 개념에 토대한 것이기도 하다.[17] 하지만 이러한 시민과 비시민의 범주 규정은 국가라는 정치공동체에 대한 법적 귀속성 여부만을 문제 삼을 뿐, 현대 시민권의 개념에 내재되어 있는 법-제도적 평등성의 보장이라는 측면을 고찰하지 못한다. 즉 비시민의 권리에 대한 국제인권법의 규정은 국가에 속하지 않는 '외부의 이방인'으로서의 비시민이 합당한 근거 없이 해당 국가에 귀속되지 않는다는 이유만으로 시민과 다른 차별적인 대우를 받을 수 없음을 선언하는 것이지만, 그것은 실질적인 불평등에 노출된 형식적인 시민권의 문제를 비시민의 범주로 고찰하지 못한다.

이와는 반대로 다양한 불평등과 억압, 착취에 노출된 사회집단들은 자신들이 직면한 문제를 '비시민' 혹은 '이등시민'이라는 범주를 통해 다양한 방식으로 표현하고 있다. 이들에게 비시민이란 국가에 대한 귀속성의 여부에 의해 규정되는 것이 아니라 시민의 개념에 내재된 평등성의 보장이란 측면에서 규정되는 것이다. 물론 시민의 개념에 내재된 평등성이란 내용적으론 법적 평등성을 토대로 하는 것이지만,[18] 불평등과 억압에 노출된 다양한 사회집단들에게 그 평등성의 내용은 기본적으로 경합적이다. 자신이 직면한 문제를 비시민이라는 범주를 통해 파악하게 될 때, 1) 시민과 비시민의 경계에 대한 질문을 제기한다는 측면에서, 시민의 개념에 내재된 평등의

---

17) 서구사회에서의 시민권의 세 가지 기본 개념에 대해서는 브라이언 S. 터너, 『시민권과 자본주의』, 서용석 외 옮김, 일신사, 1997, 39쪽을 참조하라. 터너는 서구사회에서 시민권의 기본적 의미가 (1) 단순한 한 도시의 거주자 (2) 한 도시의 거주자 혹은 점유자라는 사실로부터 거류민(denizen)과 구별되지 않는 개념 (3) 마지막으로 국가의 성원이라는 세 가지 의미로 사용된다고 지적한다.
18) "형식적 법은 시민들이라면 누구나 똑같은 판결을 받을 수 있다는 것을 보장한다"(터니, 앞의 책, 40쪽).

경계와 그 정도에 대한 질문을 포함하며 2) 그것을 통해 자신들이 직면한 문제가 평등의 문제, 즉 평등을 입증하는 문제라는 사실로 전유한다. 평등의 경계, 정도 혹은 강도 그리고 그 입증에 대한 질문이 정치공동체로서의 시민들의 민주주의에 제기된다. 반대로 말한다면, 시민과 비시민의 경계는 평등과 불평등의 경계이다. '평등한 자들의 공동체'로 정의되는 시민의 공동체에서 배제된 자들이 비시민으로 규정된다.

2) 정치적 타자들과의 연대와 평등: 이중투쟁과 '하방연대'(下方連帶)

우리에게 필요한 것은 저항과 투쟁이 발생하는 다양한 장소들과 위치들의 분산성에도 불구하고 그 분산성이 결과적인 분리로 변형되지 않는 연대를 위한 집합적 범주이다. 연대를 위한 집합적 범주를 고려함에 있어 (1) 우리는 '연대'를 하나의 전선을 구축하기 위한 낮은 단계의 연대로부터 높은 단계의 연합 및 당적 조직 건설과 같은 방향으로 이해하면 안 된다. 이러한 방향은 연대를 '조직의 질서도'의 문제로 치환해서 이해하며, 연대를 '무질서'로부터 '질서'를 구축하는 방향에서 이해한다. 분산성을 '무질서'로 이해하는 한, 질서의 이름으로 다양성은 제거되어야 할 무엇으로 전유된다. 우리에겐 다양성을 인정하면서도 분산성을 연대성으로 전유하는 관점이 필요하다. (2) 이것을 위해서는 민주주의의 확장과 급진화를 위해 투쟁하는 다양한 집단들이 자신을 표현하는 공통의 범주를 발견하되, 그것을 구성하는 다양한 시도 그 자체로 범주를 이해해야만 한다. 상탈 무페의 지적처럼, 연대성을 위한 집합적 범주는 '하나의 공동 본질 존재'로 이해되어선 안 되고, 비트겐슈타인의 '가족 유사성'의 개념으로 이해되어야만 한다.19)

19) 상탈 무페, 『정치적인 것의 귀환』, 김보경 옮김, 후마니타스, 2007, 127쪽.

범주의 구성 그 자체가 특정한 정치전략과 연결된 혹은 그것을 위한 '구성의 시도'라는 점에서, 연대성을 위한 집합적 범주는 늘 개방적이다. 우리가 제안하는 연대를 위한 집합적 범주로서의 '비시민'이라는 개념은 불평등과 억압에 대항하여 투쟁하는 다양한 집단들의 자기표현에 등장한다.[20] 비시민은 민주주의가 전제하는 혹은 약속하는 모든 이들의 자유와 평등이라는 명제로부터 자신이 처한 불평등과 억압의 상황을 효과적으로 표현한다.

민주주의에 대항하여 새로운 민주주의를 주창하고 그것의 입증을 요청하는 자들은 민주주의에 내재된 약속된 평등의 입증을 요청하는 자들이라는 측면에서 그들의 민주주의는 기존의 민주주의를 더욱 민주적으로 재구성하는 운동이자 모멘텀으로 존재한다. 민주주의의 외부로 추방된 혹은 민주주의의 내부에서 배제된 자들, 즉 사회구성에서 배제되고 축출된 식민화된 타자들의 영역과 민주주의가 결합될 때에만 민주주의의 평등은 '동일한 공동체의 구성원들의 권리'로 전유되지 않는다. 이 점에서 풀란차스[21]가 주장하는 이른바 '이중투쟁' 즉 국가 '내부'에서의 의회투쟁과 국가 '외부'에서의 대중투쟁의 결합은 급진 민주주의를 사유하고 실천하는 데 지속적인 상상력을 부여한다. 급진 민주주의는 국가의 경계를 중심으로 내/외부를 파악하는 풀란차스의 '이중투쟁'을 시민의 경계와 연대성의 경계로 이동시킨다. 시민과 연대성이 시민이 전제하는 '동일한 공동체 구성원들의 권리'를 매개로 유지-존속될 때, 민주주의의 외부는 그 비시민의 영역에서 비시민들과의 '불가능한 동일시'를 요청하면서 민주주의의 내부 및 외부를 동시에 재구성한다. 그것은 단지 의회투쟁/대중투쟁의 경계, 제도와 비제도의

---

20) 우리의 관점에서는 비시민과 이등시민을 구별하지 않는다.
21) 니코스 풀란차스, 『국가, 권력, 사회주의』, 박병용 옮김, 백의, 1994, 331쪽.

영역으로 구별되고 파악되는 경계가 아니라,22) 동일한 원칙들과 규칙들이 적용되는 영역들에서 배제된 자들의 주체화를 통해 이질적인 원리들이 개입하고 그것들의 개입을 통해 내부를 다양한 이질적인 원리들의 경합공간, 현실적인 운동공간으로 재구성한다. 배제된 자들의 주체화와 내부 경합공간의 발생은 우리가 생각하는 급진 민주주의의 '이중투쟁'이다.

평등의 입증을 통해 연대성의 실현을 향한 끊임없는 자기 운동으로 민주주의를 규정하려는 급진 민주주의 전략에서 평등과 연대성의 관계는 단순한 긍정 혹은 부정의 관계도 아닌, 끊임없이 그 자체가 재규정되어야 하는 관계성의 형태로 고찰되어야 한다. 평등과 연대성이 접합되는 지점은 그것이 특정한 사회공동체의 구성원에 대한 어떤 원리로 이해된다는 것이다.23) 즉 그것은 동일한 집단이나 공동체에 속하지 않는 사람들의 원리가 아니다. 연대성은 '평등한 자들의 공동체'에 속한 자들의 원리이기 때문이다. 그래서 기본적으로 연대란 좁은 의미의 공동체 혹은 넓은 의미에서 동등한 사람들의 관계를 의미하거나 전제한다. 우리에게 필요한 관점은 연대가 전제하는 동등한 자들의 공동체로서의 '평등한 자들의 공동체' 그 자체의 경계를 경합적으로 전유하면서 연대의 경계를 평등의 입증을 통해 "동일한 집단이나 공동체에 속하지 않는 다른 사람, 즉 타자와의 연대"로 확장시킬 수 있는 전략이다. 이런 점에서 우리들은 신영복의 '하방연대'가 우리들의 주

---

22) 우리들의 관점에서 본다면 의회투쟁과 대중투쟁의 구별은 생각보다 중요하지 않다. 중요한 것은 그것의 장소가 의회인가 아닌가가 아니라, 그 투쟁이 기존 질서에 새로운 질서를 기입하기 위한 것인가 아닌가이다. 노동자들의 대중투쟁이 정규직 노동자들의 목소리를 기존 질서에 기입하기 위한 운동이라면 그것은 의회이든 거리이든 그 장소에 의해 '외부'의 투쟁으로 받아들여지지 않는다. 그건 '내부'의 운동이다.
23) 고전적인 연대성의 개념으로부터 현대적인 새로운 형태의 연대성의 개념에 대한 개괄로는 라이너 촐, 『오늘날 연대란 무엇인가』, 최성환 옮김, 한울, 2008을 참조하라.

요한 참조점의 역할을 할 수 있다고 믿는다. 신영복은 『강의』에서 『노자』가 민초들의 전략전술이자 정치학이라고 언급하면서, 노자의 '물' 개념에 기초하여 하방연대론을 개진한다. 우선 연대가 긴급한 이유는 우리 사회의 변혁 역량이 절대적으로 취약한데, 그것조차 분산/파편화되어 있기 때문이다. 그 연대란 다름 아닌 하방연대이다.

"그리고 진정한 연대란 다름 아닌 '노자의 물'입니다. 하방연대입니다. 낮은 곳으로 지향하는 연대입니다. 노동, 교육, 농민, 환경, 의료, 시민 등 각 부문 운동이 각자의 존재성을 키우려는 존재론적 의지 대신에 보다 약하고 뒤처진 부문과 연대해 나가는 하방연대 방식이 역량의 진정한 결집방법이라고 생각하지요. 중소기업, 하청기업, 비정규직, 여성, 해고자, 농민, 빈민 등 노자의 물처럼 낮은 곳을 지향하는 연대여야 하는 것이지요. 하방연대에는 보다 진보적인 역량이 덜 진보적인 역량과 연대하는 것도 포함됩니다. 덜 진보적인 역량은 더 내놓을 것이 없기 때문입니다."

세상에서 가장 낮은 곳인 바다, 그 바다를 향해 운동하는 연대가 하방연대라면, 그 하방연대는 평등한 자들의 공동체에서 배제된 자들, 우리의 언어로 한다면 비시민의 영역으로 흘러들어가는 '연대'이다. 중소기업, 하청기업, 비정규직, 여성, 해고자, 농민, 빈민, 성소수자 등과 같은 버림받고 배척받는 삶의 현장으로 흘러들어가 그 삶과 결합하고 그 삶의 희망을 다시 잉태시키는 것이 바로 하방연대의 근본정신이다. 하방연대를 이해함에 있어 그것을 수동에 대비되는 능동의 입장이나, 상방에서 하방으로의 방향론적 관점에서 하방연대를 이해하면 하방연대를 '일방적인' 실천전략으로 이해하게 된다. 일방적인 실천전략으로서 하방연대를 이해할 때의 곤혹스러운 문제는 연대를 '자비' 혹은 '자선'과 혼동하는 것이다. 하방연대는 낮은 곳에서 더 낮은 곳으로, 그 낮은 곳을 향해 가는 운동 과정에서 다양한 개별, 분산화된 흐름들이 하나의 흐름을 만들어가는 운동이다. 그 흐름은 동일한 흐름을 만들어내기 위한 운동이 아닌 '동등함', 낮은 곳으로 향하는 바다가 창출하는 것은 분산화된 물의 파편성이 극복되면서 만들어지는 물 분자로서의 물적 동일성이 아니라, 가장 낮은 곳에서만, 바다에서만 이룰 수 있는 '동등성'이다. 즉 낮은 곳을 향한 운동과정에서 창출되는 것은 '평등의 입증'이며, 이 평등의 입증이 하방연대의 실천적 목적이다.

하방연대와 구별되지만 그것과 분리되지 않는 또 하나의 연대 형태가 바로 "보다 진보적인 역량이 덜 진보적인 역량과 연대하는" 이른바 우방연대(右方連帶)이다. 하방연대가 '낮은 곳'을 향한 운동이라면, 우방연대는 '오른쪽'을 향한 운동이다. 우방연대를 진보와 보수의 타협 혹은 타협을 향한 진보의 보수화로 속류화하여 이해하지 않기 위해서는 하방연대의 대립항이 근본적으로 상층연대라는 사실, 즉 강한 쪽과의 연대와 구별해서 이해해야만 한다. 신영복이 강조하듯, "강한 쪽과의 연대는 연대가 아니라 일종의 추종"이기 때문이다. 우방연대가 하방연대와 구별되지만 그것과 분리되지 않는 하방연대의 하나의 유형이라면 우방연대는 강한 쪽, 즉 실질적인 권력을 독점하고 있는 자들과의 연대를 의미하지 않는다. 그것은 연대를 가장한 '추종'일 뿐이다. 우방연대가 하방연대의 하나인 한 그것은 강한 자들에 대한 추종을 의미하는 상향연대와 구별되는 것이어야만 한다.

하방연대가 평등의 입증을 통해 차이들의 연대를 실현하기 위한 전략이라면, 우방연대는 '정도'의 차원이다. 그것은 차이와 분화를 실질적인 '분리'로 만들어내지 않기 위한 연대의 전략이다. 진보의 경계는 상징적인 구성이다. 그것은 다양한 현실적인 사회적 균열들에 기초하지만, 어떠한 균열들을 동시에 그 균열들의 헤게모니적 구성을 진보의 경계로 설정하는 것은 상징적인 구성이다. 그래서 진보는 하나의 사회과학적 개념이라기보다는 이데올로기적 구성물이다. 우방연대는 진보의 경계에 대한 진보 자체의 질문에 대한 대답이다. 다양한 내적 경계들과 차이들을 '보다'와 '덜'로 이해함으로써 그 경계와 차이들을 절대화하여 그것을 분리의 이유로 받아들이는 것이 아니라, 그 이유로 인해 그것을 만남과 연대를 위한 차이로, 그 실천을 위한 요청으로 받아들이는 것, 이것이 우방연대 전략이다. 우방연대는 이런 의미에서 분리의 이유에 반대하는 결합과 결속의 이유, 내적 경계와 차이가 실질적인 분리와 적대로 번져가는 것을 방지하기 위한 결합과 결속의 이유이다. 여기에 함축된 것은 곧 보다 진보적이라는 것은 곧 보다 연대적이라는 것, 결합과 결속을 자신의 원리로 입증하는 운동이라는 것이다. 보다 덜 진보적인 흐름에 대항하여 자신의 진보성을 입증하기 위해서는 그 운동이 '연대'를 입증하는 운동이라는 사실을 받아들여야만 한다. 우방연대는 '연대'의 입증을 요청하는 진보의 끊임없는 구성운동이다.

5. 민주주의의 사회화를 위한 연대성의 정치학을 향하여

우리의 관점에서 현재 한국 민주주의의 핵심 쟁점은 민주주의를 방어하는 동시에 민주주의의 확장과 급진화를 실현시킬 수 있는 새로운 정치전선을 구축하는 것이다. 지금 우리가 경험하는 것은 민주주의 그 자체의 존속을 영원히 보장할 수 있는 토대는 없다는 것이다. 샹탈 무페의 표현을 빌린다면, "민주주의는 항상 허약한 정복이며, 따라서 심화시켜야 하는 만큼이나 방어도 중요하다."[24] 민주주의의 방어와 확장이 단계론적인 과제가 아니라면, 지금 우리에게 필요한 것은 민주주의의 위기를 새로운 민주주의를 위한 과정으로 전유하는 것이다. 새로운 형태의 민주주의의 위기가 발생한 근본이유는 우리들의 관점에서 본다면 그것은 '정치전선'의 부재로 귀결된다.[25]

정치전선의 부재는 단지 대중들의 입장에서 자신을 대표하고 대변할 실질적인 선택이 소멸하는 것만을 의미하지 않는다. 정치전선의 소멸 내지 식별성의 약화는 전선과 결합된 민주적인 정체성의 형성과정을 방해하며 결과적으로 민주주의를 약화시키거나 후퇴시킨다. 정치전선은 민주주의 내부에 존재하는 다양한 사회적 적대들의 배출구 역할을 하기 때문에, 그 전선이 소멸되면 사회적 적대는 '정치'가 아닌 다른 배출구를 찾아야만 한다. "정체성을 형성할 수 있는 민주주의적 정치투쟁들이 결핍되어 있을 때, 그 자리는 정체성 형성의 다른 형식들"[26]이 차지한다. 황우석 사태는 우리가 경험한 가장 직접적인 사례이다. 다양한 형태의 반사회성과 결합된 집단적 정체성들이 형성되는 공간을 정치전선의 부재는 제공하며 이것은 민주주의에 대한 가장 직접적인 위협으로 존재한다. 범죄는 대중들이 선택할 수 있는 가장 일반적인 반사회적 일탈행위이며, 점증하는 사회에 대한 적대와 증오는 이러한 가능성을 더욱 현실화시키고 있다.

정치전선의 주변화 혹은 부재로 인해 민주주의에 내재된 경합공간이 소멸하고, 대중들이 자신들이 직면한 사회적 적대와 불평등을 동일시할 수 있는 정치전선의 부재로 인해 민주주의가 대중 자신들의 무기로 작동하

---

24) 샹탈 무페, 『정치적인 것의 귀환』, 18쪽.
25) 정치전선의 부재와 민주주의의 위기, 그리고 좌파의 재구성에 대한 논의는 샹탈 무페의 『정치적인 것의 귀환』 서론 '경합적 다원주의를 향하여'를 참조하라.
26) 같은 책, 17쪽.

지 못하면서 발생한 가장 직접적인 위기는 대중들이 사회의 주변부로 '추방'되어, 사실상 그들에게서 정치공동체의 성원권을 박탈하는 과정이 발생하는 것이다. 경쟁과 발전, 성장에 대한 합의 이외의, 그것에 대한 동의 이외에 아무런 선택도 존재하지 않는 대중들은 주변화와 추방에 대한 공포에 직면하여 그 공포를 발생시키는 입장을 선택해야만 하는 역설적 상황에 직면했다.

정치전선의 부재로 인한 민주주의의 경합공간의 상실은 민주주의를 점점 더 자본주의와 구별되지 않는 상황으로 몰고가고 있으며, 정치는 점점 더 '치안'으로 전환되고 있다. 단순하게 도식화해 보자면 민주주의=자본주의=치안의 동일화 과정이 진행되는 것이 현재 민주주의 위기의 핵심이다. 그리고 이 현상은 우리의 관점에서 본다면 정치전선의 부재 혹은 주변화로부터 발생한 것이다. 따라서 이것에 대항하여 민주주의를 방어하고 동시에 그것을 민주주의의 확장과 급진화를 위한 기회로 전유하기 위해서는 새로운 정치전선을 어떻게 설립할 것인가에 대한 방향에서 논의가 이루어져야만 한다. 새로운 정치전선을 성립시키기 위해서는 (1) 사회의 주변부로 밀려난, 그래서 사실상의 정치적 성원권을 박탈당한 배제된 자들의 주체화를 위한 정치를 중심으로, (2) 진보가 하나의 지평으로 '다시' 정의되어, 불평등과 억압에 대항하는 수많은 투쟁과 저항들이 기입될 수 있는 공간을 발견하고, (3) 그 위에서 정치적 자유주의를 경제 자유주의 혹은 그 극단적 형태인 신자유주의로부터 분리하여 전유하는 형태로 정치전선을 설립하기 위한 노력이 진행되어야 한다는 것이 우리의 제안이다. 그리고 이 과제를 실현하는 중심개념으로 '연대성'이 필요하다는 것이 우리의 생각이다.

독재에 대항하는 민주주의, 전쟁에 반대하는 평화라는 이분법에 기초해 아래로부터의 급진적인 사회주의적 요구를 사회공동체의 외부로 추방하는 동시에 보수주의와의 타협과 경쟁의 체계로 1987년체제를 성립시킨 자유주의는 경제적인 차원에서는 신자유주의와의 결합을 통해, 정치적 차원에서는 이라크 파병과 같은 전쟁활동과의 결합으로 인해 자신의 정치적 토대를 스스로 무너뜨렸다. 정치적 자유주의와 경제적 자유주의의 극단적 형태인 신자유주의가 결합된 모순적 혼합체제로 운영된 두 번의 민주정부는 스스로 자신이 대항하던 낡은 것으로서의 '보수주의'와의 차이를 제거함으로써 1987년의 정치전선을 해체시켰다.27) 1987년체제의 해체라고 볼 수 있는 이 현상은 자유주의와 보수주의의 경합공간으로 규정되었던 1987년체제의 외부에 위치했던 사회주의를 비롯한 다양한 급진주의세력에게 새로운 정치적 기회구조를 제공한다는 측면에서 긍정성을 갖지만, 그 긍정성은 (1) 정치전선의 부재 혹은 소멸로 인해 민주주의를 성장과 발전에 대한 일방적인 '합의'와 '위임'의 공간으로 전유해버린 보수주의, (2) 동시에 보수주의가 불안과 무관심에 기초한 대중들의 광범위한 반정치적 토대와 결합되어 있다는 점에서 민주주의의 위기로부터 발생하는 '긍정성'이다. 이것은 민주주의의 위기와 공존하는 한국 정치의 새로운 가능성이 실제적인 대중들의 불안과 공포, 그리고 희생의 기초 위에서 발생하고 있다는 것을 의미

---

27) 1987년체제를 확립한 자유주의의 헤게모니가 시민을 '시민'으로부터 추방하여 비시민의 영역으로 유폐시키는 과정에서 상실되었다면, 새로운 보수주의는 정확히 그 반대의 과정을 통해 자신의 헤게모니를 확립하고 있다. 신자유주의는 시민을 사회의 주변부로 몰아붙이면서, 그들로부터 사실상의 정치적 성원권을 박탈시키는 방향으로 사회를 조직해나갔기 때문에, 자유주의는 자신을 구현하는 과정에서 자신의 토대인 정치적 자유를 지향하는 시민들을 끊임없이 비시민으로 재생산하는 역설적 과정에 직면했다. 이것이 결과적으로 자유주의의 정치적 토대를 상실시켰다. 반대로 보수주의는 비시민의 영역으로 추방된, 혹은 주변화되거나 추방당하는 것에 대한 불안과 공포에 직면한 다양한 사회집단들의 열망을 민주주의 곧 '희망'이라는 단순한 도식으로 전유함으로써 자신들과 접합하는 데 성공했다.

한다. 동시에 우리는 민주노동당이 원내진입에 성공한 2004년 이후로, 급진적 진보주의 정치노선이 87년체제를 규정하는 정치전선을 대체할 새로운 정치전선을 구축하려는 끊임없는 시도를 진행하고 있지만 그것은 늘 주변적인 시도로만 존재하고, 정치의 중심무대로 등장하는 데 여전히 상당한 한계를 갖고 있다는 점을 냉정하게 인정해야만 한다.

진보정당운동 혹은 새로운 형태의 대안정당운동을 포함한 정당운동 일반은 정치전선을 확립하는 과정에서 중심적인 역할을 요구받고 동시에 실행해야 하지만, 기존 정치전선을 대체하는 새로운 정치전선은 아래로부터의 광범위한 민주적 모멘텀과 결합되지 않고서는 성립될 수도 없으며, 유지−존속될 수도 없다. 보수주의가 전유한 혹은 그와 접합된 사회적 모순과 균열의 지점들을 새롭게 전유하여 민주주의를 보다 진보적인 지평으로 이동시킬 새로운 정치학이 필요한 이유가 바로 그것이다. 하지만 우리에게 부여된 과제는 쉬운 것이 아니다. 정치전선은 적의 범주를 발견하고 구성하는 과정을 통해 성립된다. 하지만 적의 범주만을 고려하고 '우리'의 범주를 적의 범주 하에 종속시키는 방식의 정치전선은 1990년대를 경유하면서 발전한 다양한 사회운동들과 동시에 현재 진행되는 다양한 민주주의 투쟁과 저항의 양식과 공존하지 못한다. 우리에겐 정반대의 과정이 필요하다. 신영복의 주창처럼 그리고 여성주의 운동의 오랜 슬로건처럼, 현대의 정치전선은 '여럿이 함께' 그리고 '따로 또 같이'라는 연대의 행동으로부터 발생하는 것일 수밖에 없다. 그것은 적의 범주가 특정 집단이나 정당의 주도, 혹은 탁월한 정치이론에 의해 선험적으로 미리 주어질 수 있는 것이 아니라 오직 연대의 과정을 통해 끊임없이 새롭게 구성되어야 하는 범주임을 의미한다. '적의 범주'를 정치에서 소멸시키고 오로지 차이만을 강조하는 일련의 '아름

다운 영혼들'의 연대를 거부하면서, 오로지 적의 발견만을 통해 모든 운동들의 차이를 무화하고 운동들의 동등성을 동일성으로 전유하려는 '현대의 군주'에 의한 연대와도 거리를 두는 새로운 연대성의 정치학이 요구된다. 연대성의 정치학은 적의 발견과 구성을 위한 정치학이자 동시에 '우리'의 범주를 구성하는 원칙들과 행동론의 정치학이다.

새로운 연대형식의 범주와 형식을 발견하는 과정에서 우리는 (1) 자유주의가 전제하는 소유적 개인주의 혹은 특정한 개인주의의 권리 개념을 넘어설 수 있어야만 하며 (2) 동시에 특정한 집단의 동질성에 기반을 '집단연대'의 원리를 넘어서야만 한다. 라이너 촐은 자신의 저서 『오늘날 연대란 무엇인가』 한국어판 번역본 서문에서 "한국에서 이루어지는 연대가 대부분 '집단연대'의 형태를 띠고 있다는 것, 즉 사회집단이 서로 결속하지만 그 자체로는 닫혀 있으며 다른 집단과 날카로운 경쟁관계에 놓여 있다는 것"28)을 지적한다. 그에 따르면 '집단연대'는 진정한 연대의 사전단계일 수 있지만, 그 단계에 머문다면 그것은 '집단이기주의'에 불과할 뿐, 연대가 아니다. 진정한 연대는 집단연대의 극복을 통해 공동체 외부의 타자와 조우하는 방향으로 포괄적으로 계속 발전해 나가야만 하는 운동이다.29) 폐쇄적인 자기 공동체의 이해관계만을 위해 존재하는 연대는 집단과 집단의 관계를 '경쟁관계'로 바라본다.

우리는 이러한 두 가지 과제를 실현하는 과정에서 즉, 보수주의의 '사회진화론'에 대항하는 사회연대를 위한 연대성의 정치학을 정립하는 과정에서 정치공동체의 외부로 혹은 주변부로 밀려나있던 사회주의가 새롭게 재

---

28) 라이너 촐, 앞의 책, 5쪽.
29) 같은 책, 같은 곳.

발견될 수 있다고 생각한다. 사회주의는 연대성 그 자체만은 아니지만, 연대성은 사회주의운동의 지속적인 핵심으로 존재했으며 연대성을 향한 끊임없는 운동 그 자체로 사회주의를 바라보고 이해할 수 있는 부분이 존재한다. 연대의 원리는 자유주의와 보수주의 양자로부터 도출될 수 없는 것이며, 그것은 민주주의의 원리와도 구별되는 것이다. 우리는 연대성을 향한 끊임없는 운동으로서의 사회주의와 평등의 원리를 핵심으로 하는 민주주의가 접합할 수 있는 새로운 형태를 발견하고자 하며, 이것이 우리들의 '급진 민주주의'가 추구하는 목표이다. 민주주의는 발리바르의 표현을 빌린다면, 대중에 내재하는 대중 자신에 대한 공포를 해체할 수 있을 때에만 확장과 급진화가 가능한 운동이다.

따라서 급진 민주주의는 새로운 민주주의 정치전선을 확립하기 위한 연대성의 정치학을 지향한다. 이것은 진보의 재구성을 위한 과제가 연대의 개념을 중심으로 고찰되어야 함을 의미한다. 연대를 바라보는 우리들의 기본 관점은 "어떤 투쟁이 진보적인 성격을 지녔는가의 여부는 그것이 기원한 위치가 아니라—우리는 노동자들의 투쟁이 모두 진보적인 것은 아니라고 말한 바 있다—오히려 그것이 다른 투쟁들과 맺는 관계에 의존한다"는 샹탈 무페[30]의 입장과 동일하다. 진보성은 그 투쟁이 발발한 장소와 위치로부터 발생한 것이 아니라 그 투쟁이 다른 투쟁들과 맺는 관계에서 발생한다. 즉 진보성은 다른 진보운동들과의 관계 속에서 정립될 수 있을 뿐이다. 우리는 이러한 진보를 재구성하는 과정에 신영복의 '하방연대'론이 중요한 실천전략이자 행동론의 토대를 제공하여 준다고 생각한다. 우리는 이런

---

30) 라클라우, 어네스토 · 샹탈 무페, 『사회변혁 헤게모니』, 김성기 외 옮김, 문화과학사, 1990, 256쪽.

의미에서, 급진 민주주의가 새로운 정치전선의 확립을 위한 진보의 재구성 전략이자 연대와 평등의 원리에 기초한 새로운 민주주의의 전략으로 발전할 수 있기를 희망한다.

3부

맑스주의 역사와 정치

09

오늘날 세계 자본주의 위기와 레닌의 제국주의론

양준석_사회실천연구소/사회주의노동운동가

1. 노동자혁명의 시대와 레닌의 제국주의론

1916년 레닌은『제국주의: 자본주의의 최고 단계』(제국주의론)를 발표했다. 여기서 레닌은 제국주의 단계의 자본주의를 "사멸해가는 자본주의"로 규정했다.

레닌의『제국주의론』은, 카우츠키를 비롯한 제2인터내셔널 주류가 1차대전에서 자기 나라 부르주아지들의 하수인으로 전락한 것과 달리, "제국주의 전쟁을 내전으로 전환하라"고 외쳤던 러시아 볼셰비키들의 혁명투쟁을 뒷받침한 '혁명이론'이었다.[1]

제국주의 전쟁의 한복판에서 자본주의를 타도하고 소비에트 사회주의

---

[1] 물론 혁명이론으로서 '제국주의론'이 레닌의 노력만으로 정립된 것은 아니다. 레닌은 맑스의 방법론에 기초하고 힐퍼딩에게 영향을 받았다. 또한 '제국주의론'은 레닌과 더불어 룩셈부르크, 부하린, 트로츠키 등 당대의 혁명적 맑스주의 이론가들에 의해 발전되었다.

체제를 수립한 1917년 러시아 노동자혁명은 레닌의『제국주의론』과 그에 입각한 사회주의 혁명투쟁의 타당성을 현실로 입증했다. 이후 1923년까지 독일·헝가리·이탈리아·영국을 중심으로 전유럽에서 펼쳐졌던 '세계혁명'의 물결은, 비록 패배하긴 했지만 '사멸해가는' 자본주의의 징후를 만천하에 드러내고 제국주의와 결탁한 노동계급 내 기회주의의 역사적 배신을 보여줌으로써, 또 다른 형태로 레닌의『제국주의론』이 가진 혁명적 타당성을 입증하였다.[2]

1차 세계대전에 뒤이은 세계적인 노동자혁명의 물결을 간신히 제압함으로써 자본주의는 위기를 벗어나는 듯 보였지만, 몇년 가지도 않아 1929년 미증유의 세계대공황에 빠짐으로써 '사멸해가는' 체제의 단말마적 고통을 다시 드러냈다. 자본주의는 1930년대 내내 세계대공황에서 빠져나오지 못했으며, 결국 2차 세계대전이라는 더욱 거대한 제국주의 전쟁을 통해서야 비로소 10년을 넘게 괴롭히던 세계대공황으로부터 벗어날 수 있었다.

그런데 세계대공황과 2차 세계대전은 '사멸해가는 자본주의'의 파멸적 실체를 적나라하게 드러냈지만, 세계적인 노동자혁명으로 이어지지는 못했다. 1917년에 시작된 러시아 노동자혁명, 1920년대에 시작된 중국을 비롯한 식민지 노동자민중의 혁명적 투쟁, 1930년대 미국·프랑스·스페인 등의 거대한 노동자투쟁이 이 시기에 파상적으로 펼쳐졌지만, 세계적인 노동자혁명은 일어나지 못했다.

러시아 노동자혁명은 고립된 까닭에 그 약점과 한계가 극대화할 수밖에 없었고 결국 스탈린주의 관료집단의 반혁명으로 무너졌다.[3] 코민테른의

---

2) 그러나 기회주의의 물질적 기초가 '제국주의 초과이윤'이라는 레닌의 주장은 논란의 여지가 많다고 본다. 이 점에 관해서는 다른 기회에 논쟁적으로 다루도록 하겠다.

‘자본주의 전반적 위기론’은 노동자공동전선 대신 사회파시즘론을 앞세운 좌익적 편향으로 독일에서 무기력하게 히틀러의 집권을 허용한 뒤, 세계노동자혁명이 아니라 스탈린주의 소련 방어와 인민전선을 앞세운 우익적 편향에 빠져 미국·프랑스·스페인에서 거대한 노동자투쟁의 성과를 자본가들에게 헌납하고 참혹하게 패배하는 결과를 낳았다.[4] 중국을 비롯한 식민지 노동자민중의 민족해방 혁명투쟁은 노동자혁명의 한 과정이 되지 못한 채 농민을 중심으로 한 소부르주아 민족혁명으로 변질되고 말았다.[5]

---

3) 『제국주의론』(1916)에서 자본주의를 ‘사멸해가는’ 체제로 규정하고 『국가와 혁명』(1917)에서 직접 민주주의에 입각한 노동자권력 사상을 단호하게 부르짖던 레닌은 내전의 참화에 시달리고 유럽혁명의 좌절을 거치고 난 몇년 뒤 눈에 띄는 ‘후퇴’를 보여준다. 레닌은 전시공산주의 상황에서 강제된 소비에트 민주주의 원칙의 후퇴를 내전 후에도 계속 유지했고, 신경제정책의 도입에 따른 시장경제의 확대를 이론적으로 정당화했다. 1921년 레닌은 노동자계급의 자기해방이 아니라 소멸한 노동자계급의 재창출이 당면과제이며, 따라서 사회주의가 시장관계를 제거함으로써가 아니라 시장관계를 통해서 도달될 수 있다고 생각하게 되었다. 또한 러시아에서 시장관계의 발전이 관료주의의 병폐에 대한 처방이 될 수 있다고 주장했다. 이러한 후기 레닌의 ‘후퇴’는 러시아혁명의 약점과 한계를 가장 압축해서 보여주는 하나의 창으로서, 스탈린주의 반혁명이 어떻게 볼세비키 내부로부터 성장할 수 있었는지를 이해할 수 있는 실마리를 던져준다. 정성진, 「레닌의 경제학 비판」, 『마르크스주의 연구』 2호, 2004. 11 참조.

4) 소련과 민주진영이 연합하여 파시즘에 맞선다는 2차 세계대전의 정치적 역학에 포섭됨으로써, 결국 스탈린주의는 ‘제국주의 전쟁에 맞서는 세계노동자혁명’의 정신을 결정적으로 저버리게 된다. 이 시기 스탈린주의 노선의 파멸적 결과는 한참 제국주의 패권국가로 발돋움하던 미국에서 가장 단적으로 나타났다. 미국의 스탈린주의 공산주의자들은 1930년대 세계대공황에 맞선 거대한 노동자투쟁을 헌신적인 노력으로 이끌어냈지만, 2차 세계대전을 맞아 소련과 한편이 된 루스벨트 제국주의 정권의 전쟁노력에 하수인 노릇을 하면서 노동자들의 저항을 앞장서 통제하였다. 스탈린주의자들은 전쟁 후반 폭발적인 비공인파업에 나선 노동자들에게 배척 대상이 되었고, 전쟁이 끝나자 휘몰아친 매카시즘 광풍 앞에서 투쟁하는 노동자들에게 외면당하고 노조관료들에게 버림받으면서 허망하게 파멸했다.

5) 중국과 베트남을 비롯한 민족해방혁명의 이데올로기는 반제반봉건 민족해방민주주의 혁명을 거쳐 사회주의 건설로 나아간다는 것이었으나, 결국 이것은 ‘이데올로기’에 불과한 것이었음이 역사를 통해 입증되었다. 중국과 베트남을 비롯한 민족해방혁명이 실제로 수행한 것은 소부르주아 세력이 주도하는 부르주아 혁명이었다. 노동자계급은 민족해방혁명의 실질적인 주체가 전혀 아니었으며, 민족해방혁명이 실제로 한 일은 ‘노동자계급의 자기해방’이 아니라 자본주의 임노동 관계를 사회 전체에 확립하는 변형된 ‘원시적 축적’이었다.

이렇듯 1924-1945년 시기에 비록 세계노동자혁명은 일어나지 못했지만, 자본주의는 '사멸해가는' 체제의 모습에서 벗어나지 못함으로써 "사멸해가는 자본주의"라는 『제국주의론』의 핵심 규정은 여전히 그 타당성이 확인되었다. 그러나 '제국주의론'에서 표현된 혁명이론을 시대와 더불어 올곧게 발전시키지 못하고 오히려 스탈린주의 반혁명의 노리개로 전락시켜 버린 코민테른의 잘못된 혁명전략과 정치노선은 '사멸해가는' 자본주의에 맞서 세계노동자혁명을 도저히 이끌어나갈 수 없었다.

노동계급 혁명운동이 세계적 차원에서 패배하는 대신 세계전쟁으로 과잉자본을 대량 파괴함으로써 자본주의는 한동안 왕성한 확대재생산 운동을 재개할 수 있는 기반을 확보했다. 자본주의 위기는 일시적으로 수면 아래로 내려갔고, 이로부터 전후호황의 시대가 열렸다.

2. 1945년 이후 '달라진' 세계 자본주의와 레닌의 제국주의론

1945년 이후 자본주의는 그 이전과 상당히 다른 모습을 보여주었다. 무엇보다 2차 세계대전 직후부터 1973년까지 25년 넘게 지속된 '전후호황'의 시기가 있었다. 1차, 2차 세계대전에 버금가는 세계적인 규모의 전쟁도 벌어지지 않았다. 1973년 이후 장기불황이 이어졌지만, 2008년까지 35년 동안 1930년대와 같은 세계대공황은 발생하지 않았다. 겉으로 드러난 것만으로는 '사멸해가는' 체제라고 단정하기가 쉽지 않았다.

또한 1945년 이후 자본주의의 모습은 ('사멸해가는' 체제인지 여부를 떠나) 1916년 레닌이 제국주의의 기본 특질로 규정했던 것6)과도 상당히 달라

6) "우리는 다음과 같은 5개의 기본적 특질을 포함하는 제국주의의 정의를 내릴 수 있을

졌다. 이제 맑스주의 흐름 안에서도 많은 이들이 『제국주의론』을 (1945년 이전의 현실 적합성은 인정할 수 있을지라도) 더 이상 지금은 현실에 부합하지 않으니 폐기해야 할 이론으로 취급했다.

그런데 2008년 하반기에 펼쳐진 세계적인 금융위기는 자본주의가 다시 1930년대와 같은 세계대공황으로 빠져들고 있음을 만천하에 드러냈다. 자본주의는 다시금 '사멸해가는' 체제의 모습을 겉으로도 공공연히 드러내기 시작했다. 바야흐로 '사멸해가는' 자본주의에 맞선 세계적인 노동자혁명이 다시금 현실의 전망으로 되는 시대가 새롭게 열린 것이다.

이제 우리는 그동안 세계적 수준에서 펼쳐진 혁명이론과 혁명운동의 성과를 종합해 내면서 다가오는 세계노동자혁명을 위한 이론을 발전적으로 재정립해야 할 시점에 서있다. 여기서 지난 세기에 세계노동자혁명의 핵심적인 이론적 토대였던 레닌의 『제국주의론』을 오늘의 현실을 놓고 비판적으로 재검토하는 것은 소중한 자양분이 될 것이다.

그런데 오늘 우리가 레닌의 『제국주의론』을 다시 들추는 것은 『제국주의론』을 오늘의 현실에 교조적으로 대입하기 위해서가 아니라, 발전적으로 재정립해야 할 혁명이론의 기초로서 여전히 의미를 갖는 합리적 핵심을 『제국주의론』 속에서 간추려내기 위해서다. 그 합리적 핵심을 크게 요약해

것이다. (1) 생산과 자본의 집적이 고도의 단계에 달해, 경제생활에서 결정적 역할을 수행하는 독점체를 형성하기에 이르렀다. (2) 은행자본이 산업자본과 융합하여 '금융자본'을 이루고, 이를 기초로 하여 금융과두제가 형성된다. (3) 상품수출과는 구별되는 자본수출이 특별한 중요성을 갖는다. (4) 국제적 독점자본가단체가 형성되어 세계를 분할한다. (5) 자본주의 거대열강에 의한 전세계의 영토적 분할이 완료된다. 요컨대 제국주의란, 독점체와 금융자본의 지배가 확립되어 있고, 자본수출이 현저한 중요성을 가지고 있으며, 국제 트러스트들 간의 세계분할이 시작되고, 자본주의 거대열강에 의한 지구상의 모든 영토적 분할이 완료된 발전단계에 있는 자본주의이다"(V. I. 레닌, 『제국주의론』, 남상일 옮김, 백산서당, 1986, 122쪽).

보자면 다음 두 가지라고 본다.

첫째, 혁명이론의 출발점으로서 '사멸해가는 자본주의'라는 총괄적인 규정이다. 이와 관련해서 오늘 우리는 '사멸해가는 자본주의'라는 관점에서 1945년 이후 오늘날까지 자본주의 전개과정을 새롭게 설명해낼 필요가 있다. 겉보기에 전혀 '사멸해가는' 체제가 아닌 듯 보였던 전후호황 시기부터 '사멸해가는' 체제의 징후가 다시 겉으로 드러나기 시작한 오늘에 이르기까지, 자본주의가 '사멸해가는' 체제로서의 본질을 어떤 운동과정으로 펼쳐왔는지, 그 속에서 작동하는 핵심적인 모순구조는 무엇인지를 체계적으로 설명해낼 필요가 있다. 그럼으로써 '사멸해가는 자본주의'라는 규정이 갖는 오늘의 의미를 명확하게 정돈해내는 것은 우리가 발전적으로 재정립해야 할 혁명이론의 출발점이 될 것이다.

둘째, 한 줌의 강력한 자본가들이 세계 자본주의를 지배하는 수단으로서 '제국주의 국가권력'에 대한 인식이다. 오늘날 지구상에 고전적인 식민지는 거의 존재하지 않는다. 그러나 오늘날에도 여전히 전세계의 경제적 부를 압도적으로 틀어쥔 한 줌의 강력한 자본가들은 제국주의 국가권력의 막강한 정치군사적 힘을 바탕으로 국민국가의 경계를 넘어 자신의 이해관계를 우월적으로 관철시키고 있다. 제국주의 국가권력은 자본주의체제를 지키는 최후의 보루이기도 하다. 따라서 자본주의를 철폐하려는 노동계급의 투쟁은 필연적으로 제국주의 국가권력에 맞선 투쟁일 수밖에 없다. 그런데 지구상에서 식민지가 사실상 사라진 오늘날, 제국주의에 맞선 노동계급의 투쟁은 민족적 형식에 얽매이는 것이 아니라 오히려 노동계급의 전면적인 국제연대를 통해서 실현되어야 한다. '제국주의에 맞선 세계노동자혁명'의 관점은 우리가 발전적으로 재정립해야 할 혁명전략의 기본틀

이 되어야 할 것이다.

자본주의의 본질은 달라지지 않았지만 그 형태는 많은 변화를 거듭해왔다. 그런 점에서 한 세기 전의 자본주의를 분석한 『제국주의론』을 갖고, 특히 이른바 '5대 지표'에 입각해서, 오늘날의 자본주의를 설명할 수는 없는 일이다. 오늘의 자본주의를 총체적으로 분석하고 그 특징을 핵심적으로 요약하는 것은 오늘을 살고 있는 우리가 새롭게 해야 할 일이다. 다만 '5대 지표'를 포함해서 『제국주의론』 곳곳에 담겨 있는 레닌의 주장을 오늘의 현실과 견주어 점검해보는 것은 오늘의 자본주의를 분석하고 요약하기 위한 작업의 기초가 될 수 있을 것이다.

1) 독점과 다국적 기업
『제국주의론』이 밝혔듯이, 자유경쟁에서 출발한 자본주의는 생산과 자본의 집적이 높은 단계에 이르면서 경제생활에서 결정적 역할을 수행하는 독점체를 형성했다.

경쟁은 독점으로 전화한다. 그 결과 생산의 사회화가 현저하게 진전된다. 특히 기술의 발명이나 개선과정도 사회화된다. …자본주의는 제국주의 단계에 이르러 생산의 전면적인 사회화에 바짝 접근한다. 말하자면 자본주의는 자본가들을 그들의 의지나 의식에 반하여 어떤 새로운 사회질서, 곧 완전한 자유경쟁으로부터 완전한 사회화로의 과도적인 질서로 끌어들이는 것이다.

생산은 사회화되지만, 소유는 여전히 사적이다. 즉 사회적 생산수단은 여전히 소수의 사적 소유로 남아 있다. 형식적으로 인정된 자유경쟁의 일반적 틀은 여전히 남아 있지만 소수의 독점체가 수많은 사람들에게 씌우는 멍에는 한층

무거워지고 가혹해지고 견디기 힘든 것이 된다.[7]

독점화의 경향은 1945년 이후에도 기본적으로 계속되었다. 그런데 독점체들이 존재하는 방식은 일정하게 달라졌다. 과거의 독점체들은 카르텔과 보호무역 등을 통해서 국내시장과 해외시장을 독점적으로 또는 배타적으로 분할했다. 그러나 1945년 이후에는 다국적 기업이 전면에 등장하여 자국 시장의 상호개방과 자유무역을 주창하면서 공동의 세계시장을 놓고 치열한 경쟁을 펼치고 있다.[8]

오늘날 다국적 기업의 존재방식은 과거의 카르텔과 분명히 다르다. 그런데 다국적 기업은 생산의 사회화를 국경을 넘어 세계적인 수준으로 확장해 왔다. 그런 점에서 '독점에 따라 생산의 사회화가 현저하게 진전되는 양상'은 다국적 기업을 중심으로 한 현대자본주의에서 더욱 발전되어 나타났다고 할 수 있다.

독점화의 구체적인 양상은 달라졌지만, 독점화 경향 자체와 그에 따른 생산의 사회화 진전이라는 본질적 측면은 오늘날 현대 자본주의에서도 변함없이 이어지고 있다.

2) 금융자본과 '금융화'

『제국주의론』은 은행자본이 산업자본과 융합하는 '금융자본'을 제국주의의 주요 특질 가운데 하나로 규정했다.

---

7) 레닌, 『제국주의론』, 53쪽.
8) 김두한, 「자본의 국민경제적 축적에서 세계적 축적으로」, 서울대 경제학과 박사학위논문, 2009, 65-66쪽 참조

생산의 집적, 이로부터 생겨나는 독점체, 은행과 산업의 합병 혹은 유착, 이러한 과정이 바로 금융자본의 발생사이며 금융자본이라는 개념의 내용이다. … 소수의 손에 집적되어 사실상의 독점을 형성하고 있는 금융자본은 회사 설립, 유가증권 발행, 국채 등을 통하여 점점 늘어나는 막대한 이윤을 얻으며, 금융과 두제의 지배를 강화하고, 전체 사회로부터 공물을 징발하여 독점체를 살찌운다. …자본의 소유가 자본의 생산적 투자와 분리되는 것, 화폐자본이 산업자본 또는 생산적 자본과 분리되는 것, 화폐자본으로부터 나오는 수입에 전적으로 의존하여 생활하는 금리생활자가 기업가 및 기타 자본경영에 직접적으로 관계 하는 사람들과 분리되는 것, 이것들은 자본주의의 일반적 특성이다. 제국주의, 혹은 금융자본의 지배란 곧 그러한 분리가 상당한 정도에 이른 자본주의의 최고단계이다. 다른 모든 형태의 자본에 대한 금융자본의 우위는 곧 금리생활 자와 금융과두제의 지배를 의미하며, 금융적으로 '강력한 몇몇 국가가 나머지 다른 모든 국가 위에 우뚝 선다는 것을 의미한다.[9]

오늘날에도 여전히 "화폐자본으로부터 나오는 수입에 전적으로 의존하 여 생활하는 금리생활자"들은 다국적 기업을 비롯한 전세계 거대기업 대다 수에 대한 실질적인 소유권을 갖고 있다. 이들 금리생활자 대주주들은, 이 른바 '소유와 경영의 분리' 경향에 따라 '경영노동'이 전문경영인을 정점으 로 한 방대한 관리체계로 넘어가면서, 대부분 '경영노동'조차 하지 않는다. 이렇게 기생충처럼 살아가는 금리생활자들이 경제 전반에 대해 갖는 지배 력은 전후호황 시대에 상대적으로 약화되었다가, '주주자본주의' 공세를 통해 신자유주의 세계화 국면에서 다시 크게 강화되었다.

---

9) 레닌, 『제국주의론』, 77-90쪽.

이처럼 '금융화'는 신자유주의 세계화 국면의 주요한 특징인데, 최근에는 산업자본이 생산적 투자 대신 엄청난 규모의 유보금을 쌓아둔 채 금융부문에 투자하거나 심지어 직접 금융업에 뛰어들 정도로 '금융화'가 심화되었다. 은행만이 아니라 각종 펀드를 비롯한 투기적 금융기관도 번창하고 있다.

그런데 오늘날 금융자본의 존재방식은 과거와 일정하게 다르다. 과거에는 은행자본이 경영진을 파견하여 산업자본을 일상적으로 지배했다.[10] 이와 달리 오늘날의 은행자본과 투기적 금융기관은 유동성과 이동성을 강화하여 더 높은 가치증식을 추구하기 위해 특정한 산업자본에 얽매이기보다 독립적으로 행동하려는 경향이 있다.[11]

하지만 그렇다고 금융자본의 본질이 달라진 것은 아니다. 금융적 자본의 거대화는 산업자본이 축적의 결과인 유기적 구성 고도화에 따라 신규투자에 점점 더 큰 화폐자본을 필요로 하게 된다는 사실에 여전히 기초하고 있다. 오늘날 금융적 자본이 금융거품을 바탕으로 투기적인 수익을 만들어내는 경향이 매우 심화되었지만, 여전히 모든 금융거품과 투기적인 수익은 산업자본에 대한 투자로부터 나오는 수익에 근원적인 기초를 두지 않을 수 없다.

그리고 오늘날 산업자본마저 금융투기에 빨려드는 경향이 심화된 것은 무엇보다 유기적 구성 고도화에 따른 이윤율의 경향적 저하가 심각한 수준에 이르러 생산활동을 통해서 만족스런 이윤을 얻기 어려워진 까닭이다.

---

10) "예컨대 1929년 JP모건은 72개 대기업에 79명의 은행인사를 파견했으며 이 기업들의 자산을 모두 합치면 200억 달러에 달했다. 1929년 모건 측의 인사 202명이 1,984명의 경영진으로 파견되어 있었다. 그리고 1930년 모건의 파견경영자를 모두 합하면 연인원이 2,450명에 이른다"(김남석, 「미국 투자은행의 산업기업 지배방식과 그 결과」, 양동휴 편 『1930년대 세계 대공황연구』, 서울대학교 출판부, 2000, 180쪽).
11) 김수행, 『자본주의 경제의 위기와 공황』, 서울대학교 출판부, 2006, 101쪽 참조.

즉 오늘날에도 금융적 자본은 산업자본 없이 존재할 수 없으며, 금융적 자본의 거대화는 산업자본의 요구로부터 비롯된 것이자 산업자본 축적의 결과인 것이다.

또한 신자유주의 세계화 국면으로 넘어오면서 금융적 자본이 산업자본보다 더 주도권을 갖게 된 것은 무엇보다 전후호황 시기에 이루어진 산업자본 축적의 결과 유기적 구성이 고도화되면서 금융적 자본의 거대화가 점점 더 크게 요구되고 점점 더 탄력을 받게 되었다는 점, 달리 말하면 산업자본이 거대한 금융적 자본에 더욱 많이 의존하게 되었다는 점 때문이다.[12] 이처럼 오늘날에도 큰 틀에서 보자면 금융적 자본과 산업자본은 서로 긴밀히 결합되어 있으며, 이렇게 결합된 금융자본을 장악한 한 줌의 강력한 자본가들이 자본주의 세계를 지배하고 있다.

따라서 ‘나쁜’ 금융적 자본을 규제하여 ‘좋은’ 산업자본 중심으로 자본주의를 ‘건강하게’ 재편할 수 있다는 생각은, ‘금융화가 자본축적의 필연적인 결과라는 점을 이해하지 못하는 것이고, 실제로 이루어질 수 없는 것을 추구하는 비현실적인 공상이며, 노동자투쟁의 상상력을 자본주의 틀 안으로 가두는 해악적인 것일 뿐이다. 기생충처럼 살아가는 금리생활자들의 지배를 폭로하는 것은, 기생성과 부후성의 필연적인 심화를 통해 ‘사멸해가는 자본주의의 실체를 명확히 함으로써 자본주의 철폐의 방향을 더욱 분명히 세우는 것으로 이어져야 한다.

---

12) 금융적 자본의 거대화와 별도로 신자유주의 세계화 국면에서 금융투기가 점점 더 활성화된 것은 전후호황의 결과 본격화된 이윤율의 장기하락 경향에 맞서 시장의 인위적인 유지·확대를 통해 이윤양을 늘림으로써 이윤율 하락을 만회하려는 시도에서 비롯되었다고 본다. 이것은 이윤율의 장기하락 경향이 자본주의 시장포화라는 조건에서 펼쳐졌다는 점과 깊은 관련이 있다고 보는데, 이에 대해서는 뒤에서 다시 얘기하겠다.

3) 자본수출과 공장이동

『제국주의론』은 자유경쟁 자본주의의 전형이 상품수출이라면 독점자본
주의의 전형은 자본수출이라고 말했다.

자본주의가 자본주의로서 존재하는 한 과잉자본은 그 나라 대중의 생활수준을
높이는 데 이용되는 것이 아니라— 왜냐하면 그렇게 할 경우 자본가들의 이윤
은 하락할 것이므로— 후진국에 자본을 수출함으로써 이윤을 높이는 데 이용된
다. 일반적으로 이들 후진국에서는 자본이 희소하고, 토지가격이 비교적 낮으
며, 임금이 낮고, 원료가 싸기 때문에 이윤이 높다.
자본수출은 수많은 후진국들이 이미 세계 자본주의적 교역에 편입되었다는
사실 때문에 가능해진다. 즉 이들 나라에서는 간선철도가 개통되었거나 건설
중에 있으며, 기타 산업발전을 위한 초보적 조건이 창출되고 있다. …자본수출
은 그것을 수입하는 나라의 자본주의 발전에 영향을 미치며, 그 발전을 크게
가속화시킨다. 그러므로 자본수출이 자본수출국의 발전을 어느 정도 정체시키
는 경향을 가지는 것은 사실이나, 그것은 동시에 전 세계에 걸친 자본주의의
발전을 더욱 확대·심화하는 것이다.13)

자본수출은 경영권 행사와 결합된 '직접투자'와 투자수익만을 추구하는
'포트폴리오투자'로 나뉜다. 그런데 1914년 포트폴리오투자가 자본수출에
서 90% 정도를 차지했던 반면, 1945년 이후에는 직접투자가 기본적으로
절반 이상을 차지하고 있다.14)

---

13) 레닌, 『제국주의론』, 94-96쪽.
14) "1914년에 모든 국제간 자본운동의 거의 90%가 유가증권투자의 형태를 취했던 반면,

맑스가 지적했듯이 자본수출은 자본수출국의 입장에서 볼 때 이윤율의 경향적 저하를 상쇄하는 하나의 수단이 될 수 있다.[15] 그런데 자본수출이 자본수입국의 자본주의 발전을 크게 가속화한다고 일반적으로 말하는 것은 무리가 있다. 자본수출은 자본수입국의 자본주의 발전을 크게 가속화하기도 하지만, 오히려 왜곡·지체시킬 수도 있다고 말하는 것이 실제 역사에 더 부합한다.

자본주의 초창기 미국을 비롯하여 자본주의 발전의 기반이 마련된 '근대적 식민지'로 흘러들어간 자본수출은 자본수입국의 산업화를 크게 가속화했다. 그러나 19세기 후반부터 20세기 전반에 걸쳐 전(前)자본주의 상태의 식민지를 상대로 이루어진 자본수출은 어느 정도 자본주의 발전의 기반을 형성하고 약간의 산업화를 낳기도 했지만 전체적으로는 활발한 산업화와 왕성한 자본주의 발전으로 이어지지 못했다.[16]

식민지에 대한 자본수출에서 주종을 이뤘던 포트폴리오투자는 산업화를 지원하는 대신 오히려 경제외적 수탈을 강화하고 산업화를 제한했다. 주된 투자수익은 공업화를 통해서가 아니라 토지에 대한 세금과 금광·철광산 등에 대한 수탈을 통해서 확보되었다. 철도를 비롯한 사회간접자본에 대한

오늘날 그러한 흐름의 75%가 다국적 기업에 의한 직접투자로 구성되어 있다"(Earnest Mandel, *Der Spatkapialismus*[1972], 『후기자본주의』, 이범구 옮김, 한마당, 1985, 307쪽). 1990년대 이후 개발도상국에 대한 자본수출에서도 직접투자는 여전히 절반 정도의 비중을 차지하고 있다(UNCTAD, *World Investment Report 2006*, p. 5 참조).

15) 맑스·엥겔스, 『자본』 제3권 14장 5절, 1894년.

16) "1차 산품 수출국 특히 아시아, 라틴아메리카, 아프리카의 제국에서는 직접투자를 수출산업, 예컨대 플랜테이션 작물이나 광업에 집중한 것이 일반적으로 현지의 생활수준을 개선하는 데 거의 도움이 되지 않았다. 그리고 이러한 사업으로부터 발생되는 수익의 대부분은 일반적으로 자본 수출국에 있는 외국인 투자가들의 손으로 돌아가는 경향이 있었다"(A. G. Keenwood and A. L. Lougheed[1983], *The Growth of International Economy*; 국역: 『국제경제사』, 형설, 1985, 65쪽).

투자와 제국주의 국가 상품의 판매는 식민지에서 상품경제를 발달시키고 그리하여 기존의 전자본주의 경제체제를 붕괴시킴으로써 자본주의 발전의 예비 조건을 성숙시켜 나갔지만, 전반적인 산업화로 이어지지는 못했다.[17]

이와 달리 1945년 이후에는 전세계 식민지들이 정치적으로 독립하면서 과거와 같은 방식의 수탈이 더 이상 계속될 수 없었다. 신생독립국들은 앞 다투어 근대화 프로젝트를 추진했고, 이와 맞물려 제3세계로 흘러들어 간 다국적 기업의 직접투자는 자본수입국의 산업화를 전반적으로 촉진했다. 다음 표는 그 경향을 뚜렷이 보여준다.

제3세계와 선진국의 공업화 수준 (1750-1990)[18]

(영국 1900=100)

	총제조업 생산 (10억$)		1인당 (지수)		선진국/ 제3세계
	제3세계	선진국	제3세계	선진국	
1750	93	34	7	8	1
1800	99	47	6	8	1
1830	112	73	6	11	2
1860	83	143	4	16	4
1900	60	481	2	35	18
1913	70	863	2	55	28
1928	98	1,260	3	71	24
1938	122	1,560	4	81	20
1953	200	2,870	5	135	27
1973	927	8,430	14	315	23
1980	1,320	9,910	19	347	18
1990	2,480	12,090	29	412	14

---

17) 김두한, 앞의 글, 116-118쪽 참조

18) Paul Bairoch, *Economics and World History* (The University of Chicago, 1993), p. 91; 양동휴, 『세계화의 역사적 조망』, 서울대학교 출판부, 2007. 이 표는 제3세계의 공업화 진전에 따라 선진국과의 상대적 격차가 줄어들고 있음을 보여주지만, 절대적 격차가 여전히 매우 크다는 점 또한 보여준다.

그런데 1980년대 이후 신자유주의 세계화 국면에서는 제3세계의 산업화에서 양극화 현상이 뚜렷이 나타나고 있다. 중국을 비롯한 동아시아 지역은 막대하게 빨아들인 직접투자를 바탕으로 거침없이 산업화가 진전되면서 자본주의 발전이 매우 빠르게 이루어지고 있다. 그러나 동아시아보다 먼저 산업화가 진전되었던 라틴아메리카 지역은 이 시기에 금융자본과 다국적 기업 공장들이 썰물처럼 빠져나가면서 탈산업화와 빈곤화로 치달았다. 아프리카 지역은 독립 이후에도 환금작물 단일재배를 중심으로 산업화가 진행되면서 천혜의 식량자원이 파괴되었는데 여기에 신자유주의 구조조정과 긴축정책이 겹치면서 대륙 전반이 기아로 허덕이는 비참한 상태로 내몰리게 되었다.

1945년 이후 자본수출에서 나타난 중요한 특징은 선진국 사이의 자본이동이 선진국에서 제3세계로 가는 자본이동보다 월등히 많다는 점이다.[19] 이는 미국·유럽·일본 등 선진국들 사이에서 다국적 기업을 중심으로 생산과 시장의 세계화가 크게 진전된 데 따른 것이다. 특히 미국은 전세계 해외직접투자(FDI) 유치에서 차지하는 비중이 1960년대 말에 10%가 채 되지 않았으나 1980년대에는 40% 수준까지 늘어나면서 세계 최대의 FDI 유치국이 되었다.[20] 그런데 1990년대를 지나면서는 제3세계(개발도상국)의 FDI 유치가 급성장하여 2002년 처음으로 중국이 미국을 제치고 세계

---

19) 20세기 전반에는 식민지로 가는 직접투자의 비중이 대략 60-70%를 차지했다면, 1960년대 이후에는 선진국 사이에서 이루어지는 직접투자의 비중이 어림잡아 70% 정도를 차지하고 있다. 김두한, 앞의 글, 121쪽 참조.

20) Geoffrey Jones, "Multinationals from the 1930s and the 1980s," in A. Chandler and B. Mazlish, eds., *Leviathans: Multinational Corporations and the New Global History* (Cambridge University Press, 2005); 국역: 「1930년대부터 1980년대까지의 MNE」, 『자이언츠―다국적 기업과 글로벌 히스토리』, 김동호 외 옮김, 베리타스, 2006.

1위로 올라섰고, 이후 미국과 엎치락뒤치락 선두를 다투고 있다. 다음 그림
은 1980년 이후 전세계와 각 경제그룹별 FDI 유치 흐름을 보여준다.21)

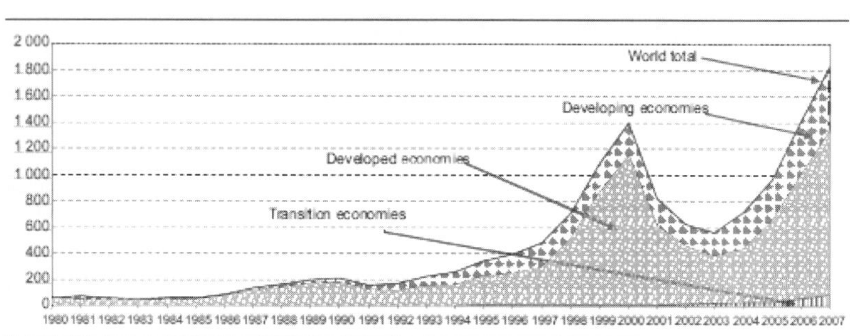

Figure I.1. FDI inflows: global and by groups of economies, 1980–2007
(Billions of dollars)

Source: UNCTAD FDI/TNC database (www.unctad.org/fdistatistics) and annex table B.1.

1980년대 이후 전세계적으로 해외직접투자가 크게 늘어난 것은 국경을
넘어 대대적인 '공장이동'이 이루어진 것과 깊은 관련이 있다. 원래 자본수
출은 충분한 이윤을 기대하기 어려운 '과잉자본'이 새로운 투자처를 찾아
해외로 나가는 것이었다. 그런데 국경을 넘는 공장이동은 더 많은 이윤을
추구한다는 점에서는 고전적인 자본수출과 맥을 같이 하지만, 과잉자본이
아니라 기존에 생산활동을 해왔던 산업자본이 생산설비를 폐쇄하고 이동
한다는 점에서 고전적인 자본수출과 뚜렷한 차이가 있다. 과잉자본을 내보
내는 고전적인 자본수출이 새로 개척하는 시장을 대상으로 그곳에 생산기
반을 추가 구축하는 개념이라면, 공장이동은 기존 시장에 판매할 상품을
더 싸게 생산할 수 있는 새로운 곳으로 기존 생산기반을 이동하는 개념이라

---

21) UNCTAD, *World Investment Report 2008*, p. 3.

고 할 수 있다.

공장이동은 전후호황의 결과 자본의 유기적 구성이 높아져 '이윤율 저하 경향'의 압박이 매우 심각해진 상황에 맞닥뜨리면서 자본가들이 강력한 반(反)노동 공세를 통해 이윤율을 만회하려는 몸부림이라고 할 수 있다. 점점 더 값싸고 고분고분한 노동자를 찾아 공장을 계속 이동시킴으로써, 자본가들은 투쟁력을 가진 노동자들로부터 벗어나 상대적으로 높은 이윤을 얻을 수 있었다. 공장을 꼭 이동하지 않더라도 공장이동을 협박함으로써 노동자들의 저항을 크게 약화시켜 이윤을 늘리는 효과도 만만치 않았다.

이렇게 공장이동은 한동안 이윤율 저하 경향을 상쇄하는 데 큰 도움이 되었다. 그러나 그것은 근본적인 해결책이 될 수 없었다. 어느 곳에서든 공장이 들어서고 나면 머지않아 노동자들의 저항과 투쟁이 반드시 터져 나옴으로써 자본가들은 결국 똑같은 문제 앞에 다시 서야 했다. 그리고 공장이동과 그로 인한 파장이 세계자본주의를 굴러가게 하는 중심 소비시장인 선진국 노동자들의 구매력을 심각하게 하락시킴으로써 세계 자본주의 전체에 '잉여가치 실현의 위기'를 매우 심화시켰다.22)

4) 식민지와 반(反)제국주의

2차 세계대전 이후, 특히 1960년대를 지나면서 지구상의 거의 모든 식민지가 정치적 독립을 이룸으로써 식민지체제는 세계적인 수준에서 사실상 사라졌다. 그러나 식민지가 사라졌다고 해서 제국주의도 사라진

---

22) 공장이동과 관련하여, '이윤율의 경향적 저하'와 '자본주의 시장의 포화'라는 두 족쇄가 서로 결합하고 이것이 거대한 투기거품의 형성과 붕괴, 나아가 최근의 세계적인 금융위기를 낳음으로써 세계대공황의 문을 열게 된 맥락에 대해서는 뒤에서 다시 다루겠다.

것은 아니다. 식민지 정책은 제국주의가 취하는 정책의 한 형태일 뿐이기 때문이다.

자본주의적 제국주의 시대의 식민지 정책을 논하는 데 있어서는 금융자본과 그 대외정책—이는 곧 세계의 경제적 · 정치적 분할을 위한 열강의 투쟁이라 할 수 있다—이 국가종속의 수많은 과도적 형태를 만들어 낸다는 점에 주의를 기울여야 한다. 식민지 소유국과 식민지국이라는 두 개의 주요 집단뿐만 아니라, 형식적으로는 정치적 독립을 유지하고 있지만 실제로는 금융적 · 외교적 종속의 그물에 갇혀 있는 다양한 형태의 종속국들도 이 시대의 전형이다.[23] 금융자본은 당연히 종속된 나라와 민족에게서 정치적 독립까지 박탈하는 종속 형태를 가장 '유리한 것으로 여기며, 그것으로부터 가장 많은 이윤을 뽑아낸다.[24]

금융자본은 모든 경제관계와 국제관계에 있어 대단히 강력한, 결정적이라고도 말할 수 있을 정도의 세력으로서, 완전한 정치적 독립을 향유하고 있는 국가조차도 자신에게 종속시킬 수 있으며, 또 실제로 종속시키고 있다.[25]

오늘날에도 미국을 비롯한 제국주의 국가들은 "국가종속의 수많은 과도적 형태"를 활용해서 나머지 세계를 지배하고 있다. 미국·유럽연합·일본·중국·러시아 등 제국주의 국가권력을 장악한 거대자본은 세계 곳곳에 "형식적으로는 정치적 독립을 유지하고 있지만 실제로는 금융적·외교적 종속의

23) 레닌, 『제국주의론』, 118쪽.
24) 같은 책, 115쪽.
25) 같은 책, 같은 곳.

그물에 갇혀 있는 다양한 형태의 종속국들"을 거느리고서 이들 나라의 노동
자민중을 체계적으로 착취하려는 자신의 이해관계를 다양한 방식으로 관
철하고 있다.[26]

제국주의 국가권력들이 오늘의 세계를 지배하고 있는 만큼, 다가올 노동
자혁명의 과정은 개별 국가권력에 맞선 투쟁일 뿐만 아니라 제국주의 국가
권력에 맞선 투쟁일 수밖에 없다. 그러나 이것은 노동자혁명에 우선하거나
구분되는 별도의 목표로 '민족해방'을 상정해야 한다는 뜻이 아니다. 제국
주의 사슬에서 해방되는 것은 노동자혁명이 획득해야 할 성과 가운데 하나
로 자리매김될 뿐이다.

노동계급 운동이 제국주의에 맞서는 모든 세력을 지지하거나 심지어
전략적으로 한 배를 타야 하는 것도 아니다. 특히 제국주의에 맞서되 자신
의 반동권력을 지키려고 하는 또 다른 지배자들을 노동계급은 단호히 반대
해야 한다.

그 지배자들은 노동계급의 국제연대와 대중투쟁을 통해서가 아니라 주
로 핵무기와 테러라는 반동적 수단을 갖고 제국주의에 맞선다. 이들의 반제
국주의는 국적을 초월해 '자본가 대 노동자'라는 계급전선을 치는 대신 '북
한(이란) 대 미국' 식의 민족전선을 만들어 노동계급의 국제적 단결을 파괴

---

26) "1980년대 이후 세계화는 금융과 정보 및 문화를 통해 세계경제에 대한 미국의 지배력
이 강화되는 과정임과 동시에 미국의 천문학적 군사력이 세계적으로 더 확장되는 과정
이었다. …1990년대 이후 미국은 세계의 경찰의 역할을 자임하면서 세계 도처의 이른
바 위험지역에서 선별적 개입, 폭격 등을 통해 자신의 규칙을 강제해 왔다. 세계화
과정에서 실제로 이루어지는 것은, 동의와 협조를 통해서이든, 노골적 폭력과 경제적
위협의 동원에 의해서이든, 각 국민국가들이 미국 권력에 예속되는 과정이다"(정성진,
제1장 '21세기의 자본주의와 제국주의', 장상환 등, 『제국주의와 한국사회』, 한울,
2002).

하는 길로 나아간다.

노동계급은 제국주의 국가권력의 전쟁책동을 분쇄하고 나아가 제국주의 지배체제를 끝장내기 위해 투쟁할 뿐만 아니라, 제국주의에 맞선다는 명분으로 핵무기와 테러라는 반동적 수단을 사용하는 또 다른 지배자들에 대해서도 반대해야 한다. 노동자들이 제국주의에 맞선 투쟁에서 움켜쥐어야 할 무기는 철저히 '대중투쟁에 기초한 노동계급의 국제연대'여야 하며, 이에 기반한 '세계노동자혁명'이어야 한다.

3. 세계 자본주의 위기와 '사멸해가는' 자본주의

2008년 하반기 세계적인 금융위기로부터 시작된 세기적인 세계대공황은 오늘날의 세계자본주의에 대한 많은 사람들의 인식을 근저에서부터 뒤흔들어 놓고 있다. "혹시 자본주의가 '사멸해가는' 체제인 것은 아닌가?"

그렇다면 오늘날의 자본주의는 '사멸해가는' 체제의 모습을 어떻게 드러내고 있는가? 왜 사멸해가고 있는가? 사멸해가는 과정은 앞으로 어떻게 펼쳐질 것인가?

1) 자본주의는 '사멸해가는' 체제의 모습을 어떻게 드러내고 있는가?

지금 세계자본주의는 다시금 노동계급을 비롯한 대다수 인류를 견디기 힘든 고통으로 내몰기 시작하는 지점을 막 통과하고 있다. 세계적인 금융위기로부터 시작된 세기적인 세계대공황과 그로 인한 대중의 고통, 그리고 그에 맞서 세계적인 수준에서 노동자투쟁이 고양되기 시작하는 오늘의 현실은 그 점을 선명하게 보여준다. 그리고 그 근저에는 상당한 수준으로 축적된 자본주의 모순의 심화가 놓여 있다.

오늘날 세계 자본주의는 어느 때보다 생산력 발전의 성과를 사회적으로 공유하지 못하고 있다. 생산력 발전의 성과는 자본가들이, 그것도 한 줌의 거대자본가들이 점점 더 독점하고 있으며, 노동자들은 생산력 발전의 성과를 공유하지 못한 채 점점 더 극심한 상대적 빈곤으로 내몰리고 있다.

다음 두 도표는 오늘날 세계 자본주의를 대표하는 미국에서 생산력 발전의 성과가 얼마나 공유되지 못하는지를 보여준다.

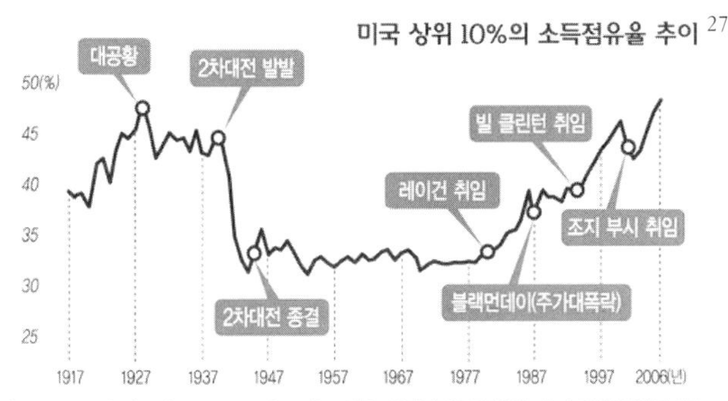

---

27) 『경향신문』, 2009. 1. 12
28) Robert Brenner, *The economics of global turbulence* (Verso, 2006), p. 4.

최근 미국의 상위 10%가 전체 소득에서 차지하는 비율은 50%에 육박하고 있는데 이는 1929년 세계대공황 발발 직전에만 볼 수 있었던 수준이다. 미국 제조업 노동자들의 실질임금은 1970년대 이후 30년 이상 하락과 정체를 거듭하고 있다. 지난 30년 동안 이루어진 기술혁신과 노동생산성 상승을 생각한다면 얼마나 많은 부가 자본가들에게 집중되었는지를 알 수 있다. 두 도표를 비교해 보면 제조업 노동자들의 실질임금이 하락 또는 정체하기 시작하는 무렵부터 상위 10%의 소득점유율이 가파르게 상승하기 시작한 것을 확인할 수 있다.

생산력 발전의 성과가 사회적으로 공유되지 못하고 있음을 보여주는 또 하나의 지표는 세계적 수준의 불평등이다. 중국을 포함하는 제3세계 나라들의 1인당 평균소득은 선진국들의 1인당 평균소득과 비교할 때 1960년 4.7%, 1980년 4.5%, 1998년 4.8%로 몇 십 년 동안 20배 이상의 격차를 전혀 줄이지 못하고 있다.[29] 아프리카 대륙의 기아 난민 사태가 보여주듯이 오늘날에도 인류 가운데 절대적 빈곤을 벗어나지 못한 부분이 있다는 것은 세계적 수준의 불평등이 보여주는 가장 단적인 지점일 것이다.

오늘날 생산력 발전의 성과를 인류가 누리지 못하는 가장 근본적인 측면은 인간 노동의 효율적인 배분이 전혀 이루어지지 않을 뿐만 아니라 엄청난 낭비를 하고 있다는 점이다. 한편에는 엄청나게 많은 사람들이 노동할 기회를 얻지 못해 고통스러워하는데 다른 한편에서는 장시간의 고강도 노동으로 고통스러워하는 것, 그런데도 어떤 해결책도 만들어내지 못하는 것이

---

29) G. Arrighi, "Global Capitalism and the Persistence of the North-South Divide," *Science and Society*, Vol. 65, No. 4 (2001), p. 473; 정성진, 제2장 「세계화인가, 새로운 제국주의 인가?」, 장상환 등, 『제국주의와 한국사회』에서 재인용.

오늘날 지구적 자본주의가 보여주는 한심한 모습이다. 또한 무기산업·부동산·주식·파생금융·보험·광고·마케팅·사치향락 등 실제 인간의 삶에는 전혀 필요하지 않지만 자본의 이윤논리 때문에 존재하는 부문이 점점 더 비대해지면서 점점 더 많은 인간노동이 쓸데없이 낭비되고 있다.[30] 이 점은 이제 자본주의가 실질적인 생산력 발전 자체까지 거대한 규모로 억압하고 있음을 뜻한다.

기후재앙, 생태파괴, 오일피크 등 오늘날 자본주의 생산이 지구상에서 더 이상 지속될 수 없는 지점을 그리 머지않은 곳에 두고 있다는 점도 중요한 대목이다. 세계적 수준에서 볼 때, 오늘날 자본주의는 생산력 발전의 성과를 더 이상 사회적 성과로 연결시킬 수 없는 상태에 이르렀으며, 앞으로 점점 더 많은 인류가 견딜 수 없는 고통에 내몰리는 방식으로만 자신을 재생산할 수밖에 없는 지점을 통과하고 있다.

2) 자본주의는 왜 사멸해가고 있는가?

오늘날 자본주의가 '사멸해가는' 체제의 징후를 보일 수밖에 없도록 내모는 근원적인 요인은 '이윤율의 장기하락'이며, 나아가 그것이 '자본주의 시장 포화'라는 조건 속에서 펼쳐지고 있다는 점에 있다.[31]

자본주의 생산은 노동생산성을 상승시키며 자본의 유기적 구성을 고도화하는데, 이로부터 자본주의는 필연적으로 '이윤율의 경향적 저하'라는

---

30) 만일 오늘날 자본의 이윤 때문에 존재하는 불필요한 부문을 모두 제거하고 일하고 싶은 자 모두에게 일할 기회를 주는 방식으로 사회적 생산에 필요한 노동을 지구적 수준에서 분배한다면 한 사람에게 필요한 노동시간은 일주일에 얼마가 될까? 필자의 생각으로는 얼핏 계산해 보아도 20시간이 채 안 될 것 같다.
31) 이윤율의 장기하락은 '잉여가치 추출의 위기'이며, 자본주의 시장 포화는 '잉여가치 실현의 위기'라고 할 것이다.

문제에 시달리게 된다. 그런데 이윤율의 경향적 저하는 이를 상쇄하는 요인들과 모순적으로 결합되어 전개된다. 따라서 짧은 기간을 놓고 보자면, 이윤율은 등락을 거듭할 뿐이며, 반드시 하락한다고는 말할 수 없게 된다. 또한 이윤율의 경향적 저하와 이를 상쇄하는 요인들 사이의 모순적 대립은 무정부적 과잉생산의 문제와 결합하여 주기적인 공황을 낳게 된다.32) 그런데 산업생산의 주기적 변동과 함께 이윤율은 등락을 거듭하지만, 그 모든 과정을 관통하는 장기적인 경향으로서 이윤율의 장기하락은 필연적으로 관철된다.

자본의 이윤을 위해 생산이 이루어지는 자본주의에서 이윤율의 하락은 사활적인 문제다. 자본가들은 이윤율의 하락을 상쇄하려고 (사실 개별 자본가들의 입장에서 보자면, 더 높은 이윤을 얻으려고) 온갖 수단을 다 동원하게 된다. 자본가들은 눈앞에 보이는 이윤율 하락에 대해서도 대응책을 강구하고 나서지만, 장기적 경향으로 나타나는 이윤율 하락에 대해서도 반드시 그에 걸맞은 대응책을 강구하게 된다. 그것이 자본의 인격적 화신으로서 자본가들에게 부여된 책무이기 때문이다.

한편 자본주의는 대략 1차 세계대전 무렵을 거치면서 지구 전체를 포괄하게 되었다. 그런데 지구상의 많은 부분이 전자본주의 경제체제로 남아 있을 때 자본주의 모순의 전개방식은 전자본주의 경제체제가 소멸한 오늘날과 비교할 때 큰 차이가 있었다. 지구상의 많은 부분이 전자본주의 경제체제로 남아 있을 때 자본주의는 전자본주의 경제체제와 상대하면서 잉여상품 판매, 과잉자본 수출, 경제외적 수탈 등을 실현함으로써 자신의 모순을 상당 부분 해소해낼 수 있었다. 그러나 전자본주의 경제체제가 지구상에

---

32) 김수행, 『자본주의 경제의 위기와 공황』, 213-284쪽 참조

서 사라지고 나자, 자본주의는 자신의 모순이 자신의 체제 안에서 온전히 작동하는 것을 더 이상 피할 수 없게 되었다.[33]

5천만 명을 죽음으로 내몬 2차 세계대전을 통해 과잉자본을 대량 파괴함으로써 자본주의는 다시금 왕성한 확대재생산 운동을 전개할 수 있는 토대를 마련했다. 이로부터 전후호황의 시대가 펼쳐졌다. 그런데 전후호황의 시대는 필연적으로 자본의 유기적 구성 고도화에 따른 '이윤율 저하 경향'이 다시 본격적으로 작동하도록 만들었다. 아래 도표는 1949년부터 2001년까지 미국·일본·독일의 제조업 순 이윤율을 보여주는데, 대체로 1960년대 후반 이후부터 '이윤율의 장기하락' 경향이 실제로 관철되고 있음을 확인할 수 있다.

---

33) 로자 룩셈부르크는 전자본주의 경제체제의 소멸이 자본주의에 안기게 될 문제를 누구보다 집중적으로 파고들었다. 물론 이 점을 설명하려고 『자본축적』(1913)에서 로자 룩셈부르크가 사용한 '변형된 확대재생산 표식'은 과도한 논리전개의 함정을 갖고 있다고 보인다(김수행, 『자본주의 경제의 위기와 공황』, 123-140쪽 참조). 로자 룩셈부르크의 주장은, '전자본주의 경제체제가 소멸된 이후 자본주의가 시장 포화라는 문제에 맞닥뜨림으로써 자본주의 모순의 전개방식에 중대한 변화가 초래될 것'이라는 예견으로 해석해냄으로써 그 합리적 핵심을 취할 필요가 있지 않을까 생각한다.

34) Robert Brenner, *The economics of global turbulence*, p. 7.

자본가들은 이윤율의 장기하락에 대응하여 여러 수단을 강구하고 나섰다. 그런데 이제 전자본주의 경제체제가 소멸한 조건에서, 자본가들은 예전처럼 잉여상품 판매, 과잉자본 수출, 경제외적 수탈과 같이 전자본주의 식민지를 상대로 사용했던 방책들을 더 이상 사용할 수 없었다.

자본가들이 사용한 대응책은 금융거품으로 시장 구매력 확대, 비생산적 부문의 팽창, 노동계급에 대한 공세로 요약할 수 있다.35) 한마디로 신자유주의 세계화 반동 공세였다.

신자유주의 세계화 반동 공세는 자본가들에게 더 높은 이윤을 보장해주었고, 그럼으로써 한동안 '이윤율 장기하락'의 작동을 완화시킬 수 있었다. 그러나 시간이 지나자 신자유주의 세계화 반동 공세 속에서 사용한 방책들 자체가 오히려 더 큰 문제를 야기하며, 모순을 더욱 심화시켰다.

한동안 금융거품은 맹렬하게 부풀어 올랐으며 마치 영원히 계속될 수 있을 것처럼 보였다. 미국을 비롯한 선진국 소비시장은 금융거품을 토대로 왕성한 구매력을 과시하며 전세계 자본이 확대재생산을 거듭함으로써 이윤양을 늘려 이윤율 하락을 만회할 수 있도록 토대를 제공했다. 그러나 마침내 거품은 터져나갔다. 2000년에는 주식거품이 터졌고 2005년에는 부동산거품이 터졌다. 금융거품으로 선진국 소비시장의 구매력을 유지·확대하는 것은 더 이상 불가능해졌다. 또한 주식거품과 부동산거품의 붕괴는 상상을 초월하는 천문학적인 금융부실을 낳았고, 결국 2008년 세계적인 금융위기로 이어지면서 오히려 선진국 소비시장을 급격하게 위축시키는 역설적인 결과를 낳았다.36)

---

35) 금융거품으로 시장 구매력 확대, 비생산적 부문의 팽창, 노동계급에 대한 공세는 그 원리에 있어 각각 잉여상품 판매, 과잉자본 수출, 경제외적 수탈에 대응한다.

제조업 이윤율의 장기하락 경향은 '과잉자본'을 새로운 시장에 투입함으로써 이윤율을 만회하려는 자본의 필사적인 시도를 낳았고, 이는 선진국을 중심으로 생산과 시장의 세계화를 매우 빠르게 진전시켰다. 그러나 세계화를 통해 전세계가 단일한 시장으로 통합되어 갈수록 '새로운' 시장은 개별 자본 입장에서 새로운 것일 뿐, 전체 자본의 관점에서 보자면 똑같은 시장일 뿐이었다. 특정 개별 자본은 더 높은 이윤을 일시적으로 얻을 수 있을지 몰라도, 전체 자본의 입장에서 보자면 생산과 시장의 세계화는 과잉자본의 '신규시장' 투입이 이윤율 만회 효과로 점점 더 이어지지 못하도록 만들었다.

따라서 이윤율을 만회하려는 자본의 필사적인 시도는 시간이 갈수록 '과잉자본'을 비생산적 부문에 투입하는 것으로 나타났다. 먼저 엄청나게 부풀어오른 금융거품을 바탕으로 금융부문이 투기적인 이윤율을 얻을 수 있게 되자, 제조업 부문의 사내유보금마저 생산적 투자가 아니라 금융투기를 향해 정신없이 빨려 들어갔다. 그러나 금융거품의 붕괴는 금융투기에 깊이 발 담근 제조업에게 이윤율의 만회는커녕 오히려 사활적 위기를 가져다주었다. 격화된 시장 경쟁이 광고·마케팅 산업에 높은 이윤율을 보장해주자 '과잉자본'이 몰려 들어가면서 크게 활성화되었지만, 전체적으로 보자면 그만큼 제조업의 이윤율을 갉아먹을 뿐이었다.

무기생산을 비롯한 전통적인 비생산적 부문도 새롭게 더 활성화되었고, 이를 위해 세계 곳곳에서 끊임없이 전쟁 또는 전쟁위기가 조장되었다. 그러나 이는 정부가 천문학적인 재정 부담을 계속해서 떠안아야만 지속가능한

---

36) 이 과정에서 원래 금융적 위험에 대처하는 수단으로 개발된 파생금융상품이 오히려 금융거품을 한꺼번에 터뜨리는 원인으로 작용하게 되었다.

방책인데, 자본의 이윤율 하락과 노동계급의 소득 감소 때문에 재정수입 확대에는 근본적 한계가 있었다. 게다가 금융과 제조업을 비롯한 경제위기가 심화됨에 따라 정부의 재정대응이 천문학적 수준으로 요구되었다. 전쟁경제는 이제 이윤율을 만회하는 효과보다 정부의 긴급한 재정대응 능력을 위협하는 측면이 훨씬 커져버렸고, 더 이상 마냥 확대될 수는 없었다.[37]

자본은 노동계급에 대한 공세를 통해서도 이윤율 만회를 시도했다. 실질임금을 동결 또는 하락시켰고 사회보장을 대폭 축소시켰다. 그런데 노동계급에 대한 공세에서 무엇보다 중요한 것은 공장이동이었다. 공장이동은 임금비용을 낮춤으로써 이윤을 늘리는 직접적인 효과만 있는 것이 아니었다. 공장을 중심으로 응축된 노동자 운동의 전통과 힘을 무력화함으로써 사회 전체적인 수준에서 대노동계급 공세를 관철시키는 결정적인 수단이었다.

그러나 공장이동과 그를 바탕으로 관철된 노동계급의 실질임금 감소는 세계시장의 중추인 선진국 소비시장의 구매력을 점점 떨어뜨렸다. 선진국 소비시장의 구매력 하락 문제는 한동안 거침없이 부풀어 오른 금융거품에 노동계급의 상당수까지 동승하면서 물밑에 숨어 있었지만, 금융거품이 붕괴하자 시장이 급격하게 위축되는 충격적인 방식으로 일거에 물위로 떠올랐다.

2008년 하반기 세계를 강타한 금융위기는 바로 이러한 과정의 결과이자 종합으로서 터진 것이다. 따라서 그저 일회적인 사건이거나, 단지 금융만의 위기가 전혀 아니었다. 그것은 '자본주의 시장 포화'라는 조건 아래서 '이윤

---

37) 바로 이 점이 2008년 미국 대선에서 민주당이 이라크 전쟁 종결을 중요한 공약으로 내걸게 된 배경이라고 판단된다.

율 장기하락에 대응하는 자본가들의 방책이었던 신자유주의 세계화 공세가 이제 그 약발이 다 떨어지고 오히려 모순[38]을 극적으로 심화시키게 된 국면, 즉 '사멸해가는' 자본주의의 징후를 만천하에 공공연히 드러내게 될 새로운 세계대공황에 본격적으로 진입했음을 알리는 신호탄이었다.

3) 자본주의는 어떻게 사멸해갈 것인가?

최근 각국 정부가 천문학적인 재정을 투입하는 경기부양책을 사용함에 따라 세계 경제의 하강 속도가 다소 완만해졌다. 그러나 이것이 마약이 주는 효과와 다르지 않다는 점, 미래에 더 큰 부담을 낳게 될 매우 위험한 임시변통에 불과하다는 점은 경기부양책을 사용하는 자본가 정부들마저 잘 알고 있다.

인위적인 유효수요 창출은 공황을 지연시키거나 일시적으로 공황에서 회복할 수 있는 효과를 발휘할 수 있다. 그러나 결국 자본주의가 공황에서 탈출할 수 있는 유일한 방안은 과잉자본과 과잉축적을 해소(파괴)하는 것이다.

게다가 이번 공황은 몇 년마다 한 번씩 겪는 주기적 공황 또는 특정 지역에 걸친 부분적 공황이 아니라, 1945년 이후 세계 자본주의 전개과정에 내재된 모순이 폭발하며 세계경제 전체가 휘말려든 '세계대공황'이다.

각국 정부의 대대적인 경기부양책은 일시적으로 유효수요를 창출하며 공황의 심화 속도를 늦추고 있다. 그러나 이번 공황의 깊이를 고려할 때

---

38) 잉여가치 추출의 위기와 잉여가치 실현의 위기가 공존할 뿐만 아니라 각각의 해결책이 서로 정면으로 충돌함에 따라 뚜렷한 해결책 없이 점점 더 위기가 심화되어 가는 모순.

경기부양책의 한계가 곧 드러날 것이며, 또 다른 유효수요 창출 방안으로 대대적인 무기생산이 추가될 것이다. 그러나 유효수요 창출은 과잉축적을 일시적이고 부분적으로 해소할 수 있을 뿐이며, 이윤율의 장기하락 문제에 대해서는 아예 해법이 되지 못한다. 또한 유효수요 창출은 정부 재정을 매개로 미래의 소비능력을 당겨서 사용하는 것으로, 길게 보면 잉여가치 실현에 더 큰 위기를 안기는 것이다.

유효수요 창출과 더불어, 대대적인 파산과 구조조정으로 과잉자본을 해소하는 과정이 펼쳐질 것이다. 그러나 파산과 구조조정을 통해 해소될 수 있는 과잉자본의 규모는 오늘날 '과잉'의 수준을 고려할 때 '이윤율의 장기하락'과 '시장의 부족' 문제를 근원적으로 해결하기에는 턱없이 모자랄 것이다. 상당한 수준의 파산과 구조조정으로도 자본가들은 이윤율 회복과 이윤양 확보를 만족스럽게 할 수 없을 것이며, 따라서 더 많은 임금삭감·복지축소·정리해고로 노동계급을 공격해올 것이다. 그런데 노동계급에 대한 더 많은 공격이 성공하더라도, 이는 시장의 구매력 축소로 이어져 잉여가치 실현의 위기를 다시 더 심화시킬 것이다.

결국 이 모든 것으로는 도저히 공황을 벗어날 수 없다는 게 분명해지면, 자본가들은 과잉자본을 대대적으로 해소하기 위해 대규모 전쟁을 통한 대량파괴를 선택하게 될 것이다. 핵전쟁에 따른 공멸의 부담 때문에 전면전보다는 제한적인 국지전으로 전개될 가능성이 높지만, 기본적으로 대규모 전쟁은 자본주의 위기 탈출을 위한 최종 수단으로 작동할 것이다. 결국 노동계급과 인류는 자본주의 수명 연장을 위한 또 다른 대규모 전쟁이냐, 자본주의를 철폐하는 세계노동자혁명이냐 하는 문제 앞에 운명적으로 다시 설 것이다.

앞으로 '사멸해가는' 자본주의가 드러내는 단말마적 고통 앞에서 전세계 자본가들의 반동화와 노동계급의 혁명적 고양이 서로 정면으로 충돌할 것이다. 전세계 자본가들은 점점 반동화로 치닫겠지만, 노동자들은 점점 혁명적으로 고양될 것이다. 두 계급이 정면으로 충돌하면서 정치적 상황은 점점 양극단으로 치달아갈 것이다. 역사상 가장 반동적인 파시즘과 역사상 가장 거대한 노동자투쟁이 양립하고 서로 충돌하는 시대를 향해 우리는 지금 나아가고 있는 것이다.

10

대중의 '전위화'와 로자 룩셈부르크

이갑영_인천대, 경제학

1. 역사의 원동력

맑스가 살아있다면 룩셈부르크를 어떤 사람이라고 말했을까? 맑스주의 역사에서 유난히 극과 극을 오가는 평가에 시달렸던 그녀는 "맑스·엥겔스의 과학적 후계자 가운데 가장 뛰어난 두뇌"라고 불릴 정도로 혁명운동에 헌신했으며 이론작업도 게을리 하지 않았다. 무엇보다도 민주주의와 국제주의를 완고하게 지키면서 사회주의 혁명에 삶을 바친 룩셈부르크는 맑스·엥겔스의 폴란드독립론[1]조차 가차 없이 비판할 정도로 '무오류의 권

---

[1] 맑스·엥겔스에 따르면 유럽 특히 독일혁명을 위해서는 반동적인 러시아를 몰락시키던지 아니면 두 나라 사이에 있는 폴란드를 독립시켜 독일혁명을 방어해야 한다. 이 논리는 러시아와 독일, 오스트리아의 지배를 받고 있던 폴란드의 독립을 전략적으로 바라보는 것인데, 유럽의 혁명세력들은 하나의 자연법처럼 여겨졌으나 룩셈부르크는 자본주의적 생산이 발전하여 개별국가들의 경제적 상호관계가 깊어진 상황에서 이러한 전략은 실천적 함의가 없다고 비판하면서 국제주의 관점에서 폴란드의 독립은 오로지 러시아혁명의 결과로 나타날 수밖에 없다고 주장했다. Rosa Luxemburg(1895/96), "Neue Strömungen in der polnischen sozialistischen Bewegung in Deutschland und Österreich," *GW*, Bd1/1,

위'를 인정하지 않았다.

제2인터내셔널에서 그녀가 주목받게 된 것은 베른슈타인이 제기한 수정주의를 전면에서 비판했던 것이 계기가 되었지만, 사회주의 혁명가로 룩셈부르크의 사상 특히 혁명관이나 조직문제 등은 레닌과 끊임없이 논쟁하면서 독자적 체계를 보여주었다. 물론 두 사람은 사회주의가 크리스마스의 선물이 아니라 혁명을 통해서만 이루어질 수 있다는 데 동의했고, 1906년에는 룩셈부르크가 이끄는 폴란드사회민주당과 레닌이 지도하는 러시아사회민주당이 통합하기도 했었다.

하지만 폴란드사회민주당 지도부는 볼셰비키가 폴란드령을 포함한 러시아 전체를 포용하는 정당을 만드는 데 힘쓰기보다는 혁명운동을 독점적으로 지배하는 데만 관심을 갖는다고 느꼈다.[2] 즉 레닌은 권위를 바탕으로 움직이는 사회주의 정당을 만들기 위해 노력한 반면에, 룩셈부르크의 '특별한 동지' 레오 요기헤스[3] 등은 독일사회민주당과 비슷하게 민주적으로 운영되면서 다양한 의견이나 정책들이 공존하는 가운데 마음껏 토론하고 자유롭게 논의할 수 있는 정당을 희망했다.

레닌은 볼셰비키혁명을 비판한 룩셈부르크의 전설적 팸플릿 「러시아혁명에 대하여」가 파울 레비의 손에 의해 출판되자, 그녀의 문제점을 낱낱이 지적하면서도 진정한 혁명가라고 평가했다. 룩셈부르크는 "폴란드의 독립

1970, pp. 14-36; "Der Sozialpatriotismus in Polen," *GW*, B*d*1/1, pp. 37-51; "Die industrielle Entwickelung Polens," *GW*, B*d*1/1, pp. 115-216.

2) 마리아 자이데만, 『나는 지배받지 않는다―어느 여성 혁명가의 사랑과 투쟁』, 주정립 옮김, 푸른나무, 2002, 247-248쪽.

3) 룩셈부르크의 연인으로 알려져 있는 폴란드의 혁명적 사회주의자로 룩셈부르크가 볼셰비키혁명을 비판한 「러시아혁명에 대하여」조차 두 사람의 공동 작업이라고 할 정도로 모든 부문에서 긴밀하게 함께했다.

문제에서, 1903년 멘셰비즘을 평가할 때, 1914년 7월에 플레하노프, 카우츠키 등과 함께, 멘셰비키와 볼셰비키의 통합을 변호할 때 그리고 1918년 옥중서신에서도 오류를 범했지만 그럼에도 불구하고 세계의 공산주의자들로부터 혁명의 독수리로 기억될 것이다."4)

이렇게 두 사람은 서로에 대해 존중하는 마음은 잃지 않았지만 혁명운동에 대해서는 뚜렷한 견해 차이가 있었는데, 특히 '대중'이 차지하는 지위와 역할에 대해서는 첨예하게 대립했다. 레닌이 전위의 지위를 절대화시켰다면, 룩셈부르크는 대중을 통해서 사회주의라는 역사적 필연을 역사적 현실로 바꿀 수 있다고 믿었다. 그녀에게 대중은 혁명운동의 바탕이며, 역사의 원동력이었던 것이다.

"인간은 자유자재로 역사를 만들 수는 없지만, 스스로 역사를 만들어간다. 노동자들의 행동은 사회발전의 성숙 정도에 의존하게 되지만, 사회발전도 노동자들의 행동과 동떨어져서 진행되는 것은 아니다. 노동자들은 사회발전의 원동력이며 원인일 뿐만 아니라, 사회발전의 산물이며 결과이다. 따라서 노동자들의 행동은 역사의 결정적 요소이다. 노동자들의 행동이 역사적 발전을 뛰어넘을 수는 없지만, 그 발전을 가속하거나 지연시킬 수는 있다."5) 룩셈부르크는 자본주의적 생산이 발전하고 그에 따라 모순도 증가하게 되면서 노동자들은 역사를 인식하고, 실천하는 주체로 나서게 된다고 주장했다.

이렇게 노동자대중을 중심에 놓는 룩셈부르크의 사회주의 혁명관은 1905년 러시아혁명을 겪으면서 현실로 경험한 이후, 볼셰비키혁명을 비판

---

4) V. I. Lenin(1922), "Notes of a Publicist," *CW*, 33, p. 210.
5) Rosa Luxemburg(1916), "Die Krise der Sozialdemokratie," *GW*, *Bd*4, 1974, p. 61.

할 때는 물론 1918/19년 독일혁명을 위해 작성했던 혁명프로그램에도 반영되었다. 또한 세상을 뜨기 보름 전에 탄생시킨 독일공산당 강령에도 핵심사상으로 담을 정도로 일관된 것이었다. 그녀에게 노동자대중은 사회주의혁명의 시작이며 끝이라고 볼 수 있는데, 종래의 혁명이 소수의 이해를 위해서 대중들을 동원했다면, 사회주의혁명은 다수인 대중의 이해를 따르는 최초의 혁명이라고 보았다.

2. '정치적 지도'의 문제

룩셈부르크가 노동자대중을 중심에 놓고 혁명운동을 벌였지만, 그렇다고 정당이나 전위의 역할을 무시하고 배제하는 어리석음을 저지른 것은 아니다. 역설적으로 사회주의자로서 그녀의 삶은 폴란드의 프롤레타리아 혁명사회당에서 시작하여 폴란드사회민주당, 독일사회민주당 그리고 독일공산당으로 이어지는 동안 한 번도 사회주의 정당을 떠나본 적이 없다. 따라서 룩셈부르크가 계급투쟁이나 혁명운동에서 정당의 지도적인 역할을 부정하고, 객관적인 요인들을 과대평가했으며, 의식적이고 조직적인 행동의 중요성을 간과하면서, 역사발전의 필연성이라는 깊은 함정에 빠졌다는 비판은 정당하지 않다.

오히려 그녀는 「러시아혁명에 대하여」를 통해 볼셰비키가 사회주의 역사에 공헌한 것 가운데 하나는 바로 제2인터내셔널과 독일사회민주당을 짓누르고 있던 의회주의 전략을 극복한 일이라고 말했다. 독일사회민주당 지도부는 의회투쟁에서 습득한 지식들을 혁명전술로 활용하려고 했으며, 특히 맑스주의의 교황으로 군림했던 카우츠키는 '혁명적 대기주의'(revolutionärer Attentismus)

에 입각하여 겉으로는 과격한 혁명적 수사를 날리지만, 속으로는 일상적인 경제투쟁과 의회투쟁에 안주하고 있다고 비판했다. 그녀는 독일사회민주당의 보수화를 꿰뚫어 보고 있었다.

룩셈부르크가 노동자대중을 혁명의 핵심으로 이해했던 것은 자본주의 발전이 자기 부정적인 계기를 안고 있다고 보았기 때문이다. 그녀는 자본의 출현이 역사의 필연이라면, 자본의 무덤을 파는 노동자도 마찬가지라고 보면서, 역사적 변증법에 따르면 자본주의도 모순 가운데 운동하면서 그 반대물을 만들어낸다. 즉 자본을 축적하는 과정에서 나타날 수밖에 없는 노동자들에 대한 착취, 억압 그리고 불평등이 노동자대중의 자발적인 봉기를 부른다는 것이다. 그녀는 사회주의를 지향하는 노동자대중의 혁명적 에토스와 행동프로그램도 자발적인 봉기 가운데 만들어지는 것으로 보았다.

그런데 레닌은 노동자대중의 자발성에 의존하는 투쟁은 경제투쟁에 집중될 수밖에 없고, 조직도 노동조합만 만들어낼 수 없다고 비판하면서 의식성에 바탕을 두는 중앙집중주의를 조직 원리로 제시한 데 반해, 룩셈부르크는 노동자대중이 투쟁을 통해서 계급의식을 획득하고 조직을 발전시킬 수 있기 때문에 중앙집중주의로 운영되는 정당은 안 된다고 역설했다. 계급투쟁의 전술이나 방법도 "격동하는 운동의 자연발생적 산물"인 것은 물론 사회주의 정당의 조직도 투쟁과정에서 만들어지고 성장하는 것이기 때문에 레닌의 조직노선은 노동자대중의 자발성을 질식시키고 무기력하게 만들 것이라고 경고했다. 룩셈부르크에 따르면 의식화되지 않은 노동자대중이 의식화된 소수에 앞서고, 역사발전의 논리가 그 과정에 참여하는 인간의 주관적 논리를 앞서는 것이다.[6]

이렇게 혁명운동에서 사회주의 정당, 특히 지도부의 순기능보다는 역기능을 경계했던 룩셈부르크는 이후 「러시아혁명에 대하여」에서도 똑같은 논리로 레닌을 비롯한 볼셰비키를 비판했다.

레닌의 논리대로 하면 사회주의 혁명이란 것은 이미 준비된 공식이기 때문에 호주머니 속에 가지고 있다가 과감하게 실천에 옮기기만 하면 된다. 하지만 사회주의의 실현은 완전히 알 수 없는 미래에 감춰져 있는 것이며, 우리가 강령을 담고 있는 것이라고는 그 방향을 보여주는 약간의 단서들뿐이다. 사회주의라는 것은 사회주의 사회를 실현하려는 과정 속에서 만들어지는 것이며, 그런 의미에서 사회주의는 역사적 산물이고, 역사적 산물일 수밖에 없다. 따라서 무제한적인 참여와 무제한적인 민주주의만이 노동자들에게 창조적인 힘을 발휘하게 만들고, 오류조차도 자연스럽게 바로 잡을 수 있을 것이다. 그렇지 않으면 사회주의는 소수의 지식인들 손에 놀아날 수밖에 없다.[7]

1904년 「러시아사회민주주의의 조직문제」를 통해 레닌의 조직노선을 비판했던 룩셈부르크는 1905년 러시아혁명을 경험한 이후에는 「대중파업, 당 그리고 노동조합」을 통해 다시 레닌의 중앙집중주의가 혁명운동에서 대중의 자발성과 창조성을 억압할 것이라고 주장했다. 이렇게 노동자대중의 혁명적 주도권은 그녀의 정치사상과 정치행동에서 핵심적인 지위를 차지했던 것이다. 그렇다면 혁명정당의 본질은 무엇인가, 어떤 역할을 맡게

---

6) 로자 룩셈부르크, 「레닌주의냐 마르크스주의냐」, 『러시아혁명/레닌주의냐 마르크스주의냐』, 박영옥 옮김, 두레, 1989, 117-119쪽.
7) 같은 책, 88-90쪽.

되는 것일까? 룩셈부르크는 혁명정당이나 정치적 지도를 철저하게 배제한 순수한 혁명이론을 제시한 적은 없다. 그녀는 '태초에 행동이 있었다!'를 좌우명으로 삼고 있을 정도로 행동하고 싶어했고, 행동하고 싶은 욕망이 가득했다.

룩셈부르크도 사회주의 정당의 조직 원리로 중앙집중주의가 불가피하다는 것을 여러 곳에서 밝히고 있었다. 무엇보다도 자본주의 생산은 대도시를 중심으로 이루어지기 때문에 혁명운동도 대도시 노동자대중의 계급 이해를 중심으로 이끌어내게 된다는 것이다. 그녀는 「러시아사회민주주의의 조직문제」에서 사회주의 정당은 일반적으로 지방분권주의나 연방주의와 적대적일 수도 있다고 말하면서 종교, 직업, 인종, 국적에 관계없이 모든 노동자대중과 노동자 조직을 단일한 정당으로 묶어내려고 노력하는 것이 사회주의 정당이라고 지적했다. 또한 「대중파업, 당 그리고 노동조합」에서는 노동조합이 사회주의 정당의 질서 속에서 통일된 행동을 취해야 한다고 역설했는데, 노동조합은 다양한 집단들의 이해와 노동자운동의 특정한 발전단계를 나타내지만, 사회주의 정당은 노동자대중과 계급해방의 이해를 담고 있기 때문에 사회주의 정당과 노동조합의 관계는 전체와 부분의 관계라고 보았다.[8]

그리고 룩셈부르크는 제2인터내셔널이 제국주의에 굴복한 이후 새로운 인터내셔널을 건설해야 한다고 역설할 때도, 조직형태만은 종래처럼 느슨한 연맹형식이 아니라 훨씬 강하게 만들어야 한다고 주장했다. 새로운 인터내셔널은 노동자대중의 이해와 과업에 맞는 통일된 이념을 갖고, 전쟁시기이던 평화시기이던 언제나 즉각 행동할 수 있는 통일된 전략전술을 가지고

---

8) 로자 룩셈부르크, 『대중파업론』, 최규진옮김, 풀무질, 1995, 94쪽.

있어야 한다면서 국제적인 규율을 강조했다. 노동자조직의 중심인 인터내셔널은 평화 시기에는 군국주의, 식민지정책, 무역정책 및 노동절기념 등에 대해 개별국가의 전술들을 결정하고, 전쟁이 일어났을 때는 보다 일반적인 공동의 전략전술을 결정해야 한다. 인터내셔널이 혁명을 수행해야 하는 의무는 조직을 유지하기 위한 그 어떤 의무보다도 우선하는 것이다. 세계 노동자대중의 조국은 사회주의 인터내셔널이며 모든 것은 이것을 수호하기 위해 복종해야만 한다.

이렇게 보면 룩셈부르크도 노동자대중의 계급투쟁은 혁명정당의 지도를 받을 필요가 있다는 것을 인정한 것이다. 다만 레닌과 차이가 있다면 그것은 어떤 유형의 정당인가 그리고 그 정당의 임무는 무엇인가에 대한 문제만 남는 것이다. 그런데 그녀가 의도하는 사회주의 정당의 중앙집중주의를 한눈에 알아 볼 수 있는 전제조건이 있다.9) 사회주의 정당에서 중앙집중주의가 제대로 작동하려면 무엇보다도 정치투쟁 과정에서 단련된 다수의 노동자 집단이 있어야 하고, 둘째는 노동자대중이 정당의 공개적인 활동에 대해 직접 영향력을 행사하면서 자기들의 정치투쟁을 펴나갈 수 있는 기회를 가져야 한다. 왜냐하면 노동자대중은 정당의 중앙위원회가 아니라 스스로 해방을 위한 계급투쟁에서 자본주의 사회가 강요했던 복종과 순종, 노예근성 등을 송두리째 뽑아버릴 수 있는 자기훈련을 받을 것이다. 따라서 룩셈부르크가 말하는 중앙집중주의는 절대적인 것이 아니라, 오히려 계급투쟁 과정에서 단련된 노동자대중의 정치적 훈련과 그것이 성숙되는 수준에 따라 현실화될 수 있는 것이다.

---

9) 로자 룩셈부르크, 「레닌주의냐 마르크스주의냐」, 『러시아혁명/레닌주의냐 마르크스주의냐』, 113쪽.

그녀는 누구보다도 노동자대중의 혁명성을 믿었고, 그들의 자발성과 창조성을 바탕으로 혁명운동을 전망했기 때문에 사회주의 정당의 임무는 노동자대중에게 행동하라고 지령을 내리거나 투쟁을 조직하기보다는 '정치적 지도'에 집중해야 한다는 것이다. 사회주의 정당이야말로 가장 계몽되고 계급의식이 투철한 노동자대중의 전위이기 때문에 대중의 자발성이 하늘에서 떨어지기를 기다리면 안 되고 언제나 사태의 발전을 앞지르고 가속시키려고 노력해야 한다는 것이다.

> 사회주의 정당은 노동자대중에게 혁명의 시기가 필연적으로 도래하고, 도래할 수밖에 없다는 사회적 관계들을 분석하고, 혁명의 정치적 귀결이 어떻게 나타날 것인지 명확하게 제시해주어야 한다. 투쟁의 슬로건을 제시하고 방향을 부여하며 노동자대중의 폭발적인 힘이 정당의 전투성과 결합할 수 있도록 전술을 세우고, 단호하고 예리하게 마련된 사회주의 정당의 전술이 실질적인 세력관계를 앞서나가게 하는 것이 정당의 가장 중요한 임무이다. 사회주의 정당의 일관되고, 단호하며, 선진적 전술은 노동자대중에게 안정감, 자신감 그리고 전투정신까지 불러일으킬 수 있게 된다.[10]

룩셈부르크는 사회주의 정당이 노동자대중의 자발성과 창조성을 억압할 것이 아니라 그것을 가속하고 종합하는 역할을 수행해야 한다는 차원에서 자율집중주의를 조직대안으로 제시했다.

레닌이 중앙집중주의를 역설하는 것은 무엇보다 혁명운동에서 조직을 보존하고 행동을 통일시키기 위해서 그런 것인 데 반해, 룩셈부르크의 자율

---

10) 로자 룩셈부르크, 『대중파업론』, 64쪽.

집중주의는 노동자대중을 정치적으로 지도하는 것이 일차적 임무였기 때문에 엄격한 규율이 필요하지 않았다. 정치적 지도란 일반적으로 투쟁의 계기를 분석하고, 투쟁의 슬로건을 제시하고, 투쟁을 가속시키고, 투쟁의 성과를 알리는 선전활동을 주요사업으로 전개하기 때문에 레닌의 정당처럼 엄격한 규율보다는 자유스럽게 토론하고 논의하는 자율적 규율이 작동하는 정당이 어울리게 된다. 사회주의 정당의 성격에 대한 두 사람의 차이는 정당을 운영하는 과정에서도 반영되었는데, 레닌은 정당의 사소한 활동까지 일일이 챙긴 반면, 룩셈부르크는 폴란드사회민주당이나 독일사회민주당 어디에서도 정당의 재정이나 회의준비 등에 깊이 관여하지 않았다. 그녀는 노동자대중에 대한 정당의 역할은 조직적인 힘이나 선도적인 행동이 아니라, 무엇보다도 정당의 사상, 강령 그리고 슬로건 등을 통해서 행사되어야 한다고 믿었다.

3. 이론과 실천의 상대화

룩셈부르크가 노동자대중을 통해 사회주의 혁명을 전망하는 것은 그녀의 맑스주의 방법에도 유감없이 관철되고 있지만, 이론과 실천은 현실인식 또는 당면과제들과 유기적으로 결합되면서 역사적으로 상대화되어 나타나고 있다. 그녀의 방법을 보면 수정주의 논쟁시기에는 이론에 강조점을 두어 노동자대중이 과학적 이론들을 철저하게 학습할 것을 역설했으며, 제국주의 위기가 몰려오면서부터는 실천을 강조하여 노동자대중 스스로 전위가 될 수밖에 없다고 주장했고, 세계대전이 일어나자 절망감에 사로잡힌 나머지 노동자대중에게 전쟁을 막지 못했으니 자기비판하라고 강조하면서 세계 노동자들이 함께 일어날 것을 선동했다. 더불어 독일사회민주당의 역사를 세운 맑스와 라쌀레에 대한 평가도 역사적으로 상대화하고 있는데, 맑스에서 라쌀레로 그리고 세계대전을 맞으면서는 맑스와 라쌀레를 넘어 노동자대중을 주목했던 것이다.

룩셈부르크는 맑스주의를 화석처럼 굳어있는 결과가 아니라 언제나 살아있는 연구방법이라고 받아들였다. "그(맑스-인용자)의 논리에서 가장 핵심적인 것, 즉 역사적 유물론은 오로지 전혀 새로운 세계에 대한 전망을 부여하고, 자립적 행동에 대하여 무한한 가능성을 열어주며, 미지의 영역으로 대단한 방법과 정신을 고무하는 연구방법이다."11) 그녀에게 방법은 고정된 대상을 분석하는 수단이 아니라 역사 전체 또는 역사발전에 대한 인식과 연관되어 있으며, 맑스주의가 도전을 받거나 위기에 처하게 되면 방법에 집중하는 경향을 보였다. 즉 폴란드의 혁명문제나 수정주의 논쟁, 제국주의의 출현 등에 직면했을 때 맑스주의에 대한 방법을 재인식했는데, 그것은 구체적으로 이론과 실천의 결합문제 또는 맑스와 라쌀레에 대한 평가로 나타났다.

맑스주의의 역사에서 가장 광범한 논쟁을 불러일으켰던 베른슈타인의 수정주의는 독일사회민주당에 커다란 충격을 안긴 것은 물론 제2인터내셔널 차원으로 확산되어 모든 맑스주의 이론가와 정치가들이 논쟁에 휘말리게 되었다. 수정주의는 자본주의 경제에 나타나는 경험적 사실들을 바탕으로 과학적 사회주의를 비판했는데, 룩셈부르크는 수정주의자들이 이론과 실천의 변증법적 통일, 그리고 그것에 바탕을 둔 사고방법을 이해하지 못했

---

11) Rosa Luxemburg(1903), "Stillstand und Fortschritt im Marxismus," *GW*, Bd1/2, 1970, p. 364.

기 때문이라고 지적했다. 변증법적 유물론이라는 보편적인 관점을 깨우치지 못한 채 경험적 사실만 가지고는 맑스 같은 천재도 과학적 사회주의를 창조할 수 없었을 것이라고 지적12)하면서 그녀는 사회주의 이념과 노동자운동, 이론과 실천의 변증법적 통일을 주장했다. 노동자대중은 철학적 인식을 통해서, 철학은 노동자대중을 통해서 스스로를 실현하고 서로를 규정하면서 인간해방이 이룩될 수 있다는 변증법적 귀결이야말로 맑스주의의 영혼이며 방법의 특성이라는 것이다.

룩셈부르크는 이론을 외면한 채 실천만 주목하는 베른슈타인의 수정주의는 결국 기회주의에 논리적 근거를 마련해줄 것이라고 주장했다. 따라서 맑스주의의 가면을 쓰고 기회주의를 이론적으로 정당화시키는 베른슈타인의 수정주의에 대항하려면 무엇보다도 노동자대중이 이론적인 논쟁에 적극 개입해야 한다. 그녀는 「사회개량이냐 혁명이냐」의 머리말에서 이론적 논쟁이 학자들만의 몫이라는 주장은 노동자대중에 대한 모욕이며 악의에 찬 비방이라고 지적하고, 노동자운동의 힘은 이론적 인식에서 나오는 것이라고 역설했다. 노동자대중이 과학적 사회주의로 무장할 때 기회주의가 버티고 설 자리는 없어진다는 것이다. 만약 이론과 실천이 변증법적으로 통일되지 못한다면 노동자운동은 이론이라는 나침반도 없이 경험이라는 넓은 바다로 밀려나게 될 것이라고 우려했다. 기회주의의 위험에 노출된다는 의미이다.

그녀는 수정주의를 비판하는 가운데 기회주의를 강하게 의식하면서 이론이 단순히 학자들만의 전유물이 아니라 노동자대중도 맑스의 이론을 깨우쳐야 한다고 역설하면서 이론과 실천의 통일을 주장했다. 더구나 수정주

---

12) Rosa Luxemburg(1901), "Aus dem Nachlaß unserer Meister," *GW*, *Bd*1/2, p. 138.

의 논쟁은 맑스주의가 인텔리를 벗어나 노동자대중으로 확산되는 과정에서 빚어진 것이고, 베른슈타인의 문제제기도 이론과 실천을 통일적으로 이해하지 못해서 나타난 것이기 때문에 노동자대중의 이론적 각성은 멈출 수 없는 과제라는 것이다.

이러한 논리는 맑스와 라쌀레에 대한 평가에도 반영되었다. "인간은 스스로 역사를 만들지만 자유자재로 만드는 것은 아니라고 맑스·엥겔스는 말했다. 이것을 통해 그들은 평생 합법적인 역사적 유물론을 옹호했다. 그러나 라쌀레는 인간이 스스로의 역사를 자유자재로 만드는 것은 아니지만 스스로 역사를 만든다고 강조하여 일생의 과업으로 개인적인 결의와 대단한 행위를 옹호했다."13) 여기서 룩셈부르크는 맑스를 역사적 유물론이나 이론적 계기의 선구자로 인식하는 한편, 라쌀레를 '대단한 행위'로 상징되는 실천적 계기의 선구자로 평가하면서도 라쌀레를 통해 이론 없는 실천을 경계하고 있다. 라쌀레는 맑스주의적 계급운동도 없고 사회주의 이론도 없는 곳에서 생산협동조합과 공채를 슬로건으로 내걸고 이론에 반대했으며, 오히려 그러한 오류를 통해 최초로 맑스주의 이론의 길을 개척했다.14) 그녀는 라쌀레의 실천내용이 아니라 실천행위 자체를 높이 평가했던 것이다. 이와 같이 수정주의 논쟁을 거치면서 보여준 그녀의 방법은 노동자대중의 이론적 각성을 통한 이론과 실천의 통일이었다.

하지만 제국주의가 팽창하고 독일사회민주당이 체제 내 정당으로 빠르게 변화하면서 룩셈부르크의 방법은 실천으로 강하게 기울게 되었다. 그녀는 독일사회민주당에서 벌어지고 있는 맑스와 라쌀레의 평가에 대한 논

---

13) Rosa Luxemburg(1901), "Aus dem Nachlaß unserer Meister," *GW*, *Bd*1/2, p. 155.
14) Ibid, p. 157.

쟁15)을 의식하면서 스스로의 논리를 세웠다. "맑스·엥겔스가 인간은 스스로 역사를 만들지만 자유자재는 아니라는 말로 감상적인 혁명가들에게 중단을 요구한 데 반해, 라쌀레는 독일 노동자대중에게 정열적인 말로 인간은 스스로 역사를 자유자재로 만드는 것은 아니지만 인간이 만든다고 설명하여 충분한 주도권, 혁명적 에너지 그리고 결의의 중요성을 선동했다."16) 이러한 논리는 수정주의를 비판할 때와 유사하게 보이지만 미묘한 변화를 감지할 수 있다. 종래에는 이론과 실천, 맑스와 라쌀레의 일치를 강조하는 가운데 수정주의를 의식하면서 이론의 역할을 반복해서 강조했고, 맑스를 높게 평가했었다.

그런데 룩셈부르크는 이론적으로 혁명을 고수하면서도 실천하지 않는 독일사회민주당과 카우츠키 등을 겨냥하여 라쌀레의 불같은 열정을 평가한 것이다. 라쌀레가 건설했던 독일노동자총연맹을 기념하는 글에서 "이 세계사적 순간을 새롭게 만든 것은 라쌀레의 대단한 결단과 민첩한 행동이었다. 그리고 독일의 노동자대중은 맑스의 경고에 반하면서도, 이 불멸의 운동을 수행하고 불같은 실천력을 발휘한 것에 대해 영원히 감사하고 있다"17)고 쓰고 있다. 수정주의 논쟁시기에는 '오류를 통해서' 맑스의 길을 열었다고 평가했던 라쌀레를 여기서는 '맑스의 경고에 반하면서'도 불같은 선동으로 노동자대중을 독일노동자총연맹으로 조직해냈다며 적극적으로

---

15) 1913년 『새시대』(*Die Neue Zeit*)를 통해 프란츠 메링과 카우츠키는 맑스와 라쌀레에 대한 평가를 놓고 논쟁을 벌였다. 이 논쟁은 독일사회민주당이 안고 있던 여러 가지 문제들을 표출시켰고, 사회주의 운동과 맑스주의의 본질에 대한 인식의 문제로 대두되었다. 특히 1911년에서 세계대전까지는 독일사회민주당이 우파, 당'중앙파, 급진좌파로 분열하는 한편 당은 체제 내의 정당으로 이어져 권력을 장악한 전환기였다.
16) Rosa Luxemburg(1913), "Karl Marx," *GW*, *Bd3*, 1973, pp. 182-183.
17) Rosa Luxemburg(1913), "Nach 50 Jahren," *GW*, *Bd3*, p. 209.

평가한 것이다. 그녀는 스승들인 맑스와 엥겔스, 라쌀레의 역사적 업적은 상호 분리할 수 없다고 지적하면서도 맑스와 라쌀레의 상대적 관계에서 변화를 엿볼 수 있다고 본다.

나아가서 룩셈부르크는 제국주의를 의식하면서 역사적 관점을 제시했다. 제국주의가 각축하는 현실에서 정당을 건설하거나 의회진출에 머무는 것은 수동적 태도이며, 지배계급에 대한 직접적이고 전면적인 투쟁을 전개해야 한다는 것이다. 이러한 역사적 상대화는 계속되어 "오늘날에는 어떠한 라쌀레도 없다…우수한 개인이나 전위적 지도자의 시대는 끝났다. 왜냐하면 오늘날은 노동자대중이 스스로 지도자이며 기수이고, 돌격대이며 스스로 라쌀레일 수 있기 때문이다."18) 노동자대중 스스로 라쌀레라는 것은 노동자대중이 지금이야말로 '깨달은 노동자대중'이 되고, 맑스와 라쌀레에 필적하는 스스로의 힘을 자각해야 할 시기가 도래했다는 것이다. 또한 이론과 실천에서 실천으로의 질적인 도약이며, 맑스와 라쌀레의 일치를 넘어서는 룩셈부르크의 독자적인 관점이라고 할 수 있다.

독일사회민주당이 전쟁에 찬성했다. '프롤레타리아 조직의 보석'이며 '유럽 사회주의자들의 귀감'이었기에 '인터내셔널의 자랑'이었던 정당이 호전적 사회주의자들의 소굴로 전락한 것이다. 무서운 절망감에 사로잡혀있던 룩셈부르크는 독일사회민주당이 붕괴하던 바로 그 날 '스파르타쿠스단'(spartakusbund)의 깃발을 올리고, 반전투쟁을 시작하면서 독일사회민주당과 제2인터내셔널의 붕괴를 선언했다. "…맑스주의는 사회과학으로서 노동운동 역사에서 최초로 이론적 체계와 혁명운동을 결합하여 상호의존하면서 풍부해졌다… 독일사회민주당은 반세기 동안 맑스주의의 이론적 인식에 대하여 가장 명

---

18) Ibid, p. 211.

확한 결과를 얻었으며 이것을 바탕으로 강력한 조직이 되었다…그러나 가장 중대한 역사적 시련—세계대전—앞에 당은 노동자운동의 제2요소 즉 역사를 단순히 이해하는 것이 아니라 그것을 만들어간다는 행동력 있는 의지가 결여되었음이 명확해졌다."19) 지배적 맑스주의의 명확한 결함을 실천의 결여에서 보았기 때문에 그녀는 행동을 외칠 수밖에 없었다.

더구나 「사회민주당의 위기」를 통해서는 노동자대중의 '자기비판을 강조하여 제국주의 전쟁과 독일사회민주당의 붕괴가 카우츠키를 비롯한 독일사회민주당 지도부뿐만 아니라 명백하게 노동자대중에게도 책임이 있다는 논리를 전개했다. '노동자대중에게는 역사적 경험이 유일한 교사이며, 자기해방은 끝없는 고난과 무수한 과오에서 배울 수 있는지 없는지의 여부에 달려 있다. 서릿발 같은 냉철함, 사물의 근본에 이르는 자기비판은 노동자운동의 생명의 원천이고, 생명의 불'이라고 역설했는데, 이렇게 노동자대중의 자기비판을 강조하는 것은 앞에서 언급했듯이 노동자대중의 행동이 바로 역사의 결정적 요소라고 보았기 때문이다. 만약 노동자대중이 침묵하는 경우 자본주의 사회는 '사회주의로 이행인가 야만으로 역행인가?'라는 기로에 설 수밖에 없는데, 제1차 세계대전이야말로 야만으로 역행하는 것이라고 보았다. 따라서 이제 노동자대중은 역사발전을 인식하여 스스로를 비판하고 행동에 나서라는 것이다.

4. 대중의 자각된 행동인 혁명

룩셈부르크는 볼셰비키혁명을 스스로의 삶이 승리한 것이며, 역사가 스

---

19) Rosa Luxemburg(1915), "Der Wiederaufbau der Internationale," *GW*, *Bd*4, 1974, p. 31.

스로의 길을 찾은 것으로 받아들였으나, 노동자대중의 자발성과 창조성이라는 면에서 보면 그것은 오류로 점철된 것이라고 생각했다. 물론 볼셰비키가 처한 역사적 조건에 대해서 충분히 알지도 못하면서 모범적인 혁명만 요구한다면 그것은 무리일 수밖에 없는 것처럼, 그들이 어쩔 수 없는 상황에서 어쩔 수 없이 선택했던 전략전술들을 모범적인 체계라고 정식화하는 것은 더욱 잘못된 일이라고 지적했다. 볼셰비키가 수많은 난관을 헤쳐 나가면서 피할 수 없었던 군더더기들을 밝혀내고, 노동자대중이 깨우쳐야 할 교훈을 마련하고, 혁명의 미래를 위해서라도 볼셰비키혁명에 대한 비판은 필수적이었다. '러시아의 사례'를 통찰하고 세계의 노동자대중이 혁명적으로 진출하는 것만이 볼셰비키혁명의 고립을 막을 수 있는 것은 물론 혁명을 수행하는 과정에서 저지른 잘못을 치유하고 혁명도 전진시킬 수 있다는 것이다. 이러한 차원에서 룩셈부르크는 몇 가지 의문을 제기했는데, 무엇보다도 볼셰비키가 계급의 독재가 아니라 소수의 독재로 전락했다는 것이다.

그녀에게 계급의 독재는 민주주의를 제한하는 것이 아니라 확장시키는 것이며, 고작 이따금씩 치르는 선거가 아니라 노동자대중이 직접 활동을 통해 정치적 기능을 수행하는 보다 고차원적 민주주의를 의미했다. 그와 같은 민주주의는 노동자대중에게 능동적이고, 무제한적이며, 열정이 넘치는 정치생활을 가져다줄 것이라고 보았다. 이것이 바로 사회주의의 본질적 목적이며 수단이라고 생각했다. 창조적이고 민주적인 정치활동을 통해서 노동자대중을 각성시켜야만 부르주아적 억압에서 생겼던 나약함과 악덕들을 떨쳐버릴 계기가 마련될 수 있다. 왜냐하면 "사회주의는 오랫동안 부르주아 지배로 피폐해진 노동자대중들의 완전한 정신적 변혁을 요구하기 때문이다. 즉 자기중심적인 속성이 아니라 사회적 본성을, 모든 고통을 다스리는 신비주의나 타성이 아니라 노동자대중의 자발성과 창조적인 주도권을 요구한다."[20] 무제한의 참여와 무제한적인 민주주의를 바탕으로 노동자대중은 역동적인 민주정치를 펼칠 수 있으며, 노동자대중 스스로 역사를 만들어간다는 확신이 들어야 혁명의 길이 열리고, 사회주의도 우뚝 설 수 있다는 것이다.

그런데 독일의 혁명세력들은 러시아에서 벌어진 경이로운 사건에 넋을 잃었고, 더구나 볼셰비키에게 가해지고 있던 안팎의 압박들을 동정어린 눈으로 바라보다가 이내 볼셰비키의 정치적 조치들을 비판 없이 절대화하는 경향을 보였다. 룩셈부르크는 '독일 볼셰비키'들이 스스로의 역량을 뒤돌아보지 않는 것은 물론 러시아의 역사적 경험과 자신들의 투쟁도 구분하지 못하고 있는 것을 안타까워했다. 그들은 역사발전과 노동자대중의 혁명성에 대한 믿음을 바탕으로 정치의식과 조직수준에 따른 혁명운동을 전개해야만 했다. 세계의 노동자대중, 특히 독일 노동자대중의 '볼셰비키 따라하기'는 어린아이의 불장난처럼 위험천만한 일로 느껴졌기 때문에, 룩셈부르크는 동지들에게 볼셰비키혁명의 성격을 이해시키고 설득하기 위해「러시아혁명에 대하여」를 집필하게 되었다.

따라서「러시아혁명에 대하여」를 단순히 볼셰비키혁명에 대한 비판으로만 읽을 것이 아니라 룩셈부르크의 의도에 주목할 필요가 있다. 이미 지적했듯이 그녀는 노동자대중의 혁명성에 대한 믿음을 바탕으로 자발성과 창조성을 중심에 놓고, 정당의 역할도 정치적 지도에 한정하고 있었다. 이러한 관점에서「러시아혁명에 대하여」는 볼셰비키혁명을 비판하려는 의미도 있었지만, 보다 근본적인 것은 독일 노동자대중에게 혁명적으로 진출

---

20) 로자 룩셈부르크, 『러시아혁명/레닌주의냐 마르크스주의냐』, 90쪽.

하라고 선동하는 한편 어떻게 행동하고 어떻게 혁명을 전진시켜야 하는지 보여주려는 것이었다. 「러시아혁명에 대하여」에 담긴 비판적 논리는 스파르타쿠스단 지도부도 공유하고 있었는데, 볼셰비키혁명 이후 레오 요기헤스가 스파르타쿠스단에게 "무슨 일이 있어도 우리는 러시아 볼셰비키의 지부로 행동해서는 안 될 것입니다"라고 말한 것을 보면, 그들이 러시아혁명을 어떻게 이해하고 있었는지 미루어 짐작이 간다.

세계대전과 볼셰비키혁명으로 자본주의 세계가 위기를 맞으면서 유럽은 혁명적 열기에 휩싸였다. 특히 1918/19년 독일혁명에서 주목할 것은 평의회운동(Rätebewegung)인데, 그들은 11월 9일 마침내 황제까지 퇴위시켰다. 평의회운동은 기존 정당이나 노동조합이 아니라 노동자와 병사들의 자발적 봉기라는 대중운동 형식으로 전개되었다. 이러한 평의회운동과 스파르타쿠스단의 관계를 보면 볼셰비키혁명에 대한 룩셈부르크의 비판이 구체적인 현실에서는 어떤 모습으로 나타나는지 알 수 있다. 혁명투쟁기구로서 노동자평의회 건설을 최초로 요구했던 스파르타쿠스단은 '모든 권력을 레테로!'라는 슬로건을 제시하기에 이르렀다.21) 왜냐하면 스파르타쿠스단은 평의회운동을 창조적이고 자발적인 노동자대중의 혁명적 계급의식이 발현된 것으로 인식했기 때문이다.

그런데 '국민의회인가 평의회인가?'라는 결정에 직면했던 전국노동자·병사평의회 총회에서 독일사회민주당은 완벽한 승리를 거두었고 국민의회 선거를 실시하기로 결정했기 때문에, 평의회를 토대로 혁명운동을 전개하려던 스파르타쿠스단은 사실상 평의회가 해체된 상황에서 1918년 말 독일공산당을 창립하게 된다.22) 독일공산당 창당대회에서 가장 쟁점이 된 것은

---

21) Rosa Luxemburg(1918), "Der Anfang," *GW*, *Bd4*, p. 397.

다가오는 국민의회선거 참여문제였다. 종래까지 스파르타쿠스단은 국민의회를 반대했으나, 룩셈부르크를 비롯한 스파르타쿠스단 지도부는 평의회운동을 경험하면서 독일혁명이 성공하려면 아직도 많은 시간이 필요하다고 생각하면서 독일공산당이 고립에 빠지지 않고 노동자대중과 접촉하려면, 국민의회 선거공간을 국민의회에 대한 반대 그리고 평의회에 대한 선전에 활용할 필요가 있다고 생각했다. 하지만 독일공산당에 새롭게 참여한 급진좌파와 젊은 당원들은 국민의회 선거참여를 사회주의 원칙의 포기로 받아들였는데, 그들은 볼셰비키혁명을 염두에 두고 봉기를 꿈꾸면서 독일혁명의 승리를 낙관하고 있었던 것이다.

하지만 독일공산당 지도부는 러시아혁명을 이끈 볼셰비키처럼 단기적인 봉기를 통해서 정치권력을 장악하는 것은 진정한 사회주의 혁명이 아니며, 노동자대중의 자발성을 바탕으로 자본주의 권력의 진지들을 하나씩 노동자대중 수중에 넣음으로써 혁명은 진정 성공할 것이라고 생각했다. 이렇게 독일공산당에서는 인간적이고 민주적인 공산주의를 느낄 수 있는데, 그들이 볼셰비키와 사회주의 혁명관에서 커다란 차이를 보이게 된 것은 그들만의 특수한 역사적 조건, 노동자대중으로부터 점차 유리되는 독일사회민주당과 노동조합의 관료주의적 경향을 경험하면서 노동자대중의 자치에 근접하는 직접민주주의를 지향했던 것으로 볼 수 있다. 따라서 독일공산당은 레닌주의적 조직이나 전통적인 사회민주주의적 조직형태에 만족하지 않고, 혁명을 장기적으로 노동자대중에 대한 교육, 조직 그리고 혁명과정에 실질

---

22) 룩셈부르크와 레오 요기헤스는 스파르타쿠스단이 여전히 고립된 소수파라고 판단했기 때문에 독자적인 정당 건설은 시기상조라고 생각했으며, 정당의 명칭도 '사회당'이나 '스파르타키스트연맹'을 선호했으나 관철되지는 않았다. M. Gallo, 『로자 룩셈부르크 평전』, 임헌 옮김, 푸른숲, 2002, 554-555쪽.

적으로 노동자대중이 개입하는 것으로 이해했던 것이다.

노동자대중의 자발성과 창조성에 대한 신뢰를 바탕으로 스파르타쿠스단을 이끌었던 룩셈부르크의 혁명관은 볼셰비키혁명과 1918/19년 독일혁명을 경험한 이후 발표한 「스파르타쿠스단은 무엇을 원하는가?」를 통해 보다 체계화되었으며, 이후 독일공산당의 강령으로 발표되었다. 이 강령에서 그녀는 스파르타쿠스단의 임무가 사회주의 사회를 건설하는 것이라고 명확히 하고, 이것은 오로지 노동자대중 스스로의 힘으로 수행될 수 있다고 주장했다. "앞선 모든 혁명에서는 소수자들만이 혁명적 투쟁을 이끌고, 거기에 목표와 방향을 제공했으며, 오직 승리를 통해 그 소수자들의 이해를 실현하기 위해 노동자대중을 이용해왔다. 사회주의 혁명은 노동자대중의 이해를 따르며 그리고 오로지 노동자대중에 의해서만 승리를 가져올 수 있는 최초의 혁명이다. 노동자대중은 혁명의 목표와 방향을 매우 명확히 해야만 한다. 또한 스스로의 독립적 행동을 통해 사회주의를 차근차근 실생활에 옮겨야 한다. 사회주의 사회의 필수요소는 노동자대중이 피지배계급이기를 멈추고, 정치경제생활에서 자주적인 삶을 이루어내며, 이러한 생활을 의식적이고 자유로운 방향으로 이끈다는 사실에 있다."23)

독일공산당의 강령에 따르면 "사회주의 사회를 이룩하기 위해서 노동자대중은 최고의 권력기관에서 작은 부락공동체에 이르기까지 일체의 부르주아 권력기구들을 노동자·병사평의회로 대체해야 하며, 평의회를 통해 국가의 모든 일을 노동자대중의 이해와 사회주의적 과업을 위해서 필요한 조치들을 취해야 한다. 사회주의 사회는 노동자대중과 권력을 장악한 노동자·병사평의회 사이에 지속적이고 활발한 상호소통이 있어야 건강하게

---

23) Rosa Luxemburg(1918), "Was will der Spartakusbund?," *GW, Bd*4, p. 444.

운영될 수 있다." 이러한 인식은 볼셰비키가 혁명 이후 사회주의적 민주주의를 전진시키기보다 소비에트를 기형적으로 만들어 버렸다고 비판했던 「러시아혁명에 대하여」의 논리적 연장선에 있는 것이다. 노동자대중이 창조적 주도권을 행사할 수 있어야만 사회주의 사회이며, 그때 비로소 사회는 사회주의적 도덕심으로 가득 차고 발전한다는 것이다.

더구나 독일공산당은 강령을 통해 스스로의 임무를 규정하고 있는데, 각 단계마다 노동자대중이 수행해야 할 역사적 과업을 설계해주고, 혁명의 단계마다 사회주의의 최종목표와 국제문제에서 세계혁명을 지향하는 목표를 제시해주는 노동자대중의 가장 의식된 부분으로 규정하고 있다. 이러한 차원에서 독일공산당은 러시아혁명에서 볼셰비키의 역할과 커다란 차이를 보이고 있다. 무엇보다도 혁명을 볼셰비키와 달리 역사적 필연을 역사적 현실로 바꾸기 위한 노동자대중의 자각된 행동으로 인식하였다. "프롤레타리아혁명은 소수가 폭력적인 방법으로 스스로의 이상에 맞는 세상을 건설하기 위해 운명적인 시도를 하는 것과는 다르다. 그것은 역사적 소명을 다하기 위해 또한 역사적 필연성을 역사적 현실로 바꾸어놓기 위해 부름받은 수백만 노동자대중의 자각에 의한 행동일 뿐이다."24)

따라서 룩셈부르크는 사회주의 혁명을 위해 노동자대중의 자발성과 혁명성이 발휘될 수 있도록 정당의 민주주의를 비타협적으로 고수하게 된 것인데, 노동자대중의 혁명적 에너지가 자연스럽게 분출될 수 있도록 열어주는 것이 민주주의의 핵심이라고 이해했다. 특히 혁명 이후에 사회주의적 민주주의는 즉시 전면화되어야 하는데 이는 혁명을 방어하고 전진시키는 중요한 수단으로 인식한 때문이다. 독일공산당의 강령에 규정한 것을 보면 "혁명과

---

24) Ibid, p. 445.

업을 위해 충분한 정치권력을 장악한 노동자대중으로 조직된 장치―이것이
계급의 독재이며, 진정한 민주주의이다.” 이렇게 보면「스파르타쿠스단은
무엇을 원하는가?」의 원형이라고 할 수 있는「러시아혁명에 대하여」는
룩셈부르크의 정치적 유산이라고 볼 수 있다.

5. 룩셈부르크의 메시지

“지도부는 실패했다. 그러나 지도부는 노동자대중에 의해, 노동자대중을
통해 새롭게 될 수 있고 그렇게 되어야만 한다. 노동자대중은 결정적인
요소이다. 즉 그들은 혁명의 궁극적 승리를 바위처럼 단단하게 세울 것이다.
그들은 그 임무를 맡고 있다. 그들은 국제사회주의의 자만심과 능력이 초래
한 패배가 역사적인 패배의 한 부분이라는 것을 받아들였다. 그리고 이러한
패배가 왜 미래의 승리를 위한 원천이 되는지 보여 주었다.”[25] 누구보다도
1918/19년 독일혁명을 꿰뚫어보고 있던 룩셈부르크는 노동자대중의 정치
의식이나 조직수준을 볼 때 권력을 장악하는 것은 무리였다고 판단하고,
노동자대중에 의해, 노동자대중을 통해 최후의 승리를 전망했다.

이렇게 그녀는 최후를 맞을 때까지 ‘대중은 스스로 길을 찾는다!’고 믿었
기 때문에 노동자대중을 놓을 수 없었다. 아니 놓지 않았기 때문에 주의주
의자라는 명예롭지 못한 놀림도 받았을 것이다. 더구나 레닌주의에 상대화
되면서 노동자대중의 자발성과 창조성을 강조한 룩셈부르크의 사상은 ‘오
류의 체계’로 낙인찍히던가 아니면 독일혁명 이후 레닌주의로 수렴되었다
는 평가를 받고 있다. 룩셈부르크를 적극 평가하려는 사람들도 형편은 비슷

---

25) Rosa Luxemburg(1919), "Die Ordnung herrscht in Berlin?", *GW*, *Bd*4, p. 538.

한데, 기껏해야 반(反)레닌주의의 전사로 출전시키는 게 고작이다.

룩셈부르크를 비롯한 스파르타쿠스단이 볼셰비키와 전혀 다른 조직노선을 견지한 것은, 이미 지적했듯이 고도의 자본주의 국가에서 팽창하는 관료주의와 위계에 의한 개인의 소외와 좌절 그리고 이데올로기적 급진성과 개량주의적 실천이라는 독일사회민주당의 모순적 발전구조, 더구나 노동귀족에게 점령당한 노동조합을 격렬하게 비판하면서 노동자대중에 의한 직접민주주의를 지향하게 된 것이다. 이러한 이념을 바탕으로 독일공산당은 볼셰비키의 봉기전술과 달리 혁명을 장기에 걸친 역사적 과제로 인식하고, 노동자대중을 통해 역사적 필연을 역사적 현실로 바꾸려고 했다. 그들에 대한 교육과 선전, 시위를 통해 자본주의 권력의 진지를 하나씩 수중에 넣으면서 혁명을 전진시키려는 것이다. 이러한 차원에서 제2인터내셔널의 혁명적 사회주의는 볼셰비키와 스파르타쿠스로 기억될 수 있다.

그러면 룩셈부르크의 메시지는 무엇인가? 우리 사회에서 룩셈부르크는 인기(?)있는 혁명가는 아니다. 사회문화적으로 정통이나 '원조'를 떠받드는 풍토에서 패배한 혁명가 그것도 절대적 지위를 차지하고 있는 볼셰비키와 다른 목소리를 내고 있는 그녀를 반길 형편은 못 되었던 것이다. 하지만 역설적으로 레닌주의에 취하면 취할수록, 레닌주의가 유일한 대안으로 느껴지면 느껴질수록, 룩셈부르크를 어떻게 하면 레닌주의 앞에 무릎을 끓게 할 것인가 고민할 것이 아니라 스스로를 뒤돌아보는 차원에서 그녀의 사회주의 사상이 주는 메시지를 주목할 필요가 있다. 그녀는 사회주의가 혁명을 통해서 달성될 수 있다는 것을 제외하면 레닌과 유사점은 많지 않을 수도 있다.

룩셈부르크는 사회주의 혁명운동에서 전위와 대중의 역할이나 임무를 굳이 구분하고 있지는 않다. 대중보다 한발 앞서나가는 전위가 아니라 대중과 함께 어깨를 나란히 하면서 혁명의 계기를 분석하고, 혁명운동의 방향을 제시하고, 혁명의 미래를 보여주는 전위를 평가하는 것이다. 나아가 역사적 관점에 입각하여 때로는 대중이 전위이고, 전위가 대중이라는 독자적인 관점을 보여주기도 했다. 하지만 계급투쟁이나 혁명운동에서 룩셈부르크가 결정적인 요소라고 생각했던 것은 전위가 아니라 바로 대중이었다.

룩셈부르크의 논리에 따르면 우리 사회주의 세력들은 무엇보다도 노동자대중을 주변화시킬 것이 아니라 한 가운데 놓고 사고해야 하며, 사회경제적 현실에 대한 구체적인 분석을 통해 노동자대중들에게 자본주의가 극복될 수밖에 없는 사회라는 근거를 전달할 필요가 있다. 사회가 보수화 될수록 삶의 바탕에 깔려있는 자본관계는 가려지는 경향이 있기 때문이다. 또한 무엇보다 주목해야 할 것은 우리의 정치의식과 조직수준인데, 우리의 역량을 벗어난 맹목적 낙관주의나 조급한 모험주의는 그녀가 가장 경계했던 것이다. 노동자대중들이 멀게만 느낄지 모르는 역사적 법칙이나 역사적 필연만 남발하는 것은 대중의 전위로 만드는 것이 아니라 대중으로부터 고립되는 지름길이다. 대중은 투쟁을 통해서 배우고 깨우치는 것이다.

그녀의 혁명운동이 사회주의 정당이나 전위의 지도를 인정하지 않았거나 과소평가했기 때문에 혁명에서 패배했다는 것은 레닌주의적 편향일 수도 있다. 룩셈부르크는 사회주의 혁명은 노동자대중의 정치의식과 조직수준에 따라 전개될 수밖에 없다고 이해하고 있으며, 특히 사회주의 혁명은 선행적으로 마련된 도식이 아니라 살아 숨쉬는 유기체이며, 사회주의 사회도 사회주의를 실현하는 과정에서 만들어지는 역사의 산물이라는 메시지에 귀를 기울여야 할 것이다. 우리를 맑스주의로 인도하는 것은 맑스도 아니고, 룩셈부르크도 아닌 바로 우리의 현실이기 때문이다.

따라서 우리 사회의 발전수준에 따른 역사적 관점을 획득하는 것이 중요한 일이다. 우리 사회의 정치의식이나 조직수준은 어느 정도인지, 우리의 사회주의 세력들이 그리는 사회는 어떤 사회인지, 그 사회는 어떻게 달성될 수 있는 것인지 그렇다면 지금은 무엇을 할 것인지를 끊임없이 묻고 답해야 할 것이다. 이러한 과정에서 선험적인 논리나 경험들은 비판적으로 검증될 수 있을 것이며, 우리의 계급투쟁이나 혁명운동도 풍부해질 것이다. 화려하고 장엄한 혁명현장에서 꺼져버린 불꽃―로자 룩셈부르크는 스스로의 현실을 역사적으로 인식하라고 독려하고 있다.

11

글로벌 시대 민족문제와 오토 바우어

강성호_순천대 인문학부 사학전공 교수

1. 머리말

오늘날 세계는 지구전체가 교통, 통신, 경제교류의 활성화 등으로 인해 지구촌으로 변해가는 급속한 지구화를 겪고 있다. 이러한 글로벌 시대에도 민족문제는 계속 존재한다. 민족이나 민족주의는 국가와 마찬가지로 내부 뿐만 아니라 외부와의 관계 속에서 성립되는 개념이기 때문이다. 민족은 "상상의 공동체"라고 주장하는 가라타니 고진도『세계공화국으로』에서 국가는 외부와의 관계 속에서 성립되는 것이기 때문에, 외부에 다른 국가들이 존재하는 한 내부적인 요인에 의해 사라질 수 없다고 주장했다.1)

글로벌 시대의 민족문제는 존재할 뿐만 아니라 다양한 층위로 복잡하게 얽혀서 존재하고 있다. 제2차 세계대전 이후 대부분의 식민지들이 유럽제 국주의 국가들로부터 사법적·정치적 독립성을 획득하기는 했지만 인종

1) 가리타니 고진,『세계공화국으로』, 조영일 역, 도서출판 b, 2007, 16쪽, 217쪽.

적, 민족적, 경제적 위계질서 문제가 해결되지 못하였다. 페루의 사회학자 아니발 끼하노는 이러한 현 상황을 '지구적 식민성' 또는 '권력의 식민성'이라는 개념을 통해서 비판하고 있다.[2] 현 자본주의 세계체제에서 중심부에 위치한 국가들 내에서 이민노동자의 증대로 인한 내부 다민족 갈등 문제가 심각하게 제기되고 있다. 미국의 경우 2007년 백인과 히스패닉 사이에 크게 불거진 민족 갈등을 대표적인 사례로 들 수 있다.

한국의 경우에도 오늘날 민족문제가 복잡하게 얽혀 존재하고 있다. 먼저 한국은 식민지와 미군정시기를 경험했기 때문에 경제적, 민족적, 문화적, 외교적 '식민성' 문제가 해결해야 할 과제로 남아 있다. 또한 급속한 경제성장과 더불어 이민노동자와 국제결혼이 증대하여 한국이 다민족국가로 들어서게 됨에 따라 내부에 다민족 문제가 발생하게 되었다. 여기에다 한국은 분단으로 인한 남북한 민족문제를 해결해야 한다는 특수성마저 안고 있다.

이러한 국내외 상황을 고려해 보았을 때 민족문제는 우리에게 있어 피할 수 없는 중요한 이론적 문제일 수밖에 없다. 여기서는 사회주의 이론 전통에서 최초로 민족문제를 집중적으로 분석했던 오토 바우어(Otto Bauer)의 민족이론을 다시 살펴보려 한다. 특히 오토 바우어는 다민족국가인 오스트리아-헝가리 제국에서 민족정책을 실제 입안하고 실시하였기 때문에 오늘날 그 의미가 더 크다고 할 수 있다.

위에서도 말했지만 본고에서는 오토 바우어의 민족이론을 살펴보려 하는데, 먼저 2장에서는 오토 바우어의 민족이론을 이해하기 위해 오스트로-맑스주의 특징과 오토바우어의 생애를 다루겠다. 이후 오토 바우어의 민족

---

2) A. Quijano, "Coloniality and Modernity/Rationality," *Nepantla: Views from South* 1(3) (2000), pp. 536-537.

이론의 핵심적 부분인 문화주의와 다민족 국가 내의 민족정책 문제를 집중적으로 살펴보고자 한다. 이러한 검토는 오토 바우어의 민족이론이 지니고 있는 장점, 한계, 그리고 현재 한국에 어떠한 시사점을 줄 수 있는지 등을 알게 해줄 것이다.

2. 오스트로-맑스주의와 오토 바우어

1) 오스트로-맑스주의

막스 아들러, 칼 레나, 오토바우어, 그리고 루돌프 힐퍼딩 같은 오스트리아 사회민주노동당의 주요이론가들은 맑스주의와 구별되는 오스트로-맑스주의자로 분류된다.3) 오스트리아 사회민주노동당의 민족정책을 살펴보기에 앞서 오스트로-맑스주의에 대해 간단히 살펴보기로 하겠다.

미국 사회주의자 루이스 부딘(Louis Boudin)이 1914년에 '오스트로-맑스주의'(Austro-Marxism)라는 용어를 만들었다. 오스트로-맑스주의자들은 스스로를 맑스주의자라고 생각했지만, 맑스주의를 완결된 체계라고 생각하지 않았다. 막스 아들러와 힐퍼딩은 오스트리아 사회민주노동당 이론지인『맑스 연구』(*Marx-Studien*) 창간호 서문에서 맑스의 저작의 정신에 충실하지만 그렇다고 맑스 저작을 액면 그대로 받아들이지는 않는다는 입장을 밝혔다.

맑스주의와 오스트로-맑스주의는 몇 가지 점에서 차이점을 보이고 있다. 첫째, 오스트로-맑스주의자들은 맑스가 인정하지 않았던 칸트 같은 기존의 사상가들과 맑스주의와의 연관성을 강조하였다. 또한 그들은 맑스

---

3) 레셰크 코와코프스키,『마르크스주의 주요흐름』 2권, 변상출 역, 유로, 2007, 371-375쪽.

주의 시대 이후의 비-맑스주의적 철학과 사회학의 성과들을 활용하는 것이 해롭지 않다고 보았다.

둘째, 오스트로-맑스주의자들은 가치이론, 계급투쟁, 역사유물론 등을 포함한 기본원칙들을 받아들이면서도 맑스-엥겔스의 유물론적 인식틀을 기본전제로 받아들이지는 않았다. 그들은 실증주의와 경험주의가 모두 다 과학적인 것은 아니라고 생각하면서 선험주의적 태도를 취했다. 왜냐하면 경험주의자들이 세운 기준들이 임의적인 것이기 때문에 과학의 기초가 되지 않는다고 보았기 때문이다.

셋째, 오스트로-맑스주의자들은 계급적 관점과 과학적 관점이 정확하게 일치한다고 생각하지 않았다. 일반 맑스주의자들이 계급과 무관한 지적원칙이 아니라 계급의 이해관계에만 호소했던 데 비해 오스트로-맑스주의자들은 계급 이해에 근거한 사람들뿐만 아니라 모든 합리적 지성들에게도 호소하고자 했다. 그들은 자유·평등·동포애 같은 이념들을 소중하게 취했던 사람들은 계급이해관계를 떠나 사회주의적 태도를 취할 수 있다고 믿었기 때문이다. 그들에게 있어 보편성은 단순한 수사학이 아니라 중요한 원칙이었다.

넷째, 오스트로-맑스주의자들은 1차 세계대전 기간 동안과 그 후에 정치적으로 다양한 길을 걸었다. 힐퍼딩과 레너는 사회민주주의 노선을 따랐다. 막스 아들러, 오토 바우어, 그리고 프리드리히 아들러는 급진적 사회주의 좌파의 입장을 고수했다. 급진적 사회주의 좌파는 자본주의 사회 내에서 사회주의를 점진적으로 건설한다는 베른슈타인의 수정주의를 거부하고 프롤레타리아 민주독재 이념을 받아들였다. 그렇다고 급진적 사회주의 좌파는 레린주의 공산당에도 동의하지 않았다.

2) 오토 바우어의 생애

　오토 바우어(1882-1938)는 비엔나 대학에서 공부를 했고 1906년에 박사학위를 마쳤고 1907년에 자신의 첫 번째 저작인『사회민주주의와 민족문제』(*Die Sozialdemokratie und die Nationalitätenfrage*)를 출판하였다. 그는 대학에서 수학하는 동안 활발하게 정치활동을 벌이기는 했지만, 박사학위를 취득한 이후에 오스트리아 사회민주노동당 내의 위치가 점진적으로 상승되었다. 그는 1907년에 당의 이론지인『캄프』(*Kampf*)를 만들었고, 1907년과 1914년 사이에 당비서로 활동하였다. 이 시기에 바우어는 빅토르 아들러의 유력한 후계자로 자리를 잡았다.

　오토 바우어는 제1차 세계대전 초기에 러시아에 인접한 동부전선에서 사로잡혀 3년 동안 러시아에서 포로생활을 하고 1917년에 오스트리아로 돌아왔다. 빅토르 아들러가 1918년에 사망한 이후에 바우어는 오스트리아 사회민주노동당의 지도자가 되었다. 오스트리아 사회민주노동당은 1918년 11월부터 1919년 7월까지 크리스트교 사회당과 연합정부를 구성하였고, 여기에서 오토 바우어는 외무부 장관을 하였다. 1919년 외무부장관 사임 이후에 보수적인 정부에 대한 반대를 지도하였다.

　오토 바우어는 1918년 1월 "좌익민족강령"에 기초하여 민족의 민주주의적 권리로서 민족자치권을 주장하였다. 오스트리아 사회민주노동당은 1차 세계대전의 패색이 짙어진 1918년 10월 3일에 바우어의 '좌익민족강령'을 채택하였다. 1918년 바우어는 독일계 오스트리아(오늘날 오스트리아의 원형)가 독일과 합방(Anschluß)할 것을 명확하게 제기하였다. 그러나 1918년 10월 21일 독일계 오스트리아 국가수립이 선언됨으로써 바우어의 대독일주의 통합방안은 무산되었다.

바우어는 오스트리아 국가수립 이후에도 독일과의 합방을 시도하였다. 그는 생존능력이 없는 소국 오스트리아에서 사회주의를 실현하기 어렵다고 생각했기 때문이다. 바우어는 1926년 오스트리아 사민당 린츠강령을 기초하면서 평화적 수단을 통해 독일과의 합방을 실현하기 위해 노력한다는 목표를 집어넣었다. 그러나 1930년대 독일에서 나치가 정권을 장악한 이후에 바우어는 독일과의 합방 목표를 취소할 수밖에 없었다. 1933년 오스트리아 사회민주노동당은 린츠강령에서 독일과의 합방조항을 삭제했다. 1934년 2월 오스트리아 파시즘 정권에 대항한 봉기에 실패한 후 바우어는 파리로 망명하였다. 1938년 독일이 오스트리아를 합병했고, 그 직후 열린 망명사회주의자 모임에서 바우어는 나치에 의한 합병을 기정사실로 인정하고, 전체 독일혁명을 통해 오스트리아 노동자를 해방시키려고 하였다.

엥겔베르트 돌푸스(Engelbert Dollfuss)가 크리스트교 사회당의 지원을 받아 1933년에 권위주의적이고 조합주의적인 독재정부를 세우게 되면서 오스트리아 사회민주주의자들의 활동이 심각하게 위축되었다. 1934년에 2월의 사회민주주의자들의 봉기가 실패한 이후에 오토바우어는 해외로 망명할 수밖에 없었다. 그는 체코슬로바키아(Czechoslovakia)와 프랑스 파리(Paris) 등에서 끊임없이 사회민주주의자들의 저항을 조직하였다. 또한 그는 죽을 때까지 이론적 작업을 지속하였다. 오토바우어는 1938년 7월 4일 프랑스 파리에서 사망하였다.4)

3. 오토 바우어의 민족이론과 문화주의

오토 바우어의 민족이론은 그의 주저 『민족문제와 사회민주주의』(1906)

---

4) "Otto Bauer," *Wikipedia*와 *The Columbia Encyclopedia*, Sixth Edition (2008) 참조

에 잘 나타나 있다. 그는 민족에 관한 수많은 기존의 이론들을 비판하면서 자신의 새로운 민족이론을 세워나갔다. 그는 네 가지 유형의 기존 민족이론들을 비판하였다.[5] 첫째, 민족을 신비한 '민족정신'의 구현으로 규정하는 정신적 유형의 이론들이다. 둘째, 민족공동체로부터 물려받은 신비한 생물학적 실체 개념에 근거한 고비노 방식의 물질적 인종이론이다. 바우어는 이 두 유형의 이론들은 형이상학적이고 비과학적인 해석에 지나지 않는다고 비판하였다. 셋째, 민족을 한 국가를 형성하려는 의지로 규정하려는 르낭(Renan) 같은 자유의지 이론이다. 바우어는 '체코민족' 같은 다민족 국가에 머무는 것에 만족하는 국민을 '민족과 동등하게 볼 수 없기 때문에 이 이론 역시 한계가 있다고 지적하였다. 넷째, 민족을 국가·영토·혈통·관습·법·종교와 같이 다양한 독자적 특성들을 나열하여 규정하려는 경험적 규정에 따르는 이론이다. 바우어는 개개 특성들이 본질적이지 못하고, 각 시대마다 다른 역할들을 해왔기 때문에 이 이론도 문제가 많다고 비판하였다.

오토 바우어는 민족의 우선적 결정 요소로 '민족적 성격'을 들었다. 그는 민족적 성격을 영속적인 것이 아니라 일정 기간 동안만 존재하는 가변적인 것으로 보았다.

민족적 성격이란 일정기간동안 한 민족의 성원과 관계되는 가변적인 성격공동체이다. 즉 민족적 성격은 현대의 민족을 이천년 혹은 삼천년 전의 조상과 결부시키지 않는다. 독일인의 민족적인 성격을 말하는 경우, 우리는 일정한 세기 혹은 수십년 단위의 공통된 독일인의 성격적 특징을 생각하는 것이다.[6]

<hr>

5) 레세크 코와코프스키, 앞의 책, 431-432쪽.

이 '민족적 성격'은 역사과정에서 형성되고 변한다. 모든 민족들이 지니고 있는 특징은 '민족의 과거 침전물'이고 '민족의 응고된 역사'이다. 따라서 오토 바우어는 민족을 역사의 산물로서 파악하였다.[7]

어쨌든 상속된 성격을 규정하는 것은 바로 조상의 역사, 즉 과거이다. 즉 민족의 구성원이 신체적, 정신적으로 서로 유사한 까닭은 그들이 동일한 조상에서 유래했고, 조상이 생존투쟁을 통해 자연적, 성적인 도태를 통해 배양한 속성들과 아마도 조상이 생계를 꾸려가기 위한 노력 속에서 획득한 속성들까지도 상속받았기 때문이다. 그래서 우리는 민족을 역사의 산물로서 파악한다.[8]

그는 민족을 만들고 강화하는 요소로 자연과 문화를 들었다. '자연'과 '문화'의 영향을 받아 민족은 '자연공동체'와 '문화공동체' 양 측면에서 모두 이해할 수 있다. 그러나 바우어는 민족은 하나의 '운명공동체'로서 통합적으로 파악할 것을 주문했다.

그래서 민족을 한편으로는 자연공동체로서, 다른 한편으로는 문화공동체로서 이해한다는 것은, 곧 민족적 성격을 규정하는 서로 다른 원인이 있다고 보는

---

6) 오토 바우어, 『민족문제와 사회민주주의』, 김정로 역, 백산서당, 2006, 34쪽.
7) 맑스와 엥겔스도 『독일 이데올로기』에서 인간의 신체조직은 역사적 발전과정에서 형성되었고, 그리고 역사발전과정에서 인간의 활동에 의하여 변할 수 있다고 보았다. 이는 인간의 신체적 조건을 고정 불변한 것으로 보려는 인종주의자들의 태도와 다르다고 할 수 있다(Karl Marx/F. Engels, *Deutsche Ideologie*, *MEW*, vol. 3, p. 21). 이 점은 간접적으로 맑스와 엥겔스가 『독일이데올로기』 후반부에서 인종차이의 형성과 제거에 대해 언급한 점에서 확인된다. 그들은 인종차이를 역사발전과정과 무관하게 보려는 관점을 비판하면서, 인종차이가 역사적으로 발생했고 따라서 역사발전과정에서 제거될 수 있다고 보았다(*Deutsche Ideologie*, *MEW*, vol. 3, p. 411).
8) 오토 바우어, 앞의 책, 51쪽.

것은 아니다. 사람들의 성격을 규정하는 것은 다른 어떤 것이 아니라, 바로 그 사람들의 운명 자체이다. 민족의 성격이란 민족역사의 침전물일 뿐, 결코 다른 어떤 것이 아니다…. 민족은 운명공동체일 뿐이다. 그러나 운명공동체는 한편으로 민족의 공통운명에 의해 배양된 속성들을 자연적으로 유전함으로써 작용하며, 다른 한편으로 민족의 운명을 통해 개성적으로 규정된 문화유산을 계승함으로써 작용한다.9)

오토 바우어는 민족은 절대적인 성격공동체가 아니라 '상대적인 성격공동체'라고 보았다. 모든 민족들이 지니는 특징은 다른 민족과 구별되기 때문이다.

민족은 상대적인 성격공동체이다. 민족이 성격공동체라는 것은 일정한 시대의 민족동포의 대다수에게 일련의 공통된 특징이 관찰되고, 모든 민족이 인간으로서 일정한 특징을 공유함에도 불구하고 일련의 특징은 개별민족에게 고유한 것으로서 다른 민족과 구별되기 때문이다. 민족이 절대적인 성격공동체가 아니라 상대적인 공동체라는 사실은, 개별 민족동포(Nationgenosse)는 민족전체에 공통된 특징에서 완전히 일치하더라도 이것 외에 개별적인 특징(지역, 계급, 직업 등의 특징)을 가지며 이것에 따라 서로 구별되기 때문이다.10)

오토 바우어는 지역주의 관점에 선 브륀강령(연방주의)를 기본적으로 인정하면서도 브륀강령을 보완하고자 했다. 그는 지역주의적 자치로 해결

---

9) 같은 책, 55쪽.
10) 같은 책, 37쪽.

될 수 없는 민족혼재 지역에 대해 '문화적 민족자치'(개인원리에 의한 자치)를 적용할 것을 주장하였다. 이 '문화적 민족자치'는 소수민족의 권리보장을 의미했다. 바우어는 공통의 언어가 아니라 민족적 성격을 민족의 고유한 특징으로 보고자 했다.

자본주의 사회에서 처음으로 민족 전체문화가 출현하였다. 이것은 근대 자본주의적 계급 및 직업형성을 통해, 그리고 근대적 민주주의 제도와 보통교육의 확산 등을 통해서 이루어졌다.

근대 자본주의가 비로소 제한된 마을의 경계를 넘는 진정한, 민족전체의 문화를 산출했다. 근대 자본주의는 주민으로부터 뿌리를 뽑아버렸고, 주민을 지역의 끈으로부터 분리시켜, 근대적 계급형성 및 직업형성 과정 속에서 지역적, 직업적으로 재편함으로써 이것을 성취했다. 근대 자본주의는 그것의 산물인 민주주의의 수단과 초등학교, 일반적 병역의무제 그리고 보통선거권을 통해 작업을 완수했다.[11]

그러나 오토 바우어는 자본주의 사회는 민족 전체문화 출현이라는 자신의 업적을 자랑해서는 안 된다고 일침을 가했다. 근대 자본주의 사회의 노동자들에 대한 착취는 노동자들의 민족문화공동체로의 편입을 방해하기 때문이다.

그러나 물질적 재화는 언제나 정신적 문화로 전환한다. 그래서 한편의 노동이 다른 편의 문화가 된다는 사실이 우리 시대의 법칙이다. 노동자의 장시간 노동

---

11) 같은 책, 124쪽.

과 저임금, 열악한 음식과 비좁은 주거와 같은 현상으로 나타나는 착취와 잉여노동이라는 사실은, 민족의 정신문화에 참여하기 위해 필요한 광범한 노동자대중의 모든 교육에 하나의 제약이 된다. 착취라는 사실은 따라서 문화공동체로서 민족의 생성을 방해한다. 그것은 민족문화공동체에 대한 노동자 편입을 방해한다.12)

오토 바우어는 맑스와 다르게 미래의 사회주의 사회가 민족의 차이를 상쇄하여 민족 간 구별을 줄이거나 없애버릴 것이라고 생각하지 않았다. 그는 사회주의 사회가 문화를 발전시키기 위해 민족들에게 자치와 자결을 더 많이 부여해줄 것이라고 예견하였다. 결국 사회주의 사회에서 더 많은 자치와 자결은 민족들의 개성을 더욱 발전시켜 민족들의 차이가 더 커지게 될 것이라는 것이다.

사회주의가 처음으로 근로인민의 넓은 층을 민족문화공동체로 편입한다. 또한 사회주의는 문화를 더욱 발전시키기 위한 자치와 자결을 민족에게 부여함으로써 이 문화공동체의 본질을 변화시킨다.13)

사회주의가 민족을 자치적으로 만들고 운명을 의식적 의지의 산물로 만든다는 사실은, 그러나 사회주의 사회에서 민족들의 차이를 더욱 강화하고 개성을 더욱 깊게 각인하며 성격을 서로 더욱 예리하게 분리시킨다.14)

---

12) 같은 책, 125쪽.
13) 같은 책, 136쪽.
14) 같은 책, 138쪽.

사회주의 사회에서는 민족문화와 결합하고 민족문화를 통해 공동으로 결정되지 않고서는 어느 민족의 정신문화의 어떤 새로움도 받아들일 수 없을 것이다. 따라서 사회주의에서 민족문화공동체의 자치는 문화의 물질적 내용을 균질화시킴에도 불구하고, 민족들의 정신문화의 차이를 더욱 강화한다.[15]

이처럼 오토 바우어의 민족이론은 심리-문화적 성격을 띠고 있다. 그의 민족이론은 심리학적 용어로 정리된 '민족적 성격'이라는 모호하고 신비한 개념을 기초로 구성된 것이었다. "목적의 다양성, 똑같이 자극이 상이한 운동을 유발시키고 똑같은 외부적 상황이 상이한 결정을 유도할 수 있다는 사실" 등이 그것이다. 사실상 이러한 개념은 형이상학적인 것이며, 신칸트주의에 기원을 갖는 것이었다.

카우츠키, 판네코크, 그리고 슈트라서 등이 바우어 민족이론의 신칸트주의적 성격을 비판하였다. 카우츠키는 민족을 역사적, 사회적 발전의 산물로 파악하려는 바우어의 시도에 찬성하면서도, 바우어가 문화공동체를 너무 민족문제에 한해 적용하려는 시도를 비판하였다.[16] 그는 부족, 지역공동체, 국가, 조합, 정당, 그리고 주식회사 같은 사회조직 등이 하나의 운명공동체이며 이러한 조직 중에서 많은 것이 문화공동체라고 보았다. 그는 운명과 문화의 공통성이 공통적 특성을 낳을 수 있으며, 따라서 운명과 문화의 공통성은 민족들을 구분짓는 결정적 요소는 아니라고 주장했다. 또한 그는 민족이 서로 달라도(예를 들면 독일어권 스위스인과 프랑스어권 스위스인)

---

15) 같은 책, 140쪽.
16) 박호성, 「프롤레타리아 국제주의에 대한 카우츠키의 개량주의적-세계동포주의적 재해석」, 『사회주의와 민족주의』, 까치, 1989, 182쪽.

긴밀한 운명공동체와 문화공동체에 결합될 수 있으며, 또는 문화공동체가 동일 민족의 상이한 계급 사이에서보다도 오히려 상이한 민족들의 동일한 계급구성원 사이에서 형성되는 것도 가능하다고 생각했다.

판네코크(Anton Pannekoek)와 슈트라서(Josef Strasser)는 계급이해가 민족이해보다 더 중요하다는 입장에서 바우어를 비판하였다.[17] 그들은 계급이해가 경제적 기원을 갖고 있기 때문에 계급이해가 민족이해보다 우선한다는 경제주의 입장에서 주장하였다. 판네코크의 『계급투쟁과 민족』과 슈트라서의 『노동자와 민족』은 1912년에 출판되었고 오토 바우어의 주요 테제를 비판하였다.[18] 그들은 오스트리아사회민주노동당의 통합을 주장했고, 오스트리아사회민주노동당을 분리적이거나 자치적인 민족분파로 나누는 것을 반대하였다. 그들은 민족을 사회주의가 도래하면 사라지게 될 종교와 같은 것으로 보았다. 판네코크는 민족현상을 부르주아지의 이데올로기적 현상이라고 믿었고, 민족이라는 이데올로기가 독립적인 힘이 될 수 있다는 바우어의 주장은 관념적인 칸트주의라고 비판하였다.

바우어와 오스트로-맑스주의자들이 피압박민족 분리론을 회피하였던 동기는 기존의 국가에 깊이 동화되었던 초기의 개량주의의 결과이기도 하였다.[19] 바우어는 민족을 특수한 '민족적 성격'을 부여받고 역사적으로 성장한 '운명공동체'로 보는 역사주의적 문화적 정의에 의존하였다. 바우어뿐만 아니라 로자 룩셈부르크, 판네코크, 트로츠키 등도 민족의 본질을 문화

---

17) 미셸 레위(Michale Loewy), 「마르크스주의자들과 민족문제」, 배동문 편, 『마르크스주의와 민족문제』, 한울, 1985, 170-171쪽.
18) Anton Pannekoek, *Klassenkampf und Nation* (Reichenberg, 1912); Joseph Strasser, *Der Arbeiter und die Nation* (Reichenberg, 1912).
19) 귄터 미네럽(Guenter Minnerup), 「민족자결권: 바우어, 스탈린, 레닌」, 임지현 편, 『민족문제와 마르크스주의자들』, 한겨레, 1986, 187-188쪽.

적이라고 보았다. 바우어는 '문화적 자치'를 구체화했다는 점에서 그들과는 차별성을 보인다.

'문화적 자치'란 모든 국민 개개인들이 연방국가라는 전체 구조 틀 안에서 '문화적'사안(事案)들에 대해 자율적 행정권을 지닌 민족자치체를 선택하여 가입할 수 있는 기회를 가진다는 것이다. 여기에서 민족문화는 가장 중요하고 효과적인 계급간의 결속도구가 되며, 따라서 민족문제는 문화적 자치를 수여하는 수준으로 환원됨으로써 계급적 구분 대신에 민족적 구분을 조장하는 결과를 낳게 된다. 실제로도 당시 오스트리아 사회민주노동당 지도자들은 비독일계 민족에게 민족문제는 단지 문화의 문제에 지나지 않는다면서 정치적 자유를 부여해야 한다는 요구를 거절하였다. 이러한 입장은 사회주의 노동운동과 노동조합운동의 정치적 유대를 파괴하는 데 기여했다는 점에서 비판을 받았다.

4. 오토 바우어와 다민족 국가

오스트로–맑스주의자들은 민족을 문화, 행정, 법률적 권력을 고루 지닌 사법적 자치체로 정의함으로써 다민족 국가라는 구조 틀 안에서 문화적 자치를 실시하고자 하였다. 오스트리아 사회민주노동당의 민족정책과 민족이론은 대표적 오스트로–맑스주의자인 오토 바우어에 의해 제시되었다. 바우어는 민족주의와 사회주의를 신중하게 조화시키려는 시도를 하였다. 바우어는 민족의 역사적 실체를 인정하였고, 민족의 진정한 해방은 사회주의에 의해서만 가능하다고 주장하였다. 그는 문화적 자유를 완전히 향유하는 민족들의 민주적인 연합체인 '대오스트리아 연합국가'를 계획하였다.

오토 바우어는 지역주의 관점에 근거한 브륀 민족강령의 한계를 지적하면서 새로운 대안을 제시하고자 했다. 그는 이 민족강령이 오스트리아-헝가리 제국의 민족문제를 포괄적인 연관 속에서 파악하지 못했고, 민족소수자 문제에 대해 명백한 답변을 하지 못했다는 한계점들을 지적하였다. 그는 새로운 민족강령을 대안으로 제시했다. 그 강령은 노동자계급도 민족문화를 소유해야 하며, 노동자계급은 소유계급에 대한 투쟁을 통해 민족문화공동체에 들어갈 수 있으며, 민주주의적이고 연방적인 새로운 국가제도를 요구하고 설립해야 하며, 그리고 자본주의적 제국주의가 아니라 프롤레타리아 국제주의에 근거해서 민족문제를 풀어나가야 한다는 내용들을 담고 있다.

오스트리아 사회민주노동당 지도자들은 1888년 하인펠트 사회민주노동당 당 대회가 열리기 전까지 민족문제에 대한 구체적인 해결책을 제시하지 못하고 있었다.[20] 그들은 민족문제를 문화와 고용의 문제이며, 쁘띠부르주아계급의 관심거리에 불과하고, 그리고 자본가들이 노동자들을 분열시켜 노동자들의 관심을 계급투쟁으로부터 멀어지게 하려는 계획적인 술책으로 보았다. 그러나 오스트리아 사회민주노동당은 당원들이 늘면서 다민족화되어 가면서 민족문제를 적극적으로 고려하지 않을 수 없게 되었다.

오스트리아 사회민주노동당은 1899년 브륀에서 지역자치를 통한 연방주의를 핵심으로 하는 민족강령을 채택했고, 당 조직도 연합당조직으로 변경하여 소수민족의 대표들을 보호하고자 하였다. 그러나 오스트리아 사회민주노동당 내의 소수민족 정파들은 독자적인 정당조직 건설을 추진하

---

20) 마이클 휴즈, 『독일민족주의 1800-1945』, 강철구 역, 명경, 1995, 238-239쪽.

였다. 합스부르크제국의 민족별 분해 경향이 오스트리아 사회민주노동당 내부에서도 진행되었던 것이다 1911년 총선거에서 체코인당은 분리주의 후보를 내세워 연합당에 머물려고 하는 후보(중앙파)와 경쟁했다. 1912년 오스트리아 사회민주노동당의 연합당을 지지하는 지도부는 분리주의 체코인당을 추방하였다. 폴란드당도 1905년 러시아 혁명 이후에 독자적인 국가 부흥을 지향하면서 오스트리아 사회민주노동당으로부터 이탈하였다.

이처럼 오스트리아 사회민주노동당의 민족정책은 1899년 브륀에서 채택된 민족강령을 중심으로 하여 이루어졌다. 브륀 민족강령의 주요 내용은 다음과 같다.21)

오스트리아의 민족문제와 언어문제를 평등한 권리와 동등권 및 이성이라는 관점에서 최종적으로 조정하는 것은, 특히 프롤레타리아트의 사활적 이해가 달린 문화적 요구이다.

이러한 조정은 단지 보통, 평등, 직접 선거권에 기초하여 구성되고 국가와 연방들의 모든 봉건적 특권이 제거된 진정한 민주주의적 공동사회에서만 가능할 뿐이다. 왜냐하면 이러한 공동사회에서 비로소 진정으로 국가와 사회를 유지하는 요소인 노동하는 계급들이 발언기회를 가질 수 있기 때문이다.

오스트리아에 살고 있는 모든 민족의 민족적 특성의 육성과 발전은 단지 평등한 권리를 기초로 해서만, 그리고 모든 억압의 폐지를 통해서만 가능하다. 그러므로 무엇보다 먼저 모든 관료제적-국가적 중앙집권주의와 함께 영방들의 봉건적 특권이 타파되어야 한다.

오스트리아에서 민족적 불화 대신에 민족적 질서를 가져올 수 있는 것은 이러

---

21) 오토 바우어, 앞의 책, 571-572쪽.

한 전제 아래에서이며, 또한 이러한 전제 아래서 뿐이다. 더욱이 이때 다음과 같은 지도적인 원칙들이 승인될 필요가 있다.

1. 오스트리아는 민주주의적 다민족연방국가로 개조되어야 한다.

2. 역사적 황실 직할지 대신에 민족적으로 구분된 자치행정단체가 만들어지고, 그것의 입법과 행정은 보통, 평등, 직접 선거권에 기초하여 선출된 민족의회를 통해 수행된다.

3. 동일민족의 전체 자치행정조직은 함께 하나의 민족적으로 통일된 단체를 만들고, 이 단체가 자신의 민족적 안건을 완전히 자율적으로 처리한다.

4. 민족적 소수자의 권리는 제국의회에 의해 결의될 특별한 법률을 통해 보장된다.

5. 우리는 어떤 민족적 특권도 인정하지 않기 때문에, 국가언어에 대한 요구를 거부한다. 어느 정도까지 매개 언어를 필요로 하는지에 관해서는 제국의회가 결정할 것이다.

바우어는 이 민족강령이 소박한 세계주의를 극복하여 "의식적인 국제주의"로 나아갔다는 점에서는 긍정적인 측면이 있지만 기본적으로 몇 가지 근본적 문제를 안고 있다고 보았다.[22] 첫째, 오스트리아–헝가리 제국의 민족문제를 포괄적 연관 속에서 파악하지 못했다. 바우어는 사회민주노동당의 민족강령은 "구체적 요구를 사회 속에서의 노동자계급의 입장으로부터 도출해야 하는 동시에, 오스트리아의 특정한 민족문제를 커다란 사회문제 속에 배치해야 한다"고 보았다.

둘째, 그는 위의 다섯 가지 지도적인 원칙들 중에서 처음 세 가지 원칙에

─────────────────────
22) 같은 책, 572-574쪽.

는 민족자치의 사상이 잘 표명되어 있어 바람직하지만, 네 번째 원칙은 문제가 있다고 비판하였다. 네 번째 원칙은 "민족적 소수자의 문제에 대답하지 못하고, 이 문제를 결정할 권한을 누가 가져야 할 것인지를 설명하는 데 그쳤다"는 한계가 있다는 것이다. 따라서 그는 "노동자계급은 이 문제에 대하여 민족적 소수자를 개인 원리에 기초한 공법적 단체로 구성"할 것을 요구해야 한다고 주장하였다. 이런 입장에서 바우어는 브륀 당 대회 이후 출판된 루돌프 슈프링거의『국가를 둘러싼 오스트리아 민족들의 투쟁』이라는 저서를 높이 평가했다. 왜냐하면 이 책은 처음으로 민족적 소수자의 자치를 포기하지 않고, 소수 민족들이 공직인 지방행정을 어떻게 장악할 수 있는지를 다루었기 때문이다.

셋째, 바우어는 브륀 강령의 다섯 번째 원칙을 그렇게 중요하다고 생각하지 않았다. "매개어는 노동자계급이 반드시 그 해결책을 국가에게 주어야 하는 국가적 필요사항이지만, 그것의 이행을 사회민주노동당의 강령이 요구해야 하는 프롤레타리아 필요사항은 아니다"라고 그는 판단했기 때문이다.

바우어는 브륀강령에 대한 이러한 비판에 근거하여 새로운 민족강령을 대안으로 제시하였다.[23] 첫째, 바우어는 자본주의 사회에서 지배계급만 민족문화를 소유해서는 안 된다고 비판하였다. 그는 노동자계급을 포함한 전체 인민이 민족문화의 혜택을 누리면서 민족문화 형성을 위해 공동 노력을 기울여야 한다고 주장했다.

자본주의 사회에서 노동자계급은 민족적 문화공동체로부터 배제되어 있다. 지

---

23) 같은 책, 575-576쪽.

배하고 소유하는 계급만이 민족적 문화재를 자신의 것으로 만든다. 사회민주노동당은 민족문화, 즉 전체인민의 노동의 산물을 전체 인민의 소유물로 만들고, 그것을 통해 모든 민족동포를 하나의 민족적 문화공동체로 통합하고, 비로소 민족을 문화공동체로서 실현하기 위해 노력한다.

둘째, 바우어는 노동자계급이 소유계급에 대한 투쟁을 통해서만 민족문화공동체에 편입될 수 있다고 보았다. 그리고 그는 이 투쟁과정에서 다른 모든 민족의 노동자계급과의 동맹의 중요성을 강조하였다.

이러한 계급투쟁에서 각 민족의 노동자는 화해할 수 없는 적으로서 자민족의 소유계급과 대치한다. 이에 반해 각 민족의 노동자의 경제적, 정치적, 문화적 진보는 다른 민족의 프롤레타리아트의 경제적, 정치적, 문화적 진보를 통해 조건지어진다. 따라서 각 민족의 노동자계급은 모든 민족의 소유계급에 대하여 투쟁하고 모든 민족의 노동자계급과 밀접히 동맹하는 것을 통해서만, 자신의 경제적, 정치적 해방과 자신의 민족문화공동체에 대한 편입을 이룰 수 있다.

셋째, 바우어는 기존의 중앙집권적인 국가제도 하에서는 각 민족의 노동자계급들이 독자적인 자신들의 영역을 가지기 어렵다고 보았다. 왜냐하면 기존의 지배계급들이 자신들의 계급투쟁을 민족투쟁의 형태로 위장함으로써 근로대중들을 자신들의 계급이익에 동원하기 때문이다. 따라서 그는 각 민족의 노동자계급들이 법적으로 보장된 세력영역을 보유할 때만이 민족문화에 참여할 수 있다고 생각했다. 또한 그는 노동자계급이 민족문화를 누리기 위해서는 민주주의적이고 연방적인 국가제도를 요구하고 세워야

한다고 주장했다. 그는 민주주의적 연방적인 국가제도의 구체적인 모습을
다음처럼 제시하였다.

그러므로 사회민주노동자당은 다음과 같은 원칙에 따라 오스트리아를 완전히
바꿀 것을 요구한다.

1. 오스트리아는 민주주의적 다민족 연방국가로 개조되어야 한다.

2. 역사적 황실직할지 대신에 민족적으로 구분된 자치행정단체가 만들어지
   고, 그것의 입법과 행정은 보통, 평등, 직접 선거권에 기초하여 선출된
   민족의회를 통해 행사된다.

3. 동일민족의 전체적 자치행정지역은 함께 하나의 민족적으로 통일된 단체
   를 만들고, 이 단체가 자신의 민족적 안건을 완전히 자율적으로 처리한다.

4. 각 자치행정지역 내부의 민족적 소수자는 자신의 학교제도를 완전히 자치
   적으로 운영하고 관청과 재판소에서 민족동포에게 법률적 도움을 주는
   공법적 단체로서 스스로를 구성할 수 있다.

넷째, 바우어는 민족문제를 해결하기 위해 자본주의적 제국주의에 의존해
서는 안된다는 입장을 분명히 밝혔다. 자본주의적 제국주의의 승리는 인접국
가 내의 노동자계급의 패배를 야기하고 동시에 오스트리아 내에서도 민족투
쟁을 점화시켜 계급투쟁과 민족문화의 발전을 지연시키기 때문이다. 그는
노동자계급은 자본주의적 제국주의가 아니라 프롤레타리아 사회주의에서 민
족의 정치적 통일과 자유를 실현할 수 있다고 기대하였다. 그리고 그는 국제
주의적인 사회민주노동당이 민족적 공동사회를 자율적 구성단위로 하는 새
로운 종류의 국제적 공동사회를 건설해야 한다고 제시하였다.24)

그러나 동시에 사회주의 사회는 국제적 분업을 실시할 것이다. 따라서 사회주의 사회는 독립적인 민족적 공동사회를 수많은 국제적 행정공동체로 결합시키고, 이것들을 마침내 하나의 법인으로서 구성되는 국제법공동체의 기관으로 만들 것이다. 그래서 사회주의 사회는 민족적 공동사회를 자율적 구성단위로 만들면서, 그것을 하나의 거대한, 새로운 종류의 국제적 공동사회로 점차 편입해갈 것이다. 자연에 대한 공동관리를 위해 모든 문화인류를 통합하고, 동시에 자신의 민족문화를 향유하고 민족문화의 지속적인 발전을 의식적으로 조정하는 자율적인 민족적 공동사회로 인류를 편입하는 것이 국제주의적인 사회민주노동당의 민족적인 최종목표이다.

오스트리아-헝가리 제국의 민족문제에 대한 오토바우어의 이론은 제국 내의 다양한 민족 간의 복잡한 관계를 어떻게 볼 것인가에 대한 훌륭한 사례 연구를 제공해준다. 오스트리아 사회민주노동당은 지역주의에 근거한 연방 정책을 추진함으로써 소수민족들과 연맹하여 제국의 틀을 유지하고자 하였다. 그러나 역사적인 진행과정을 보았을 때 각 소수민족들은 민족자결주의를 통해 독자적인 민족국가 건설로 나아갔다. 최근 중국은 동북공정이나 티베트 민족문제 등을 처리하면서 제국의 틀을 강화하는 쪽으로 나가고 있다. 오스트리아-헝가리 제국의 민족문제에 대한 역사적 해결과정에 대한 연구는 이러한 동아시아의 민족문제를 해결하는 데 활용될 수 있을 것이다.

---

24) 맑스는 기본적으로 모든 사람들이 모든 면에서 평등해야 된다고 주장하면서 인종차별에서도 평등할 것을 주장하였다. "모든 똑같은 사람에 대한 모든 인종, 남성과 여성, 그리고 모든 조건의 정치적 평등과 사회적 자유는 인터내셔널이 요구하는 더 근본적 개혁의 필수적 전조라는 것은 단순한 진리이다"(Karl Marx[May 1872], "American Split," *Collected Works*, vol. 23, p. 636).

5. 맺음말

오토 바우어는 민족이론의 발전에 큰 기여를 하였다.[25] 그는 당대 맑스주의 역사가들이 민족문제를 추상적으로 그리고 경직되게 보려고 했던 것과는 달리 민족문제에 구체적이고 실질적으로 접근했다. 그는 민족 개념을 하나의 과정으로서 영원히 변화하는 운동으로 보았다. 그는 민족을 공통의 역사적 운명의 산물, 지속적인 과정의 결코 완결되지 않은 결과, 과거의 모든 사건들의 결정이라고 정의하였다. 그의 이러한 민족이론은 기존의 두 가지 편향을 비판적으로 극복하는 데 도움을 주었다. 첫 번째, 그는 부르주아 계급의 민족적 보수주의, '영원한 민족'이라는 반동적 신화 및 인종주의 이데올로기를 정면으로 비판하면서 극복할 수 있었다. 두 번째, 그는 엥겔스가 1848-1849년에 범했던 오류를 피할 수 있었다. 바우어는 엥겔스와 다르게 한 민족(체코 민족과 같은)이 역사를 갖지 못했다고 해서 반드시 그 민족이 미래를 갖지 못한다는 것을 의미하지는 않는다고 보았다. 중유럽과 발칸반도에서의 자본주의의 발전은 타민족에 대한 동화가 아니라, '비역사적' 민족의 자각을 초래했기 때문이다.

바우어가 민족문제를 정의함에 있어서 문화의 중요성을 강조한 것은 높이 평가할 만하다. 그러나 문화의 차원에 분석을 한정시키는 것은 정치문제, 즉 민족국가의 창출을 통한 자치를 무시하게 되는 결과를 초래했다.[26] 또한 그는 민족문화의 영역에서 계급 및 계급투쟁을 배제시켰다는 점에서 문제가 있다. 그의 민족정책 프로그램은 노동자계급이 '문화적 혜택'과 '민

---

25) 미셀 레위, 「마르크스주의자들과 민족문제」, 175쪽.
26) 같은 글, 174쪽.

족문화공동체'에 접근할 수 있도록 만드는 것을 목표로 하였다. 이 과정에서 그는 '문화적 가치들'이 절대적으로 중립적이며 계급적 내용을 결여하고 있다고 간주하였다.

또한 바우어는 민족주의와 사회주의를 조화시키려고 진지한 노력을 기울였지만, 민족을 문화적 문제로 파악하는 초지역적 개인주의의 원리를 오스트리아에 적용하려 했다는 점에서 한계를 지니고 있다.[27] 왜냐하면 다민족이 혼합 거주하는 지역에서 모든 민족들이 똑같은 권리를 보장받기 어렵기 때문이다. 구체적으로, 1905년 모라비아 협정의 경우 체코인과 독일인들의 권리를 동등하게 보장하려 했지만 이런 경우를 보편화하기는 어렵기 때문이다.

오토바우어의 이러한 민족이론은 한국의 민족문제에 몇 가지 시사점을 제공해준다. 첫 번째, 오늘날에도 민족문제는 쉽게 없어질 문제가 아니기 때문에 진보진영에서 계속 고민해야 된다는 점이다. 오토 바우어가 주장했던 것처럼 사회주의 국가가 실현되어도 민족문제는 해소되지 않았다. 맑스와 레닌의 주장과 다르게 구소련 내에 러시아민족 중심주의가 존재했고, 아직 사회주의를 표방하는 중국에서도 한족 중심주의가 현실적으로 작동하고 있다. 우리나라의 진보진영에도 민족문제에 대한 지속적인 관심이 필요할 것이다.

둘째, 다민족 국가의 민족문제를 구체적으로 해결하려 했던 오토 바우어의 민족이론은 최근 새롭게 부각되고 있는 한국 내의 소수민족 정책을 개발하는 데 참고가 될 것이다. 한국사회에 상주하는 외국인들 수가 이미 100만을 넘고 있고, 2006년도에 이미 국제 결혼가정이 11.9%로 증대함으로써

---

27) 마이클 휴즈, 『독일민족주의 1800-1945』, 239쪽.

한국도 다민족 국가 단계에 접어들고 있다. 한국 내에 있는 소수민족들의 권익과 자치를 어떻게 보장할 것인지에 대한 구체적인 정책을 개발하는 데 오토 바우어의 민족이론은 도움이 될 것이다.

셋째, 민족의 문화적 측면을 강조하는 오토 바우어의 이론은 위에서 살펴본 것처럼 많은 점에서 비판을 받았다. 그러나 한국의 분단 상황에서 오토 바우어의 민족이론은 통일과 관련하여 일정정도 긍정적인 역할을 할 수 있다. 경제적 측면과 계급적 측면에서 민족문제에 접근할 때, 남북 통일문제는 진전되기가 쉽지 않다. 그러나 문화적 측면을 강조할 경우 동일한 언어와 문화적 전통을 지닌 남북한이 통일문제를 진전시키는 데 도움이 될 것이다.

넷째, '대독일주의'를 추구했던 오토 바우어의 민족이론은 '대한민국 민족주의'를 객관적으로 검토하는 데 도움이 된다. 최근 젊은 세대를 중심으로 같은 언어를 사용하지만 독자적 길을 걷고 있는 독일과 오스트리아처럼 한국도 북한을 포괄하지 않는 "대한민국 민족주의"를 세워나가야 된다는 주장이 제기되고 있다. 한국의 젊은 세대는 오토 바우어가 좌절되기는 했지만 왜 마지막 순간까지 오스트리아와 독일의 통합을 추구했던 이유를 살펴볼 필요가 있다.

동시에 독일과 오스트리아는 분리되어도 유럽적 정세에서 생존할 수 있었지만 한국의 경우 남북한이 계속 분리되어 있을 경우 동아시아 정세에서 독자적으로 생존할 가능성이 있는지도 냉정하게 검토할 필요가 있다. 1871년에 성립된 독일제국은 오스트리아 없이도 당시 유럽의 국제정세 속에서 곧 바로 강대국으로 부상할 수 있었다. 이에 비해 세계 최강의 미국, 세계 2위 경제대국인 일본, 세계 4위의 경제대국으로 급성장한 중국

틈새에 끼인 인구 5,000만의 "대한민국"은 독자적 생존 모색에도 버거운 실정이다. 바로 이러한 현실이 북한과의 커다란 차이가 존재함에도 불구하고 북한을 포함하는 "통일 한국"에 대한 모색을 중단할 수 없는 현실적 이유이기도 하다.

문영찬_노동사회과학연구소

1. 머리말

소련이 붕괴한 지 18년이 지났다. 소련은 러시아와 작은 나라들로 분열되었고 사회주의 생산관계는 소멸하였다. 20세기를 시작하였던 러시아 혁명, 그리고 20세기를 마감한 소련의 붕괴, 이는 역설적으로 사회주의 운동이 20세기의 규정력으로 작용했다는 것을 말한다.

현재 세계는 대공황에 빠져 있다. 가치 증식을 목표로 하는 자본주의 운동의 필연적 결과로서 공황이 폭발하고 있는 것이다. 그에 따라 세계 각국에서는 노동자계급과 민중들의 투쟁이 진행되고 있다. 그러나 아직까지 그러한 투쟁들에는 깃발이 없다. 소련 붕괴의 영향으로 사회주의가 영향력을 상실한 후 그것이 아직까지 복구되고 있지 못한 것이다. 즉, 노동자계급은 새로운 전망을 발견하고 있지 못하고 소련 붕괴의 원인도 명료하게 정리가 되고 있지 못한 상태이다. 심지어는 소련이 사회주의 사회가 아니었고 국가자본주의 사회였다는 트로츠키주의자들의 주장이 제기되고 있기도 하다. 이러한 상황은 전망의 부재와 이론적 혼돈으로 귀착되고 있다.

이러한 상황에서 사회주의자들의 유일한 무기는 과학이다. 과학의 관점에서 이론적 혼돈을 치유하고 비판하고 소련 붕괴의 원인을 규명하는 것이 필요하다. 그러나 이러한 작업이 소위 대안이라는 새로운 체계를 성립시키고 이를 실현하는 과정은 아니다. 운동은 현실의 모순에 기초하는 것이고 이를 비판적으로 지양할 때 승리가 가능한 것이기 때문이다.

소련 붕괴의 원인을 규명하는 작업은 사회주의자로서 자기비판의 과정이기도 하다. 프롤레타리아 국제주의의 관점에서 소련의 역사를 검토하고 무엇이 잘못이었는지를 검토하여 운동의 토대로 삼아야 하는 것이다. 현재 사회주의는 대중의 신뢰를 획득하고 있지 못하다. 심지어 사회주의라는 용어를 쓰는 것조차 꺼리는 부분이 있다. 따라서 소련 붕괴의 원인을 규명하는 것, 즉 자기비판의 과정을 철저히 하여 사회주의에 대한 대중의 신뢰를 회복하는 것이 필요하다.

그러나 이 과정은 제국주의자나 트로츠키주의자들의 주장처럼 소위 스탈린주의라는 절대악을 설정하고 그것으로 원인을 돌리는 비과학적, 비역사적 방식이어서는 안된다. 소련이 하나의 사회주의적 사회구성체였음을 밝히고 그것이 어떠한 진보를 이루었고 어떠한 오류가 축적되어서 결국에는 붕괴에까지 이르렀는가를 규명하여야 한다.

자본의 압제에 시달리는 노동자계급에게 있어 희망은 사회주의 이외에는 존재하지 않는다. 다시금 노동해방이라는 기치를 움켜잡고 과학의 도움으로 투쟁전선을 구축해야 한다.

2. 소련 붕괴의 원인

1) 과도기 경제

1917년의 러시아 볼셰비키혁명은 인류에게 사회주의가 현실로 가능하다는 전망을 안겨다 주었다. 그러나 타도된 자본가계급은 즉각적으로 혁명에 반대하여 반란을 일으켰다. 그리고 이러한 반란에 대해 영국, 프랑스, 일본, 독일 등의 제국주의 국가들은 혁명을 압살하기 위해 개입하여 약 3년간의 내전이 치루어졌다. 이러한 상황은 러시아에서 혁명이 발전하기 위한 악조건을 만들었고, 1920년 볼셰비키가 내전에서 승리하기까지 러시아는 혁명의 왜곡을 겪어야 했다. 이 시기에 실시된 정책이 이후에 전시공산주의라 불리는 것이었다. 전시공산주의는 반란군과의 전쟁에 모든 물자를 집중하는 체제였고 또 반란군의 점령지역이 확대됨에 따라 물자의 절대적인 부족이 심화되는 상황이었다. 이에 따라 농민의 잉여농산물에 대한 강제적 징발, 화폐의 부분적 폐지, 대부분의 공업기업의 국유화, 상업제도의 배급제로의 대체, 시장의 폐지 등이 실시되었다. 그리고 이러한 경제를 총괄하는 최고경제회의가 조직되기도 했다. 이는 부분적으로 경제에 대한 국가의 계획을 총괄하는 성격을 가지고는 있었으나 정상적인 계획경제와는 거리가 멀었다. 이러한 전시공산주의에 대해 레닌은 '그것은 전쟁과 폐허에 의해 우리에게 강요된 것이었다. 그것은 프롤레타리아트의 경제적 임무에 일치하는 정책이 아니었으며 그럴 수도 없었다. 그것은 잠정적 수단이었다'[1]고 말하기도 했다. 특히 혁명의 기반이 되었던 크론슈타트 해군기지의 반란은 혁명에 대한 농민의 이반이 심각하게 되었다는 것을 경고하는

---

[1] 모리스 돕, 『소련 경제사』, 임휘철 옮김, 형성사, 1989, 146쪽.

것이었고 이를 계기로, 그리고 내전이 승리함에 따라 볼셰비키는 경제정책
의 전환을 가져온다. 농민에 대해 현물의 식량세를 제외한 강제적 징발의
폐지, 상업의 활성화, 국유화된 공업기업의 이윤원리 도입, 사적 자본주의
적 기업의 허용 등이 그러한 전환의 예인데 이는 노농동맹의 회복을 중심으
로 하여 전시공산주의에 의해 경직화되었던 경제를 활성화하는 것이었다.

이러한 신경제정책(NEP)은 전쟁으로 폐허가 되었던 소련경제의 활성화
에 큰 기여를 한다. 신경제정책이 실시되고 난 후 5, 6년만에 소련의 경제는
1차대전 이전의 수준을 회복한다. 공업과 농업 모두에서 생산량이 증가하
고 특히 농업의 경우 곡물의 수출도 가능하게 되어 소련 경제에 큰 기여를
하였다.

그러나 신경제 정책은 나름의 모순이 있는 체제였다. 먼저 소유의 측면에
서 보면 공업에 대한 국유화로 인한 사회주의적 소유와 농민의 소부르주아
적 소유, 그리고 네프맨이라 불린 자본가들의 자본주의적 소유 등 여러
가지 생산관계가 존재하는 다(多)우클라우드 경제였다. 일종의 혼합경제였
던 것이다. 이러한 다우클라우드적 성격은 경제의 활성화에는 기여를 했지
만 사회주의적 공업과 소생산적 농업의 모순과 불균형을 심화시켰다. 이러
한 농업과 공업의 모순은 협상가격차의 위기, 도시에서 식량문제의 심각화
라는 현상으로 나타났다. 협상가격차라는 것은 공업제품의 높은 가격과
농업생산물의 낮은 가격으로 인한 가격차가 갈수록 벌어지는 현상을 말하
는데 1923년 최초로 나타나기 시작했다. 이렇게 협상가격차가 나타나는
원인은 사회주의적 공업기업에 이윤추구를 허용한 결과 공업제품의 가격
이 급속하게 높아졌기 때문이었다. 그에 따라 농민은 잉여농산물을 시장에
내다팔기를 거부하는 사태까지 벌였던 것이다. 농민이 대다수인 당시 러시

아 현실에서 이는 심각한 정치적 불안정을 낳는 요인이 되었다. 즉, 소비에트 권력의 기본축인 노농동맹이 심각한 위기에 처하게 되었던 것이다. 이에 대해 볼셰비키 당은 공업제품의 가격인하를 결의하고 실시하였다. 또한 NEP 말기 즉, 1926-29년에 이르면 농산물은 풍작을 이루었지만 도시는 식량부족에 시달려 노동자와 병사들이 굶주리는 사태가 발생했다. 이는 시장에 내놓는 상품적 농산물의 대부분을 생산하는 부농들이 보다 높은 농산물의 가격실현을 위해 농산물을 시장에 내다팔기를 거부하였기 때문이었다. 이는 사회주의적 공업과 소소유적 농업의 불균형 때문에 발생하는 것으로서 이에 대해 공산당은 농업의 집단화를 결의하게 된다. 또한 NEP는 대외무역 적자가 갈수록 심각해지는 결과를 낳았다. 당시 소련의 주요 수출품은 농산물인데 이의 확대는 한계가 있었고 반대로 수입은 기계류 등의 공업화를 위한 것으로서 갈수록 확대되었다. 따라서 무역에 대한 국가독점을 통해 무역적자를 바로잡고 균형을 취하는 것이 시급하게 되었다. 이러한 NEP 자체의 전반적인 모순의 결과 소련 사회는 사회주의적 생산관계에 기초한 계획경제로 이행할 수밖에 없었던 것이다.

레닌이 NEP로의 이행을 이끌었던 것은 전시공산주의의 한계와 오류를 극복하는 적절한 방책이었다. 그러나 NEP 자체는 혼합경제를 본질로 하는 것으로서 독자적인 사회구성체가 될 수 없고 자본주의로 후퇴냐, 사회주의로 전진이냐는 기로에 처할 수밖에 없다. 중국 등 소위 사회주의 시장경제를 주장하는 논자들이 NEP를 근거로 들고 있는 것은 잘못된 것이다. 사회주의 시장경제는 독자적인 사회구성체가 될 수 없고 자본주의와 사회주의 중의 하나로 귀결될 수밖에 없다. 현재 중국이 자본주의화된 것은 이를 증명하는 것이다.

이러한 경제에서의 변화는 정치에서 노선투쟁을 수반하는 것이었다. 트로츠키 그룹은 NEP시기에 '사회주의적 본원적 축적'을 통한 사회주의 경제로 이행을 주장했다. '국가경제체계 밖에 놓여 있는 원천으로부터 획득되는 물질적 수단의 국가 손에의 축적'2)이라고 규정된 사회주의적 본원적 축적은 사실상 농민으로부터 수탈을 하여 산업화를 위한 본원적 축적을 하자는 것이었다. 이는 그 발상이 반민중적일 뿐만 아니라 농민과의 동맹이라는 소비에트 체제의 근본을 위협하는 것으로서 기각되었다. 한편 이와 반대로 부하린은 NEP를 옹호하면서 심지어 부농을 옹호하기도 했다. 즉, 부하린은 농민들에게 '부자가 되라'(enrich yourself)고 권하기도 했다. 부농은 토지, 농기구, 가축 등 나름대로 생산수단을 갖고 고용을 통하여 부를 축적하는 농민이었고 농촌에서 고리대금업을 하여 부를 축적하기도 했다. 이러한 부농에 대한 옹호는 부하린이 NEP가 장기간 지속될 것으로 보면서 공업에서 사회주의적 관계와 농업에서 자본주의적 관계의 병행을 생각한 데서 비롯한다. 그러나 부하린이 보지 못했던 것은 NEP 자체가 모순을 갖고 있다는 것이었다. 즉, NEP 자체의 모순에 의해 소련 경제 전체의 상황이 계획적 경제로 이행을 압박받고 있다는 사실을 부하린이 간과한 것이다.

이러한 노선투쟁은 스탈린의 노선을 공고화시킨다. 스탈린은 레닌 사후, 그리고 독일혁명이 좌절된 후 일국사회주의 노선을 주장한다. 이에 대해 트로츠키는 영구혁명론을 주장하는데 이는 당시의 국제정세에 맞지 않는 비과학적 주장이었다. 독일혁명이 좌절된 상황에서 영구혁명론을 주장하는 것은 매우 좌편향적 주장이다. 트로츠키는 독일 등 서유럽혁명의 지원이 없는 한 소련에서 사회주의 건설은 불가능하다는 주장을 했는데 이는 일종

---

2) 같은 책, 215쪽.

의 패배주의이며 레닌주의로부터의 일탈이다. 레닌은『제국주의론』에서
자본주의의 불균등 발전을 규명하고 제국주의의 약한 고리에서 혁명이 발
생한다는 것을 증명했다. 이러한『제국주의론』의 분석에 따를 때 일국의
혁명은 승리할 수 있고 사회주의 건설도 가능한 것이다. 따라서 소련에서
사회주의 건설이 진전됨에 따라 트로츠키 노선은 패배할 수밖에 없었던
것이다.

   2) 사회주의 생산관계의 확립을 향하여

   NEP의 모순의 결과, 즉, 농업과 공업의 불균형, 대외무역적자의 급증,
사회주의적 우클라우드와 자본주의적 우클라우드의 공존, 협상가격차, 식
량위기의 발생 등은 경제에서 계획의 필요성을 절실히 부각시켰고, 1929년
부터 제1차 5개년계획이 실시된다. 5개년계획은 투자율을 높이고 중공업분
야에 집중투자를 실시하는 것이었다. 5년간에 걸쳐 투하된 총투자액은 국
민소득의 1/4에서 1/3에 이르는 경이적인 액수였다. 그리고 총투자액의 1/3
에 이르는 공업에 대한 투자액 중 2/3가 중공업에 투자되었다.3) 근대의
산업화과정에서 외국에서 차관 등의 도움없이 자체적 노력만으로 이러한
투자를 성공시킨 사례는 없었다. 이는 사회주의적 기업의 이윤을 주로 투자
재원으로 하였고 상업과 무역을 국가가 장악한 데서 오는 집중력과 효율성
때문이었다. 또한 노동생산성이 급격하게 증가하였는데 5개년계획 기간
41%가 증가하였다. 이는 투자로 인한 노동수단의 개선과 노동자들의 자발
성과 창의성이 고양된 결과로 파악될 수 있다. 그리고 이 기간에 노동자의
소득은 2배로 증가되었다. 개인별 소득만 증가된 것이 아니라 노동자계급

---

3) 같은 책, 267쪽.

의 수가 급팽창하면서 사회총소득 중 임금소득 총액이 4배로 증가하였다. 그리고 1차 5개년계획의 이러한 투자와 건설의 성공적 실시로 소련은 중공업에서 확실한 기반을 마련하게 된다. 그리고 소비재 부분이 상대적으로 빈약하게 성장했는데 이 기간에 87%의 성장을 보였다.

그러나 공업에서 성장이 순조로웠던 반면 농업에서는 격동을 겪게 된다. 이는 공업에서는 사회주의적 생산관계가 이미 성립했음에 반하여 농업은 아직 소농생산체제였고 따라서 농업에서는 사회주의적 생산관계의 확립이 무엇보다도 선행되어야 했기 때문이었다.

애초에 농업에서의 사회주의적 생산관계의 확립은 계획상으로는 점진적으로 실시될 예정이었다. 1차 5개년계획 기간에 총 경작면적의 15%를 집단농장으로 묶는 계획이 세워졌다. 처음에는 농업집단화가 순조롭게 진행되어 예상했던 목표치를 초과달성하게 된다. 그러자 목표를 상향조정하게 되는데 이를 기화로 1929년 말에서 1930년 초에 걸쳐 급속한 집단화운동이 일어나게 된다. 이에 따라 집단화된 농민의 비율은 55%에까지 도달한다. 그러나 이는 행정적 강제를 수반하는 것이었고 부농을 중심으로 한 농민들의 반발을 불러일으켰다. 이에 대해 스탈린은 「성공에 현혹되어」라는 글을 발표하여 집단화운동의 강제성을 비판하고 집단농장에서 농민의 자유로운 탈퇴를 보장한다고 약속하였다. 이 글이 발표된 후 3개월만에 집단화율은 23%로 떨어졌다.4) 이 숫자가 보여주는 것은 집단화에 강제가 수반되었다는 것, 그럼에도 거의 절반에 이르는 농민이 자발적으로 참여했다는 것을 보여주는 것이고 이는 5개년계획의 목표치를 상회하는 것이었다. 이는 집단화가 빈농들의 절실한 이해를 대변한다는 것을 말한다. 따라서 중농들의

---

4) 알렉 노브, 『소련 경제사』, 김남섭 옮김, 창작과비평사, 1998, 192쪽.

대거 탈퇴에도 불구하고 집단화운동은 확고한 기초에 서게 된 것이었다. 이를 기초로 집단화운동은 점차로 농민 전체의 지지를 받게 되고 1932년 말에 전체 농가의 60%가 집단화에 참여한다. 그리고 1930년대 후반에 이르면 90% 이상의 농민이 집단화에 참여하게 된다.

집단화는 농업에서 생산관계의 변화를 의미한다. 즉, 집단화는 경제의 문제일 뿐만 아니라 계급투쟁의 문제였다는 것이다. 그랬기 때문에 집단화 과정에서 부농들은 공산당원을 비롯한 집단화운동가들에 대한 테러를 자행했고 약 5만명이 이 테러에 희생되었다. 그리고 부농들은 가축을 대거 살해했는데 약 절반의 가축들이 이 과정에서 사라졌다. 이 손실은 30년대 내내 회복되지 않았다. 그런데 이렇게 집단화가 격렬한 투쟁을 수반한 것은 근본적으로 집단화의 자발성 원칙이 지켜지지 않았기 때문이다. 맑스와 엥겔스, 레닌이 누차 강조한 자발성원칙이 훼손되었기에 농업집단화가 막대한 희생을 불렀던 것이다. 이에 대해 스탈린은 비판적 글을 발표했지만 이에 대한 비판으로부터 자유로울 수 없다. 왜냐하면 스탈린은 개인이 아니라 노선의 책임자였기 때문이다. 그런 점에서 농업의 강제적 집단화는 스탈린의 오류로 볼 수 있다. 그러나 중요한 점은 이 오류가 소련의 붕괴 원인은 아니라는 점이다. 즉, 농업에서 사회주의적 생산관계의 확립은 역사의 필연이었다는 점에서 소련의 붕괴 원인이 될 수 없다. 반대로 농업에서의 사회주의적 생산관계의 확립에 격렬하게 저항한 부농들이 집단농장에서 배제된 것으로 과정이 종결되었다는 것이 역사의 진실이다. 이는 소련을 제외한 다른 사회주의 국가들의 경우 이러한 농민들의 저항이 거의 발생하지 않았고 집단화가 순조롭게 진행되었다는 것과 비교할 때 분명하다.

이러한 역사적 사실은 공업과 농업에서 사회주의적 생산관계가 확립되기까지 '누가 누구를'이라는 원칙이 지배한다는 것을 말한다. 즉, 타도된 자본가들의 반혁명을 진압하고 사회주의적 생산관계를 확립할 것인가, 아니면 소부르주아지와 동맹한 자본가에 의해 혁명이 압살당할 것인가의 문제가 지배적이라는 것이다.

이러한 농업에서 집단화가 일단락되는 가운데 1차 5개년계획은 초과달성된다. 그리고 1933년부터 1937년까지 소련은 2차 5개년계획을 실시한다. 이 기간에 소련은 국민소득이 2배, 총공업생산이 2배로 각각 증가한다. 2차 5개년계획은 중공업 중심의 투자확대의 지속이라는 점에서 1차 5개년계획과 유사하지만 '기술숙련, 획득된 성과의 결합'이라는 구호를 내세운다. 이는 거대한 설비를 제대로 움직이는 숙련된 노동이 부족했다는 것을 말한다. 그런데 2차 계획은 1차 때의 난관과 계산 착오를 극복하고 순조롭게 진행되었다. 이 기간에 노동자의 임금도 약 2배로 상승하였고 농업도 안정적인 성장을 보인다. 그리하여 농업생산력이 발전함에 따라 도시에 공급할 수 있는 안정적인 잉여생산물이 발생하였고 농민들의 소득도 2-3배 증가한다.

이러한 1, 2차에 걸친 10여년의 계획경제로 인해 소련은 후진 농업국에서 독일과 버금가는 공업강국으로 변모한다. 이 덕분으로 소련은 나치의 침략을 물리칠 수 있는 중공업을 보유하게 되고 세계질서를 재편하는 주역으로 떠오른다.

이러한 10여년의 계획경제의 성과를 잠시 살펴보면 1934년에 실업이 일소되었고 또 문맹이 30년대 후반에 거의 사라졌다. 그리고 각종 사회보장제도가 실시되었고 또 30년대 후반에는 소비재의 생산량이 증대하고 이를 기초로 소비재 가격이 체계적으로 인하되기 시작하였다. 소비재가격의 인하는 노동자의 구매력을 높이고 실질임금을 상승시키는 것인데 이는 자본주의와 달리 사회주의에서는 노동생산성 향상의 성과가 자본가에게 귀결되는 것이 아니라 전인민이 향유한다는 것을 말한다.

한편, 이 기간에 노동생산성이 급속하게 향상되는데 이는 노동자 대중의 자발성과 창의성이 고양된다는 것을 말한다. 이 시기에 유명했던 것이 스타하노프운동인데 이는 노동생산성의 향상이 노동조직의 개선, 장비의 개선, 기술의 숙련을 통한 것임을 보여준다. 이는 자본주의와 달리 노동생산성의 향상이 노동강도의 강화를 통한 것이 아니라는 것을 보여주는 것이다. 실제로 소련의 한 공화국이었던 우크라이나의 채탄부였던 스타하노프는 자신 휘하에 있는 보조노동자를 조직하는 방식, 그리고 노동과정의 개선을 통해 몇 배의 산출량을 만들어냈다.[5] 이러한 모범사례는 소련 전역으로 퍼져 노동자의 창발성이 급격하게 고양되고 사회주의적 경쟁이 정착되었다. 스탈린 시대가 창조성을 억눌렀다는 비판이 있는데 이러한 사례는 그와 정반대되는 것으로서 사회주의적 생산관계가 노동을 해방하여 창조성을 고양시킨다는 원리를 보여주는 것이다.

3) 2차대전과 전후 복구

그런데 이러한 소련 내부의 사회주의 건설의 전진과 더불어 국제정세에 중대한 변화가 생겼다. 1933년에 독일에서 히틀러가 집권하여 전쟁의 기운이 급속도로 높아진 것이었다. 히틀러는 대공황을 전쟁경제로의 전환을 통해 극복하고자 하였다. 그는 공공연하게 반공, 반소련 정책을 폈으며 소련에 대한 침략을 공언하기도 했다. 그러한 국제정세의 변화는 소련의 사회주의 건설에 암운을 드리우는 것이었는데 이것은 소련 내에서는 대대적인

---

5) 같은 책, 262쪽.

숙청의 외부적 요인으로 작용했다.

1936년부터 1939년까지 약 3, 4년간 대대적인 숙청이 진행되었는데 이는 1차적으로는 소련 내부에서 사회주의건설을 파괴하는 자들과 독일과 내통하여 음모를 진행한 자에 대한 숙청이었고 다른 한편, 2차적으로는 관료주의자들에 대한 숙청이었다. 1935년에 소련 지도자였던 키로프가 암살되었고 이를 계기로 암살을 음모하고 집행한 자들에 대한 검거가 있었으며 이후 트로츠키주의자, 지노비예프, 부하린 등이 재판을 받게 된다. 1920년대 노선투쟁의 패배자들이었던 이들은 1930년대 후반이 되면서 소련 사회를 내부에서 파괴하는 작업을 했다. 이들은 공개된 법정에서 정당한 재판절차를 거쳐 심판받았다. 그리고 투하체프스키 등 군대지도자들의 쿠데타 음모가 적발되기도 했는데 이러한 일련의 사건들은 소련의 프롤레타리아트 독재가 파시즘의 공격 위협에 의해 위기에 처하자 내부에서 파괴적 분자들이 발생하고 활동했다는 것을 말하는 것이다. 그러나 숙청은 이러한 파괴분자들에 대한 것만이 아니었다. 1937년의 숙청의 경우 거물급 관료주의자들을 숙청하는 것이었는데 혁명 후 몇차례 있었던 숙청들이 출세주의자들을 걸러내는 것이었다면 1937년 고위 관료들에 대한 숙청은 밑으로부터 대중들의 비판을 통한 관료주의자들에 대한 숙청의 성격을 띠는 것으로서 일종의 문화혁명이었다.6) 이러한 숙청을 통하여 소련은 내부의 단결을 강화했으며 2차대전에 대비할 수 있었다. 이른바 제5열의 제거였던 것이다.

그러나 숙청과정은 완벽한 것이 아니었다. 숙청에서 오류도 있었다. 이러한 오류를 과장하여 제국주의자들은 수백만 명이 숙청되었고 스탈린의 전

---

6) 마리오 소사, 「1930년대 쏘비에트 공화국에서의 계급투쟁(4)」, 『정세와 노동』 2008년 11월호, 노동사회과학연구소, 83쪽.

체주의적 독재였다고 악선동을 하지만 이러한 주장들은 악의적인 것이다. 숙청과정에서 오류를 입증하는 것은 숙청을 진두지휘했던 내무인민위원회 (NKVD)의 수장 2명이 잇달아 숙청과정에서의 오류를 근거로 총살되었다는 점이다. 이러한 사실은 결정적으로 숙청과정에서 오류가 있었다는 증거가 되는 것이다. 실제로 스탈린은 숙청과정에서의 오류를 인정하고 1939년에 많은 사람들을 대대적으로 복권시킨다. 이렇게 숙청과정에서 오류가 발생한 원인을 살펴보면 법적으로 제재할 사람과 사상적으로 비판할 사람 간의 구분이 무너졌다는 것을 들 수 있다. 이는 사회주의적 법치주의가 충분하지 않았다는 것을 말한다. 프롤레타리아트 독재는 자의적인 권력이 아니다. 엄격히 법적으로 규정된 절차와 규칙에 따라 권력이 행사되어야 하는 것이다. 법치주의는 자유주의에서 유래하는 개념이지만 프롤레타리아 독재 하에서도 견지되어야 한다. 즉, 국가가 소멸하기 전까지는 법이 존재할 수밖에 없고 프롤레타리아적 법을 강화하는 것을 통해 국가와 법의 소멸을 준비해야 하는 것이다.

1930년대 후반 숙청에서의 오류는 스탈린의 결정적인 오류이다. 특히 이러한 숙청에서 오류는 농업집단화와 달리 역사의 필연이 아니었다는 점에서 소련 붕괴의 하나의 원인이 된다. 이는 숙청에서의 오류에 대한 비판을 근거로 후르시쵸프가 수정주의를 전개한다는 점에서 뼈아픈 것이다.

그럼에도 불구하고 소련의 인민은 2차대전을 맞이하여 영웅적으로 투쟁한다. 소련 인민의 영웅적 투쟁은 수많은 일화로 전해진다. 그러나 특기할 것은 노동자계급의 영웅적 투쟁이다. 나치 독일이 침공을 개시하고 물밀듯 쳐들어오는 순간에 소련은 대대적인 소개작전을 전개한다. 독일군의 진군 속도가 피란을 불가능하게 하는 상황에서도 1941년 7월에서 11월까지

1,523개나 되는 공업체가 서부의 위험지역으로부터 소개되어 동부의 우랄과 시베리아로 이전했으며 그중 1,360개는 대공장이었다.[7] 거대한 기계와 설비를 분해하고 뜯어내어 기차에 실어 동부지역으로 이전하고 불과 한두달 만에 공장을 다시 설치하여 생산을 해내는 일이 벌어진 것이다. 더구나 트랙터를 만드는 공장이 탱크를 만들어내는 생산의 전환까지 같이 이루어냈다. 이는 노동자들이 그 공장을 자신의 것으로 생각하지 않았다면, 나아가 전인민의 재산으로 생각하지 않았다면 불가능한 것이었다. 자본주의 사회에서는 이러한 일 자체가 불가능한 것이고 노동자의 국가가 아니었다면 있을 수 없는 일이었다. 노동자계급의 영웅적 정신이라는 말 말고는 설명할 수 없는 것이다. 위기의 시기에 본질이 드러나는 법이다. 스탈린 시대는 노동자의 창발성이 억압된 관료주의 사회라는 악선동은 이 사례로 충분히 반박될 수 있다.

2차대전의 핵심은 소련과 독일의 전쟁이었다. 소련이 스탈린그라드에서 독일군에게 결정적인 승리를 얻기까지 영국과 미국은 사실상 전쟁을 수수방관했으며 1944년 소련의 승리가 확실해질 때 비로소 작전다운 작전을 개시했다. 그리하여 소련이 나치독일에 우세를 보임에 따라 전쟁은 한편으로는 제국주의 전쟁이라는 성격을 가지면서도 다른 한편으로는 파시즘 대 반파시즘의 구도로 재편되었던 것이다. 이 전쟁에서 소련 인민은 2,000만명 이상이 사망하였다. 이는 인류역사상 최고의 많은 희생자를 낸 것인데 이는 독일군의 초토화작전, 민간인 학살에 기인한다. 독일군에 대한 소련의 항쟁이 인민전쟁이었다는 것은 독일군이 점령한 점령지역에서 소련인민 100만명 이상이 빨치산으로 투쟁했다는 것으로도 알 수 있다. 그리고 이 전쟁에

---

7) 알렉 노브, 『소련경제사』, 305쪽.

서 소련이 승리함에 따라 또 소련군의 진격으로 동유럽이 나치 치하에서 해방됨에 따라 동유럽에서 인민민주주의 혁명이 진행되었고 사회주의 세계체제가 성립했다. 그리고 중국혁명의 승리는 민족해방투쟁의 승리라는 점에서 전세계 식민지체제 붕괴의 기폭제가 되었다.

2차대전의 결말은 사회주의 세계체제의 성립, 미국 주도의 자본주의세계의 재편, 식민지체제의 붕괴를 가져왔다. 그러나 동시에 미국, 영국 등은 사회주의 세력의 성장에 위협을 느껴 반공, 반소적인 냉전을 개시한다. 그런데 이 시기에 트로츠키주의자들은 소련이 국가자본주의 사회라고 주장하기 시작한다. 이는 소련을 타도의 대상으로 삼는다는 것인데 역사가 진보를 거듭하던 당시의 상황에 정면으로 반하는 것으로서 트로츠키주의자들이 살아남기 위해 극단적인 주장을 한 것이었다. 소련을 국가자본주의라고 주장하는 것은 매우 비과학적일 뿐만 아니라 냉전을 개시하고 있던 제국주의자들의 이해에 충실히 복무하는 것이었다. 즉, 과거 사회주의 진영 내부의 비판자였던 트로츠키주의자들이 제국주의의 앞잡이로 변질된 것이었다.

한편 소련은 전후 복구를 신속하게 마친다. 미국의 도움을 받았던 서유럽과 달리 외부의 도움이 없는 가운데서 4차 5개년계획을 수행하는데 1950년까지 산업생산이 전전(戰前) 수준을 넘어 50% 정도 늘어났다. 소련의 사회주의 경제는 이후 성숙된 모습을 보이는데 소비재 가격이 지속적으로 하락하고 중공업과 소비재 생산이 균형을 이루고 농업생산도 안정적인 증가를 보인다. 그리고 동유럽, 중국 등에 대해 막대한 원조를 하는데 이는 사회주의 경제의 우월성을 보여주는 것이었다.

한편 스탈린은 1952년에 중요한 논문을 발표하는데 「소련에서 사회주의 경제의 제문제」라는 논문이 그것이다. 이 논문에서 스탈린은 최초로 '사회주의 경제의 기본법칙'을 제기하고 가치법칙이 사회주의 사회에도 존재하며 사회주의 경제에서 상품-화폐관계가 존재하지만 생산수단은 상품이 아니라는 것 등을 제기한다.[8] 이 논문은 소련에서 정치경제학 교과서의 저술의 지침이 되었는데 사회주의 사회의 정치경제학의 원형을 보여주는 것이었다. 계획경제도 지도부가 마음먹은 대로 움직이는 것이 아니라 일정한 경제법칙에 종속되어야 한다는 것을 보여주는데 그러한 법칙의 예는 자본주의의 잉여가치의 법칙에 대당하는 '사회주의 경제의 기본법칙'과 자본주의의 경쟁의 무정부성과 대당하는 '균형있는 발전법칙'이 있다. 이는 사회주의 사회 고유의 법칙인데 사회주의 사회에 가치법칙이 존재함에도 불구하고 자본주의와 사회주의는 완연히 다른 사회구성체임을 입증하는 것이다.

스탈린 시대에 대한 평가는 극단적으로 엇갈린다. 제국주의자들과 트로츠키주의자들은 독재자의 시대였다고 평가한다. 그러나 스탈린 시대를 직접 살았던 소련의 인민들 사이에서는 '인민의 정열이 폭발했던 시기'였다는 주장도 나온다. 스탈린의 공과를 간략히 따지면 먼저 공적으로는 인류최초로 착취를 폐지했다는 것을 들 수 있다. 이것은 인류역사에서 지워질 수 없는 스탈린의 공적이다. 그리고 각종의 사회주의 제도를 도입하여 인민의 삶을 풍요롭게 하고 발전시킨 것이다. 무상교육, 무상의료, 노후연금 등이 스탈린 시대에 도입된 것이고 실업을 일소한 것이 스탈린 시대이다. 그리고 빼놓을 수 없는 것은 2차대전에서의 승리로 사회주의 세계체제를 성립시킨 것이다. 그러나 오류도 있다. 농업집단화에서 일정한 강제를 수반하여 농민

---

8) 『스탈린 선집 2』, 전진출판사, 1990, 226쪽.

들의 자발성을 억압했다는 것, 그리하여 소련 농업을 오랫동안 어려움에
처하게 했다는 것, 그리고 숙청에서의 오류로 인해 사회주의적 법치주의를
훼손한 것 등이 그의 뼈아픈 오류이다. 이렇게 스탈린의 공적과 과오가
엇갈리고 평가가 갈리는 것은 스탈린 시대가 인류 최초의 프롤레타리아트
독재시대였다는 점에서 불가피한 것이다. 문화대혁명 당시의 모택동은 후
르시쵸프의 스탈린 비판에 대해 스탈린은 공적이 7이요, 과오가 3이라고
했다. 이제 스탈린 시대는 지양의 대상이 된다. 단순한 부정도, 단순한 긍정
도 아닌 변증법적 지양의 대상이 되는 것이다.

4) 수정주의의 등장과 자본주의적 경제개혁

스탈린이 사망하고 말렌코프가 주도적 역할을 하지만 곧 후르시쵸프가
전면에 등장한다. 후르시쵸프는 소련에서 낙후된 것으로 꼽히던 농업의
발전에 관심을 기울인다. 농산물 조달가격의 인상, 집단농장이 국가에 진
빚의 탕감, 농민에 대한 세금의 감축, 집단농장의 정책 결정권 강화, 집단농
장의 통합을 통한 규모의 경제 추진 등으로 농민들의 소득은 크게 늘어났다.
1952-1957년 사이에 집단농장 농민들의 소득은 거의 2배로 늘어났다. 그
리고 후르시쵸프는 농업생산을 증대하기 위해 처녀지 개간운동을 벌여 많
은 성과를 거둔다. 그리고 이 시기에 소비재 가격도 체계적으로 인하되었는
데 1953년의 가격인하로 인해 소비자의 구매력이 1/6 정도 상승하였다.
1930년대 후반의 가격인하, 그리고 1940년대 후반, 1950년대 초반의 가격
인하는 사회주의 사회의 경제에서 가격인하가 일정한 합법칙성을 갖는다
는 것을 보여준다. 노동생산성의 향상이 가격인하를 통해 전인민의 복지로
연결되는 것이다.

　　1956년 20차 대회에서 정식으로 6차 5개년계획이 승인된다. 그리고 이 대회에서 후르시쵸프는 스탈린을 정면으로 비판하고 정치의 주도권을 쥐게 된다. 이에 대해 몰로토프, 까가노비치 등 주요세력이 반발했지만 후르시쵸프는 이를 제압하고 이후 자신의 색깔을 본격적으로 드러낸다. 후르시쵸프는 중공업중시라는 기본정책을 바탕으로 하면서도 농업의 중시, 소비재 생산의 중시, 지방분권의 옹호라는 노선을 밀고 나간다. 후르시쵸는 지방분권화를 밀고나가면서 1957년에 연방차원의 중앙기구인 30여개의 성(省)을 폐지하고 100여개가 넘는 지역경제회의(소브나르호스)를 신설한다.9) 그러나 곧 문제가 발생하는데 6차 5개년 계획이 소련에서 계획경제가 도입되고 난 후 처음으로 계획대로 실시되지 못하고 1959년 7개년 계획으로 대체된다. 이는 중앙이 전체경제의 지도에서 허점을 드러낸 것으로서 계획의 요소에 중대한 균열이 생겼음을 의미한다. 후르시쵸프의 지방분권의 강화가 모순을 드러낸 것이다. 즉, 올바른 중앙의 지도가 결여된 지방분권화는 지방주의의 강화로 귀결될 수밖에 없음을 보여준 것이다. 지방분권을 강화하는 것은 지방의 활력을 높이고 사회가 성숙된다는 지표가 되지만 지방분권은 동시에 중앙의 강화와 같이 진행되어야 한다는 점을 후르시쵸프는 제대로 파악하지 못했던 것이다.

　　그리고 1950년대 초반까지의 소비재 가격인하 경향과 달리 물가가 인상되기 시작했다. 1962년 식료품 가격이 강압적으로 인상되었고 그 결과 몇몇 도시에서 폭동이 발생하고 이는 전국적 사태로까지 발전되었다. 그리고 1963년에는 소련 성립 후 최초로 대량의 곡물을 수입하는 사태까지 벌어졌다. 이러한 국내경제정책에서 실정은 후르시쵸프의 위신을 크게 실추시켰다.

---

9) 알렉 노브, 『소련경제사』, 385쪽.

또 하나 주목할 점으로 후르시쵸프가 집단농장과 국유부문의 연결고리를 이루는 기계·트랙터 스테이션(MTS)를 폐지하고 그 자재와 기계들을 집단농장의 소유로 전환시킨 것이다.[10] MTS는 1930년대 집단화운동의 산물인데 국가가 대량의 기계와 트랙터를 농촌에 공급하는 매개로서 농촌 곳곳에 MTS를 설치하고 그것 자체는 국유기업으로 한 것이었다. 이는 단순한 경제적 의미를 넘어 당과 국가가 농촌과 연결되는 주요한 정치적 고리이기도 했다. 그리고 경제적 측면에서는 협동조합인 집단농장의 생산관계와 공업부분의 국가소유, 즉, 전인민소유관계를 연결하는 것으로서 향후 협동조합인 집단농장이 국유로 발전하기 위한 디딤돌의 역할을 하는 것이었는데 이 고리를 끊은 것이었다. 그 결과 집단농장은 기계류와 트랙터에 대한 소유는 획득했지만 그 대금을 장기에 걸쳐 국가에 지불해야 했고 실제 운영에 어려움을 겪어야 했다. 이는 집단농장의 자발성 강화라는 면에 치우쳐 실제적 조건을 무시한 것이었다. 즉, 사회주의 사회에서 집단농장과 MTS는 협력의 관계였고 이를 국가가 보증하는 체제였는데 이를 끊어버린 것이었다.

한편 후르시쵸프는 대외관계에서 스탈린과 확연한 차이를 보였다. 제국주의 국가와 평화공존을 주장하고 전쟁의 불가피성을 부정하였다. 그리하여 미국을 방문하는 등 활발한 외교를 펼쳤다. 그러나 외화내빈이라고 오히려 군비경쟁은 1960년대 들어 가속화되었다. 우주 및 미사일 프로그램에 대한 지출이 폭증하여 군사지출이 1961년 30%나 늘어난 것이다.[11] 그리고 1970년까지 공업과 농업생산에서 미국을 따라잡는다는 목표를 제시하기도

---

10) 같은 책, 379쪽.
11) 같은 책, 403쪽.

했다. 이러한 상황은 후르시쵸프가 말과 의욕은 앞서지만 그의 실현을 위한 현실적 방안에는 약하다는 것을 보여주는 것이다. 그리고 탈스탈린 정책의 전개로 1956년 헝가리에서 폭동이 일어나고 1962년 쿠바위기에서 미국에 일방적으로 양보하여 쿠바의 반발, 중국의 비판을 받기도 했다. 이렇게 후르시쵸프의 오류가 전반적으로 쌓여감에 따라 국내외적 반발에 직면하게 되고 그는 1964년 실각한다.

그러나 후르시쵸프에게 있어 이론적 의미에서 무엇보다 중요한 것은 그의 전인민국가론과 전인민당이라는 노선이다. 이로 인해 후르시쵸프는 중국에 의해 수정주의라는 비판을 받는다. 전인민국가를 제기한 것은 사회주의적 생산관계가 확립되었음에도 불구하고 국가가 여전히 강화된다는 현실을 반영한 것이었다. 즉, 제국주의와의 대결이 국가의 소멸을 불가능하게 하고 있었던 것이다. 그러나 전인민국가는 이론적으로 그리고 실천적으로 프롤레타리아트 독재를 대체할 수 없다. 사회주의적 생산관계가 확립된 후에도 프롤레타리아트 독재는 불가피한데 왜냐하면 계급사회의 잔재, 정신노동과 육체노동의 대립, 도시와 농촌의 대립이 여전히 존재하기 때문이다. 특히 상품－화폐관계가 사회주의 사회에도 일정하게 존재한다는 것은 프롤레타리아트 독재를 유지하는 하나의 이유가 된다. 그런데 후르시쵸프는 인민에 대한 억압이 더 이상 없다는 의미로 전인민국가를 선언한 것이다. 그러나 이는 오류이다. 전인민국가는 전인민에 대한 국가가 될 수밖에 없다. 인민전체가 국가의 주체가 된다는 논리는 인민전체가 국가의 대상이 될 수밖에 없다는 논리를 포함하기 때문이다. 프롤레타리아트 독재라는 개념은 전인민국가와 달리 국가의 필요악적 성격을 완전히 승인하는 것이다. 그러나 전인민국가는 바로 이러한 국가의 필요악적 성격을 부정하는 것이고 따라서 국가 소멸을 준비하는 것을 사실상 부정하게 되고 나아가 국가의 관료주의화의 토대가 되는 개념이다. 실제로 전인민국가라라는 후르시쵸프의 치하에서 국가기구는 대규모로 팽창했다. 이 사실은 합리화되었는데 왜냐하면 전인민의 국가이기 때문에 국가기구가 많으면 많을수록 좋기 때문이다. 그리고 전인민당이라는 노선도 잘못된 것이다. 사회주의를 건설하는 데 있어 노동자계급의 관점은 과학적 노선을 보증하는 지표가 된다. 그러나 전인민당은 바로 이러한 노동자계급의 관점을 폐기하고 무당파적인 전인민의 관점으로 과학적 노선을 대체하는 것이다. 실제로 전인민당이라는 무당파적 노선 하에서 후르시쵸프 시대에 수정주의는 거세게 자라났다. 경제에서 생산력주의, 시장관계를 사회주의 하에서 전면화해야 한다는 주장, 제국주의와의 평화공존, 선진제국에서 공산당들의 개량주의화에 대한 승인 등 이른바 '해빙의 시대'를 맞아 수정주의가 활개치게 되었고 과학적 사회주의는 영향력을 점차 상실해갔던 것이다.

후르시쵸프의 뒤를 이은 브레즈네프는 전인민국가 또한 프롤레타리아트 독재의 하나라고 일종의 절충을 한다. 이러한 절충은 브레즈네프 시대의 모든 정책에서 나타나는데 그로 인해 소련은 깊은 정체의 늪에 빠져든다. 과학적 노선에 대한 치열한 탐구의 자세를 버리고 쉽게 절충하는 순간 더 이상의 진보는 멈추는 것이다. 브레즈네프는 후르시쵸프를 비판했지만 실제로는 후르시쵸프의 수정주의를 심화시켰다. 후르시쵸프가 정치와 사상에서 수정주의였다면 브레즈네프는 경제에서 수정주의를 심화시켜 소련의 경제를 붕괴로 몰아넣는다.

1965년에 경제에서 중대한 '개혁'이 실시된다. 개별 국유기업에 자본주의적 이윤원리를 도입하고 독립채산제를 실시하는 것이 이 개혁의 주요 내용인데 이 개혁은 코시킨이 주도한 것이어서 코시킨 개혁이라고도 불린다. 그런데 경제에서 자본주의적 원리를 도입하는 것은 이미 후르시쵸프 당시에 논의가 진행중이었다. 1962년 소련 경제학자 리베르만은 당기관지인『프라우다』에「계획, 이윤 및 상여금」이라는 논문을 발표하는데 경제의 지방분권화와 이윤제도의 도입을 주장한 것이었다.12) 중앙의 계획은 산출목표에만 한정하고 투입요소는 개별기업이 결정하고 또 가격개혁을 시도하는 것을 중심내용으로 하는 것이었다. 이러한 리베르만의 주장이 채택된 것이 1965년의 경제개혁이었고 따라서 리베르만 방식이라고도 불린다. 이러한 경제개혁에 따라 1967년 도매가격이 일제히 인상된다. 이는 기존에 생산비용에 산입되지 않았던 각 기업의 고정기금(기계, 설비, 건물 등)의 사용료를 국가가 개별기업의 이윤에서 징수하는 것을 기초로 이루어진 것이다. 즉, 기존에는 상품으로 여겨지지 않았던 생산수단의 생산에서 이윤원리가 도입됨으로써 생산수단의 가격이 상승하고 이것이 도매가격의 상승으로 반영된 것이다. 이는 상품적 성격이 없는 생산수단에 의식적으로 상품적 성격을 부여하는 것이었다.

1965년 이전에는 고정기금의 사용료를 개별기업에서 징수하지 않았다. 그리고 생산수단의 가격은 최소한의 비용만 산정하여 제2부문(『자본론』의 분류에 따른다면)에 공급되었고 제2부문, 즉, 소비재 생산에서 제 가치를 모두 산정하여 제 가격을 받았던 것이다. 그리고 소비재에 대해 매상고세를 붙여 이를 국가가 세금으로 징수했던 것이다. 그런데 이러한 기본원칙을 정면에서 부인한 것이다. 고정기금에서 사용료를 징수한다는 것은 고정기

______
12) 이영형, 『러시아 정치사』, 엠에드 출판사, 2000, 249쪽.

금(맑스의 『자본론』의 분류에 따르면 불변자본)이 스스로 자기증식해야
한다는 것을 의미한다. 이는 고정기금에 대상화되어 있는 죽은 노동, 과거
의 노동이 스스로 가치증식한다는 것으로서 죽은 노동, 과거의 노동이 산
노동의 우위에 서게 된다는 것을 의미한다. 즉, 사회주의의 생산수단이 자
기증식하는 자본주의적 자본으로 변질되는 것이다. 이는 죽은 노동, 과거노
동에 대한 산 노동의 우위를 통해 노동해방을 실현한다는 사회주의의 대원
칙을 정면으로 거스르는 것이다. 자본주의 사회는 죽은 노동이 산 노동의
우위에 있기 때문에 죽은 노동은 자본이 되는 것이고 산 노동은 잉여가치를
창출하는 임금노동이 되어 착취의 대상이 되는 것이다. 그러나 사회주의는
바로 이 점을 뒤집은 것이다. 즉, 산 노동이 죽은 노동, 과거의 노동의 우위
에 서게 되어 노동해방이 쟁취된다는 것이고 따라서 죽은 노동은 더 이상
자본이 아니라 산 노동을 위한 단순한 물적 조건으로 전환된다는 것이다.
따라서 1965년의 경제개혁, 1967년의 도매가격 인상은 사회주의 생산관계
에 위배되는 자본주의 원리의 도입이었던 것이다. 이에 따라 브레즈네프
시대에 이윤원리와 사회주의적 생산관계는 심각한 불협화음을 내게 되었
고 소련경제는 서서히 침몰하기 시작한다. 브레즈네프 말기인 1970년대
후반 소련 경제의 성장률은 0-2%에 머물고 경제는 완전히 균열하게 된다.
바로 이 점이 소련을 붕괴시킨 직접적인 원인이 된다.

코시킨 개혁 혹은 리베르만 방식은 개별국유기업으로 하여금 자본주의
적으로 기업을 운영하라는 지시에 다름 아니었다. 그리하여 국가가 총산출
량과 가격을 통제하는 것을 제외하고는 개별기업의 자율권이 확대되었다.
그러나 이는 계획의 요소의 균열과 마비를 의미하는 것이었고 사회주의적
계획과 개별기업의 자본주의적 운동은 끊임없이 충돌하게 된다. 계획이

이완됨에 따라 생산의 불균형, 물품의 부족이 일반화되었고 그에 따라 부패, 뇌물수수, 밀매, 축장이 성행하게 되었다. 또한 고객요구의 무시, 재고의 증대, 건설의 장기화 등으로 모순이 표면화되었다.[13] 1979년까지 미완성된 건설사업에 들어간 총액은 1,064억 루블에 달하였다.[14] 이는 건설계획을 입안하여 물자를 획득하고는 실제 공사에서는 손을 놓기 때문이었다. 생산의 불균형과 공급의 부족은 기업, 개인으로 하여금 사재기를 기본원칙으로 삼게 만들었다. 각 기업체는 사재기 덕분으로 공급에 이상이 생겨 필요자원을 제때 조달받지 못하더라도 '숨겨놓은 자재' 덕분에 계획을 수행할 수 있었다. 이러한 상황은 대규모 지하경제를 발생시켰다. 그리고 사영경제도 불법적이지만 성행하게 되었다. 또한 통계의 조작도 성행했는데 1985년 우즈베키스탄에서는 수천톤의 면화를 더 생산한 것으로 보고하여 더 많은 대가를 국가로부터 받고 심지어는 초과달성 수당까지 받았다.[15]

이러한 경제에서의 균열은 노동해방이라는 사회주의의 대원칙, 죽은 노동에 대한 산 노동의 우위라는 원칙에서 벗어났기 때문에 발생한 것이다. 이윤 자체를 몰랐던 사람들이 이윤을 중심으로 움직이기 시작하면서 이러한 문제점을 발생시켰던 것이다.

코시킨 개혁은 많은 오류를 보여주는데 첫째, 국가에 대한 맹신을 보여주는 것이다. 사회주의 원리와 자본주의 원리를 절충시키면서 서로 적대적인 두 관계를 통일시키는 것이 국가의 역할이라는 것이다. 이는 국가에 대한 비과학적 태도이다. 사회주의 사회 또한 국가가 마음대로 발전시키는 사회

---

13) 알렉 노브, 『소련경제사』, 423쪽.
14) 보리스 까갈리쯔끼, 『변화의 변증법』, 송충기 옮김, 창작과비평사, 1995, 312쪽.
15) 같은 책, 323쪽.

는 아니다. 국가 또한 '사회주의의 기본적 경제법칙', '균형있는 발전법칙' 등 일정한 경제법칙에 의거할 때만 경제를 올바로 지도할 수 있다. 코시킨 개혁은 이러한 초보적인 원칙을 무시한 것이었다. 둘째, 코시킨 개혁은 상품-화폐관계를 전면화시킨 것이었다. 사회주의 사회에서 생산물은 상품으로서 성격을 가지지 않는다. 특히 생산수단은 상품의 성격이 전혀 없다. 그러나 코시킨 개혁은 이러한 생산물에 이윤원리를 도입하여 상품적 성격을 의식적으로 부여한 것이었다. 이러한 상황은 중앙과 지방의 계획의 마비를 불러왔고 결국 경제 전체를 균열시키게 된 것이었다. 셋째, 코시킨 개혁은 노동해방을 부정하였다. 죽은 노동에 대한 산 노동의 우위라는 원리, 그를 통한 해방된 노동이라는 원리를 부정하고 사회주의의 국유기업의 설비와 기계, 원료를 자기증식하는 자본으로 변경시킨 것이었다. 넷째, 코시킨 개혁은 생산력주의의 반영이다. 생산력과 생산관계가 다 같이 중요함에도 불구하고 당장의 생산력 발전을 위해 착취의 폐지라는 내용을 함축하는 생산관계를 희생시킨 것이었다. 중국의 경우 전형적인 생산력주의인데 실제로는 사회주의 시장경제가 자본주의로 전환한 것이다. 다섯째, 코시킨 개혁은 철학상의 절충주의를 보여주는 것이다. 거대한 생산설비의 효율화를 위해 사회주의 원리를 강화하는 어려운 길을 간 것이 아니라 사회주의의 기존 성과를 갉아먹고 자본주의적 탐욕을 도입하는 쉬운 길을 간 것이다.[16] 절충주의는 문제를 더 어렵게 꼬이게 만들고 해결의 실마리를 찾기 어렵게 만드는 것이다. 고통스럽고 어려운 길이지만 절충주의를 거부하고 과학적 노선을 수립하는 길로 갈 때 역사는 진보한다는 것을 확인할 수 있다.

---

16) 코시킨 개혁에 대한 비판은, 문영찬, 「사회주의 정치경제학의 쟁점들」, 『정세와 노동』 2008년 10월호, 70쪽의 요약이다.

브레즈네프가 사망하고 고르바쵸프가 등장하여 개혁을 실시하지만 그는 계획의 마비를 해결하려 함에도 불구하고 원인을 과학적으로 규명하지 못하고 소위 인간적 사회주의라는 구실 하에 자본주의적 인간형을 대안으로 제시하여 소련을 붕괴시키고 사적 소유의 부활을 초래한다.

3. 소련 붕괴의 교훈

1) 사회주의 사회의 주요모순은 무엇인가

소련의 붕괴는 사회주의 건설이 단지 이상의 추구가 아니라 일정한 합법칙성을 따라야 한다는 것을 보여준다. 사회주의 건설이 합법칙성을 따랐을 때 사회주의 건설은 순조롭고 일취월장했으며 반대로 사회주의 건설의 합법칙성을 위배했을 때 사회주의 건설은 어려움에 봉착하고 결국 파탄의 길을 걸은 것이다. 코시킨의 반동적 경제개혁은 이를 극적으로 보여주는 것이다.

그러나 이를 보다 구체적으로 소련 사회에 적용하면 사회주의 사회의 발전의 원동력이 무엇인지, 사회주의 생산관계가 성립한 후 그 사회를 규정하는 주요 모순은 무엇인지를 해명해야 함을 알 수 있다. 사회주의 생산관계가 성립한 후에도 기본적인 모순은 생산력과 생산관계의 모순이다. 생산력이 발전하는 것에 발맞추어 사회주의 생산관계를 끊임없이 개선해나가는 것이 중요하다. 이것이 기본모순의 의미이다. 그러나 여기에 더해 사회주의 사회의 주요모순이 무엇인가를 해명해야 한다. 무엇에 초점을 맞추어야 사회주의 건설이 순조롭고 사회주의 건설의 원동력을 얻을 수 있는지가 중요한 것이다. 기존의 소련에서는 바로 이 점이 부족했다.

사회주의 생산관계가 성립한 후에도 그 사회에는 많은 모순이 존재한다. 생산력과 생산관계의 모순, 정신노동과 육체노동의 모순, 도시와 농촌의 모순, 잔존하는 반혁명분자와의 투쟁 등 여러 모순이 있다. 여기에서 주요 모순을 추출하기 위해 우리는 모택동의 도움을 빌 수 있다. 모택동은 1956년 「인민내부의 모순을 정확히 처리하는 문제에 대하여」라는 논문을 발표한다. 이는 후르시쵸프의 스탈린 비판 이후 그 영향을 받아 발생한 헝가리 사태에 대해 모택동이 충격을 받고 사회주의 사회에서도 존재하는 인민내부의 모순 문제를 정리하기 위해 집필한 것이다. 모택동은 당시 막 사회주의 건설을 시작하던 때였는데 적아(敵我)의 모순과 인민내부의 모순을 구분할 필요가 있음을 지적한 것이다. 잠시 인용해보자.

우리의 면전에는 두 종류의 모순이 있는데 적아간의 모순과 인민내부의 모순이다. 이는 성질이 완전히 다른 두 종류의 모순이다…우리나라의 현재의 조건 하에서, 소위 인민내부의 모순은 노동계급내부의 모순, 농민계급내부의 모순, 지식인내부의 모순, 노동자와 농민 두 계급 간의 모순, 노동자·농민과 지식인 간의 모순, 노동자계급 및 기타 노동인민과 민족부르주아지 간의 모순, 민족부르주아지 내부의 모순, 등등. 우리의 인민정부는 진정으로 인민의 이익을 대표하는 정부이고 인민에게 봉사하는 정부이지만 그것과 인민대중 간에 일정한 모순이 있다. 이 종류의 모순은 국가의 이익, 집단의 이익과 개인의 이익 간의 모순, 민주와 집중의 모순, 지도와 피지도간의 모순, 국가기관의 어떤 공작인원의 관료주의 작풍과 대중간의 모순을 포괄한다.[17]

---

17) 모택동, 「인민내부의 모순을 정확히 처리하는 문제에 대하여」, 『모택동문집 제7권』, 인민출판사(북경), 205-206쪽.

이러한 모택동의 언급을 분석하여 보면 자본주의의 노동자와 자본가 간의 적대적인 모순과 달리 인민내부의 모순은 비적대적 모순이며 다만 그것을 올바르게 처리하지 못하면 적대적 모순으로 발전할 수 있다는 것을 시사하는 것이다. 이러한 점에 기초하여 사회주의 사회의 주요모순을 추출하는 것이 필요하다. 앞서 언급한 여러 모순 중에서 생산력과 생산관계의 모순은 주요모순이 아니라 기본모순이다. 그리고 반혁명분자와의 투쟁은 사회주의 생산관계의 확립과정에서는 주요모순이지만 사회주의 생산관계가 확립된 후로는 주요모순이 아니라 부차적인 모순이다. 남는 것은 정신노동과 육체노동 간의 대립, 도시와 농촌의 대립이다. 이 중에서 '도시와 농촌의 대립은 정신노동과 육체노동의 공간적 표현'(엥겔스, 『반듀링론』)이라는 점을 염두에 둔다면 사회주의 사회의 주요모순은 정신노동과 육체노동 간의 모순이라는 것을 알 수 있다.

그러나 기존에 소련에서는 이에 대한 인식이 부족했다. 스탈린은 「소련에서 사회주의경제의 제문제」 라는 논문에서 정신노동과 육체노동의 대립, 도시와 농촌의 대립을 언급하고 있으나 이들 대립들이 소련에서 점차 사라지고 있다는 점을 언급했을 뿐, 이들 모순이 소련 사회의 발전의 원동력이고 관건적인 주요모순이라는 것을 분명히 하지 못했다. 이와 달리 중국에서는 문화대혁명 당시에 정신노동과 육체노동의 대립의 극복을 주요한 과제로 설정하고 투쟁했다. 그러나 중국노동계급의 역량의 취약성으로 문화대혁명은 실패로 끝나고 중국은 등소평을 대표로 하는 주자파(走資派)에게 권력이 넘어가 자본주의화의 길을 걷는다.

정신노동과 육체노동의 대립을 주요모순으로 파악하는 것은 한 사회의 사회주의 건설의 원동력을 파악한다는 의미가 있다. 주요모순은 그 극복과정이 사회발전의 원동력으로 작용하는 것이다. 그러나 정신노동과 육체노동의 대립이 어떠한 과정과 방식으로 극복되는가를 예측하는 것은 불가능하다. 다만 언급할 수 있는 것은 모순의 극복은 모순의 발전을 통해서만 가능하다는 모순론의 원리이다.

한편, 정신노동과 육체노동의 대립의 극복은 여러 가지 문제의 극복전망을 안겨주는 것이다. 첫째, 관료주의가 정신노동과 육체노동의 대립에 뿌리를 두고 있다는 것을 비판하는 것을 통해 관료주의와 투쟁의 동력을 얻을 수 있다. 둘째, 또한 도시와 농촌의 대립의 극복도 가능하다. 도시는 정신노동을 특화하고 농촌은 육체노동을 특화한 것이 오랜 계급사회의 역사이다. 따라서 정신노동과 육체노동의 대립의 극복은 자본주의의 극복만이 아니라 계급사회의 역사 전체를 극복한다는 것을 의미한다. 셋째, 분업의 소멸전망을 얻을 수 있다. 정신노동과 육체노동의 대립의 극복은 분업을 소멸시키고 인간의 다면적인 발전을 가져올 수 있다. 아침에는 농사짓고 오후에는 낚시하고 저녁에는 토론하는 공산주의적 인간형이 실현되는 것이다. 마지막으로 정신노동과 육체노동의 대립의 극복은 생산력의 발전을 전제하는 것이다. 그러나 중요한 것은 사회주의 사회에서 생산력의 발전은 정신노동과 육체노동의 대립의 극복과정에서 추진력을 얻을 수 있다는 것이다. 그리고 정신노동과 육체노동의 대립의 극복은 육체노동자의 정신노동자화가 아니라는 것을 분명히 할 필요가 있다. 육체노동의 가치와 기쁨을 인정하는 것을 전제로 육체노동과 정신노동의 상호침투의 과정이 지속되는 것을 통해 대립이 지양되는 것이다.

이런 점들을 볼 때 스탈린 사후 수정주의가 발생하고 결국은 소련을 붕괴로 몰아넣은 것을 생각해 보면 소련에서 정신노동과 육체노동의 대립에 대한 처리가 정확하고 주요하지 못했다는 것을 알 수 있다. 실제로 수정주의의 주요한 기반이 되었던 계층은 관료들과 전문가 집단, 공장의 경영층 등이었다. 따라서 사회주의 사회에서 정신노동과 육체노동의 대립을 극복하는 문제는 단지 이상의 추구의 문제가 아니라 사회주의 건설에서 사활적인 것임을 알 수 있다.

2) 사회주의 사회에서 상품-화폐관계의 의미

소련은 1965년 코시킨 개혁으로 상품-화폐관계가 경제에서 전면화되어서 사회주의 생산관계와 충돌하고 그에 따라 경제가 침몰했다. 따라서 사회주의 사회에 존재하는 상품-화폐 관계의 성격에 대한 해명은 향후의 사회주의 건설에서 사활적인 것이다. 트로츠키주의자들은 소련이 국가자본주의라고 하지만 거꾸로 소련은 경제에서 자본주의관계가 침투하는 것을 통해 붕괴되었다는 것이 역사의 진실이며 이는 사회주의와 자본주의의 차이가 과연 무엇인지를 밝힐 것을 요구하는 것이고, 나아가 사회주의에서 상품-화폐에 대한 태도는 어떠해야 하는가를 밝힐 것을 요구하는 것이다.

기존의 소련에서 코시킨 개혁이전에 상품-화폐관계는 '잔존'하는 것이었다. 즉, 상품-화폐관계는 사회주의 경제의 지배적 요소가 되지 못하고 자본주의의 유물로서 잔존하는 것이었고 단지 활용의 대상이 되는 것이었다. 이를 좀 더 살펴보자.

스탈린은 「소련에서 사회주의 경제의 제문제」에서 소련에서 상품-화폐관계가 존재한다는 것을 명확히 했다. 그 근거로는 공업에서 전인민소유인 국유형태와 농업에서 협동조합적 소유라는 서로 다른 소유형태가 존재하고 노동자와 농민이 생산물의 교환에서 상품-화폐관계를 통하지 않고서는 생산물 교환이 불가능하다는 것을 들었다. 그리고 집단농장에서 농민들이 개인적 부속지에서 생산하는 사적 생산물이 시장을 통해 거래되는 것도 상품-화폐관계의 하나로 들었다. 이러한 스탈린의 언급은 정확한 것이다.

서로 다른 소유형태의 교류를 위해 상품-화폐관계가 필요하다는 것인데 이는 뒤집으면 집단농장의 협동조합적 소유가 공업과 같이 전인민소유로 발전하면 상품-화폐관계가 소멸할 것이라는 말과 같은 말이다. 농업이 전인민소유가 아니라 협동조합적 소유인 것은 근본적으로 농업의 생산력이 공업에 미치지 못하기 때문이다. 따라서 농업에서 생산력 발달이 이루어지고 농업과 공업이 융합하는 단계에 이르면 농업에서도 협동조합적 소유가 공업과 같이 전인민소유로 발전할 것임을 전망할 수 있다.

여기서 사회주의 사회의 생산물이 상품인가 여부를 보다 엄격히 분석할 필요가 있다. 코시킨 개혁은 생산수단과 소비재 가리지 않고 모두 상품적 성격을 가지고 있다고 했지만 이는 잘못된 것이다. 생산수단의 생산(맑스의 『자본론』의 분류에 따르면 I부문)은 상품의 생산이 아니다. 왜냐하면 사적 생산이 아니라 국유화된 기업의 생산이며 또 화폐를 매개로 거래되지 않고 국유기업에서 국유기업으로 직접 이전되기 때문이다. 또 소비재 생산의 경우 사적 생산이 아니라 국유기업에서 생산한다는 점에서 상품이 아니지만 화폐를 매개로 소비자에게 이전된다는 점에서는 상품이다. 이는 소비재의 경우 한편으로는 상품이 아니면서 다른 한편으로는 상품이라는 것인데 이러한 모순은 사회주의가 자본주의의 계승자라는 점에서 불가피한 것이고 화폐가 소멸하는 단계에 이를 때 소비재도 부분적인 상품의 성격을 완전히 탈각할 것이다.

이에 대해 소련 교과서인 짜골로프의 정치경제학 교과서는 보상관계를 통해 인도된다는 점에서 사회주의 사회의 생산물 전체가 상품의 성격을 가지고 있다고 주장을 한다.18) 이는 코시킨 개혁을 합리화하기 위한 주장이다. 그러나 상품으로서 성격은 보상관계, 즉, 유상교환인가 무상교환인가에 의해 주어지는 것이 아니다. 상품생산은 사적 생산자의 생산물이 화폐를 통해 교환된다는 것을 의미한다. 만약 유상교환을 상품의 본질적 성격으로 보면 상품생산은 인류가 존재하는 한 영원한 것이다. 이렇게 보면 상품생산의 반대는 무상교환이 된다. 그러나 이는 부정확한 것이고 상품생산의 반대는 사회적 생산으로 파악되어야 한다.

이러한 관점을 기초로 사회주의 사회에서 상품-화폐관계에 대한 태도를 정립하는 것이 중요하다. 사회주의 사회에서는 상품-화폐관계는 '잔존'하는 것으로서 '활용'의 대상이 되어야 한다. 즉, 상품-화폐관계는 부차적인 지위를 차지하는 것이고 사회주의 경제에서 주된 지배적 법칙은 생산의 목적을 규정하는 '사회주의 경제의 기본법칙'과 자원의 분배를 결정하는 '균형있는 발전법칙'이다.

끝으로 가치법칙의 운명에 대해 살펴보자. 트로츠키주의 이데올로그인 정성진씨는 소련에서도 가치법칙이 존재한다는 스탈린의 언급을 근거로 소련이 국가자본주의라고 주장한다. 그러나 이는 정치경제학에 대한 무지의 소치이다. 가치법칙은 상품생산사회에서 존재하는 법칙이다. 사적 생산물인 상품의 교환을 위해서는 상품에 응고된 노동, 즉 가치를 통한 비교를 하지 않고서는 교환이 불가능하기 때문에 상품교환의 법칙으로서 가치법칙이 성립하는 것이다. 소련에서는 시장이 부분적으로 존재했고 또 화폐도 존재했다. 이는 소련이 부분적으로는 상품을 생산했다는 것을 말한다. 그러나 사회화된 국유기업의 생산물은 기본적으로 상품으로서의 성격이 없거

18) 짜골로프 감수, 『정치경제학 교과서』 II-1, 새길, 1990, 317쪽.

나 약한 것이고 또 가치법칙은 경제에 일정하게 영향을 미치나 지배적인 법칙이 아니며 가치법칙의 작용을 국가가 일정하게 제어할 수 있는 것이다. 예를 들어 가격을 조정하거나 교환을 통제하는 것이 그러하다. 가치법칙은 이렇게 사회주의 사회에서 보조적인 법칙으로 활용의 대상이 되다가 농업의 발달과 집단농장의 전인민소유로 전환, 생산력의 발달에 기초하여 상품-화폐관계가 소멸하면 나란히 같이 소멸하는 것이다. 스탈린은 "가치법칙과 마찬가지로 가치는 상품생산의 존재와 관련된 역사적 범주이다. 상품생산의 소멸과 더불어 가치 및 그 형태와 가치법칙 역시 소멸한다"[19]고 했는데 이러한 스탈린의 언급은 정확한 것이다.

3) 프롤레타리아 국제주의의 붕괴

소련 붕괴의 또 하나의 결정적인 원인이자 교훈은 프롤레타리아 국제주의의 붕괴이다. 소련에서 수정주의가 등장하고 사상과 경제에서 소련을 서서히 침몰시켰다면 프롤레타리아 국제주의의 붕괴는 2차대전 후 성립했던 사회주의 세계체제를 붕괴시키는 역할을 했다.

프롤레타리아 국제주의의 붕괴의 시초가 된 것은 후르시쵸프에 의한 스탈린 비판이다. 이에 대해 중국이 반발하면서 소련과 중국 사이에 사회주의 건설을 놓고 논쟁이 벌어지고 이러한 논쟁은 중국과 소련 국경에서의 무력충돌로까지 비화된다. 이에 대해 중국은 사회주의 진영은 이미 존재하지 않게 되었고 소련은 '사회제국주의'가 되었다고 비판했다. 사회제국주의라는 개념은 이미 사회주의가 아니고 사회주의를 내건 제국주의에 불과하다는 것인데 이는 소련의 수정주의를 비판하는 것이었지만 엄격히 보면

---

19) 「소련에서 사회주의 경제의 제문제」, 『스탈린 선집 2』, 243쪽.

과도한 규정이었다. 소련은 수정주의 체제이지만 여전히 사회주의 생산관계를 유지하고 있었기 때문이다. 모택동은 혁명과정과 사회주의 건설에서 많은 성과를 내었고 과학적 노선을 견지했지만 말년에 약간 빗나간 듯한 모습을 보인다.

또 프롤레타리아 국제주의가 붕괴하는 또 하나의 사례는 체코에 대한 소련의 침공이다. 이 침공이 있은 후 브레즈네프는 '주권제한론'을 주장했다. 사회주의의 길에서 벗어나는 국가는 주권을 제한해서라도 막아야 한다는 것인데 실은 수정주의의 모순의 결과 나타난 체코 문제에 대해 무력으로 해결하는 것을 합리화하는 것이었다. 그러나 주권제한론은 프롤레타리아 국제주의에 위배되는 것이다. 프롤레타리아 국제주의는 민족자결권을 인정하는 것을 원칙으로 한다. 민족자결권의 토대 위에서 각 민족의 노동자계급의 자유로운 연대가 프롤레타리아 국제주의의 실체인 것이다.

이렇게 프롤레타리아 국제주의가 위기에 처하고 붕괴함에 따라 세계적 차원에서 사회주의 진영은 힘을 잃고 결국은 소련의 붕괴, 중국의 자본주의화로 귀결되었다. 만약 프롤레타리아 국제주의가 붕괴하지 않고 세계 사회주의진영의 단결이 유지되었다면 1970년대 공황으로 인한 제국주의의 위기가 새로운 혁명으로 귀결되었을 것이나 상황은 거꾸로 사회주의진영의 붕괴로 귀결된 것이다.

이러한 역사적 과정은 21세기 새로운 사회주의 운동의 토대로서 프롤레타리아 국제주의가 사활적인 것임을 말한다. 프롤레타리아 국제주의가 살아 있을 때 사회주의운동은 전진하고 사회주의 건설은 순조롭지만 거꾸로 프롤레타리아 국제주의가 붕괴할 때 사회주의 운동과 건설은 위기에 처한다는 것이다.

4. 소련사회주의의 성과와 한계

1) 소련이 이룩한 성과

사실 소련이 이룩한 성과는 거대한 것이다. 20세기는 소련에 의해 좌우되었다고 해도 과언이 아니다. 그러면 차근차근 소련이 이룩한 성과를 점검해보자.

첫째, 소련은 인류 최초로 착취를 폐지하는 것이 가능하다는 전망을 인류에게 안겨주었다. 자본가계급을 타도하고 사적 소유를 철폐하고 사회주의를 건설하는 것이 현실로 가능하다는 것을 입증하였다. 더구나 자본주의 사회이지만 후진적 농업국이었던 러시아가 이룩해낸 성과는 전세계의 모든 피억압 인민과 민족들을 고무하였다.

둘째, 소련은 프롤레타리아 국제주의를 실현하였다. '만국의 노동자여 단결하라'는 구호가 단지 구호로 그치는 것이 아니라 현실 정책으로 구체화된 것이다. 이는 소련에서 각 민족들의 평등, 그리고 사회주의 세계체제가 확립된 후로는 소련이 여타 민족과 국가에 대해 막대한 지원을 하였던 것이다.

셋째, 소련은 2차대전에서 파시즘을 격멸하고 사회주의 세계체제를 구축하는 데 결정적 공헌을 하였다. 파시즘이라는 인류최대의 적을 소멸시키는 데 소련의 인민과 군대가 결정적 역할을 한 것이었고 이를 통해 소련은 세계질서를 좌우하는 위치에까지 도달했다.

넷째, 소련은 식민지체제의 붕괴에 결정적 공헌을 하였고 또 세계 각지의 민족해방투쟁들을 지원하였다. 중국 혁명은 반식민지 국가의 민족해방이라는 점에서 식민지체제의 붕괴에 결정적 영향을 미쳤는데 소련의 지원이 없었다면 중국혁명은 여러모로 어려움에 처했을 것이다. 이외에도 소련은 아시아, 아프리카 등의 약소민족들에게 막대한 지원을 하였다.

다섯째, 소련 내부의 사회주의 건설의 성과로서 무상교육, 무상의료, 실업의 일소, 노후연금, 노동시간의 단축 등 인류에게 19세기와는 다른 사회에서 살 수 있는 현실적 전망을 안겨다 주었다. 유럽에서 사회보장이 실시된 것은 소련에서 실시된 사회보장을 흉내낸 것에 지나지 않는다.

2) 소련의 한계

소련의 성과는 이외에도 많이 있지만 주요한 것은 위와 같다. 그러나 소련은 성과도 많았지만 나름대로 한계 또한 보여주었다. 특히 소련의 한계는 소련이 붕괴되었다는 역사적 사실에 의해 그 중요성이 더해졌고 또 21세기 새로운 사회주의운동을 준비하는 입장에서는 무엇보다 중요한 점이다.

소련의 한계로 꼽을 수 있는 것은 무엇보다도 정신노동과 육체노동의 대립이라는 사회주의 사회의 주요모순을 정확히 처리하지 못했다는 것이다. 1930년대까지만 해도 노동자계급은 명실상부한 사회의 주인이었다. 인민대중들이 사회적으로 존중을 받았고 인민들의 지위와 처지는 하루가 다르게 변화하고 상승되었다. 그리고 정신노동자도 존중을 받았지만 육체노동자도 평등하게 존중을 받았다. 그러나 2차대전이라는 긴급상황에서 전문가들의 역할이 중시되고 과거 부르주아 인텔리겐챠가 중용되는 상황이 있었다. 그리고 2차대전 후에는 신속하게 복구하고 재건의 길을 걸었지만 역시 정신노동과 육체노동의 문제를 예민하게 포착하지 못하고 스탈린 사후 수정주의가 등장할 토대가 쌓여갔다. 또 육체노동과 정신노동의 대립의 문제를 정확히 처리하지 못한 것은 사회주의 건설의 동력을 정확히 확보하지 못한다는 것이다. 이에 따라 1950년대 이후 사회주의 건설은 서서히 질곡에 처하고 브레즈네프 시대에는 완전히 정체가 되었던 것이다.

둘째, 소련의 또 하나의 한계는 도시와 농촌의 대립이 정확히 처리되지 못한 것이다. 소련은 후진농업국을 기초로 사회주의를 건설했기 때문에 대도시를 많이 건설하였다. 그리고 집단농장의 농민들은 지위와 상태가 많이 상승했지만 여전히 도시노동자에 비해 낙후된 삶을 살았다. 심지어 소련에서 어린 학생들의 직업선호도에서 집단농장 농부는 꼴찌를 차지했었다. 이는 앞으로 사회주의 건설에서 농업과 농민, 농촌에 보다 많은 관심과 노력이 경주되어야 한다는 것을 말한다. 이에 대해 기존에 소련에서는 농업의 발전을 농업의 공업화로 파악했다.[20] 농업노동이 공업노동의 한 변종으로 전화하는 것이 농업의 발전이라고 생각했던 것이다. 그러나 이는 잘못된 것이다. 농업은 결코 공업의 변종이 될 수 없다. 농업은 자체의 본질적인 특성을 갖고 있는데 즉, 자연의 재생산이라는 특성을 갖고 있는 것이다. 농업은 식량과 원료만을 생산할 뿐만 아니라 농업노동을 통하여 논과 밭, 산림을 재생산하는 것이다. 이렇게 농업의 발전전망을 정확히 해야 농업과 공업의 융합을 도모할 수 있고 공산주의 사회의 발전을 전망할 수 있다. 그리고 스탈린은 대도시는 불가피하며 엥겔스가 대도시의 소멸을 전망한 것(『반듀링론』)은 소련에서 맞지 않는다고 했다. 그러나 이는 소련이 농업국을 기초로 사회주의를 건설했기 때문이다. 따라서 지금의 자본주의 국가에서 보이는 대도시는 도시와 농촌의 대립이 소멸하면 소멸할 수밖에 없고 대신에 농업과 공업의 융합을 기초로 하는 농공복합체가 사회의 기본단위로 성장할 것이다.

셋째, 상부구조의 면을 보면 소련은 프롤레타리아트 독재의 성립과 그것

---

20) 짜골로프 감수, 『정치경제학 교과서』 II-2, 새길, 1990, 326쪽.

의 전인민국가로의 변질을 보여주었다. 그리고 숙청에서는 사회주의 법치
주의의 훼손을 보여주었다. 이는 소련에서 프롤레타리아트 독재 이론과
그것의 짝인 프롤레타리아트 민주주의의 발전이 일정하게 정체되었다는
것을 말한다. 프롤레타리아트 민주주의의 발전은 정신노동과 육체노동의
대립 문제와 긴밀히 연동되는 것인데 소비에트 체제는 유지되었지만 수정
주의가 등장한 이후로 프롤레타리아트 민주주의의 발전이 정체되었던 것
이다. 이는 국가 소멸의 전망과 관련되는 것인데 70년의 소련의 역사를
경과하고도 국가소멸의 전망을 마련하지 못했다는 것은 문제가 된다. 맑스
주의는 국가의 소멸은 프롤레타리아트 독재의 강화를 통해 준비된다는 것
을 가르친다. 그러나 소련의 경험은 이러한 추상적 원칙을 보다 구체화할
것을 요구한다. 국가의 소멸은 국가의 기능 중 계급적 억압에 해당하는
것이 점차 사라지고 사회의 관리에 해당하는 부분이 국가조직이 아닌 시민
사회의 조직으로 이관되는 것을 통해 이루어진다. 따라서 프롤레타리아트
독재의 성립 후로, 특히 사회주의 생산관계가 성립한 후로는 국가의 조직은
점차 축소되고 계급적 억압이라는 역할이 축소됨에 따라 점차로 소멸한다
는 것을 현실적 전망으로 얻을 수 있다. 단 제국주의가 존재한다면 이 과정
이 장기화될 수 있는 것이다.

4^부

노동의 정치, 삶의 정치

민주노조운동의 권력자원 재구성과 노동자 김영수

민주노조운동의 권력자원 재구성과 노동자[*]

김영수_경상대학교

1. 문제의식

민주노조운동은 1995년에 민주노총을 창립하고 난 이후 현재까지 기업별 노동조합을 산업별 노동조합으로 변화시키기 위한 조직발전운동을 전개하였다. 2008년 말 현재, 전국민주노동조합총연맹에 소속된 66만여 조합원 중에서 75.1%인 약 50만 명의 조합원이 산업별 노동조합에 소속되어 있으며, 2010년 이전까지 90%가 넘는 노조들이 산업별 노동조합으로 조직을 전환하면서 6-7개의 산업별 노동조합이나 산업별 연맹으로 개편될 전망이다. 1990년에 전국노동조합협의회가 약 20만 명의 조합원으로 출범했다는 사실에 비추어 본다면, 민주노조운동은 지난 20년 동안 양적으로 성장하였다고 할 수 있다. 민주노조 운동은 자본축적의 구조 및 노동자계급 구성

* 이 글은 2007년도 한국학술진흥재단의 중점연구과제에 대한 지원사업의 도움으로 완성되었다.(KRF2007-411-j04602)

의 변화에 따른 비정규 노동자들의 급증, 신자유주의 구조조정 저지투쟁에서 경험했던 기업별 노조운동의 한계, 국가-자본의 힘에 두려움으로 중독되어 가는 조합원들의 의식상태, 가속화되는 현장권력의 공동화 현상 등을 노동조합운동의 위기현상으로 간주하면서, 이러한 위기를 산업별 노조의 건설로 극복하려 하였다. 많은 논자들은 이러한 위기현상을 민주노조운동의 정체성으로 규정되어 왔던 민주성, 자주성, 연대성, 투쟁성, 계급성 등이 약화되고 있음을 보여주는 것이라고 보고 있다.

민주노조운동은 이런 상황에서 산업별 노동조합을 건설하기 위한 조직발전에 전력을 다하고 있다. 기업별 노동조합운동은 민주노조운동의 정체성을 복원하고 노동조합의 권력자원을 강화시키는 데 있어서 그 수명을 다했다는 관점이 내재되어 있는 조직발전전략이다. 그러나 산업별 노동조합이 민주노조운동의 정체성을 복원시킬 것인가에 대해 의문을 품지 않을 수 없다. 일반적으로는 산업별 노조를 계급적 대중조직이라고 간주하지만, 실질적으로는 계급적 대중조직으로서의 역할과 기능보다 관료적이고 반민주적인 조직체계를 유지하면서 노동자들을 자본주의체제로 포섭하는 역할과 기능을 담당할 수도 있다는 것을 인지해야 한다. 서구 선진 자본주의 국가나 한국의 다양한 산업별 노동조합운동의 역사를 돌이켜 보거나, 혹은 자본주의체제의 경제위기 상황에서 자본과 협력했던 조직화된 노동조합운동의 역사를 돌이켜 보면, 산업별 노동조합은 민주노조운동의 정체성이라고 간주하고 있는 민주성, 자주성, 투쟁성, 계급성 등을 완전하게 담보해오지 못했다. 한국의 경우에도, 변형된 형태이지만 한국노총이 존재하고 있으며, 민주노총 산하에 있는 다양한 산업별 노조들이 다양한 형식과 내용으로 노동조합운동을 전개하면서도 아직까지 민주노조운동의 정체성을 완전하게 복원하지 못하고 있다. 기업별 노동조합이든 산업별 노동조합이든 이러한 문제로부터 자유롭지 못하다. 민주노조운동의 위기를 둘러싼 논쟁의 과정에서 제기된 문제이기도 하지만, 노동조합은 비대해진 권력을 관료주의적인 방식으로 행사하면서 노동자들을 포섭하거나 개량화시키는 제도적 장치로 변화되고 있다. 노동자들도 노동조합이나 현장조직을 결성하는 주체로서 노동조합의 대중권력과 노동현장의 현장권력을 보유하고 있지만 그러한 권력들을 타자화하거나 혹은 자기조직으로서의 권위를 인정하지 않으려 한다. 이러한 현상은 노동조합운동의 위기를 넘어서 노동조합의 존폐위기로 작용할 수 있다. 노동조합의 핵심적 권력자원인 조합원이 자신의 권력을 스스로 포기하면서 나타나는 현상이기 때문이다.

민주노조운동의 정체성은 기업별 노동조합을 산업별 노동조합으로 변화시킨다고 해서 복원되는 것이 아니라 조합원 스스로 자신의 권력을 자기화하고 자기조직의 권위를 인정하는 과정에서 복원될 수 있다. 즉 노동조합운동의 조직체계가 곧 노동조합운동의 권력자원을 직접적으로 규정하는 것은 아니다. 노동조합운동의 권력자원은 노동조합의 존재유무나 조합원의 양적인 성장에 있는 것이 아니라 노동조합운동의 질적인 조직력, 즉 노동조합 및 현장조직에 대한 조합원의 밀집도와 참여도에 달려 있기 때문이다. 질적인 조직력의 문제가 노동조합운동에 대한 노동자들의 자발성 및 조직의 권위에 대한 수용 여부와 긴밀하게 연계되어 있다는 전제 하에, 이 글에서는 권력자원의 의미를 노동조합운동의 다양한 조직의 권력에 대한 노동자의 자기화라고 규정한다. 따라서 산업별 조직체계가 기업별 조직체계보다 노동조합운동의 권력자원을 강화시킬 수 있는 것도 아니고, 그 역의 관계도 마찬가지이다. 노동조합운동의 권력자원은 조직체계의 형식에 따라 규정되는 것이 아니라 조직체계의 운영과 내용이 민주적이고 계급적인가 혹은 조합원 스스로 자기조직의 주체로서의 자발성과 자기조직의 권위에 대한 수용성이 어떠한가에 따라 규정되는 것이다. 선진자본주의 국가의 산업별 노동조합운동이 관료적이고 권위주의적으로 운영되는 과정에서 노동조합운동의 권력자원, 특히 노동조합과 현장조직의 권력을 자기화하지 못했다는 점에 비추어볼 때, 노동조합운동의 권력자원을 복원하는 과정은 곧 노동조합의 조직과 권력을 재구성하여 민주노조운동의 정체성을 복원하는 것이기도 하다.

2. 노동조합운동의 조직체계와 권력자원

산업별 노동조합은 기업·업종·지역을 넘어 동일한 산업에 종사하는 모든 노동자들을 대상으로 하는 대중조직으로서의 권력을 보유한다. 산업별 노조는 기업별 노조와 달리 단체교섭권·협약의 체결권·쟁의권 등의 제반 권리를 조직의 중앙으로 집중시켜 조합원 및 노동자계급의 이해를 추구한다. 원론적으로 산업별 노동조합운동은 '계급적 이해의 통일, 계급적 단결과 투쟁, 국가·자본에 저항하는 투쟁전선의 형성, 투쟁의 파괴력 강화, 노동자들의 정치적 영향력 확대, 기업별 노조운동의 한계 극복' 등을 추구하는 계급적 대중조직의 운동으로서, 노동자들의 계급적 저항역량과 조직역량을 효율적으로 통일시켜낼 수 있다. 정치적 계급투쟁의 의제나 공간이 하나의 기업이나 업종, 혹은 특정한 지역의 문제에 국한되지 않는다는 것이다. 또한 산업별 노동조합은 노동자를 사회적인 계급주체로 나서게 할 수 있는 조직의 물적·인적인 권력자원을 보유한 상태에서, 노동자를 중심으로 하는 계급적 연대의 기반을 제공함과 동시에 사회변혁의 대중적 운동주체로서의 역할과 기능을 담당한다.

물론 민주노조운동의 다양한 주체들은 산업별 노동조합운동의 일반적이고 원론적인 원칙에 대해서 잘 인식하고 있다. 그런데 민주노조운동의 위기 논쟁 과정에서 제기된 부분이지만, 한국의 산업별 노동조합 건설운동은 두 가지의 측면에서 질적인 조직발전의 한계상황에 직면해 있다. 하나는 노동자들의 계급적 정체성에 기반하는 산업별 노동조합 건설운동이 양적인 통합만을 추구하는 운동으로 전락하였다. 조직의 형식은 산업별 노동조합이지만 조직의 내용은 기업별 노동조합이었다. 조직체계는 양적인 조직통합전략의 성과로 정착된 산업별 노동조합이지만, 산업별 노동조합이 계급적 대중조직으로서의 역할과 기능을 실질적으로 담당하지 못하고 있다. 산업별 노동조합 건설운동이 변형되고 왜곡되는 조직체계의 문제만으로 국한되어 버렸다. 다른 하나는 대기업·정규직 중심의 기업별 노동조합의 양적 헤게모니가 산업별 노동조합의 조직체계 내에서도 관철되고 있다. 산업별 노동조합 건설운동은 기업별·업종별 지부(본부)체계를 제한적으로 인정하면서 전개되고 있기 때문에, 기업별·업종별 지부(본부)는 산업별 노동조합의 권력자원을 계급적 노동조합운동의 수단으로 활용하기보다 기업별·업종별 노동조합운동의 수단으로 간주하였다. 기업별·업종별 지부(본부)는 기업과 업종을 중심으로 조합원들의 자발성과 조직의 권위에 대한 수용성을 강화시키면서도, 그러한 권력자원을 노동자 계급운동의 발전에 활용하지 않고 있다.

노동조합운동의 권력자원은 두 가지 차원에서 형성·강화할 수 있다.

한편으로는 노동자들의 계급적 대중조직인 산업별 노조의 대중권력을 강
화시키는 것이고, 다른 한편으로는 노동조합의 실질적 주체인 조합원들의
현장권력을 강화시키는 것이다. 많은 논자들은 그 동안 노동조합운동의
권력자원을 "노동조합 조직율과 노동자 계급조직의 전국적 조직화",1) "상
호연대에 기반하는 노동자 계급투쟁의 공간 확장",2) "계급투쟁의 조직적
동원력과 전투성의 강화",3) 투쟁국면에서 연대투쟁체로 형성되는 "계급
적 동맹투쟁 및 노동자계급의 연대투쟁 강화",4) "계급이해를 획득하기
위한 투쟁의 통일성 강화"5) 등으로 규정하기도 하였다. 이러한 권력자원
들은 노동조합운동의 전략과 노선을 결정하는 토대이자 노동조합운동의
질적인 성장의 근거였다. 민주노조운동의 정체성은 바로 이러한 권력자원
들을 강화하는 차원에서 형성되었다. 하지만 노동조합운동의 권력자원은
선언적이고 추상적으로 구축되는 것이 아니라 그것을 노동현장에서 구체
적으로 구현하는 노동자들의 자기활동과 연계되어 있고, 또한 노동자들의
자기활동을 강화시키는 노동조합의 역할과 기능에 달려 있다. 노동자들의
자기활동의 최고 수준은 자신의 권력을 타자화하지 않는 자기권력화이다.
즉 노동자 스스로 자신의 권력을 주체화하고 또한 자신의 조직에 대해
권위를 부여하는 과정에서 노동조합운동의 권력자원이 구축되는 것이다.

---

1) Walter Korpi, *The Democratic Class Struggle* (Billing and Sons Ltd, 1983), pp. 39-40.
2) J. S. Valenzuela, "Labor Movement in Transition to Democracy: A Framework for Analysis,"
   Comparative Politics, Vol 21, No. 4 (July 1989), pp. 452-454.
3) Goran Therborn, "Why Some Classes Are More Successful than Others," *New Left Review*,
   Vol. 24, No. 138 (March-April 1983), pp. 39-41.
4) Ruth Berins Collier and David Collier, *Shaping the Political Arena* (Princeton University
   Press, 1991), p. 67.
5) Joel Rogers, "How Divided Progressive Might Unite," *New Left Review*, Vol. 36, No. 210
   (March-April 1989), pp. 8-9; Walter Korpi, op. cit, 1983, pp. 39-40.

노동자들이 노동조합의 운영방식에 따라 조직의 주체로 존재하거나 대상
화될 수 있다는 점을 고려하면, 권력자원을 구축하는 문제는 조직체계의
운영방식과 긴밀하게 연계될 수밖에 없다. 노동조합운동의 조직체계를
운영방식의 문제와 결합시켜 도식화하면, 아래의 <그림 1>과 같이 구성
할 수 있다.

그림 1_ 노동조합운동의 운영방식과 조직체계

위의 <그림 1>은 노동조합운동의 기본적 조직체계인 기업별 노조와
산업별 노조로, 그리고 그러한 노조들의 운영방식이 민주적인가 혹은 관료
적인가를 중심으로 분류하여 네 가지의 유형을 도출시켰다. 노동조합운동
의 관료성은 네 가지 측면의 지표로 판단할 수 있다. 그것은 의사결정과정
의 엘리트성, 지도집행력의 상의하달적인 동원성, 책임과 의무의 전도성,
권한과 자금의 중앙집중성 등이다. 특히 책임과 의무의 전도성이라고 하는

지표는 지도부가 담당해야 할 책임과 의무를 조합원에게 떠넘기고 조합원이 담당해야 할 책임과 의무를 지도부가 담당하는 조직운영의 역조현상을 의미한다. 이러한 현상은 조합원이 조직의 주체로서 자발성을 발휘할 수 있는 운영체계라기보다는 조합원을 조직의 동원대상으로 전락시키는 운영체계에서 비롯되는 지표들이다. 조직운영의 민주주의 지표들은 관료주의적 요소들을 전도시키는 체계, 즉 의사결정과정의 탈엘리트성, 지도집행력의 하의상달적인 주체성, 책임과 의무의 탈전도성, 그리고 권한과 자금의 탈중앙집중성에서 찾을 수 있다. 노동조합운동의 민주주의적 지표들은 아래로부터의 민주주의를 실현하기 위한 주체를 노동현장에서 형성하고 있는가의 여부 및 노동조합운동의 대중권력과 현장권력을 아래로부터 통제하고 있는가의 여부를 판단하는 기준이다.

앞의 <그림 1>은 조직체계가 노동조합운동의 민주주의적 권력자원을 규정할 수 없다는 측면들을 보여주고 있다. 관료적 기업별 노동조합운동이나 관료적 산업별 노동조합운동은 기본적으로 조합원을 대상화한 상태에서 노동조합의 대중권력을 형성·유지할 수 있지만, 그러한 권력은 노동현장의 현장권력을 방치한 상태에서 오로지 국가와 자본에 의해 허용되는 노동조합의 대중권력일 수 있다. 조직체계를 기업별 노조와 산업별 노조로 단순화시킨 상태에서 판단하면, 민주적 산업별 노동조합운동이야말로 노동조합운동의 권력자원을 극대화시킬 수 있다. 그런데 산업별 노조운동이 관료적으로 운영되거나 조합원을 대중권력의 동원대상으로 전락시킬 경우, 민주적 기업별 노동조합운동도 관료적 산업별 노동조합운동보다 노동조합운동의 권력자원을 강화시킬 수 있다. 노동자들이 대중권력과 현장권력을 자기화하기가 더 쉽고 또한 조직과의 쌍방

향적 소통을 토대로 노동조합운동의 투쟁의 정체성을 더 강화시킬 수
있기 때문이다.

이처럼 노동조합운동의 권력자원은 조직체계의 형식 그 자체만으로 구
축되지 않는다. 특히 산업별 조직체계 하에서 노동현장과 노동조합 간의
유기적 관계가 약화되거나 아예 형성되지 않거나, 또한 노동조합의 간부와
노동자 간의 관계가 서로 타자화하거나 대상화될 경우, 산업별 노동조합이
노동조합운동의 권력자원을 강화시키는 것이 아니라 오히려 약화시킬 수
있다. 현실적으로도 노동조합의 간부는 조합원들의 이해를 바탕으로 대중
권력의 관료로 변화되고 있고, 조합원은 대중권력의 주체로 존재하는 것이
아니라 권력의 대상으로 존재하고 있다는 점을 고려할 경우, 노동조합운동
의 권력자원은 오히려 조합주의적이고 관료주의적인 전략과 노선만을 강
화시킬 수 있다.

3. 노동조합운동의 권력구조와 노동현장

1) 노동현장의 권력관계와 노동자

노동현장에서는 일반적으로 잉여가치를 늘리기 위한 자본의 전략과 잉
여가치의 분배를 요구하는 노동조합의 전략이 대립하는 과정에서 노사 간
의 갈등이 봉합되기도 하고 격화되기도 한다. 전자의 전략을 둘러싼 갈등은
노동의 생산성을 높이기 위해 노동의 강도를 강화하려는 노사 간의 대립이
고, 후자의 전략을 둘러싼 갈등은 임금 및 상여금 등과 같은 노동의 대가를
둘러싼 노사 간의 대립이다. 물론 두 가지 형태의 갈등은 노사 간의 임금협
약과 단체협약으로 마무리되곤 하지만, 노동현장의 갈등과 대립은 이러한

협약의 내용을 현실화시키는 노동과정에서 나타난다. 특히 단체협약의 내용이 노동현장에서 구체적으로 실현되지 않을 경우, 현장조직 및 조합원·비조합원과 자본 간의 갈등은 격화된다. 현장조직 및 조합원·비조합원과 노동조합 간의 갈등이 발생되기도 한다. 대부분의 민주적 노동조합은 이러한 갈등들을 조직의 권력으로 해결하려 하면서 노동조합의 조직적 권위를 형성하려 한다. 노동자들은 이 과정에서 노동조합의 권력에 대리주의적인 방식으로 의존하기도 하고 직접 해결하는 주체로 나서기도 한다. 노동자들이 현장권력을 장악하고 있다면, 노동자들은 노동현장의 다양한 갈등을 스스로 해결하는 권력의 주체로 나설 수 있기 때문이다. 그러나 노동현장의 권력이 공동화되거나 아예 형성되지 않았을 경우, 노동자들은 노동현장의 다양한 갈등을 노동조합의 대중권력에 의존하지 않을 수 없다. 노동자들의 입장에서 볼 때, 이러한 현상은 노동현장의 민주주의를 실현하기 위해 노동조합의 권력에 의존하지 않으면 안되는 대리주의적 권력관계의 요인으로 작용한다. 산업별 노동조합이든 기업별 노동조합이든 노동현장의 민주주의를 실현하려 하지 않는 노동조합운동에서 나타날 수 있는 보편적인 현상이다. 노동조합의 대중권력은 존재하는데 노동현장의 일상활동이나 현장조직을 중심으로 하는 현장권력이 존재하지 않는 경우이다.

그래서 현장조직은 노동현장의 권력 공동화 현상을 현장권력으로 대체하려 하면서 조합원의 일상적인 투쟁을 조직하고 노동현장의 민주주의를 복원하려 한다. 노동조합의 대중권력이 노동현장의 민주주의를 실현하는 데 적지 않은 한계를 드러내거나 혹은 다양한 현장조직의 운동노선이나 이념을 실현하는 데 많은 한계를 드러내기 때문에, 노동현장의 모든 세력이 노동조합의 대중권력에 의존하지 않은 상태에서 노동현장의 현장권력을 강화시키려 한다. 조합원과 비조합원, 그리고 다양한 현장조직들은 노동현장에서 노동조합의 대중권력을 둘러싼 상호 경쟁구조 및 견제구조 그리고 지원구조 등을 그물망처럼 구축하기도 하고, 또한 노동현장의 민주주의를 실현하기 위한 권력을 형성하려 한다. 중층적이고 복잡한 노동현장의 조직구조 및 현장활동의 다양한 전략들은 노동조합의 대중권력과 무관하게 노동현장에서 자발적으로 혹은 동원적으로 형성하게 되는 현장권력의 동력으로 작용한다.

노동현장의 구조를 도식적으로 구조화하면, 아래의 <그림 2>와 같다. 노동현장은 대중권력과 현장권력을 둘러싼 노동조합과 현장조직, 혹은 조합원과 비조합원 간의 상호 지원·경쟁·견제구도로 구성될 수 있다.

그림 2_ 노동현장의 다층적 권력구조

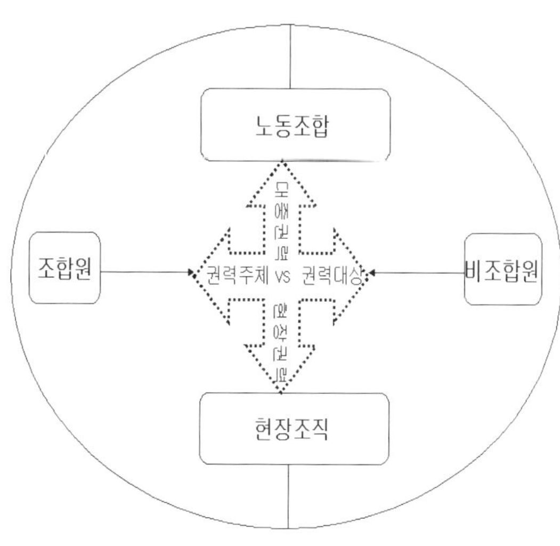

　자본은 노동현장에서 노동자들의 권력을 형성하지 못하게 하면서 노동
의 생산성을 극대화하려 하고, 노동자들은 생산현장의 민주적인 권력으로
노동의 권리를 실현하려 한다. 이는 자본과 노동자 간의 갈등이 노동현장에
서 상시적으로 현실화되는 핵심적 이유이다. 또 다른 갈등의 형태이지만,
노동조합과 현장조직 간의 경쟁과 갈등 및 조합원과 비조합원간의 경쟁과
갈등이 노동현장에서 나타나기도 한다. 노동조합이든 현장조직이든 경쟁
과 갈등을 해결하는 과정에서 서로 조직의 권위를 확보하려 한다. 노동자들
은 권위를 가지고 있는 조직의 투쟁을 지지하거나 자발적으로 참여하기
때문이다. 조합원이나 비조합원이 동시에 대중권력과 현장권력의 권위를
자발적으로 수용할 경우, 노동조합운동은 그러한 권위를 바탕으로 권력자
원을 강화시킬 수 있다. 하지만 노동자들이 대중권력과 현장권력의 권위를
부정하거나 혹은 반(半)강제적으로 수용할 경우, 노동조합운동은 권력자원
의 주체인 노동자들을 쉽게 조직하지 못한다. 노동자들이 자신의 권력을
타자화할 경우에 더욱 그러하다. 권력의 주체가 주체로 존재하는 것이 아니
라 대상으로 전락한 것이다. 노동자들은 이러한 상황에서 대상화된 권력에
무임승차하려는 대리주의적 태도와 의식만을 갖게 된다. 노동조합은 존재
하는데 노동조합운동을 전개하기 위한 노동조합운동의 권력자원이 실질적
으로 존재하지 않는 것이다.

　노동조합과 현장조직 간의 관계도 노동조합운동의 권력자원을 형성하
는 문제와 긴밀하게 연계되어 있다. 노동조합과 현장조직이 노동조합운동
의 권력자원을 강화시키기 위해 상호 보완적인 관계만을 유지하는 경우가
있다. 이러한 관계는 일반적으로 현장조직이 중심이 되어 노동조합의 권
력을 형성하고, 그 이후에는 노동조합의 권력만을 유지·강화하기 위해

서로 공조하고 협력하는 관계이다. 이는 현장조직의 대중권력화 관계이다. 현장조직과 노동조합이 대중권력만을 위해 상호 보완적인 관계를 유지하면서 현장권력을 강화시키려 하지 않는다면, 노동자들은 노동현장의 권력주체로 존재하는 것이 아니라 대중권력의 대상으로 전락하게 된다. 만약 현장조직과 노동조합 간의 상호 보완적 관계가 조합원을 권력의 주체로 나서게 하면서 조직의 권위를 획득하게 하거나 현장권력을 동시에 강화시키려 한다면, 그 자체가 노동조합운동의 권력자원을 강화시키는 것이다.

물론 이러한 현상은 노동조합의 대중권력과 현장조직 간의 긴장·경쟁 관계가 형성된다 하더라도 나타날 수 있다. 노동조합의 대중권력을 형성하는 과정에 참여하지 않거나 선거에서 패배한 현장조직은 주로 노동조합과 긴장·경쟁관계를 형성하면서 새로운 대중권력을 형성하려 한다. 활동의 형식과 내용은 주로 노동조합의 대중권력을 비판적으로 평가하는 선전과 조직이다. 이러한 활동은 대중권력의 민주성을 강화하는 것으로 표방되지만, 실질적으로는 노동조합의 대중권력을 차기 선거에서 장악하기 위한 수준에 머무르는 경우가 허다하다. 현장조직이 노동조합의 대중권력을 장악하기 위해 활동해야 한다는 전략만이 존재한다. 그동안 주요 대기업 사업장의 현장조직들이 현상적으로는 현장권력을 강화하기 위한 활동들을 하였지만, 실질적으로는 노동조합의 대중권력을 비판하거나 교체하는 수준을 넘어서지 못하였다. 그런데 대중권력과 현장권력이 갈등관계를 형성하는 경우도 있다. 이러한 관계는 민주화되지 않은 노동조합을 민주화하기 위한 현장조직의 활동과정에서 구축될 수도 있고, 또는 아래로부터의 민주주의를 실현하기 위한 현장권력만을 추구하는 현장조직의 활동과정에서 구축될 수 있다. 현장조직이 노동조합을 중심으로 하는 제도화된 권력의 한계를 극복함과 동시에 비제도적인 현장의 권력을 중심으로 노동자들의 자기이해를 직접 민주주의의 방식으로 전취하려는 과정이었다. 이러한 갈등관계를 정파주의적인 현장조직의 활동으로 치부하거나 노동조합의 대중권력을 약화시키는 것으로 간주하는 경우가 많이 있다. 하지만 민주적 기업별 노동조합운동이나 민주적 산업별 노동조합운동은 노동현장에서 정치적 노동조합운동을 활성화시킬수록 노동조합의 대중권력의 토대를 강화시키고, 조합원 스스로 노동현장의 자기이해를 전취하기 위한 권력의 주체로 나서게 할 수 있다.

2) 노동현장의 권력유형과 노동자

노동현장의 현장권력에 대한 개념적 정의는 논자에 따라 다양할 수 있기 때문에, 여기에서는 현장권력의 의미를 다양한 수준에서 제시하는 것으로 한정하고자 한다. 현장권력의 개념은 노동현장에서 발생하는 '제반 대립과 갈등'을 현실화할 수 있는 힘, 직접적인 행동의 주체가 될 수 있도록 노동현장을 스스로 통제할 수 있는 힘, 노동현장의 대중이 권력의 주체로 형성되게 하는 힘, 공장생활의 '노동과 상품의 생산'을 통제할 수 있는 힘 등으로 규정될 수 있는 것이다. 이러한 힘들은 노동조합의 관료주의와 대리주의에서 벗어날 수 있는 물적 토대이다. 그런데 이러한 개념적 접근만으로 현장권력을 강화하거나 계급대립을 강화하는 주체를 형성할 수 있는 것이 아니다. 현장권력은 실질적으로 이러한 힘을 제도적·비제도적 차원에서 보유하기 위한 투쟁을 현실화하는 과정에서 강화되기 때문이다. 노동자들은 노동현장의 권력유형에 따라 노동조합이나 현장조직의 권위를 인정하거나 권력주체로서의 자발적 역량을 발휘하는 형식과 내용을 달리할 수 있다.

노동조합의 대중권력과 노동현장의 현장권력을 상호 조합하면, 네 가지 형태의 권력유형이 도출될 수 있다. 다음의 <표 1>에서는 단순하게 도식화한 것이다. 현실적으로는 '계급적 힘의 관계'에 따라 수시로 변화될 수 있지만, 실질적으로는 노동조합운동의 조직운영방식과 그 내용으로 규정될 수 있다.

<표 1> 노동자들의 대중권력과 현장권력의 유형

노동조합 노동현장		대중권력	
		강	약
현장권력	강	A	B
	약	C	D

① A형태: 노동자들의 입장에서 보면, 노동조합운동의 조직체계가 어떠하든 노동자들이 가장 원하는 권력형태일 것이다. 이러한 형태는 산업별 노동조합운동의 조직체계든 기업별 노동조합운동의 조직체계든 두 가지 경우에 발생할 수 있다. 하나는 노동현장의 권력주체가 존재하지 않는다 하더라도, 노동조합이 대중권력만으로 조합원이나 비조합원들의 제반 이해를 총체적으로 반영하고 있는 경우이다. 다른 하나는 현장조직을 중심으로 하는 노동현장의 권력주체가 현장권력을 형성한 상태에서 대중권력과 상호 호응적인 관계를 유지함과 동시에 노동현장의 제반 문제들을 주체적으로 해결할 수 있는 경우이다. 노동자들은 노동현장의 이중적인 권력을

토대로 자신의 이해를 관철시켜 나가는 주체로 나설 수 있다. 노동조합운동의 현장권력과 대중권력이 노동자들의 통일적인 권력체로 존재하고, 노동자들은 이러한 권력체의 권위를 인정하면서 노동현장의 제반 이해를 관철시켜 나가는 자발적 주체로 존재하는 것이다.

② B와 C의 형태: 대기업 중심의 기업별 노동조합운동에서도 나타날수 있지만, 보편적으로 관료적 산업별 노동조합운동이나 관료적 기업별 노동조합운동의 조직체계에서 나타날 수 있는 유형이다. 물론 민주적인 산업별 노동조합운동이나 민주적인 기업별 노동조합운동의 조직체계에서도 마찬가지일 수 있다. 이러한 현상들은 대중권력과 현장권력 간의 상호조응적 관계를 유지하지 못하는 결과이다. 민주적인 노동조합운동의 조직체계에서는 이러한 현상들을 최소화하려 하는 반면, 관료적인 노동조합운동의 조직체계에서는 보편적으로 나타날 수 있다. 우리나라의 산업별 노동조합운동의 조직체계는 기업 단위의 노동조합 지부체계를 제한적으로 인정하고 있다. 그런데 산업별 노동조합은 지역을 중심으로 하는 지부체계를 유지하는 대신에 기업단위의 노동현장에 새로운 노동자의 권력을 형성한다. 예를 들면, 기업 단위의 노동현장에는 직장평의회와 같은 또 다른 조직체계가 노동현장의 권력을 형성한다. 이러한 이중적 조직체계는 노동조합의 대중권력과 노동현장의 현장권력이 서로 조응하지 않는 경우를 많이 만들어낼 수 있다. 만약 산업별 노동조합운동의 중앙조직이 노동현장의 실질적인 문제를 위해 권력을 집행하지 않을 경우, 노동현장의 문제는 노동현장의 권력주체가 해결할 수밖에 없다. 노동조합이 노동현장의 문제를 직접적으로 관여하기 힘든 상황에서, 혹은 산업별 노동조합의 지역지부권

력이 지역 내에 존재하는 기업 단위의 노동현장에서 발생하는 조합원들의 이해를 관철시키지 못하는 상황에서, 노동현장의 권력주체가 실질적으로 노동자들의 이해와 직접적으로 연관되는 활동을 전개할 수 있기 때문이다. 그리고 대중권력이 강력한 대신 현장권력이 약한 경우는 주로 현장조직의 활동이 미약한 기업별 노동조합 조직체계에서 발생하거나 노동현장의 권력주체를 아예 인정하지 않는 사회에서 발생한다. 산업별 노동조합 체계이든 기업별 노동조합 체계이든, 노동조합의 권력이 관료화된 경우이거나 또는 노동조합운동이 조직화된 조합원만을 중심으로 하는 조합주의 노선을 지향하는 경우에도 나타날 수 있다. 자본가 계급은 노동현장을 장악하는 대신에 노동조합의 대중권력을 의도적으로 양성할 수 있다. '국가 조합주의 노동조합운동'이 고착화되어 있는 경우가 그에 해당한다. 조합원의 이해를 추구하면서 형성된 노동조합의 권력이 자본이나 정권과의 관계에서 강력한 권력을 보유하고 있다 할지라도, 실질적으로 조합원이나 비조합원의 이해를 추구하지 못하거나 자본과의 협조적 관계에서 조합원들의 이해를 추구하는 권력에 불과한 것이다.

③ D형태: 노동조합운동이 거의 활성화되지 않아 노동자들 스스로 자신의 권리를 누리지 못하는 경우에 나타난다. 또한 노동조합이 존재한다 해도 유명무실하거나 권력을 거의 보유하지 않은 상태이며, 또는 노동현장의 권력주체가 존재하지 않은 상태에서 노동현장을 자본의 권력이 장악한 경우이다. 노동자들은 노동현장의 대중권력이나 현장권력에 의존할 수 없는 상태에서 자신의 이해를 둘러싼 갈등을 제도적·비제도적인 정치권력에 의존하곤 한다. 물론 노동자들의 이해가 관철될 수 있는가의 여부는 정치권

력의 성격에 따라 좌우될 수 있지만, 노동자들은 자신의 대중권력과 현장권력을 형성하지 않는 상태에서도 자신의 이해를 관철하기 위해 정치적인 행동을 할 수밖에 없다.

기업별 노동조합운동이든 산업별 노동조합운동이든 조합원들은 민주적인 선거를 통해 노동조합의 대중권력을 형성한다. 그런데 대중권력이 조합원들의 아래로부터의 민주주의를 실현하지 못할 경우가 허다하다. 서구 산업별 노동조합운동의 문제점으로 지적되고 있는 대중권력의 관료화 가능성 때문이다. 우리나라의 기업별 노동조합운동과 산업별 노동조합운동도 이러한 관료화의 가능성에서 자유롭지 않다. 관료적 기업별 노동조합운동이나 관료적 산업별 노동조합운동은 아래로부터의 민주주의를 제한하거나 구속한다. 노동조합은 대의원 대회에서 추인된 사업을 집행하지만 실질적으로는 의사결정과정의 엘리트성이라는 한계를 극복하지 못하고 있으며, 책임과 의무를 전도시키는 경향성을 드러내곤 한다.

앞의 <표 1>에서 나타나는 각각의 권력유형들은 노동조합운동의 조직적 운영의 방식과 긴밀하게 연계되어 있다. 노동조합운동의 관료적 운영은 전략적으로 역할분담론, 정책분담론, 투쟁-협상 분리론, 조직 간의 특수성 강조론, 결정-집행 분리론 등으로 현실화되고 있다. 노동조합운동이 주체를 대상으로 전락시키는 노동조합운동의 전도(顚倒)적 호응관계, 즉 노동조합운동의 헤게모니를 장악한 세력이 주도하는 국가-자본에 대한 타협과 저항을 전략적으로 선택하면서, 조합주의적 노동조합운동과 관료주의적 노동조합운동 간의 상호조응관계를 형성하는 과정이기도 했다.

따라서 조직 내부적으로는 조합원들의 주체역량을 조직적으로 통일시켜

내고 외부적으로는 노동조합운동의 연대세력과 유기적 관계를 강화시켜야
한다. 노동조합운동이 유기적 연대관계를 강화시키기 위해 투쟁의 전략적
의제와 내용을 재구성해야만 할 이유이기도 하다. 노동조합운동은 조직
내적인 연대와 조직 외적인 연대를 강화하기 위해, 또는 노동자들의 대중권
력과 현장권력을 강화시키기 위해 조직운영의 민주성을 보다 강화시켜 나
가야 한다. 즉 조합원 스스로 권력의 주체가 될 수 있도록 하는 것이다.
따라서 노동조합운동의 권력자원은 '노동조합의 민주적 운영과정에서 조
합원을 대중권력과 현장권력의 주체로 전화시키고, 조합원 스스로 조직에
대한 자발적 참여의 역량과 조직의 권위를 자발적으로 수용하고 지지하는
역량이라고 할 수 있다.

4. 노동현장의 권력을 정치적으로 재구성하는 노동조합운동

자본은 노동자들의 대중권력과 현장권력을 형성·강화하는 것에 대해
자신의 권력으로 억압하거나 포섭하였다. 반면에 노동조합운동은 역사적
으로 노동현장에서 발생하는 노사 간의 다양한 갈등을 해결할 수 있는 노동
자들의 힘을 확보하고 그것을 권력화하는 투쟁의 과정이었다. 따라서 노동
조합운동의 노선과 전략은 노동현장에서 발생하는 계급적 권력투쟁의 성
패를 직접적으로 반영하고 있다. "신자유주의 시대에서 계급갈등이 심화되
고, 거시적·미시적 수준에서 노동현장의 정치가 활성화되었다. 그런데
1990년대 초반부터 노동운동의 정체성의 위기가 제기되어 노동운동이 정
치적으로 재구성되기 시작하였는데, 그것은 노동조합운동 내부의 잠재적
인 역량을 노동현장의 권력으로 현실화시켜 내는 것이었다."6) 그렇지만

노동현장의 권력은 노동조합운동의 어떠한 조직체계에서든 선언적이고 추상적으로 형성되지 않는다. 조합원이나 비조합원이 현장조직이나 노동조합의 권위를 수용하고 권력의 주체로서의 자발적 역량을 발휘하는 과정에서 형성된다. 조직의 권위는 조합원들에게 강요하거나 요구한다고 해서 수용되지 않고, 또한 조합원들이 자발적 권력주체로 나서는 것도 강요한다고 되는 것이 아니다. 노동자들은 노동조합이나 현장조직의 권위, 즉 조직의 역사성, 조직의 영향력, 조직의 지도력, 그리고 조직의 신뢰성 등을 주체적으로 판단하고 있으며, 이러한 권위의 수용 여부를 자발적으로 판단하고 참여한다. 하지만 노동자들은 자본과의 관계에서 자신의 권력을 자발적으로 사용하기가 쉽지 않다. 권력참여의 자발성과 관련된 형태도 다양하게 구분될 수 있다. 주도적 자발성, 보조적 자발성, 방관적 자발성 등이 그것이다. 조합원들이 내재하고 있는 의식과 행동의 불균등성이다. 따라서 노동현장의 권력은 조직적 권위를 구축하는 과정이자 조합원들의 주도적 자발성을 강화시키는 과정에서 형성될 수 있다. 노동조합운동의 주체인 노동조합, 현장조직, 그리고 노동자들이 노동현장의 권력을 재구성하기 위한 요소들이다.

1) 노동조합과 현장조직의 권위 복원

민주노조운동의 역사는 노동현장의 대중권력과 현장권력을 형성하는 과정이었고, 노동자들의 그 과정에서 자신의 권력들을 자기화하였다. 노동자

---

6) Jonathan Moran, "The Dynamics of Class Political and National Economics in Globalisation; The Marginalisation of the unacceptable," *Capital and Class*, No. 66 (Summer 1998); Brain Heron, "The birth of Socialist labour," *Capital and Class*, No. 59 (Summer 1998).

들이 자신의 권력을 적극적으로 수용하면서 그러한 권력을 보유하게 되는 자신의 조직에 대해 권위를 부여하는 과정에서 그러한 권력을 형성하였다. 그런데 노동자들은 주로 노동조합운동의 외재적 요인보다 내재적 요인에서 권력형성의 동력을 확보한다. 노동자들은 대부분 노동현장에서 쉽게 확인할 수 있는 노동조합이나 현장조직의 지도력과 투쟁력을 근거로 자신의 조직에게 신뢰를 부여하고 권력을 자기화한다. 이러한 신뢰는 조합원들의 요구에 부응하는 투쟁을 강화하면서 구축하는 것인데, 문제는 조합원들의 요구가 조합주의의 틀을 벗어나지 않을 경우에 발생하게 된다는 점이다. 조합주의적 이해를 추구하는 노동조합에 대한 조합원들의 신뢰가 높을 수 있는데, 그것을 극복하고자 하는 노동조합에 대해서는 조합원들의 신뢰가 구축되지 않을 수도 있다. 노동조합의 간부들도 이러한 방식의 조합주의적 신뢰를 바탕으로 대중권력만을 지속시키려 한다. 노동현장의 문제로 국한되는 조합주의적 노동조합운동이 양성되는 주요 이유이다. 이를 극복하기 위해서는 대중권력이나 현장권력이 노동현장에서 정치적 권위와 신뢰를 복원하여야 하는데, 그것의 주요 수단은 조합원들의 정치의식과 계급의식을 제고시키는 운동의 활성화이다. 물론 노동자들의 정치의식과 계급의식은 쉽게 고양되지 않는다. 그들 스스로 자신의 존재기반의 다양한 모순, 특히 생산현장의 내부와 외부에 동시적으로 존재하는 모순을 계급적으로 극복하는 과정에서 의식의 변화를 가져올 수 있다. 노동조합운동이나 현장조직운동이 정치적일 수밖에 없고 또한 그 형식과 내용도 정치적으로 전화될 수밖에 없는 이유이다. 노동조합이나 현장조직이 민주주의의 절차성만을 내세우거나 조합원들의 불균등한 의식을 내세워 정치적 의제를 둘러싼 투쟁이나 혹은 다양한 의제들을 정치화시키지 않는다면, 대중권력과 현장권력은 오히려 조합원의 의식과 행동에 갇히기 쉽다. 노동현장의 대중권력과 현장권력이 노동자들의 자기권력화를 복원하기 위해 새롭게 재구성되지 않으면 안되는 이유이다.

먼저 노동조합을 중심으로 한 대중권력의 관료화가 지양되어야 한다. 대중권력의 관료화는 노동조합의 조직체계와 무관하게 나타날 수 있다. 기업별 노동조합이든 산업별 노동조합이든 조직의 형식과 내용을 민주적으로 구성하지 않을 경우에 노동조합운동의 관료화라는 현상에 직면한다. 노동자들 스스로 자신의 조직과 권력을 자기화하지 않거나 노동조합이 노동자들을 타자화하는 것이 주요 원인이다. 따라서 노동조합운동의 권력이 권한과 책임을 조합원들에게 전도시키지 않고 노동자들에게 자기화되어야 한다. 즉 노동조합은 대중권력을 노동현장으로 전이시키는 활동에 주력하고, 노동자들은 전이된 대중권력에 자발적으로 참여하여야 한다. 이는 전이된 권력을 중심으로 현장투쟁을 활성화시키는 과정이기도 하다. 현장투쟁의 성과가 누적되지 않는 한, 노동자들은 대중권력이나 현장권력의 주체로 존재하려 하기보다 그저 그러한 권력의 대상으로 존재하려 할 가능성이 매우 높고, 자신의 권력과 조직에 대해 권위를 부여하지 않을 가능성이 높다.

다음으로는 현장조직의 대중권력화를 지양해야 한다. 현장조직들은 노동조합이라는 대중권력이나 정치권력을 지향하기보다는 노동현장을 장악하고자 하는 권력투쟁의 주체로 나서야 한다. 이것은 사회변혁이 이루어진다 하더라도, 현장권력이 곧 국가나 자본의 권력을 실질적으로 통제할 수 있는 주체로 존재해야 하기 때문이다. 이를 위해서는 또한 특정한 정치조직의 현장위원회를 결성하는 투쟁도 포기할 필요가 있다. 의식과 경험의 불균

등성을 극복하고 있지 못한 현장의 노동자들을 혼란에 빠지게 하거나 활동
의 폭을 매우 협소화시킬 수 있기 때문이고, 또한 대중권력과 현장권력의
정치적 권위가 생산현장의 내부와 외부를 계급적으로 통일시켜 내는 노동
자들의 자발적인 의지에서 발현될 수 있도록 해야 하기 때문이다. 따라서
현장조직은 현장권력을 토대로 자유롭게 정치활동을 전개할 수 있는 활동
의 목표를 정립할 필요가 있는데, 이러한 활동들은 정치조직으로부터 자유
로워야만 가능하게 된다. 만약 노동현장의 활동가를 중심으로 하는 조직의
정체성이 현장권력의 강화에 있다고 한다면, 그것을 실현하기 위한 정치활
동을 강화해야 하는 것이지, 특정 정치조직을 조직적으로 지지한다고 해서
그 조직의 정체성을 실현하는 것이 아니다. 노동자들의 정치의식이나 계급
의식은 스스로 대중권력과 현장권력의 권위를 주체적으로 수용하는 과정
에서 급격하게 고양될 수 있기 때문이다.

2) 노동자들의 자발성 복원

노동자들은 대부분 자신의 이해와 직접 연계되는 문제들을 자발적으로
자기화하지만, 대중권력과 현장권력에 의해 정치적으로 혹은 조직적으로
동원되는 문제에 대해서는 타자화할 가능성을 내포하고 있다. 노동자들이
변혁적이고 운동적인 사회체제의 문제를 경원시하고, 자신의 경험 속에서
내재화되어 있는 의식의 테두리를 쉽게 벗어나지 않는 이유이기도 하다.
1987년 노동자 대투쟁을 경험했던 노동자들은 아직까지 그 성과를 바탕으
로 노동조합운동을 전개하면서도 그 투쟁의 굴레를 쉽게 벗어나지 못한다.
노동현장의 내부적인 문제를 외부적인 충격으로 폭발시켰던 1987년 노동
자 대투쟁, 즉 민주적인 노동조합을 건설·보존했던 투쟁, 노동자들의 인간

적인 권리를 확보하고자 했던 투쟁, 그리고 노동자들의 잠재적인 투쟁역량을 자발적으로 확인했던 투쟁 등이 아직까지 노동자들의 의식을 규정하고 있다고 해도 과언이 아니다. 노동자들은 아직까지 내부적인 문제를 중심으로 하는 대중권력과 현장권력에 대해서는 자발적인 권위와 신뢰를 부여하면서도 외부적인 문제를 중심으로 하는 대중권력과 현장권력에 대해서는 타자화된 국외적 시각으로 경원시하거나 아예 무시하는 경향성을 보이고 있다. 노동조합운동의 조직체계와 무관하게 자기이해와 관련하여 자발적인 투쟁의 잠재화된 동력을 보유하고 있으면서도 사회변혁이나 정치적 의제에 대해서는 수동적으로 동원되는 타율성을 적나라하게 보여 주었다. 노동자들이 자신의 권력이나 조직에 대해 보조적 자율성이나 방관적 자율성만을 발휘한다. 노동조합운동의 대중권력이나 현장권력을 장악하고 있는 조직주체들도 그러한 타율성에서 벗어났다고 할 수 없다. 관료적인 노동조합운동은 노동자들의 보조적 자율성과 방관적 자율성을 조장하기도 한다. 하지만 노동자들은 수동적이고 동원적인 타율성을 능동적이고 주체적인 자율성으로 전화시킬 잠재적 역량을 보유하고 있다. 자본주의 체제의 구조적 모순이 노동자들에게 그러한 계기들을 제공하고 있다. 단지 그것을 촉발시키는 동력은 노동조합운동의 조직체계 그 자체와 연계되어 있는 것이 아니라 대중권력이나 현장권력의 권위와 긴밀하게 연계되어 있다.

대중권력이나 현장권력의 권위를 복원하는 문제는 곧 노동현장의 권력에 대한 노동자들의 주도적 자발성을 복원하는 과정이기도 하다. 권력을 형성하거나 통제하는 주체로서의 자발성이 노동현장에서 발현되고, 그러한 주도적 자발성의 동력을 지원하고 격려하는 노동자들의 보조적 자발성까지 이끌어내는 힘은 곧 노동현장의 권력에 대해 권위를 부여하고 그 권력에 주체적으로 참여할 수 있는 노동자들의 계급적 자기정체성이다. 노동자들은 생활 속에서 존재기반의 모순을 극복하려 한다. 생산현장 내부에 존재하는 계급적 정체성과 생산현장 밖에 존재하는 계급적 정체성을 통일시켜내는 과정이 곧 계급으로서의 자기정체성을 확인함과 동시에 노동자 계급운동을 자기화한다. 만약 존재기반의 모순을 생산현장 내부와 외부로 분리시킨다면, 노동자들은 생산현장의 내·외부를 각각 분리시켜 타자화할 수 있다.

따라서 노동조합운동은 대중권력과 현장권력뿐만 아니라 노동자들의 자발성을 복원하고 계급으로서의 자기정체성을 확보하기 위한 정치적 네트워크를 재구성할 필요가 있다. 노동조합운동이 어떠한 조직체계를 건설하고 유지하든 노동현장 내부의 정치적 네트워크와 외부의 정치적 네트워크를 통일시켜 나가는 과정에서 대중권력과 현장권력의 권위를 복원함과 동시에 노동자들의 주도적 자발성을 이끌어내야만 한다. 노동조합운동의 정치적 네트워크는 참여하는 주체들의 차이가 서로 다름에도 불구하고 그룹 간의, 조직 간의, 개인 간의 소통과 연대의 계기들을 만들 수 있어야 하고, 이를 위해서는 다양한 투쟁의 의제, 즉 종교, 평화, 환경, 여성, 노동, 정치 등의 다양한 의제들을 노동조합운동의 투쟁의제로 자기화해야 한다. 노동자들 스스로 생산현장 내부와 외부의 존재기반에 존재하는 모순들을 계급적으로 극복해나갈 수 있는 계기이자, 노동조합운동의 다차원적이고 중층적인 권력을 형성해나가는 과정인 것이다.

예를 들면, 노동조합이 해결할 수 없는 현장의 문제를 해결하고자 하는 현장권력 네트워크, 투쟁의 성과를 노동조합이나 현장조직으로 수렴시키는 것이 아니라 노동자들에게 전이시키는 노동자 평의회 네트워크, 생산현장 외부의 문제를 생산현장으로 끌어들이는 지역 중심의 정치적 생활네트워크, 그리고 생산현장의 내부와 외부에 다층적으로 형성할 수 있는 노동자·민중의 권력 네트워크 등이 그것이다. 노동자들은 이를 위해서 노동조합만이 노동자들의 조직이라는 의식을 바꿔야 하고 생산현장의 외부에 존재하는 다양한 주체들과 수평적인 소통과 연대를 확대·강화시켜 나가야 한다. 노동조합운동은 이러한 정치적 네트워크를 형성·강화하기 위해서 노동자 스스로 계급적 자기정체성과 주도적 자발성을 복원하고 확장하는 운동의 자발적인 주체로 나서게 해야 한다. 그것의 주요한 수단은 '노동현장의 자기이해를 직접적으로 관철시켜 나가는 현장투쟁의 경험, 노동조합을 감시·통제하는 역할의 경험, 투쟁을 위한 연대의 네트워크를 직접 조직하게 하는 경험, 생활 속의 의제를 정치적인 계급투쟁의 의제로 전화시키는 경험 그리고 현장운동의 투쟁의제를 스스로 만들게 하는 경험' 등이다. 왜냐하면 노동자들은 노동조합운동의 권력주체로 존재하느냐 권력대상으로 존재하느냐에 따라 주도적 자발성, 보조적 자발성, 그리고 방관적 자발성 등을 주체적으로 결정하기 때문이다.

5. 맺음말

민주노조운동은 2009년 현재 자본주의체제의 세계적인 공황을 맞이하여 노동조합운동을 억압하는 방식으로 자본축적의 위기상황을 극복하려하는 자본에 대해 다양한 투쟁을 전개하고 있다. 그 중에서도 노동자들을 해고하는 방식의 구조조정정책에 대한 저항이 확산되고 있다. 그런데 이러한 투쟁들이 산업별 노동조합운동의 방식으로 전개되는 것이 아니라 기업별·업종별 수준에서 전개되고 있다. 민주노조운동은 그 동안 산업별 노동조합을 건설하기 위한 투쟁을 지속적으로 전개하여 주요 노동조합의 양적 발전이라는 성과를 축적해왔다. 하지만 민주노조운동은 조직의 질적 발전이라는 과제에서 자유롭지 못하다. 그 과제를 정리하면 다음과 같다. 첫째로는 노동조합운동의 질적 발전이 노동조합의 조직체계와 무관할 수 있다는 점이다. 기업별 노동조합이든 산업별 노동조합이든 노동조합운동의 질적 발전이나 민주노조운동의 정체성을 복원하기 위해 기본적으로 민주적인 조직운영으로 노동조합운동의 권력자원, 즉 노동조합운동의 다양한 조직의 권력에 대한 노동자의 자기화를 강화시켜야 한다. 노동자들이 조직의 주체로서 조직의 권위를 인정하는 것이다. 물론 많은 논자들은 노동조합운동의 지도부들이 노동자 대중들의 의식과 행동을 변화시키기 위한 활동의 과정에서 지도력을 발휘해야 한다고 하지만, 노동자 대중들은 자신의 존재기반을 정확하게 인식하면서 노동조합운동의 대중권력과 현장권력을 자기화할 것인지 아니면 타자화할 것인지를 정확하게 인지하고 있다. 둘째로는 노동조합의 대중권력을 노동현장의 노동자들에게 보다 많이 전이시켜야 한다는 점이다. 노동자들 스스로 자신의 권력을 주체적으로 행사하면서 노동현장의 현장권력을 자기화해야 한다. 노동현장의 이러한 권력구조가 오히려 노동조합운동의 대중권력과 현장권력을 동시에 강화시킨다. 셋째로는 노동조합운동의 의제별 네트워크를 토대로 노동현장 내외부의 유기적 소통관계를 강화시켜야 한다는 점이다. 노동자들은 이러한 소통관계를 통해 생산현장의 내부와 외부가 분리되어 있지 않다는 것을 인식해야 한다. 즉 노동자들은 생산현장의 내부문제만을 위해 자신의 권력을 자기화하는 것이 아니라 생산현장의 외부문제까지도 자신의 권력문제로 접근할 수 있어야 한다. 노동조합운동이 내포하고 있는 정치성의 문제인 것이다.